本研究获得中央财经大学211工程三期研究资助

U0646761

C.B.J.N
北京市社会科学理论著作
出版基金资助

QIYE DE YANJIU KAIFA WENTI YANJIU

企业的研究开发问题研究

王淑芳 著

北京师范大学出版集团
BEIJINC NORMAL UNIVERSITY PUBLISHINC CROUP
北京师范大学出版社

图书在版编目(CIP)数据

企业的研究开发问题研究／王淑芳著.—北京:北京师范
大学出版社,2010.6
ISBN 978-7-303-10888-6

Ⅰ.①企… Ⅱ.①王… Ⅲ.①产品－技术开发－企业
管理－研究 Ⅳ.① F273.2

中国版本图书馆 CIP 数据核字(2010)第 053486 号

营销中心电话　010-58802181 58808006
北师大出版社高等教育分社网　http://gaojiao.bnup.com.cn
电 子 信 箱　beishida168@126.com

出版发行:	北京师范大学出版社 www.bnup.com.cn
	北京新街口外大街 19 号
	邮政编码:100875
印　　刷:	唐山市润丰印务有限公司
经　　销:	全国新华书店
开　　本:	148 mm × 210 mm
印　　张:	16.5
字　　数:	378 千字
版　　次:	2010 年 6 月第 1 版
印　　次:	2010 年 6 月第 1 次印刷
定　　价:	40.00 元

策划编辑:戴　轶　　责任编辑:姚斯研
美术编辑:毛　佳　　装帧设计:毛　佳
责任校对:李　菡　　责任印制:李　丽

版权所有　侵权必究

反盗版、侵权举报电话:010-58800697
北京读者服务部电话:010-58808104
外埠邮购电话:010-58808083
本书如有印装质量问题,请与印制管理部联系调换。
印制管理部电话:010-58800825

目 录 ▫ CONTENTS

第一章
导论

第一节　研究的背景与意义

一、研究的背景

在工业革命之前，人类社会长期处于停滞状态，劳动生产率几乎没有增长。按照麦迪森等人的计算，在 1000～1820 年，世界人口增长 4 倍，人均收入 800 多年只增长 50%。1700～1785 年，荷兰的劳动生产率几乎未变；1785～1820 年，英国的劳动生产率年均增长 0.5%。此后，欧美许多国家经济出现了持续增长，1820～1998 年，世界人口增长 5.6 倍，人均收入增长 8.5 倍。美国劳动生产率 1820～1890 年、1890～1993 年年均增长分别为 1.5%、2.5%。1870～1990 年，16 个目前发达国家（美国、加拿大、澳大利亚和欧洲 13 国）人均 GDP 年增长率达 1.9%①。导致现代经济持续快速增长的有多个因素，而首要因

---

① ［英］安格斯·麦迪森：《世界经济千年史》，第一章，附录 A.B，伍晓鹰、许宪春，等译，北京，北京大学出版社，2003。

素是大规模的研究开发，以及由此实现的知识生产和知识运用。

（一）知识、技术上的创新是导致现代经济持续增长的首要因素

从社会经济发展的实践上看，知识、技术上的创新是推动现代经济增长的首要因素；研究开发是创新的主要来源；企业是研究开发及创新的主要实施者。

进入近现代社会，创新逐渐成为推动社会经济发展的强大动力，成为推动经济增长和发展的首要的、主导性的因素。创新是熊彼特系统提出的概念，且熊彼特以创新理论解释资本主义的本质和发展而闻名于经济学界[1]。后来，阿罗、罗默、卢卡斯等关于知识、研究开发、经济增长的分析进一步解释了知识生产和创新对经济持续增长的作用。

现代经济是基于知识、技术、组织、管理等各种创新的经济，是建立在知识、技术、制度的创造、应用、转移、扩散基础上的知识化、信息化、全球化的经济，知识、技术进步导致了企业生产函数中知识资本比重的不断增加和经济的持续快速增长。经济合作与发展组织（OECD）1996 年年度报告《科学、技术和产业展望报告》，首次正式提出了有别于农业经济、工业经济的"知识经济"新概念，知识经济是以知识资源的占有、配置、生产、使用为基础的经济；1998 年，世界银行推出的 1998/1999 年发展报告主题为《知识与发展》；2001 年，经济合作与发展组织又推出了解释经济增长动因的报告《增长的

---

① 熊彼特：《经济发展理论》，73～74 页，何畏，等译，北京，商务印书馆，1990。

推动力：信息技术、创新和创业精神》①。

关于创新的组织形式和实现机制，创新与市场和政府之间的关系，创新与研究开发、经济增长之间的关系等问题，这是经济学、管理学等学科研究的问题。特别是 20 世纪 90 年代以来，基于创新的增长模型成为解释企业绩效和国家发展的最新理论。这些增长理论将投资特别是研究开发投资置于增长过程的核心，认为经济政策和制度通过影响企业家进行创新投资的积极性或能力，进而影响经济增长②。

（二）企业是研究开发的主要主体

现代社会的创新主要源于有目的、有组织的研究开发活动，研究开发是生产、提供科学发现、技术创新的手段，而企业特别是公司企业是研究开发和创新的主要实施者。马歇尔指出，知识和智力的进步促进了财富增长，而组织则有助于知识的形成③。Penrose 直接把企业的本质理解为在知识积累过程中不断扩展其生产领域的机制，也即企业是知识创新体。

进入近代社会后，研究开发才开始成为有目的、有组织的活动，政府、大学和企业开始成为研究开发的基本主体，而研究开发经费来自政府的部分出现了逐渐减少的趋势。比较而言，企业成为研究开发的主要主体，企业大量投资于研究开发，企业研究开发成果直接带来了企业的经济增长。

---

① 世界银行：《知识与发展》，北京，中国财政经济出版社，1999；经济合作与发展组织：《增长的推动力：信息技术、创新和创业精神》，北京，科学技术文献出版社，2003。

② ［美］菲利普·阿吉翁，斯蒂文·德劳夫：《从增长理论到政策设计》，载《比较》，2008，34。

③ ［英］马歇尔：《经济学原理》（上卷），338～352 页，朱志泰译，北京，商务印书馆，1981；（下卷），323 页。

（三）建设创新型国家是我国发展战略的核心内容

我国的现代化任务还远没有完成，是一个经济、人口大国，但还没有成为经济、人口强国，社会经济发展过程中存在着研究开发不足、创新能力不强的突出问题，技术、管理、制度等各方面的创新能力薄弱，在研究开发、创新、经济增长效率等方面还存在着一系列需要改进之处。由于受经济体制和科技体制转轨滞后等多种因素的影响，我国文化教育、科学技术发展水平不高，人口素质和企业素质不高，研究开发经费占GDP的比例长期不足 1%。我国自主研究开发和创新能力不足，技术来源过多依赖国外。

在新世纪新阶段，基本国情决定了我国社会经济发展再也不能也不应该走传统的老路，应当走一条科技含量高、经济效益好、资源消耗低、环境污染少、人力资源优势得到充分发挥的新型发展道路。而在建设创新型国家的过程中，企业无疑应当成为创新的基本单位和基础力量，如何提升、巩固企业研究开发的地位，建立、完善企业研究开发的制度，提高企业研究开发的效率就成为我国需要解决的重大问题。

二、研究的意义

（一）研究的理论意义

知识增长、技术进步的重要性早就引起了人们的关注。斯密之后，萨伊在1803年《政治经济学概论》、马克思在许多著作中都乐观地分析了科学技术进步与经济增长问题。熊彼特在1911年德文版、1912年英文版的《经济发展理论》中首次提出创新理论和经济发展理论。不过，对于研究开发的系统研究只是近二三十年的事情。1960年代以后，随着经济学在信息经济学、博弈论（对策论）等方法论性质的领域取得突破，才开始打开研究上的企业黑箱，分析企业内部的管理问题。直到20

世纪 80 年代，罗默、卢卡斯等人才开始系统分析知识生产、人力资本与经济增长的内在相关性①，管理学才重视研究知识管理、企业再造、学习型企业等问题。20 世纪 90 年代以来，基于创新的增长模型成为解释企业绩效和国家发展的最新理论。这些增长理论将投资特别是研究开发投资置于增长过程的核心，认为经济政策和制度通过影响企业家进行创新投资的积极性或能力，进而影响经济增长②。

由于研究开发具有风险和不确定性、团队性、外部性、非竞争和非排他性等特殊的性质，这远比企业的一般性的生产投资活动复杂多变，这就导致对研究开发特别是企业的研究开发研究的有意规避或忽视。从企业的角度，全面系统地分析企业研究开发的性质和过程、绩效评估、内部激励和政府激励等问题至今仍有许多有待探讨之处。

从国内看，企业研究开发是我国经济学、管理学等学科研究的薄弱领域。在经济学领域，人们倾向于进行研究开发与经济增长的数理模型分析，或者进行研究开发与企业绩效、经济增长的理论检验，相对忽视微观分析和案例研究。在管理学领域，人们倾向于对研究开发的现象和经验进行描述，并提出具体性的管理和政策建议，相对忽视理论的分析。经济学、管理学之间在研究上的偏颇和隔阂，从它们在研究开发性质上的泛泛而论和他们各自发展出来的激励理论上就可见一斑。

由此，以企业的研究开发作为研究对象，具体分析研究开

---

① Romer, P. M., Increasing Returns and Long-Run Growth, *Journal of Political Economy*, 1986, 94, 5, pp. 1002-1037; Lucas, R. E, Jr., On the Mechanics of Economic Development, *Journal of Monetary Economics*, Vol. 22, 1988, pp. 783-792.

② ［美］菲利普·阿吉翁，斯蒂文·德劳夫：《从增长理论到政策设计》，载《比较》，2008，34。

发的性质和过程、绩效评价、内部激励、政府激励等问题，就具有了重大的理论意义。

本书在全面梳理研究开发的目的、主体、组织、对象、类型等基本概念之后，对研究开发过程、研究开发成果、研究开发成果运用的特定性质及其经济含义进行了全面、具体的分析，并在此基础上依次分析了研究开发与企业绩效相关性、企业研究开发绩效评价、研究开发的内部激励、企业研究开发的政府激励等问题，以上问题的研究将有助于丰富对企业研究开发的理论研究。

（二）研究的实践意义

我国正处于社会经济发展转型的关键时期，实现国民经济又好又快发展是我国社会经济发展战略的核心和关键内容。这就要求我们全面转变经济发展方式，大力提高自主创新能力，增强企业国际竞争能力，而国家和企业竞争力的核心内容就是知识生产和运用的能力。然而，当前我国在研究开发上还存在着一系列问题：企业还没有真正成为研究开发和创新的主要组织形式；研究开发的人力资源和资金投入上水平不高；相关政策和竞争环境还欠公平；研究开发立项机制存在问题，评价、管理体系简单僵化；企业研究开发上缺乏有效的分工合作，研究开发效率低下，企业发明专利授权累计量不仅远低于许多发达国家，甚至落后于韩国和我国台湾等新兴工业化国家和地区；企业在研究开发的运营管理、绩效评价、内部激励等方面水平不高；企业自主创新能力不足，对外技术依存度居高不下，企业的国际竞争能力严重不足；企业研究开发与生产、市场脱节，科技成果转化率偏低。

本书的研究旨在构建基于研究开发特殊性质的企业研究开发的绩效以及激励机制系统。特别重点研究了企业研究开发团队及其成员的绩效评价以及激励、政府对企业研究开发的激励，提出了企业研究开发团队绩效评价的动态平衡计分卡方法，认为股权激励、职务发明的产权激励是企业内部激励研究开发的长效措施，政府应采取措施完善激励企业研究开发的财政拨款、政府采购等方面的政策。本研究对于改善企业研究开发的绩效评价，建立有效的激励机制，提高企业研究开发的效率，具有十分重要的现实意义。

第二节　以往的研究状况

对于研究开发的性质，研究开发与经济增长、企业绩效的相互关系，企业研究开发的绩效评价和激励机制等方面的文献综述，可以从五个方面展开：（1）研究开发的性质及其学习、传递和使用研究；（2）研究开发与经济增长的相互关系；（3）研究开发与企业绩效的实证分析；（4）研究开发绩效评价以及企业内部的激励机制研究；（5）研究开发的公共政策研究。

一、研究开发的性质及其学习、传递和使用的研究

在企业管理学、科学技术哲学、科学技术社会学等领域对研究开发、技术进步的大量研究成果的基础上，一些经济学家如 Dasguptu 和 David、Diamand 提出应当建立科学经济学（科学技术经济学、研究开发经济学、知识经济学），从经济学的角度，对知识活动的参与者进行研究，而一些管理学家又试图将研究开发纳入企业管理的分析框架。他们分析了诸如研究开发劳动的供给与需求，投入与产出，研究开发的过程或知识、技术的生产和消费过程，研究开发领域的报酬系统和激励机制，研究开发与政府政策等问题。

（一）研究开发的性质研究

有关知识、研究开发的经济分析起点至少可以追溯到斯密。斯密认为，分工是经济增长的源泉，这一思想为知识分工、知识经济的出现提供了一个理论起点。但是，古典经济学中关于知识的认识是间接的、浅层的、表面的、模糊的，是很不深入的。价格理论成了新古典经济学的核心，而知识在这里不是问题①。

从知识的总量和分布上看，知识具有不完全性、互补性等特性。受奈特的启发，哈耶克把自己的心智理论与经济理论联结起来，提出了知识不完全性假设②。波兰尼还系统分析了知识的隐含、意会性③。在哈耶克的知识不完全性和其他人研究的基础上，汪丁丁等人从哲学和经济学角度对知识的性质作了进一步的阐释，提出了知识的互补性特征④。

阿罗1962年在《干中学的经济含义》一文中除了揭示知识的积累过程及其经济学含义外，还指出了知识具有非竞争性和部分的非排他性特征，由此推引出知识的外部性，并由此提

---

① 钟惠波，等：《知识经济学范式：一个演进的视点》，载《科学学与科学技术管理》，2005 (7)。

② Hayek, F. A., Economics and Knowledge, *Economica*, 1937 (4), pp. 33-54.

Hayek, F. A., The Use of Knowledge in Society, *American Economic Review*, 1945, 35, pp. 519-530.

Hayek, F. A., The Sensory Order, Chicago：The University of Chicago Press, 1952.

③ Polanyi, Michael, *Personal Knowledge*, London：Routledge, 1958；郁振华：《从表达问题看默会知识》，载《哲学研究》，2003 (5)。

④ 汪丁丁：《知识沿时间和空间的互补性以及相关的经济学》，载《经济研究》，1997 (6)。

出了第一个内生经济增长模型①。20 世纪 80 年代以来，罗默进一步发挥了阿罗的这些思想，明确提出了知识的非竞争性和部分的排他性，并证明正是知识的这种特质，才产生了溢出效应。卢卡斯关于人力资本外部效应的研究，贝克尔和墨菲的内生专业化模型等也确证了这一命题②。

知识是人文、社会科学等多学科关心的问题。对于知识及知识资产的性质，哲学、法学、社会学等学科也进行了大量的研究工作，如以德鲁克为代表的管理学家提出和解释了知识分工、知识劳动、知识社会等范畴；我国法学界提出的无形性、专有性、地域性、时间性等是国内学术界关于知识资产性质的标准解释。

（二）研究开发成果的学习、传递和使用

对研究开发及其成果性质的探索，为分析研究开发成果传递、扩散和使用等资源配置问题提供了理论准备。知识作为一种特殊的生产要素，不仅与风险、不确定性、有限理性等认知特征联系在一起，而且与分工、经济增长等技术特征联系在一起。基于以上知识性质的理解，经济学家们在关于知识的学习、传递和利用等知识配置问题上进行了深入的探讨。

阿罗（1962）的"干中学"学习模型考察了工作实践中知识的积累对生产力的影响，验证了斯密的分工原理。研究经济行为演化的演进经济学兴起于 20 世纪七八十年代，它沿着熊彼特（1912）开辟的研究方向，在技术创新、知识经济、网络

---

① Arrow. K. J., The Economics Implications of Learning by Doing, *Review of Economic Studies*. 29, pp. 153-173.

② Becker, G. S., and Murphy, K. M., The Division of Labor, Coordination Costs, and Knowledge, *Quarterly Journal of Economics*, 1992, 7 (4), pp. 1137-1160.

经济以及制度变迁等领域进行了广泛的研究，深化了知识问题的分析。

德姆塞茨（1988）认为，获得、维持和使用知识是要付出成本的，但企业的分工可以节约这些成本，而且企业的边界由维持自己所需要的知识的成本所决定。威廉姆森（1985）等人也注意到，企业能促进知识的分享与转移，在一体化企业中，研究开发部门与企业里实施新技术的人员之间的信息流动比市场上优越得多。

对于获取知识的学习过程及其效应，经济学家也提出和形成了不少模型与理论。有限理性学习模型（Simon，1957；Winter，1971；Kreps，1990；Ellison & Fudenberg，1993；Conlisk，1996）、不确定性学习模型（Alchian，1950；Stigler，1961；Akerlof，1970）探索了在认知限制以及不确定性环境下经济行为人的学习模式与机制。关于社会学习（Banerjee，1992；Blonski，1999）、路径依赖性（Arthur，1989；North，1990）等方面的研究，阐明了学习的特性，也说明了学习过程不是发生在一个无摩擦的环境中，而是一个行为互动的延续过程。博弈论中有大量关于学习的文献（Bernheim，1984；Milgrom & Roberts，1991；Knight，1996），研究了行为者如何从过去的行为进行学习、行为者如何通过对环境结构以及他人行为的理解来学习以及调整信念的贝叶斯学习等。演化经济学研究了知识的难言性、不可逆性等问题。

从管理学上看，德鲁克等管理学家早就提出了企业研究开发、知识创新的重要性问题。对企业的竞争优势起关键作用的知识和能力被 Prahalad & Hamel（1990）称为核心能力，企业正是通过其特有的核心能力的积累及由此所决定的竞争行为或战略来获得持续的竞争优势和超额利润的。Nelson & Winter（1982）认为，在企业演进过程中形成的生产性知识和能力表现为组织惯例，表现为惯例的知识也是高度隐性、难以模仿和替代的，惯例框定了企业应对市场变化的行动方式，决定了企业的竞争策略及其后果。Teece，Pisano & Shuen（1990）的动态能力理论则从演进的视点具体分析了企业核心能力的更新等组织发展问题，这引起人们关于如何运用已有知识去开发新知识问题的研究。近年来兴起的组织学习理论就是对此的发展和深化。

二、研究开发与经济增长

（一）经济增长问题①

近现代社会是如何展开工业革命和市场革命，如何实现经济增长以至经济的持续快速增长的？为什么各国的生活水平差

---

① 对于新增长理论的主要文献，巴罗、阿吉翁的两本教科书差不多囊括殆尽，鲍莫尔、格罗斯曼等人对经济中的研究开发与增长问题也做了相当好的综述，国外文献综述除了查阅部分论文外，大部分是参考了以下几本专著：

［美］罗伯特·J.巴罗，哈维尔·萨拉伊马丁：《经济增长》，北京，中国社会科学出版社，2000。

［美］菲利普·阿吉翁，彼得·霍依特：《内生增长理论》，北京，北京大学出版社，2004。

［美］G.M.格罗斯曼，E.赫尔普曼：《全球经济中的创新与增长》，北京，中国人民大学出版社，2003。

［美］威廉·鲍莫尔：《资本主义的增长奇迹》，北京，中信出版社，2004。

［美］本·斯泰尔等：《技术创新与经济绩效》，上海，上海人民出版社，2006。

［美］阿马德·毕海德：《新企业的起源与演讲》，北京，中国人民大学出版社，2004。

［英］克利斯·弗里曼，罗克·苏特：《工业创新经济学》，北京，北京大学出版社，2004。

别很大，富裕国家有更高的人均收入水平？当然，对这些问题，可以从不同的方面具体分析。

研究表明，一半以上的人均收入差别、一半以上的人均收入增长率差别都来自于全要素生产率的不同，而技术变化是全要素生产率的一个重要决定因素。索洛、库兹涅茨以及兰德斯（Landes）、罗森伯格（Rosen-berg）和莫基尔（Mokyr）等众多经济史学家也都认为，技术演变处于现代经济增长的中心地位。有关研究开发与企业生产、经济增长等问题的研究成为经济学、管理学等学科的重点领域。

斯密以来，经济学家主要从分工、资本积累等角度分析经济增长问题。斯密、李嘉图、马尔萨斯、马克思等经济学家一直试图回答的一大问题就是：对于个人、企业或国家而言，其收入或经济增长的原因是什么？进入 20 世纪，虽然 F. 拉姆齐、A. 杨格、奈特、熊彼特等人曾经提出了关于经济增长的重要思想，但只是在经历了几乎毁灭人类文明的第二次世界大战，进入 20 世纪后半叶，经济学界才开始关注和研究经济增长问题。直到 20 世纪 80 年代，增长理论才开始成为主流经济学的研究领域。

（二）经济增长的理论假设和模型分析

早期的如哈罗德、多马有关资本形成的经济增长模型，汉森、萨缪尔森关于引致投资和加速原理的研究，索洛、斯旺的有关资本深化的经济增长模型，都开始系统探讨经济增长问题。特别是索洛 1956 年、1957 年发表的两篇文章，已经强调人力资本、技术进步的重要性。不过，由于这些模型都把维持经济增长的技术进步等因素视为外生变量，难以解释现代经济中的长期人均增长和不同经济体中的技术差别问题，因而被称为传统的增长理论。

索洛 1956 年的研究带动了 20 世纪 60 年代的研究潮流，

例如尼尔逊 1959 年首先论述了知识生产和消费的经济特征问题，阿罗 1962 年的干中学模型，宇泽（Uzawa）1965 年的人力资本驱动的生产率改进模型，谢尔（Shell）1967 年的发明活动模型，但外生技术变化的理论在增长理论中仍占统治地位。阿罗首次将观念视为生产或投资的产物，这种机制被描述为"从干中学"（leaning by doing 又译为"边干边学"），这一经济思想被看成是技术内生化经济增长理论的先导。在阿罗的增长模型中，每个人的发现或新知识都立即外溢到整个经济中，因为知识是非竞争性的。

不过，20 世纪 70 年代和 80 年代早期，经济学家将研究热情投入了对理性预期与货币政策有效性的争论，他们对增长理论的兴趣慢慢减弱。80 年代中期以来，增长理论出现复兴气象。罗默、卢卡斯等人在阿罗等人工作的基础上，开始建立新的增长理论。此外，格罗斯曼和赫尔普曼模型探讨了研究与开发中间产品和最终产品的生产所凝结的人力资本，以及它们之间的相互作用。巴罗（1990）模型强调了政府投资的公共基础设施在经济增长中的作用。

20 世纪 90 年代以来，增长理论进入了基于创新的理论发展阶段。这一阶段的理论发展又包括两个分支：一是罗默（1990）的产品多样化模型；另一是阿洪与霍伊特（1992）的新熊彼特增长模型。在阿洪与霍伊特 1992 年及以后的论文中，知识更新及其所带来的过时问题是研究中的核心问题。

经过罗默、格罗斯曼和赫尔普曼、阿洪和霍伊特、Segstrom、Jones 等人的发展，新增长理论模型运用竞争行为、动态均衡等经济学的基本方法，整合了研究开发、技术扩散、人口增长率、不完全竞争等思想。由于将技术进步、人力资本等作为经济增长的内在因素纳入理论模型，并对这些因素给予充分估算，内生决定了长期增长率，因而被称为内生增长理论。

（三）研究开发与经济增长的实证分析

在研究开发与企业经济增长的关系问题上，大量的经验研究结果表明：一个国家、一个行业、一个企业在知识资产方面的投入与经济增长、生产率提高、企业盈利增加之间呈显著的正相关关系（Lev，1999）。在考察企业组织、市场结构与研究开发的关系的基础上，经济学家从 20 世纪 70 年代开始转向分析研究开发投资的社会和私人收益。

关于研究开发活动对经济增长贡献的基本研究方法由索洛开创，后经众多经济学家的完善而日趋成熟。从 20 世纪 50 年代，经济学家在计算经济增长的因素时，首先是从测量要素的积累着手，然后在市场要素价格能够反映出边际产品价值的假设条件下，将产出的增长分别归于不同投入要素积累的贡献。索洛在 1957 年《技术改变与总生产函数》中提出，将经济增长分解为不同的来源，其中的索洛余值（残差）被认为是出自于技术创新的贡献。索洛以及后来继续研究该模型的肯德里克、丹尼森、乔根森等人都是用这一方程来分析产出增长的源泉的。

一些经济学家还试图通过对各国经济增长的分析，衡量资本、研究开发、技术创新等因素与经济增长的关系，区分出技术因素对经济增长的具体贡献。

在新增长理论提出后，经济学家做了大量的实证研究。最近的如巴罗等人将跨国的人均 GDP 增长率对内生增长理论所隐含的潜在增长决定因素（诸如教育支出、政府支出、民主政治指标等）在所考察期间的平均值进行了回归，伯曼等人运用企业层面的法国面板数据分析了宏观经济的波动性、研究开发投资和增长率之间的关系①。国外已有一些实证研究采用了上述研究方法，利用产业数据或企业数据对不同国家研究开发投资的收益率进行分析，从而得到研究开发投资对企业产出、经济增长的影响。

三、研究开发与企业绩效的实证分析

在研究开发与企业经济增长的关系问题上，大量的经验研究结果表明：一个国家、一个行业、一个企业在知识资产方面的投入与经济增长、生产率提高、企业盈利增加之间呈显著的正相关关系②。在考察企业组织、市场结构与研究开发的关系的基础上，经济学家从 20 世纪 70 年代开始转向分析研究开发投资的社会和私人收益。

研究开发与企业绩效之间的关系通常从宏观和微观两个层面进行分析。

（一）宏观层面的分析

对于研究开发支出与企业生产率关系的问题，国外学者利用产业数据或企业数据对不同国家研究开发投资的收益率分析等问题进行了大量研究，从而得到研究开发投资对企业产出、经济增长的影响等结论。如 Edwin Mansfield 研究了研究开发投入的边际收益率③；William N. Leonard 则研究 R&D 投入

① ［美］菲利普·阿吉翁，斯蒂文·德劳夫：《从增长理论到政策设计》，载《比较》，2008，34。

② Lev，B. and P. Zarowin，The boundaries of Financial Reporting and How to Extend them，*Journal of Accounting Research*，1999.

③ Edwin Mansfield.，Rates of return from industrial research and development，*The American Economic Review*，1965，（1/ 2），pp. 310-322.

强度与企业销售增长的关系①；Griliches 用 Cobb-Douglas 生产函数检验了 1957~1977 年大约 1000 家美国大型制造公司的研究与开发支出对生产力的影响②，Jaffe 对 1973~1979 年 432 个美国制造公司进行了抽样分析③，调查了研究开发支出对公司利润与市值的影响。他们的研究结果都表明研究开发支出对企业生产力和绩效的提高有着显著的贡献。

我国学者刘小玄④、姚洋⑤、何玮⑥、吴延兵⑦从产业层面实证研究了研究投入和企业生产率之间的关系，结果都显示企业的研究开发支出对企业技术效率的提高具有较强的正向作用。

（二）微观层面的分析

由于微观计量经济学的发展和微观数据的可得性，国外学者对企业研究开发与企业业绩相关性的研究较多。早期如 Ben-

---

① William N. Leonard, Research and development in industrial growth, *The Journal of Political Economy*, 1971, (2), pp. 232-256.

② Griliches, Zvi, R&D and the Productivity Slowdown, *American Economic Review*, No. 2, May 1980, pp. 343-348.

③ Adams, J. D. and Jaffe, A. B., Bounding the Effects of R&D: An Investigation Using Matched Establishment-Firm Data, *Round Journal of Economics*, 1996, 27 (4), pp. 700-721.

④ 刘小玄：《中国工业企业的所有制结构对效率差异的影响》，载《经济研究》，2000 (2)。

⑤ 姚洋，章奇：《中国企业技术效率分析》，载《经济研究》，2001 (6)。

⑥ 何玮：《我国大中型工业企业研究与开发费用支出对产出的影响——1990~2000 年大中型工业企业数据的实证分析》，载《经济科学》，2003 (3)。

⑦ 吴延兵：《R&D 与生产率——基于中国制造业的实证研究》，载《经济研究》，2006 (12)。

Zion 研究了企业市值与账面净值之差与企业研究开发和广告费的关系[1]，William N. Leonard[2]，Ben Branch[3] 等也做过相关方面的研究，他们的结论都支持了企业研究开发投入与企业业绩之间存在正相关性的结论。

　　在我国，由于缺乏公开披露的研究开发经费支出信息[4]，对研究开发支出对企业业绩影响进行实证研究的情况很少。薛云奎、王志台根据沪市的经验数据（1996～1999 年）证明了单位无形资产对企业经营业绩的贡献要高于固定资产。由于当时上市公司的研究开发信息披露极度缺乏，几乎没有研究开发支出的具体数据，他们没有对 R&D 投入与公司业绩的相关性进行实证研究[5]。梁莱歆、张焕凤[6]，程宏伟、张永海和常勇[7] 等根据上市公司财务报告中披露的公司信息，分析了研究开发

　　[1]　Ben Zion, U., The investment aspect of nonproduction expenditure: An empirical test, *Journal of Economics and Business*, 1978, p. 224.

　　[2]　William, N. Leonard, Research and Development in Industrial Growth, *The Journal of Political Economy*, 1973, (5), pp. 1249-1252.

　　[3]　Ben Branch, Research and development activity and profitability: A distributed lag analysis, *The Journal of Political Economy*, 1974, (5), pp. 999-1011.

　　[4]　本文作者统计过 2004 年深交所上市制造业公司披露研发费用的只有 57 家，而且多在"其他与经营活动有关的现金流出"的附注、专项应付款的辅助、待摊费用、预提费用的附注后披露，披露的研发费用的金额极有可能只是研发费用总额的一部分。

　　[5]　薛云奎，王志台：《无形资产信息披露及其价值相关性研究——来自上海股市的经验数据》，载《会计研究》，2001（11）。

　　[6]　梁莱歆，张焕凤：《高科技上市公司 R&D 投入绩效的实证研究》，载《中南大学学报》，2005（2）。

　　[7]　程宏伟，张永海，常勇：《公司 R&D 投入与业绩相关性的实证研究》，载《科学管理研究》，2006（3）。

支出对公司业绩的影响。他们均是利用一元线性模型分析研究开发投入和企业业绩之间的关系，结论的可信性值得怀疑。而且他们的结论是不同的，梁莱歆等认为研究开发投入强度与主营业务利润率有较强的相关性，研究开发投入产出效应具有明显的滞后性；程宏伟等人的研究结果表明研究开发投入与公司业绩正相关，研究开发投入对公司业绩的影响逐年减弱，上市公司的研究开发投入在投入之后的 1～2 年中对公司业绩的影响没有表现出滞后性，研究开发投入比重太低，不足以推动业绩的持续增长。

四、企业研究开发的绩效评价与激励机制研究

企业研究开发的激励机制实际上涉及相互关联的两个问题：一是对研究开发绩效的观测评估；二是对研究开发人员的激励约束。

对于企业而言，研究开发的生产率测度一直是理论和实践上的难题。大量的研究表明了研究开发活动的绩效评价的复杂性（Tipping①；Szakonyi②）。而研究开发只是决定企业利润的一个因素，甚至是并不重要的因素（Chester）③。Szakonyi认为，目前通行的做法是集中测度研究开发的产出（R&D output），但研究开发的产出并不完全等同于研究开发的有效

① James，W. Tipping，Eugene Zeffren and Alan，R. Fusfeld，Assessing the Value of Your Technology，*Research Technology Management*，Vol. 38，No. 5，1993.

② Szakonyi，Hobert. Measuring R&D effectiveness-1，*Research Technology Management*，Vol. 37，No. 3. 1994.

③ Arthur N. Chester. Measurements and Incentives for Central Research，*Research Technology Management*，Vol. 14，No. 4，July-August，1995，pp. 14-22.

性（R&D effectiveness）。Pascarella 提出，在高技术产业当中，研究开发往往以项目组的方式进行，对团队行为及其绩效评价就具有了更大的复杂性①。

早期激励理论研究了个人需要的满足程度（如马斯洛的需求层次理论）、对人性的假设和工作成就之间的关系（如赫兹伯格的双因素理论等）以及工作绩效和个人期望的联系（如弗罗姆的期望理论、波特和劳勒模式）。Koning 提出激励研究开发人员应结合激励物、激励公正性、激励方式。Chester 认为对研究开发人员应实施个人激励、团队激励、组织激励、非货币激励，并提出了激励原则。Gupta 设计了一整套激励体系（包括人力资源计划、成果计划、报酬体系、职业管理），以保持高技术企业的创新活力。Wilson 详细论述了对研究开发人员的激励应以利益为出发点。

舒尔茨、贝克尔、卢卡斯等人的人力资本理论以及周其仁、杨瑞龙等人的人力资本产权理论深入探讨了知识要素所有者的激励问题②。汪丁丁从知识的"代数格"表达方式和知识的互补性原理来研究知识产权的博弈均衡③。

科斯的《耐久性与垄断》对高科技企业之间的竞争策略以

① Perry Pascarella, Compensating Teams, *Research Technology Management*, Vol. 40, No. 4, July-August, 1997, p. 58.

② Becker, G. S., *Human Capital: A Theoretical and Empirical Analysis, Division of Labor, Coordination Costs*, New York: Columbia University Press for the National Bureau of Economic Research. 1964；周其仁：《市场中的企业：一个人力资本与非人力资本的特别契约》，载《经济研究》，1996（6）；杨瑞龙：《国有企业治理结构创新的经济学分析》，北京，中国人民大学出版社，2001。

③ 汪丁丁：《知识表达、知识互补性、知识产权均衡》，载《经济研究》，2002（10）。

及知识产品的定价策略具有指导性的意义。Rajan & Zingales (1998)① 等人的企业进入研究，Willax、Singh 等人的创业企业研究，从不同的视点对知识要素所有者的激励作出了理论上的阐释。弗里德曼、拉丰、梯若尔（Tirole）、Fudenberg、Varian、Shapiro 以及汪丁丁等经济学家运用博弈论、契约经济学、产业组织理论以及信息经济学等现代经济学分析工具，也对此进行了深入的探索。特别是 Shapiro & Varian（1999）分析了知识产品的高固定成本和低边际成本、网络外在性这两个突出特性。但总的来看，新古典经济学家对知识的分析着重于成文的、可标准化的显性知识层面，特别是专利保护问题，而对于隐性知识及其产权主体激励较少涉及。

弗里曼（1987）、Lundavall（1992）、Nelson（1993）等人提出了国家创新系统理论。不过，国家创新系统理论研究了创新的生态系统性，并没有进一步研究生态系统的形成和创新优势的机理问题，而这是当前的集群理论研究所关注的重点。Saxenian（1994）、钱颖一（1999）、Chong-Moon Lee、William F. Miller、Marguerite Gong Hancock & Henery S. Rowen（2000）等学者认为，知识创新是一个生态系统，成功的创新需要一系列的环境条件。Williamson（1975）、Dunning（1997）、Porter（1998）、Bresson（1999）等认为，产业集聚所形成的知识外溢与信息共享机制、降低交易费用的机制、互补性机制以及竞争机制等增强了企业的创新能力，而企业创新能力的提升又增强了整个集群的竞争优势，由此形成了企业与集群网络共进的产业经济发展格局。

---

① Raghuram, G. Rajian and Luigi Zingales, Power in a Theory of the Firm, *Quarterly Journal of Economics*, 1998, 108, pp. 387-432.

五、研究开发的公共政策研究

持续的经济增长只是相当近期的事情。那么，持续的经济增长到底是怎样开始的？研究开发具有的重要性质，如研究开发投资的固定性和不可撤回性，研究开发投资的未来收益具有不确定性，研究开发结果的外部性，已经成为社会和经济学家的共识。如罗默（1986）认为，通过"干中学"效应，人力资本而不是实物资本表现出外部性，对人力资本投资的最优补贴率取决于人力资本外部效应与内部效应的相对重要性。卢卡斯在 1988 年模型中的推论是，在经济活动中，人力资本增长越快，其经济增长越快，而人力资本的增加又与整个劳动者贡献给人力资本形成部门的比重有关，也就是与从事教育和技术培训的人数有关。

后来 Judd（1997）的研究表明，在不完全竞争市场条件下，对研究开发投资的最优补贴率随产品价格与边际成本差距的上升而提高，并对美国的设备投资税收减免政策进行了检验。Dixit 和 Pindyck（1994）、Schwartz 和 Moon（2000）等学者运用实物期权方法，研究了在研究开发投资不可撤回、预期收益不确定性条件下的企业研究开发决策行为。

在研究开发、技术进步的进程中，不只是企业加大了研究开发的投入力度，政府也在采取各种措施，政府的各种支持性政策已经成为创新体系的重要组成部分。政府在研究开发上的公共政策大致可以分为三个方面：一是产权界定和保护政策，特别是知识产权政策；二是市场竞争和管制政策；三是各种形式的财政政策。

Schere（1959）、Taylor 和 Silberston（1973）、Mansfield（1981）等人较早地对专利权与企业增长进行了论证。默顿（1957，1982）分析了研究开发中的收益优先权问题，收益优先权实际上就是知识产权的基本属性①。诺思等新制度经济学家认为，技术进步引致了经济增长，而知识产权等一系列制度通过几个世纪的积累和发展过程，是导致技术进步和经济增长的原因。

早期的内生增长模型，例如罗默（1986，1990）、Segerstrom（1990）等建立的以研究与开发为基础（或者说以知识为基础的）经济增长模型均认为，从长期来看，经济增长率取决于经济中的研究与开发资源，研究与开发补贴因为增加了研究与开发的投入刺激，对增长有着正向影响。格罗斯曼和赫尔普曼（1989，1990）模型探讨了研究与开发中间产品和最终产品的生产所凝结的人力资本，以及它们之间的相互作用。巴罗（1990）模型强调了政府投资的公共基础设施在经济增长中的作用。

不过，新近的文献并没有为政府的公共政策提供一个明确的分析和行动框架。以格罗斯曼和赫尔普曼（1991）与阿洪和霍伊特（1992）为代表的新熊彼特主义的增长模型认为，第一代内生增长模型对于知识的性质，尤其是其外在性的假定过于简单，因为经济增长是一个通过创造性破坏而不断前进的过程，在这个过程中，新技术的出现具有消费者剩余效应、偷生意效应、跨期溢出效应三种外在效应，因此，从理论上来看，研究开发的补贴等政策不一定有利于经济的长期增长。Jones（1995）认为，从长期来看，研究与开发补贴增加了研究与开发部门的规模，但对增长率没有影响。Sala-i-Martin（2001）也认为，尽管存在市场不完全竞争，但内生增长理论并不意味着直接引入政府干预②。

---

① ［美］默顿：《科学的规范结构》，载《科学与哲学》，1982（4）。

② ［美］菲利普·阿吉翁，斯蒂文·德劳夫：《从增长理论到政策设计》，载《比较》，2008，34。

　　上述的文献侧重于介绍国外学者的研究成果，他们的研究一般是以发达国家的经济、企业、政府作为研究的对象，发达国家无论是政府还是企业对研究开发的投入普遍比我国高，他们的研究结论是否适合我国的情况还需结合我国的情况进行具体的分析。

第三节　研究的思路、方法和内容结构

一、研究思路

　　本书主要运用管理学、经济学的理论和方法，以企业的研究开发活动为研究对象，全面、深入地分析企业的研究开发问题。本书首先探讨了研究开发的企业主体、企业内的研究开发组织、企业研究开发的目的和目标、企业研究开发的对象和范围、企业研究开发的类型和内容、企业研究开发的过程和成果等问题，全面梳理了研究开发的目的、主体、组织、对象、类型等基本概念，为下面的分析提供资料、知识上的准备。其次，对研究开发过程、研究开发成果、研究开发成果运用的特定性质及其经济含义进行了系统的理论分析，并运用有关数据和模型对企业研究开发与企业绩效的相关性进行了实证检验，这是本书的核心部分，由此得出的一系列结论成为了分析企业研究开发的绩效评价、内部激励和政府激励的基础。最后，本书依次分析了企业研究开发的绩效评价、企业研究开发的内部激励、企业研究开发的政府激励等问题。

二、研究方法

（一）微观分析与宏观分析相结合

　　对于企业研究开发问题，既可以从总体上分析研究开发、技术进步与经济增长的关系，也可在微观方面分析企业的研究开发问题。运用经济学、管理学的基本原理和知识，主要是微

观经济学中的生产理论、企业理论（包括交易成本理论、委托代理理论、产权理论、合同理论等）、信息经济学等领域的研究成果，以企业为分析的基本单位，对研究开发的微观分析是本书的主要分析方法。

（二）规范分析与实证分析相结合

本书在研究过程中，兼采规范分析和实证分析的方法。对于企业研究开发的许多问题，由于缺乏适当的理论模型，加上国内、国外数据的缺乏或不足等原因，只好采用规范分析为主的研究方法。本书利用我国电子信息行业54家上市公司的研究开发数据，采用了一元和多元回归分析方法，对我国研究开发强度较高的电子信息企业进行了实证检验。实证研究的结果为分析企业研究开发的绩效评价和激励机制打下了良好的基础。

（三）定性分析与定量分析相结合的方法

任何事物都有质和量两方面的规定性。定性分析是指从事物的本质属性上来认识、把握事物；定量分析是指从事物的规模上来认识和把握事物。定性分析和定量分析都是分析事物的基本方法，忽视任一方面都是不完整的。由于研究开发的风险和不确定性、收益的滞后效应等特性，以及研究开发数据的缺乏，本书主要采取定性的分析方法。而对企业研究开发投入，以及研究开发投入和企业绩效之间相关性的研究则采取了定量分析的方法。

（四）跨学科研究

研究开发不仅是经济学、管理学关注的问题，它同时也是哲学和社会学、法学、历史学等社会科学关心的问题。例如，哲学中的认识论、科学哲学，社会学中的科学技术社会学，法学中的商法及企业法、知识产权法，都从不同视角对研究开发、科学技术等问题进行了广泛深入的研究。因此，有关研究开发的研究就是一种跨学科的研究，在研究过程中，势必要学习、借鉴、吸收这些领域的研究成果。不过，作为一部专著毕竟应当有主导性的理论支持和研究方法。本书在理论和研究方法上，主要遵循和运用经济学、管理学的基本原理和方法，观察、分析和解决研究开发问题。

三、本书的内容结构

本书以企业和研究开发性质作为关键性的概念，重点、系统、依次地分析了以下问题：研究开发的性质、研究开发与企业绩效相关性、企业研究开发的绩效评价、企业研究开发的内部激励及公共政策。

本书的研究框架如图 1-1 所示。

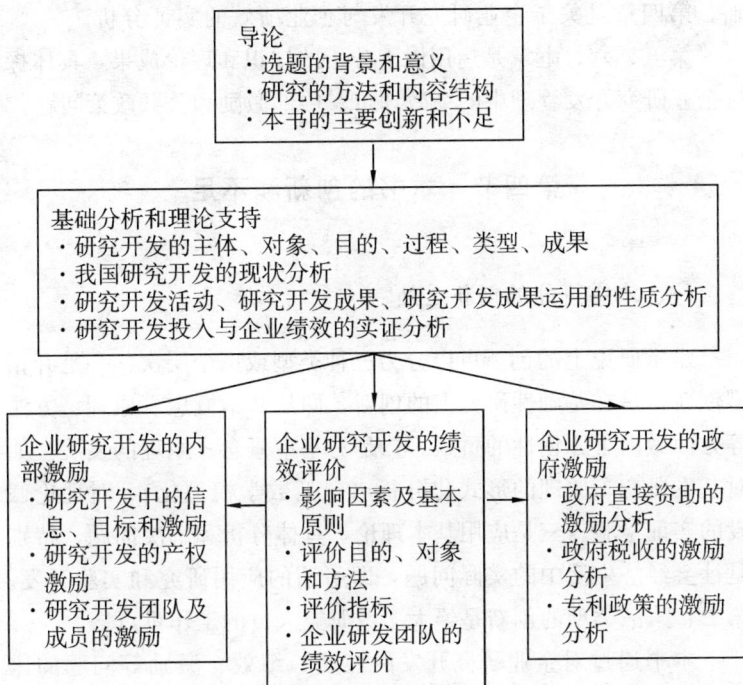

图 1-1　本书的研究框架

本书在结构上分为七章，内容包括三大部分。

第一章导论，主要介绍了本书选题的背景，本书研究的方法，本书研究的重点、难点问题，以及理论上可能的创新之处。

后面的分析大致可以分为三部分。第二、三、四章是全文的基础分析，为第五、六、七章提供知识和理论的准备。其中，第二章是关于研究开发的主体、对象、目的、过程、类型、成果、相关概念、我国研究开发状况等方面的分析。第三章全面分析了研究开发活动、研究开发成果、研究开发成果运用的经济性质，试图为本研究提供一个一般性的知识和理论基础。第四章是关于企业研究开发与企业绩效的实证分析。

第五、六、七章是运用以上分析的知识和理论成果，具体探讨企业研究开发管理中的绩效评价、内部激励和公共政策问题。

第四节　本书的创新和不足

一、本书可能的创新之处

学术研究上的创新可以分为三种类型或三个层次：一是开拓型创新，是在基础性研究上的创新，即从基本概念、原理、方法等方面做出了原创性的贡献。二是对基本概念、原理的发展，如对基本概念、原理的形式化分析（包括数学模型化），对理论假设的实证检验。三是应用基本理论，具体分析和解决问题，特别是社会经济生活中的实际问题，即所谓的应用研究和实验开发。第二、第三类型的创新是绝大多数研究人员的工作重点。

本书通过对企业研究开发的性质、绩效、激励等问题的比较全面、深入的探讨，可能在以下几个方面做出了具有一定新意的工作：

（一）尝试提出了分析企业研究开发的理论框架

从整体上看，本书试图运用经济学、管理学的基本理论和方法，在全面系统地梳理有关企业研究开发的文献，总结企业研究开发的经验的基础上，为观察和分析企业研究开发提出一个比较完整的理论框架。这一理论框架主要内容是：在全面梳理研究开发的目的、主体、组织、对象、类型等基本概念之后，对研究开发过程、研究开发成果、研究开发成果运用的特定性质及其经济含义进行了全面、具体的分析，在此基础上依次分析研究开发与企业绩效相关性、企业研究开发绩效评价、研究开发内部激励、企业研究开发的公共政策等问题。比较而言，以往有关企业研究开发的研究工作分散在经济学、管理学，以及社会学、法学等不同学科、不同研究领域，没有形成一个完整的理论框架。当然，这是一个结构庞大、困难重重的理论设想。

（二）研究开发成果性质的系统分析

对于研究开发成果或知识的性质，外部性和无形性、新颖性、专有性、地域性、时间性分别是国内经济学界、法学界关于知识资产性质的标准解释。然而，以上归纳是基于不同角度的解释，某些性质的解释实在值得商榷，本书尝试提出了对研究开发成果的各种性质的统一解释：

1. 研究开发成果即知识具有无形性、新颖性、互补性等自然的、独有的性质，部分知识具有隐含性、时效性。

2. 无形性等研究开发成果的性质导致了知识生产、消费或使用上的非排他性和非竞争性、外部性，无形性、非排他性、非竞争性使得知识易于学习、模仿甚至盗用；新颖性知识的运用能够产生新工艺、新产品、新市场，改变生产方法，创造新的收益甚至超额收益，这又进一步促进了知识的传播、运用甚至盗用。

3. 知识的传播和无偿使用使得其他人或机构也能够分享知

识带来的收益，这就是研究开发的外部性或外溢性，包括知识外部性、市场外部性和收益外部性。外部性致使研究开发的社会收益率大于投资者的私人收益率。知识在运用上还具有技术风险和社会风险，外部性、技术和社会风险导致了知识运用收益的不确定性和非对应性。

比较而言，时间性、专有性、地域性、法定性等只是知识产权的制度特性，是知识的性质决定或导致了知识产权的制度特征。

（三）研究开发与企业绩效的实证分析

根据已有的理论和国外学者的实证研究，企业研究开发与企业绩效之间应当呈现正相关性关系，由于我国研究开发信息的非强制披露，我国学者从微观的角度对这一问题展开的研究并不多，且研究结论不一。本书选取了 2004～2006 年有相关数据的 54 家电子信息百强企业作为样本，以研究开发经费投入强度（简称研究开发强度）、研究开发和技术人员占全部职工人数比重（简称研究开发和技术人员比重）为解释变量，以主营业务利润率为被解释变量，运用多元回归分析方法，对我国研究开发强度较高的电子信息企业进行了实证检验。通过分析，发现企业的研究开发投入与绩效之间不存在显著的正相关关系，研究开发投入和企业绩效之间存在一定的滞后效应。过去对研究开发投入和绩效之间的关系的实证分析多从国家、产业的角度进行宏观分析，从微观的角度研究企业研究开发和企业绩效之间的关系可能是本书的创新。

此外，本书在企业研究开发的绩效评价、内部激励和政府激励等方面，也进行了一系列的探讨。

二、本书研究上的不足

在研究开发与经济增长问题上，国外学者已经建立和发展了大量的数理模型。由于能力所限，我在书中主要是借鉴了前人的研究结果，使用数理模型进行了一定分析，没有在研究开发问题上创建新的数理模型。

由于企业的研究开发活动多处于保密状态，相关的信息也是非强制披露的，研究和写作中所需要的许多数据和资料难以调查和搜集，有些实证分析（如企业研究开发的风险性、绩效评价以及激励效果）无法进行，因此本书更多的是规范的、定性的分析，定量分析使用的数据截止到 2008 年，定量分析是研究中需要加强的部分。

由于受有限的市场空间、阶段性的技术极限、竞争企业间博弈以及消费者偏好等因素的影响，企业研究开发投入与企业绩效之间具有非对应性或非线性的特征，高额的投入并不一定能带来期望的高产出，当研究开发投入达到一定程度后，随着研究开发投入的增加，其增长率会渐趋于一个常数。本书采用线性回归的方法分析研究开发投入和企业绩效之间的关系，具有一定的局限性，但在我国目前研究开发强度比较低的情况下，影响应该不是很大。

本书对企业研究开发的性质、研究开发与企业绩效相关性、企业研究开发的绩效评价、激励机制等方面进行了一定的分析，但由于涉及的领域较广，对于诸如企业研究开发团队及成员的激励现状的实证分析、企业研究开发的政府激励政策的实施效果分析等还有待进一步研究。

在上述研究工作的基础上，企业研究开发中的投资体制、会计处理、信息披露等具体问题也应当成为分析的对象，尽管在研究工作中曾经专门思考了企业研究开发的信息披露、支出处理等问题，但由于能力不足、数据和篇幅限制，有些分析没有展开，有些实证检验无法进行。

第二章
研究开发概述

　　研究开发、技术创新已经成为驱动经济增长的主要因素。不过，从我国的期刊、重要报纸、博士硕士学位论文等数据库的文献检索中可以发现，相关文献对于研究开发的性质、过程，研究开发的主体、对象、类型等基础性问题至今仍没有建立规范、系统的概念和理论体系，有关部门对此的政策规定也不尽相同和合理，这直接影响了对研究开发的深入探讨。本章通过对国内外学术界、政府部门、国际组织等关于研究开发的性质、类型、主体、对象等基本概念的分析，对相关概念的比较，以及我国研究开发的供给状况分析，为后面的研究工作提供知识上的准备。

第一节　研究开发的概念比较

　　研究开发是现代社会有目的、有组织地生产知识的行为。不过，国内外学术界和政府部门对研究开发的性质、内涵等还没有规范、合理的界定，本节首先比较分析学术界和政府相关部门所使用的研究开发概念。

一、经济学、管理学中的研究开发概念

人类形成、增进知识的行动古已有之。不过，有意识、规范化的科学技术研究活动是从近代欧洲发端的，达·芬奇（1452～1519）、伽利略（1564～1642）是早期的代表人物。直到 19 世纪后期，研究开发大多还是个人、大学、政府、企业的孤立分散的科学行为，很多著名的科学家原本是业余爱好者，如微生物的发现者列文虎克（1632～1723）是市政大厅的看门人，氧气燃烧学说的创立者拉瓦锡（1743～1794）是地方政府的财税官员，遗传学的奠基人孟德尔（1822～1884）是修道士，爱因斯坦创立狭义相对论时是瑞士伯尔尼专利局的审查员，研究开发与企业经济活动之间的关系并不直接紧密。

近现代研究开发或科学技术活动具有几个显著不同于古代科学技术活动的特征：（1）理论思维与实验分析、科学与技术的密切结合。自然科学、社会科学的各种理论或观点在没有得到实验或实践的反复检验并证明之前，只能被称为假说。实验科学不仅推动了科学的发展，而且推动了科学的技术化和社会经济运用。如果说 18 世纪蒸汽机的发展超前于热学理论，电机和电气工业的发展则完全是在电磁理论建立之后人们自觉运用理论作出各种发明与发现的。当然，不论是蒸汽技术还是电工技术都离不开实验，其中包括许多热学实验、物性学实验和电磁学实验，诸如杜瓦瓶、制冷机、电灯、电报等，无不是经过大量实验研究才逐渐完善的。（2）研究开发的专门化、职业化，逐步成为有目的、有组织的知识生产活动。（3）研究开发与社会经济活动之间的关系不断密切。19 世纪 70 年代以后，一些企业开始有目的、专门化地开展研究开发活动。熊彼特1912 年出版《经济发展理论》时，虽然给予了创新极高的地位，但仍然把外来的、自发的发明与企业、产业的技术创新、

经济发展区别对待，许多发明并未能导致技术创新、经济增长。

第二次世界大战结束后，研究开发开始成为欧美国家大企业的自觉行为，企业和政府都采取了有组织的行动，自觉地将研究开发与社会经济发展连接起来。美国联邦政府、经济合作与发展组织（OECD）、联合国等相继开展了研究开发的调查统计工作。

与企业、政府部门对研究开发的热情和投入相比，经济学家的研究重点长期集中在一般均衡理论和宏观经济理论，对于研究开发、创新等并未给予足够的重视和研究，这种情形一直延续到 20 世纪 80 年代。权威的经济学类工具书如 1987 年版《新帕尔格雷夫经济学大辞典》（中译本为陈岱孙主编，经济科学出版社 1992 年出版）、1992 年版《新帕尔格雷夫货币金融大辞典》（中译本为董辅礽总编，经济科学出版社 2000 年出版）竟然没有收录"research and development"词条。只是罗默于 1986 年、卢卡斯于 1988 年发表了他们的论文后，经济学家才开始将研究开发、技术进步、创新融入主流经济学研究体系。

研究开发作为现代社会的科学技术活动的主要组成部分，一般是指目的在于形成或增进知识的努力或行为。按照美国经济学家道格拉斯·格林沃尔德主编、1982 年出版的《经济学百科全书》，研究开发包含所有目的在于形成或增进知识的系统性的或有组织的努力或行为①。换言之，研究开发就是形成或生产知识、技术的过程，研究开发成果在企业、行业和社会的应用、扩散过程就是创新。

作为外来概念，"研究开发"在英语文献中是"research

---

① ［美］道格拉斯·格林沃尔德：《经济学百科全书》，547～549 页，李滔，等译，北京，中国社会科学出版社，1992。

and development（R&D）"的意译。 "research and development"还被译为"研究与开发""研究与发展""研究与试验开发""研究与试验发展""研究发展"甚至简称为"R&D"（研发）等。本书一般称"research and development"为"研究开发"或"R&D"。

二、统计中的研究开发概念

不仅研究开发是外来概念，自觉、系统的研究开发活动及其统计工作也首先兴起于欧美国家，因此就有必要通过国际比较来认识有关研究开发的各种问题。由于研究开发是政府投资和管理的重要事项，涉及一个国家的统计和规划、财政和会计等经济政策，政府部门、国际组织都制定了有关研究开发的一系列统计政策。

（一）国际组织对研究开发的定义和统计

发达国家政府和国际组织先于经济学界，系统开展了研究开发的调查统计工作。在 20 世纪 40 年代已经开始了研究开发（R&D）的调查统计，1950 年建立的美国国家科学基金会首先开创了研究开发的系统测度工作。

经济合作与发展组织 1961 年正式成立后，在有关成员国已有工作的基础上，大力推进了研究开发的定义和测度。1963 年 6 月，来自 OECD 各成员国的统计专家在意大利出产白葡萄甜酒的弗拉斯卡蒂镇（Frascati）举行会议，就研究开发统计指标的定义和测度方法达成一致，通过了《研究与发展（R&D）调查的推荐标准与规范》，即人们熟知的《研究与发展调查手册》（又称《弗拉斯卡蒂手册》）的第一个正式文本，研究开发人员成为最早的一种科技人力资源统计指标。此后，OECD 各成员国在该手册的规范指导下，建立起了定期的科技统计调查制度，为成员国政府决策提供咨询，受到世界各国的普遍关注。

在 OECD 工作的推动下，联合国教科文组织（UNESCO）于 1965 年起组织对科学技术活动，特别是研究开发数据的系统收集、分析、发表及标准化工作，1978 年通过《关于科学技术统计国际标准化的建议》，1984 年发布《科学技术活动统计手册》。UNESCO 在上述文件中提出了"科学技术活动"的概念，并将科技活动划分为研究与发展（R&D）、科技教育与培训、科技服务三个组成部分，研究开发统计由此迅速在世界各国推广开来。按照 OECD 的定义，研究开发（R&D）是一种有系统的创造性工作，其目的在于丰富人类文化和社会知识宝库，并运用这些知识去进行新的创造①。

UNESCO 与 OECD 对研究开发的定义是一致的。根据 UNESCO 的定义，研究开发是指为增加知识总量（包括人类、文化和社会知识），以及运用这些知识去改造新的应用而进行的系统性创造活动。研究开发由基础研究、应用研究和试验开发三部分组成。其中，基础研究指为获得关于现象和可观察事实的基本原理及新知识而进行的实验性和理论性工作，它不以任何专门或特定的应用或使用为目的；应用研究是指为获得新知识而进行的创造性研究，它主要针对某一特定的实际目的或目标；试验开发是指利用从基础研究、应用研究和实际经验所获得的现有知识，为产生新的产品、材料和装置，建立新的工艺、系统和服务，以及对已产生和建立的上述各项作实质性的改进而进行的系统性工作。从 1963 年起，UNESCO 每年都在《UNESCO 统计年鉴》中发布世界各国的主要科技指标数据。

---

① OECD, *Main Definitions and Conventions for the Measurement of Research and experimental Development* (R&D)：*A Summary of the Frascati manual* 1993，Paris 1994.

（二）我国对研究开发的研究与统计

我国从 1985 年科技普查起，以国际标准和规范为依据，结合我国国情，全面展开科学技术及研究开发的研究和统计工作。由于国家标准是有关部门制定相关政策的基础条件，这就需要按照国家标准、统计和规划部门、财政和会计部门、企业的顺序分别分析和比较它们在研究开发上的定义和措施。在我国的科技统计中，采用 UNESCO、OECD 的相关标准来制定研究开发的统计标准。20 世纪 90 年代以来，科学技术部会同国务院有关部门和相关单位编撰出版"中国科学技术指标"系列报告，1992 年起正式发布《中国科学技术指标》，它是全面阐述中国科学技术发展状况和趋势的政府出版物，每两年发布一次，《中国科学技术指标 2006》是"中国科学技术指标"系列报告的第 8 卷，由科技文献出版社于 2007 年出版。《中国科学技术指标》将研究开发定义为：为了进行知识创造和知识应用而进行的系统的创造性工作，是人们不断探索、发现和应用新知识的连续过程。

研究开发的国家标准。我国过去的《国民经济行业分类与代码（GB/T4754-94）》还没有采用"研究开发"的行业概念，而是在第三产业 N 门类"科学研究和综合技术服务业"中划分了第 92 大类"科学研究业"和第 93 大类"综合技术服务业"，科学研究业包括"自然科学研究业"（包括数学、物理、化学、生物学、农学、医学、地学、天文学等自然科学的研究活动）、"社会科学研究业"（包括人口、政治、经济、哲学、法学、历史、美学、文化艺术、语言、民族、文化、考古等社会科学的研究活动）和"其他科学研究业"（包括管理科学、技术经济学、未来学、科学技术史、情报科学、图书馆学、档案学、环境科学等边缘学科的研究活动）。从后来看，科学研究业大致相当于研究开发，但少了工程和技术的研究开发。

按照我国现行的《国民经济行业分类》（GB/ T4754-2002），研究开发被译为"研究与试验发展"，属于第三产业中的"M科学研究、技术服务和地质勘察业"门类。本门类包括75～78大类，其中75大类为研究与试验发展，76大类为专业技术服务业，77大类为科技交流和推广服务业，78大类为地质勘察业。按照这一分类，研究与试验发展指为了增加知识，以及运用这些知识创造新的应用，所进行的系统的、创造性的活动。即为揭示客观事物本质和运动规律，获得新发现、新理论和新知识，探索科学发展的应用途径和方法，以及改进生产工艺和技术，所进行的理论研究和试验活动。研究与试验发展包括基础研究、应用研究和试验发展。

研究开发的行业范围包括：（1）自然科学研究与试验发展。包括：数学、信息科学与系统科学、力学、物理学、天文学、化学、地球科学、生物学等研究活动；中国科学院的活动。（2）工程和技术研究与试验发展。包括：工程和技术科学基础科学、测绘科学技术、材料技术、矿山技术、冶金技术、机械工程技术、动力与电气工程技术、能源科学技术、核科学技术、电子技术、通信与自动控制技术、计算机技术、化学工程技术、纺织科学技术、食品科学技术、土木建筑工程技术、水利工程技术、交通运输工程技术、航空航天科学技术、环境科学技术、安全科学技术等研究与试验发展活动。（3）农业科学研究与试验发展。包括：农学、林学、畜牧和兽医科学、水产学等研究与试验发展活动。（4）医学研究与试验发展。包括：基础医学、临床医学、预防医学与卫生学、军事医学与特种医学、药学、中医学与中药学等研究与试验发展活动。（5）社会人文学科研究与试验发展。包括：马克思主义科学理论、哲学、宗教学、文学、艺术学、历史学、考古学、经济学、政治学、法学、军事学、社会学、民族学、新闻学与传播学、图书馆与情报文献学、教育学、体育科学、统计学、管理学等研究活动；社会科学院的活动。

研究开发不包括：为解决研究与试验发展活动产生的新技术、新工艺、新产品投入生产或在实际应用中存在的技术问题而进行的系统性活动［列入 7710（技术推广服务）中］；使用新技术、新工艺进行的生产活动和新产品的批量生产［列入 C（制造业）的相关列别中］；与新技术、新工艺、新产品有关的市场开发、转让、交流、推广［列入 77（科技交流与推广服务业）的相关行业类别中］；名义为研究机构，但实际上主要不从事研究与试验发展活动的单位（按主要活动的性质归入相关的行业类别中）；高等院校、政府部门非独立的科研活动（分别列入高等院校和政府机构对应的行业类别中）；无论何种目的，独立从事的检验、测试及检测等活动［列入 76（专业技术服务业）的相关行业类别中］。

科技部网站对"research and development"的翻译和解释稍有不同：在"信息公开·科技统计·中国科技统计·知识窗"的"研究与发展（R&D）活动"词条下，出现的是"研究与试验发展"。按照这一解释，研究开发是指为增加知识的总量（其中包括增加人类、文化和社会方面的知识），以及运用这些知识去创造新的应用而进行的系统的、创造性的工作。研究开发活动具有创造性、新颖性、运用科学方法、产生新的知识或创造新的应用等基本特征。在上述条件中，创造性和新颖性是研究开发的决定因素，产生新的知识或创造新的应用是创造性的具体体现，运用科学方法则是所有科学技术活动的基本特点。而研究水平、任务的来源（国家或省级）和研究中所采用的技术，均不是构成研究开发活动的基本要素。按活动类型，可以把研究开发活动分为基础研究、应用研究和试验发展，基础研究和应用研究统称为科学研究，研究开发是科技活动的主要组成部分①。

OECD、UNESCO 和我国关于研究开发的三种定义虽然表述不一样，但含义基本相同。不过，我国的科技统计实践证明，OECD、UNESCO 关于研究开发的这两套分类均不太适合我国，一是因为国际组织的《社会经济目标分类》要适用于所有成员国，其分类过于笼统；二是其分类内容不符合我国科技管理的要求②。UNESCO 也较早注意到了科技统计与一般社会经济统计的协调，《科学技术活动统计手册》指出，"科技统计所用的概念、定义和分类要尽可能地与其他统计领域如工业活动、人力和教育统计所用的标准保持一致，特别是同国家核算制度所用的概念、定义、分类保持一致……"目前，我国正在修订研究开发的相关统计标准。

（三）我国研究开发的统计指标

在研究开发上，我国目前经常使用的统计指标包括研究开发（研究与试验发展，R&D）经费支出、研究开发（研究与试验发展，R&D）经费投入强度、财政科技拨款等。

研究开发经费支出是指统计年度内全社会实际用于基础研究、应用研究和试验发展的经费支出，包括实际用于研究开发活动的人员劳务费、原材料费、固定资产购建费、管理费及其他费用支出。2006 年全国研究开发经费总支出为 3003.1 亿元。从研究类型看，基础研究经费支出为 155.8 亿元，应用研究经费支出为 504.5 亿元，试验发展经费支出为 2342.8 亿元，三者所占比重分别为 5.2%、16.8% 和 78%。从执行部门（机

---

① 中国科技统计，www. sts. org. cn/zsc/10. htm。

② 华中科技大学管理学院科技统计信息中心：《关于征求〈社会经济目标分类与代码〉意见的通知》，中国科技统计，www. sts. org. cn，2006-09-30。

构）看，各类企业经费支出为 2134.5 亿元，政府部门属研究机构经费支出 567.3 亿元，高等学校经费支出 276.8 亿元，三者所占比重分别为 71.1％、18.9％和 9.2％。

此外，还可以从行业、地区、经费来源等角度，分析研究开发经费支出。从研究开发经费来源上看，2006 年我国研究开发经费支出总额中来自企业的资金占 69.1％，来自政府的资金占 24.7％，其他方面的资金占 6.2％，企业是我国研究开发的资金投入主体。

研究开发经费投入强度是指全社会研究开发经费支出与国内生产总值（GDP）之比；产业部门研究开发经费投入强度指产业部门的研究开发经费支出与其主营业务收入之比。2006 年全国研究开发经费投入强度为 1.42％。按研究开发人员（全时工作量）计算，人均经费支出为 20 万元。

财政科技拨款是指统计年度内由各级财政部门拨付的直接用于科技活动的款项，包括科学事业费、科技三项费、科研基建费及其他科研事业费。2006 年，国家财政科技拨款额为 1688.5 亿元，科技拨款占当年国家财政支出的比重为 4.2％，为 1998 年以来的最高水平。

此外，我国在科技统计范围中增加了对研究开发成果应用的统计。

三、会计准则中的研究开发概念

研究开发涉及企业的投资、费用组成和处理、信息披露等问题，因此英国、美国、法国、日本、中国香港、中国等国家和地区以及国际会计准则委员会（IASC）的会计准则都定义了研究开发及其会计处理方法。因此，可以从研究开发的概念、研究开发费用的组成内容、研究开发费用的会计处理、研究开发准则的适用范围四个方面，比较英国、美国、中国以及国际会计准则委员会的会计准则。

（一）研究开发的概念

按照国际会计准则委员会 1993 年修订的国际会计准则第 09 号《研究与开发费用》，研究活动是指为了获得新的科学技术知识和理解而从事的有创造性的和有计划的调查。其实质在于特定的研究费用支出，并不一定给企业带来未来的经济利益。研究活动的典型例子包括：（1）为取得新知识而进行的活动；（2）为研究成果或其他知识的运用而进行的研究工作；（3）对替代产品或工序的研究工作；（4）为产品可能的创新、改进或工序替换而做的制定配方和设计工作。

开发活动是指在开始商业性生产或使用之前，把研究结果或其他知识应用于计划或设计，以生产新的或有重大改进的材料、装置、产品、工序、系统或劳务。其实质在于，由于它已比研究活动阶段大大进步，在某些情况下，企业能够确定其为企业带来未来经济利益的可能性。开发活动典型的例子包括：（1）对替代产品和工序进行评价；（2）对投产前的原型、模具进行设计、建造和测试；（3）对采用新工艺制成的工具、装配架、铸模和印模进行设计；（4）对不适于大规模商业性生产的实验性机器进行设计、建造和运行。

既非研究活动又非开发活动，但可能与这两者密切相关的活动的例子包括：（1）在商业性生产的前期为确保工作的完成所实施的监督；（2）在商业性生产过程中的质量控制，包括产品的例行检查；（3）商业性生产过程中因故障而进行的修理工作；（4）为改良或丰富现有产品或提高产品质量所做的例行工作；（5）在商业活动中根据客户的需要或特别要求，调整现有的生产能力；（6）对现有的产品设计进行季节性或定期的改变；（7）对工具、装配架、铸模、印模进行的例行设计；（8）与建造、迁移、重新安排或启用非为研究开发项目专用的工具和设备有关的活动，包括设计和监督建造等。

按照美国会计准则委员会（FASB）在财务会计准则公告第02号《研究与开发费用的会计处理》（SFAS2，1974），研究是指以获取新知识为目的的有计划研究或关键性调查，并希望这种新知识能有助于开发新产品、劳务、工序、技术或明显改进现有产品、工艺、工序。开发是指把研究成果或其他知识应用于设计新产品、新工序或用于大力改进现有销售或使用产品与工序的活动。

英国在标准会计惯例公告第13号（UKSSAP13）中，将研究与开发分为三类，即基础研究、应用研究和开发，前两者等同于国际会计准则和美国会计准则所指的研究。

我国《企业会计准则第6号——无形资产》指出：研究是指为获取并理解新的科学或技术知识而进行的独创性的有计划调查。开发是指在进行商业性生产或使用前，将研究成果或其他知识应用于某项计划或设计，以生产出新的或具有实质性改进的材料、装置、产品等。在该准则的应用指南中举例说明了研究开发的范围。认为意在获取知识而进行的活动，研究成果或其他知识的应用研究、评价和最终选择，材料、设备、产品、工序、系统或服务替代品的研究，新的或经改进的材料、设备、产品、工序、系统或服务的可能替代品的配制、设计、评价和最终选择等，均属于研究活动。而生产前或使用前的原型和模型的设计、建造和测试，含新技术的工具、夹具、模具和冲模的设计，不具有商业性生产经济规模的试生产设施的设计、建造和运营等，均属于开发活动。

由上可见，四个准则均对"研究"和"开发"下了定义，但在定义内容和会计处理上有所不同。（1）中国、英国以及国际会计准则委员会的"研究"定义均指明"创造性"活动，包括基础研究和应用研究，而美国的"研究"定义未强调"创造性"活动，侧重于应用性研究。（2）英国分别对"pure（or basic）research"（基础研究）和"applied research"（应用研究）进行定义，其他三个准则中仅对"研究"笼统地下了定义。（3）英国、美国以及国际会计准则在给"研究""开发"的定义后面详细地列举了研究活动、开发活动和不属研究开发的活动。我国在定义后面无此内容，在会计处理中企业很难判断哪些活动属于该范围，操作性较差。

（二）研究开发费用的组成内容

在研究和开发费用的组成内容上，四个准则异议不大，一般都包括用于研究开发活动的设备设施费、材料费、人工费、合同服务费、外购无形资产费以及有关间接费用等。

对根据合同为他人进行的研究开发活动，四个准则的规定略有不同。国际准则规定，如果合同条款的实质是，与该项研究开发活动有关的风险和利益转移或将会转移给其他企业，则只有风险和利益的接受方才能按本号准则核算其费用；如果合同条款的实质是，与该项研究开发活动的风险和利益没有或将不会转移给其他企业，则从事研究开发活动的企业也应按本号准则对研究开发费用进行会计核算。美国准则规定"根据合同条款那些具体的能被偿还的间接费用也不适用"。我国到目前为止尚不存在为他人进行研究开发活动而承担相关利益和风险的情况，所以在制定准则时并未涉及。

关于不同会计准则中的研究开发费用的会计处理、研究开发准则的适用范围，将在书中相关部分进行具体比较分析。

比较上述有关研究开发的各种概念，可以把现代社会的研究开发定义为：研究开发是一种有目的、有组织的生产或增进知识的系统性的人类智力活动，是科学技术活动的主要部分。研究开发由研究开发主体、研究开发对象、研究开发目的、研究开发实施过程、研究开发组织形式、研究开发成果等要素组

成。研究开发分为基础研究、应用研究、试验发展（开发）三
种类型。研究开发的成果一般称为知识或技术。

第二节　研究开发的主体、对象和目的

从系统的角度看，研究开发系统包括研究开发的主体、对
象、目的、实施过程、组织形式、成果等组成要素，包括投入
（输入）、内部过程（以及内部过程评价与反馈）、成果（输出、
产出）、成果评价与反馈、接收系统、成果运用、成果运用的
评价与反馈等组成单元（环节）。

一、研究开发的主体

（一）研究开发的转型

与古代科学技术活动相比，近现代研究开发或科学技术活
动具有几个显著不同的特征：

1. 理论思维与实验分析、科学与技术的密切结合。到了
19 世纪，实验科学开始全面繁荣，许多科学领域取得重大突
破，这不仅推动了科学的发展，而且推动了科学的技术化和社
会经济运用。进入 20 世纪，科学技术全面紧密地融合，即科
学技术化和技术科学化。越是高技术，包含的科学知识密集程
度也越高；科学进步也越来越依赖于最新的复杂技术装备的
支持。

2. 研究开发活动进一步专门化、职业化，逐渐成为有目
的、有组织的知识生产活动。直到 19 世纪后期，许多科学技
术成果还是业余人士的发现或发明。此后，研究开发逐渐专门
化，科学研究大规模进入大学（其标志为科学家以教授身份从
事研究、大学开始授予科学学位、技工学校和理工学院出现、
教学研究实验室建立等），研究生教育制度开始建立（如哈佛

大学、耶鲁大学先后建立研究生院），工业实验室开始出现（如爱迪生 1876 年建立发明工厂、贝尔 1887 年建立实验室），一大批专业科学学会等学术团体开始改组或者陆续建立，研究所成为大学的基础性的科层组织，科学技术从此踏上了职业化道路，科学研究活动从以个人为主变成了以科研小组为主，科学家被分成大大小小的单元，科学已经成为一种完整的社会建制。进入 20 世纪，重大成果几乎都得自有组织、专门化的研究开发活动，来自于大学的实验室、政府支持或者其他资金赞助的科研院所或企业的研究开发机构。以美国为例，高等院校特别是研究型大学成为从事基础研究的科学家的大舞台，大型企业成为从事应用性研究的科学家的集聚地。

3. 研究开发不断密切社会经济活动之间的关系。19 世纪 70 年代以后，许多企业开始有目的、专门化地开展研究开发活动。第二次世界大战后，研究开发开始成为欧美国家政府和企业的自觉行为，它们采取有组织的行动，自觉地将研究开发与社会经济发展连接起来。首先，科技产业化和产业科技化的速度加快。越来越多的研究开发项目具有直接的经济目的，企业成为应用研究和试验发展的主要力量，研究开发成果迅速转化和扩散，基础研究、应用研究和开发研究三者之间的界限变得越来越模糊。其次，科技社会化和社会科技化的规模不断扩大。科学技术已经渗透到社会生活的各个领域，除科学与经济的结合外，科技与教育、政治、文化、军事、法律、伦理、外交等密切相关。同时社会生活又影响制约着科技的发展，特别是科学发展必须与国家经济、安全和可持续发展的目标紧密结合。

4. 科技全球化的步伐越来越快。近年来，信息技术、网络技术和运输技术的发展，加快了科技、经济和社会的全球化步伐，促进了研究开发在全球范围内的开展和评价，也促进了研究开发成果在全球范围内的流动和应用，许多紧迫的科学挑战需要全球合作，同时也需要共同遵守促进全球科技发展的国际法规。科技全球化可能会导致科技领先国家主导甚至控制全球科技发展，也可能迫使落后国家奋起追赶发达国家，其具体结果取决于各个国家的社会经济发展状况和政府的政策导向①。

（二）多元化的研究开发主体

研究开发的主体是指进行研究开发的个人或机构。在广义上，每一个有着正常思维和实践能力的人都可以看做知识的生产者。从世界历史看，研究开发的主体经历了从孤立、自发的个人研究向企业、大学、政府机构等多元化研究机构的转变。近代科学诞生以后，直到20世纪以前，科学研究一般以个体研究方式为主，那时这些单个的科学家、发明家都是重要的研究开发者，如爱迪生、西屋（威斯特豪斯）等发明家就是独自或与几个助手做出了改变世界经济的重大创新。19世纪后期，研究机构、大学、企业等逐渐代替个人，开始成为研究开发的基本主体，特别是与经济密切相关的发明创新越来越集中在像杜邦、AT&T、IBM这样的大企业中，研究开发成为有组织、有目的的知识生产过程。20世纪后半期，企业在各种研究开发主体中脱颖而出，成为欧美发达国家研究开发的主要力量。与研究开发主体相近的概念还有知识源（Knowledge Base）。

从我国看，在计划经济时期，科研资源主要分布在国有的独立科研院所，研究开发工作也主要在独立科研院所和高等学校中进行。随着中国经济、政府和科技体制改革的进行，我国的研究开发主体开始了从独立科研院所向企业的战略转变，研究开发机构经历了漫长的转制过程。1985年，《中共中央关于

---

① 张九庆：《自牛顿以来的科学家》，第二章，合肥，安徽教育出版社，2002。

科学技术体制改革的决定》提出"调整科学技术系统的组织结构"，1996 年国务院《关于"九五"期间深化科技体制改革的决定》进一步强调"科技体制改革以独立科研机构特别是中央部门所属科研机构为重点"。在多年改革的基础上，1999 年 2 月国务院决定对国家经贸委管理的 10 个国家局所属的 242 个研究开发机构实行转制。在这 242 个机构中，131 个进入企业（集团），40 个转为科技型企业，18 个保留事业单位性质转为中介机构，24 个并入学校划转其他部门或撤并，29 个转为中央直属的大型科技企业。2000 年 10 月，建设部等 11 个国务院部门所属 134 个技术开发类机构也开始实施转制，公益类研究开发机构的分类改革于 2000 年启动，2004 年年底前按照改革方案全部实施到位。同时，地方开发类研究开发机构转制大都已形成方案，地方公益类研究开发机构的改革也在积极推进。到 2003 年年底，已有 70% 以上的地方开发类机构完成了工商注册，有近一半的省（自治区、直辖市）属开发类科研机构转制工作全面完成。江苏、浙江、宁夏、重庆、青岛、沈阳、武汉、广州、杭州等地在院所实现企业转制的基础上实施了公司制改造，转制院所初步建立起了现代企业制度。

经过 20 多年的科技体制改革，研究开发机构的组织结构和运行机制已发生重大变化，政府所属的机构部分已经转制为科技型企业，部分已成为研究、开发、工程设计和生产销售一体化的单位。目前，我国研究开发主体除包括政府部门所属的研究开发机构、大中型工业企业、高等院校外，还包括小型工业企业、建筑业、运输邮电业、农业企事业单位和医疗卫生事业单位等。按照国家统计局关于研究开发的机构、经费支出、人员的规定，我国社会经济体系中的独立研究开发机构指有明确的任务和研究方向，有一定学术水平的业务骨干和一定数量的研究人员，具有研究、开发、开展学术工作的基本条件，主要进行科学研究与技术开发活动，并且在行政上有独立的组织形式，财务上独立核算盈亏，有权与其他单位签订合同，在银行有单独户头的单位。包括国务院各部门、中国科学院、中国社会科学院和各省、自治区、直辖市以及地（市）以上［含地（市）］各部门所属的国有科学研究与技术开发机构。科学研究人员指在国民经济各行业中从事科学技术活动的自然科学技术专业人员，包括正副研究员、助理研究员、研究实习员、技术员和未评定职称的技术人员。研究开发支出指用于研究与发展课题活动（基础研究、应用研究、试验发展）的全部实际支出，包括用于研究开发课题活动的直接支出和间接用于研究开发活动的支出（如研究院、所管理费，维持研究院、所正常运转的必需费用和与研究开发有关的基本建设支出）。目前，我国已初步形成了多元化的研究开发机构，企业正在成为研究开发的主要力量，研究开发正在由政府主导向市场取向转变。

（三）企业的研究开发

从企业的角度看，研究开发的主体也呈现多样化的情形。研究开发既可能由研究开发型企业来实施，也可能由企业的内部组织来实施。在企业内部，开展研究开发活动的有多种多样的组织形式，如研究开发部门、技术中心、创新小组等。

企业成为研究开发的主要力量，主要由三个方面的因素决定：（1）市场竞争。在市场经济条件下，作为自主经营、自负盈亏的经济主体，要生存和发展，获得投资收益，就必须参与市场分工和竞争。要提高企业竞争能力，就必须在产品和服务的成本、质量、品种上占优势，这就迫使企业加强研究开发，进行技术上的创新。一般认为，中等程度的竞争即垄断竞争下的市场结构最有利于技术创新。（2）企业规模。企业规模的大小从两方面影响着研究开发、技术创新的能力：一方面，研究开发需要一定的人力、物力和财力，并承担一定的风险，规模越大，这种能力越强；另一方面，企业规模的大小影响研究开发成果所开辟的市场规模的大小。（3）公共政策。研究开发具有决策和投资上的风险性，成果上的无形性，成果运用上的外部性和风险性等特征，这不仅意味着必须在研究开发的决策和投资方式、绩效评估、信息披露、激励约束等方面进行制度创新和有效管理，还意味着单纯依靠个人、企业、市场的方式不能生产提供出最优的研究开发成果，政府需要制定和实施相关的研究开发公共政策。

企业有大、中、小之分。大型企业资金和人力资源雄厚，抵御风险能力更强，能够开展持续性、开拓性的研究开发活动。不过，由于创新上的惯性或路径依赖，大型企业往往着力于改良性、渐进性的创新。比较而言，中小企业尽管资金和人力资源有限，但往往更有冒险、创新的企业家精神，更加重视个人理想、价值的实现。中小企业数量众多，分布广泛，在研究开发的方式、内容、成果等方面具有灵活性、多样性，适合在传统产业领域具体的、渐进性的创新。如丹麦的养猪业及其加工业、芬兰的林业、以色列的农业、荷兰的花卉业、意大利的传统手工业等都是中小企业进行持续的渐进创新而取得成功的典型范例。不过，随着信息技术的发展，提高了中小企业聚合和利用资源的能力，中小企业有可能通过关键性、开拓性的创新而迅速成长为大企业。

对于企业研究开发的具体组织形式和在研究开发的地位和作用，将在第四节、第五节具体探讨。

二、研究开发的对象和目的

（一）研究开发的对象

对象是指人在行为或思考时作为目标的人或事物。那么，什么是研究开发的对象？对于这个问题，首先牵涉到对什么是科学技术的认识。显然，传统上一直把科学技术理解为自然科学及其应用，自然科学一般包括物理学（含力学、天文学）、化学、生命科学（生物学、农学、医学等）、地球科学（地理学、地质学、气象学等）等学科。如中国科学院目前就包括了数学、信息技术科学、技术科学和以上学科群，国家自然科学基金委员会也把工程与材料科学、信息科学、管理科学纳入管理范围。显然，除了对管理科学的学科属性存在争议外，数学、物理学、化学、生命科学、地球科学、技术科学、工程与材料科学等属于自然科学技术的研究范围。

不过，对研究开发的这种理解和定义显然失之狭隘。如果把科学理解为是关于自然界、人类社会和人本身的规律的事实、原理、方法和观念的知识体系以及创建这个知识体系的社会活动，那么科学至少包括自然科学和社会科学，以及应用科学而形成的各种工具、规则体系等技术。因此，凡是形成或增进知识的系统性的有组织的努力或行为都可以称为研究开发。研究开发应当包括社会经济管理、人文艺术等方面的研究开发活动，正如学术领域分为数学和自然科学、工程技术、哲学和社会科学、人文学科等部类。社会科学是以人类行为或社会现象为研究对象的科学，包括政治学、经济学、军事学、法学、教育学、社会学等学科。社会科学的诸多学科在 19 世纪后期才逐渐从过去的人文学科中分化出来，进入 20 世纪后期，社会科学的各个学科又被人们统称为行为科学。

如果从研究对象和范围上看，作为知识创新和积累的科学研究还应当扩展、延伸到人文学科。人文学科（humanities）是以人本身或与个体的精神直接相关的情感、心态、理想、信仰、文化、价值等作为研究对象的学科，大致可以包括语言学、历史学、文学、哲学、宗教学、艺术等大的学科。从历史上看，人文学科这一名称本身就是科学所界定的，是 20 世纪对那些被排拒在自然科学和社会科学之外的学科的简便总称，而此前的人文学科包含了后来所谓的社会科学。实际上，我国学术界和管理部门至今还将人文学科、社会科学混合使用，如全国哲学社会科学规划办公室、国家社会科学基金项目、教育部人文社会科学基金项目等管理机构都管理着人文学科、社会科学的各个学科。

事实上，现代社会的研究开发不仅包括传统的自然科学、技术和工程的研究，而且包括人类行为特别是人类经济行为的研究，自然科学、工程技术、社会科学、人文学科之间正在出现交叉、融合的发展趋势，知识的创新和积累包括了关于自然世界和人类社会的知识创新和积累，这也充分体现在当前企业特别是第三产业企业的研究开发项目上。难以想象，离开了有关企业内部管理、市场竞争、个人行为、经济发展、公共政策等方面的研究开发，自然科学、技术和工程的研究开发如何适用和满足于人类发展的需求。

我国《国民经济行业分类》（GB/T4754-2002）中的第三产业的"M 科学研究、技术服务和地质勘察业"中，75 大类的研究开发也分为自然科学、工程和技术、农业科学、医学、社会人文科学等方面的研究开发。不过，在随后的"76 大类专业技术服务业""77 大类 科技交流和推广服务业"等行业分类中，显然侧重于自然科学、技术的应用服务，几乎看不到社会科学、人文学科的踪影。我国有关部门如科技部就明确规定，研究开发成果应用这一分类只用于自然科学、工程和技术、医学和农业科学领域。

显然，研究开发仅限于自然科学和工程技术的狭隘理解和规定不仅不符合科学技术发展的现状和趋势，而且不利于社会经济的健康发展。不过，相对于社会科学和人文学科，由于自然科学技术的研究开发活动在成果上既容易直接应用于生产活动，且研究开发在其投入、成果及成果应用上容易界定和计量，因此研究开发特别是企业的研究开发更偏重于源于自然科学技术的研究开发，以及对科学、技术原理在生产活动和社会生活上的综合、合理运用，研究开发主要和首先指生产技术的研究开发。研究开发、科学技术的这一狭隘的理解和应用，在我国表现得尤其突出，我国政府部门、大众生活中所说、所指的科学技术往往就是自然科学技术，科技部基本上就是自然科学及其技术、工程的规划管理部门，基本上不涉及社会科学，更不用说人文学科了。有关部门对企业及其有关项目的评估也主要是自然科学技术的评估，最多再附加财务可行性的评估，基本不涉及社会经济分析。

尽管关于研究开发、技术及其创新的这一狭义的理解和使用已经不符合现代社会经济发展的实际状况，但由于现实中的企业研究开发仍然以自然科学技术作为基本对象，政府的统计和管理仍侧重于自然科学技术上的研究开发，经济学、管理学等学科的研究兴趣也主要指向物理学、化学、生命科学、技术、工程等方面的研究开发活动，而这些研究开发活动可能导致新思想、新方法的发现和新产品、新工艺的发明，以及自然科学的理论、技术、工程创新在生产、消费方面的实际运用。因此，本书也主要在自然科学技术的意义上使用研究开发、技术及其创新的概念。

（二）研究开发的目的

尽管历史和现实中确实有不计得失、不计名利，出于好奇心或其他原因而献身科学技术的人，典型的如英国的卡文迪什（1731～1810），但这改变不了两个基本现象：一是研究开发需要一定的人力、物力投入；二是研究开发要有意义和价值。研究开发是一种特殊的投资行为。过去的研究开发需要一定的人力物力投入，现代社会的研究开发更需要研究者本人经过长期的知识教育和学术训练，需要研究者进行一定时间的劳动投入和大量的资源投入。卡文迪什也正是在继承了大笔财产情况下，才能够长期从事"无用之用"的科学研究。

如果研究开发是一种有投入、有目的的行为，那么研究开发的目的是什么？

对于这个问题，可以首先从研究开发活动本身来分析。从研究开发本身看，研究开发活动的直接目的就是生产和增进知识，是为了认识自然世界、人类社会和人本身。其中，基础研究主要是为了获得基本原理、基础性知识和技术，试验开发主要是为了产品、工艺上的创新，应用研究是二者的过渡阶段。换言之，政府资助或扶持的研究开发主要是为了弥补市场失灵，提高知识的生产总量，改进知识的生产结构，而企业的研究开发主要是为了获得能够应用生产、销售等方面的应用性的知识或技术。

至于研究开发成果出来后有什么用途，这是研究开发的潜在或间接的目的。对于研究开发的间接目的，人们在认识上并不一致，许多人不喜欢改造世界的提法，但这改变不了研究开发的社会功利性。马克思曾说："哲学家们只是用不同的方式解释世界，而问题在于改造世界。"研究开发的目的不仅在于解释世界，而且在于改造世界。

如果研究开发是企业投资和生产活动的一部分，对研究开发的目的就要从企业和企业内部的研究开发组织这两个层次上认识。从企业看，其投入大量资源于研究开发活动，最终目的不是仅仅获得束之高阁的成果或技术，而是为了将成果运用于企业的生产经营活动，以调整或改变生产技术方式，提高生产率，以获得生产上的收益，或者将成果有偿转让给其他主体以获得资产转让的收益，总之是为了获得投资收益。从企业内部的研究开发部门或团队看，其参与研究开发活动的目的是获得

研究开发成果，企业内部的研究开发当然要服从于企业的发展
目标，但它的目的在于生产知识而不是成果运用和利润创造。

熊彼特最早从供给角度分析了知识生产的动力问题，提出
无论是企业之外还是在企业的实验室中产生的科学技术，都是
创新的源头。Schmookler 对此提出了异议，他在实证研究的基
础上发现，知识生产与其他经济活动一样，也是一种追求利润
的经济行为，要受市场需求的引导和制约①。换言之，在刺激
科技创新方面，需求比科技进步更重要，由此形成了需求拉动
说。Mowery & Rosenberg 指出，供给和需求、技术和市场都
是创新成功的基本因素，只是在不同产业中以及在创新的不同
阶段上，二者的重要性可能会有所区别②。对于创新而言，科
技推动与需求拉动既相对独立，又相互补充、交互作用、缺一
不可，这就是创新的双因素说。

我国不同主体投资的研究开发，其目的也有所不同。政府
资助的研究开发课题或项目一般都要求具有理论价值和应用价
值，应用价值包括社会效益。由于基础性和应用性的科学研究
具有高度的风险和不确定性，政府资助这方面的课题是为了解
决个人、企业、市场在研究开发上的失灵，能否成功都很难
说，研究开发成果一般很难直接运用到经济活动中。不过，在
申请、评价课题时仍经常明确强调经济上的收益，这样做实际
上既自欺欺人，也不符合政府投资研究开发的初衷。比较而
言，企业投资于研究开发，其最终目的就是研究开发成果在企

---

① Schmookler，J.，*Invention and Economic Growth*，Cambridge，
Harvard University Press，1966，pp. 62-74.

② Mowery D. & N. Rosenberg，The Influence of Market Demand
upon Innovation：A Critical Revive of Some Recent Empirical Studies，*Research Policy*，1979 (8)，pp. 102-453.

业生产上的直接运用或对外的成果有偿转让，以获得投资上的收益，是一种特殊的营利性活动。

第三节 研究开发的类型和成果

一、研究开发的类型

（一）研究开发的分类

作为科学研究的主要组成部分，研究开发包含了多方面、多层次的内容，可以按照许多不同的和并不总是一致的标准对研究开发进行分类。例如，按研究开发的组织或主体的性质，分为政府的研究开发、企业的研究开发、非营利性组织的研究开发、个人的研究开发等。按研究对象或领域的不同，分为自然科学领域的研究开发、社会科学领域的研究开发、人文科学领域的研究开发、工程技术领域的研究开发等。

在企业、研究院所等研究开发单位，其进行的研究开发项目往往不止一个，因此研究开发可以按项目进行分类。对于一项研究开发，还可以分为研究开发投入、研究开发过程、研究开发成果等组成单元或环节。研究开发获得成果后，还有研究开发成果的开发应用和工业生产或产业化阶段。从制订研究开发计划到获得研究开发成果，这是研究开发的过程；再加上研究开发成果的产业化、市场化开发、采用，这是技术创新或创新的过程。

目前，国际上普遍采用的分类是根据研究开发的成果，研究开发的投入与其未来收益之间的关系性质，将研究开发分为基础研究、应用研究和开发或试验发展三种类型，其中基础研究与应用研究合称为研究。

对于研究开发的三种类型，国家统计局、科技部等政府机构都给出了内涵基本一致的解释。如国家统计局具体解释了基础研究、应用研究和试验发展这三项指标①：（1）基础研究指为了获得关于现象和可观察事实的基本原理的新知识（揭示客观事物的本质、运动规律，获得新发展、新学说）而进行的实验性或理论性研究，它不以任何专门或特定的应用或使用为目的。（2）应用研究指为了确定基础研究成果可能的用途，或是为达到预定的目标探索应采取的（原理性）新方法或新途径而进行的创造性研究。应用研究主要针对某一特定的目的或目标。（3）试验发展指利用从基础研究、应用研究和实际经验所获得的现有知识，为产生新的产品、材料和装置，建立新的工艺、系统和服务，以及对已产生和建立的上述各项作实质性的改进而进行的系统性工作。

在北京统计信息网的"统计指南"中，对三类研究开发的解释又有所不同②。（1）基础研究不考虑用途，以揭示客观事物的本质、运动规律，获得新发现、新学说为目的或对已有的规律、发现、学说作系统性的补充而进行理论研究或实验，其成果多以论文、科学著作为主要形式。（2）应用研究利用基础研究所发现的知识，确定特定的目标，为了明确基础研究成果的实用化的可能性，探索（原理性）新方法而进行的独创性研究，以及对已经实用化的技术探索新的（原理性）应用方法而进行的研究。它不直接产生新的（或改进的）产品或工艺，其成果以科学论文和科学著作、原理性模型和专利为主。（3）实验发展利用基础研究、应用研究和实际经验所获得的知识，建立新的工艺、系统和服务，以及对已建立的系统和服务进行实

---

① 见国家统计局《2006 年全国科技经费投入统计公报》。

② 见北京统计局、国家统计局北京调查总队主办的北京统计信息网"科技统计指标"。

质性的改进而进行的系统性工作，包括对引进技术的改进活动。其成果形式为具有新系统基本特征的原型、可达到设计定型的新产品、新工艺、实验报告等。据此，实验发展可分为产品创新和工艺创新两种。

（二）基础研究

科技部网站对基础研究、应用研究、试验发展也做了具体解释①。根据这些部门的解释和相关研究，可以分别给出基础研究、应用研究、试验发展的定义，以及它们之间的异同。

基础研究一般是指没有特定目的，为获得关于现象和观察事实的原理及规律所进行的理论性、实证性的研究，它以探求知识为目标。基础研究是为了扩充人类科学知识的范围而工作的，目的是为发明、创造提供一般性、普遍性的理论基础。基础研究的成果常常对广泛的科学领域产生影响，成为普遍的原则、理论和定律，因此基础研究需要更长的时间和更多的相关科学知识。例如，物理学研究产生了今天我们已经习以为常的计算机、激光、晶体管、原子能等许多现代事物背后的思想。

基础研究的特点是：（1）以认识现象、发现和开拓新的知识领域为目的，即通过实验分析或理论性研究对事物的物性、结构和各种关系进行分析，加深对客观事物的认识，解释现象的本质，揭示物质运动的规律，或者提出和验证各种设想、理论或定律。（2）没有任何特定的应用或使用目的，在进行研究时对其成果看不出、说不清有什么用处，或虽肯定会有用途但并不确知达到应用目的的技术途径和方法，但它为未来的应用研究和试验开发提供了基础性的思想和方法，后来的应用开发都受益于这些研究，基础研究成果属于公共物品。（3）现代基础研究一般由政府、社会组织提供财政上的支持，由科学家承

① 中国科技统计，http://www.sts.org.cn/zsc/10.htm。

担研究任务，他们在确定研究专题以及安排工作上有很大程度的自由。对单个企业而言，基础研究的吸引力不大，但从长远看，一个国家排斥基础研究将不可能获得持续创新的能力。（4）研究结果通常具有一般的或普遍的正确性，成果常表现为一般的原则、理论或规律并以论文的形式在科学期刊上发表或在学术会议上交流。因此，当研究的目的是在最广泛的意义上对现象的更充分的认识，和（或）当其目的是发现新的科学研究领域，而不考虑其直接的应用时，即视为基础研究。

基础研究在习惯上又可分为纯基础研究和定向（目的）基础研究两种。纯基础研究属于纯学术性研究，它不强调特定应用目的，以探求科学知识为主攻方向。定向基础研究是具有一定目的性的研究，它是为某种科学技术的应用可能性进行科学原理探索的研究。这两者的共通之处在于都是进行了科学知识的探索，不同之处在于目的性的程度有所不同：纯基础研究是为了推进知识的发展，一般不考虑长期的经济利益或社会效益，也不致力于应用其成果于实际问题或把成果转移到负责应用的部门。而定向基础研究的目的是期望能产生广泛的知识基础，为已看出或预料的当前、未来或可能发生的问题的解决提供知识。

（三）应用研究

应用研究也是指为获得新知识而进行的创造性的研究，它主要是针对某一特定的实际目的或目标。应用研究的特点是：（1）具有特定的实际目的或应用目标，具体表现为：为了确定基础研究成果可能的用途，或是为达到预定的目标探索应采取的新方法（原理性）或新途径。（2）在围绕特定目的或目标进行研究的过程中获取新的知识，为解决实际问题提供科学依据。（3）研究结果一般只影响科学技术的有限范围，并具有专门的性质，针对具体的领域、问题或情况，其成果形式以科学论文、专著、原理性模型或发明专利为主。一般可以这样说，所谓应用研究，就是将理论发展成为实际运用的形式。

区分基础研究与应用研究的主要准则：基础研究是为了认识现象，获取关于现象和事实的基本原理的知识，主要目的是知识创新，知识创新也叫发现即科学发现。基础研究一般没有直接的、特定的应用目的或目标，主要表现在研究时对其成果的实际应用前景如何并不很清楚，或者虽然确知其应用前景但并不知道达到应用目标的具体方法和技术途径。基础研究获取的知识必须经过应用研究才能发展为实际运用的形式。而应用研究虽然也是为了获得科学技术知识，但是这种新知识是在开辟新的应用途径的基础上获得的，是对现有知识的扩展，为解决实际问题提供科学依据，对应用具有直接影响。应用研究在获得知识的过程中具有直接、特定的应用目的。应用研究和试验发展的主要目的是技术创新，技术创新也叫技术发明。应用研究的特定应用目的不外乎两类：或是发展基础研究成果确定其可能用途，这类研究成果一般属于共性技术和基础技术；或是为达到具体的、预定的目标确定应采取的新的方法和途径，这类研究开发成果一般属于专有技术。

（四）试验发展

试验发展是指利用从基础研究、应用研究和实际经验所获得的现有知识，为产生新的产品、材料和装置，建立新的工艺、系统和服务，以及对已产生和建立的上述各项作实质性的改进而进行的系统性工作。在社会科学领域，试验发展可定义为：把通过基础研究、应用研究所获得的知识转变成可以实施的计划（包括为进行检验和评估实施示范项目）的过程。对人文学科来说，这一类别没有意义。

试验发展的特点是：（1）运用基础研究、应用研究的知识或根据实际经验。（2）以开辟新的应用为目的，具体地说，就是为了提供新材料、新产品和装置、新工艺、新系统和新的服务，或对已有的上述各项进行实质性的改进。（3）其成果形式主要是专利、专有知识、具有新产品基本特征的产品原型或具有新装置基本特征的原始样机等，属于专有技术。

人们往往把基础研究和应用基础研究合称为科学研究，试验发展则相对独立。区分基础研究、应用研究与试验发展的主要标准：基础研究和应用研究主要是扩大科学技术知识，而试验发展则是应用基础研究和应用研究的知识，开辟新的应用即为获得新材料、新产品、新工艺、新系统、新服务以及对已有上述各项作实质性的改进。应用研究和试验发展所追求的最终目标虽然是一样的，但它们的直接目的或目标却有着显著的差别：应用研究是为达到实际应用提供应用原理、技术途径和方法、原理性样机或方案，这是创造知识的过程；试验发展并不增加科学技术的知识，是利用或综合已有知识创造新的应用，与生产活动直接有关，所提供的材料、产品装置是可以复制的原型，而不是原理性样机或方案，提供的工艺、系统和服务可以在实际生产、生活中应用。

二、研究开发的成果

研究开发成果（achievements）又称为研究开发产出（output）、研究开发中间产出，是指研究开发活动的直接产物，以区别于研究开发结果、研究开发最终产出[1]。对于研究开发的成果，有不同的描述或称谓，诸如知识、技术、信息、思想、创意、创新等不同的概念，其中一般性的称谓是知识、

---

[1]　Acs. Z J. , Anselin. Luc, Varga. Attila, Patents and innovation counts as measures of regional production of new knowledge, *Research Policy*, 2002, 31, pp. 1069-1085.

技术。从经济增长理论的角度看，知识的范围（例如是否包括技能等不可编码的隐性技术）、知识的生产（例如是否需要非知识性生产要素、是否可以作为投资的副产品生产出来）、知识的性质（例如知识的外部性、公共物品性）、知识的扩散（是否有成本）、知识的扩展（是否存在蛙跳）等，对于建立一个增长模型均有重要影响。因为现代经济增长理论要想得到长期增长路径，就必须克服收益递减，要做到这一点就必须引入知识或类似知识（如人力资本）这样一个要素。例如，Romer的最大贡献在于通过建立包含知识的生产函数而得到了一个长期的稳定增长路径①。

当然，知识、技术这两个概念在汉语中的含义并不相同，人们使用这两个概念的偏好和领域也有不同。例如，人们多从认识世界的成果角度使用"知识"一词，从改造世界的手段角度使用"技术"一词；人们多把研究开发中的基础研究和趋近基础研究的成果称为知识，把应用研究和试验开发成果称为技术。从决策和管理的角度，知识还大致可以称为信息，哈耶克当年分析经济运行机制时使用的是知识的概念，后来的经济学家在经济机制分析时普遍用信息替代了知识。本人一般根据语境，具体使用"研究开发成果""知识""技术"等词，而使用更多的还是"知识"。

（一）知识的各种定义

国内外的不同学者对知识的认识并不完全一致。

皮亚杰从个体知识的产生过程角度，提出经验（即知识）来源于个体与环境的交互作用，这种经验可分为两类：一类是物理经验，它来自外部世界，是个体作用于客体而获得的关于

---

① Romer, P. M., Increasing Returns and Long-Run Growth, *Journal of Political Economy*, 1986, 94, 5, pp. 1002-1037

客观事物及其联系的认识；另一类是逻辑—数学经验，它来自主体的动作，是个体理解动作与动作之间相互协调的结果。如儿童通过摆弄物体，获得关于数量守恒的经验，学生通过数学推理获得关于数学原理的认识。布卢姆在《教育目标分类学》中从知识所包含的内容的角度，认为知识是对具体事物和普遍原理的回忆，对方法和过程的回忆，或者对一种模式、结构或框架的回忆。贝尔对知识的定义是：知识是对事实或思想的一套有系统的阐述提出合理的判断或者经验性的结果，它通过某种手段交流，以某种系统的方式传播给其他人。知识包括新的判断（研究和学问）或者对老的判断的新提法（课本和教学)①。Aghion、Peter 认为，知识反映了个体或群体中的个体去承担、教导或诱使他人承担对于物质目标的可预期的转换的过程的能力。

　　此外，还有一些关于知识的定义，如：知识是用于解决问题的结构化信息；知识是用于解决问题或者决策的经过整理的易于理解和结构化的信息；知识包含真理和信念，观点和概念，判断和展望，方法和诀窍；知识是被认为能够指导思考、行为和交流的正确和真实的洞察、经验和过程的总集合；知识是从信息中推导得来，能够积极提升决策、疑难解决、绩效、教学等方面。

　　我国学者对知识的定义也并不相同，以《中国大百科全书》为例，不同学科的解释就不同。哲学卷的解释是：知识是人类的认识成果，是对客观实际的反映。教育卷的解释是：知识就它反映的内容而言，是客观事物的属性与联系的反映，是客观世界在人脑中的主观映象。就它的反映活动形式而言，有

_____

① ［美］丹尼尔·贝尔：《后工业社会的来临》，195 页，高铭，等译，北京，商务印书馆，1984。

时表现为主体对事物的感性知觉或表象，属于感性知识，有时表现为关于事物的概念或规律，属于理性知识。

（二）知识的各种分类

马克斯·舍勒认为，知识可分为三类，即统治知识，教育知识和宗教救世知识；或者是行动和管理的知识，非物质文化的知识，宗教救世的知识（马克卢普将其概括为应用知识，学术知识和精神知识）。依照获得知识的时间先后，知识可以分为已有的旧知识和初创的新知识。

马克卢普区分了五类知识：一是实用知识，包括专业知识、商业知识、劳动知识、政治知识、家庭知识、其他实用知识；二是学术知识，满足人们在学术方面的好奇心；三是闲谈和消遣知识，满足人们对轻松娱乐和感官刺激方面的欲望，包括流言飞语、犯罪和事故新闻、轻松的小说、故事、笑话、游戏等；四是精神知识，即宗教知识；五是不需要的知识，它通常是一个人偶然得到、无目的保留下来的①。

Olsson 从认识论与经济增长的角度对知识进行了分类，认为知识包括两个重要的部分，即知之（knowing that）与知怎样（knowing how），前者也称为命题知识（propositional knowledge），即通过推理形成的知识，后者也称为过程知识（procedual knowledge），即通过经验形成的知识。

经济合作与发展组织的知识概念由 4 个 W 构成：know-what，知道是什么，关于事实方面的知识；know-why，知道为什么，关于原理和规律方面的知识；know-how，知道怎么做，关于技术、智力、诀窍方面的技能知识；know-who，知道是谁，关于管理和制度方面的人力知识，技能知识和人力知识主要存在于企业和个人之中。此外，知识还应该包括两个

---

① ［美］丹尼尔·贝尔：《后工业社会的来临》，196 页。

W：know-when，知道什么时间，关于知识的动态或发展特征；know-where，知道什么地点或空间，关于知识的地域和国家特征。

由于研究开发可分为不同类型，其成果也可分为基础研究的知识、应用研究的知识和试验发展的知识，或者分为自然科学知识、社会科学知识、人文学科知识等。

知识还可以分为：（1）有形式、有载体的知识，如文字、图像、声音、数学符号，这些一般是显性知识，可以编码，易传递、学习和掌握，具有外部性，既有私人知识也有公共知识。（2）存在于个人和组织之内的知识，如个人大脑中的情感和知识，组织文化。（3）表现在行动上的知识，如个人的操作技能，组织的工作规程等。后两类知识多属于隐含、意会的隐性知识和私人知识，难以编码，不易传递、学习和掌握。传统的经济学、管理学大多假设知识是完全及对称的，并在此基础上进行各种活动。

比较而言，隐性知识与显性知识、私人知识与公共知识是关于知识的十分有意义的分类。

隐性知识（tacit knowledge，又译为默会知识、缄默知识、隐含知识、内隐知识、意会知识等）主要是相对于显性知识而言的，是一种隐含于人身、能够运用并被证明存在的，但又难以通过人类的各种语言文字符号予以清晰表达或直接传递的知识，是高度个人化的知识。隐性知识本质上是一种人对自身和来自外部世界的理解力、领悟力、判断力和行动能力，比如观察力、判断力、趣味、感悟、价值观等认识方面的知识，技巧、诀窍、经验、创造力等行动技能方面的知识，个体可以通过阅读、观看、倾听或（肢体、情感上的）感觉而获得这种能力。波拉尼早在 1958 年的《个体知识》中已经提出了这个问题。隐性知识来源于个体对外部世界的感知和判断，是源于生活和经验的，其内容和特征与个人、社会及地域背景密切相连。隐性知识又隐含于每个人的头脑，与人的身体不可分离，与人的信仰、价值观等相关。隐性知识只能通过人的行动来显示和运用，人的行动又受到个人的特性、情感、信念、目标、外部环境与激励等因素的影响。进一步地，还可以把一个组织所隐含的、个性化的、难以复制或模仿的知识也称为隐性知识，如企业的商业秘密、企业文化的某些部分。隐性知识成为个人或组织核心竞争力的核心构成部分。当然，有些经济学家认为，所有知识都是潜在可编码的，因为知识是否被编码，并不取决于知识本身，而是由经济激励所决定的。即只有在具有相当大的激励，使对知识进行编码有利可图时，知识的拥有者方对其进行编码。

显性知识（explicit knowledge，又译为明晰知识、明确知识、确定知识等，也称为编码知识）是稳定的、明确的，能够用语言、数学方法或计算机所表达和重复，通常已经过编码或者格式化、结构化，具有单一的含义和内容，因此，可以用公式、定理、制度、图表、书籍、软件程序、数据库等方式来表达，可以用正式的、系统化的语言和方法传播，容易被储存、理解、传递和分享，是规范的、系统的、公共的知识。进而，也可以把一个组织所具有的易于编码、传递、学习的知识称为组织的显性知识，如专利、商标。由于可编码知识易于转移、复制与存储，这就意味着知识容易在社会上扩散、共享，具有阿罗所提出的公共物品性质。

私人知识和公共知识。通常意义上的私人知识是指在社会经济活动中某些知识是一方知道而对方并不知道的，或者是对方知道但无权使用的，对方如果要获得并使用这些知识就要付出相当的成本，如产权知识、商业秘密、技术诀窍、个人隐私等。反之，公共知识是人人都可以观察、掌握和免费使用的知识。为了增加公共知识，政府往往将其收集、形成的知识向社会开放，如政府公布的法律法规、新闻报道、科学常识、统计数据、社会信用。在经济学中，一般将拥有私人知识的一方称为代理人，将处于知识劣势的一方称为委托人。

从上述定义可知，隐性知识与私人知识、显性知识与公共知识在概念的分类标准上并不相同，但在内涵上存在着很大的交集，私人知识多为隐性知识，但私人知识中也有一部分是显性知识，如专利、著作等知识产权；公共知识多为显性知识，但也有一部分是隐性知识。与公共知识、私人知识相近的概念有公共信息和私人信息、通用技术和专有（专用）技术。

由于知识的生产和使用涉及利益分配问题，隐性的、私人的知识一般是个人、组织在知识生产上投入资源的成果，因此对知识的分类、运用和管理成为研究开发管理的基础性的问题。一方面，私人总是倾向于隐藏或错报私人知识：私人在事前隐藏知识，导致逆向选择，如卖方在二手车市场中隐藏车辆的质量信息而导致坏车驱逐好车，如人员聘用中夸大自己的才能而导致庸人驱逐能人；私人在事中隐藏知识，导致道德风险，如保险市场中的滥用保险条款，如工作中投机取巧，出工不出力。另一方面，私人总是倾向于滥用公共知识：私人倾向于少付费或免费获得公共知识，导致公共知识供给不足；政府过度提供公共知识，将原本属于私人的、有利于市场竞争与效率的知识转化为公共知识，导致私人知识供给不足，市场效率降低。

从广义的知识的角度看，如果人类拥有着数量充分、结构完备的知识，且其中大多属于公共的知识，而个体可以通过多种方式，自由、公开、免费或低成本地获得，那么就可以实现知识资源的有效配置，人类就不需要建立一种花费大量的交易和管理成本的知识生产和知识产权制度。实际上，知识增长、信息爆炸是一种似是而非的说法，所谓的巨量、海量的知识中相当一部分是重复的，甚至是错误过时的知识，知识的本质在于改进对外部、未来事物的认识，在于降低不确定性，或者简单地说知识应是有用的。但对于个人、组织有用的知识只占很少一部分。学术期刊是发表、传递研究开发成果的主要形式，我国期刊数 1970 年为 21 种，1978 年为 930 种，2001 年为 8889 种，2007 年 4 月为 9468 种，其中学术期刊约 6700 种，经济与管理类学术期刊约 5500 种。从事学术研究的同行大约都知道，6700 种学术期刊、5500 种经济与管理类期刊中按照学术研究规范编辑发行的能有多少，具有一定资料和学术价值的能有多少。事实上，经济与管理类期刊中有学术价值的也就占到 10% 左右。显然，无论是个体还是组织所拥有的有用的知识并非充分的而是稀缺不足的，经济学、管理学等学科应当着力研究那些具有独创性、新颖性、稀缺性且能够直接或间接影响社会经济活动的知识，即人的创新性知识、技术或智力成果。在现代社会，这些新知识主要是通过有目的、有组织的研究开发活动而获得的。

对于研究开发的成果，管理学、应用经济学领域的学者和企业界更喜欢称其为技术，技术既包括科学、技术、工艺、产品等方面的发现和发明，也包括组织、管理、营销、激励等方面的方法、制度改进。而其他学科的学者更喜欢称其为知识。从科学研究的角度看，研究开发的成果内容包括科学发现、技术发明、著作、技术方案、管理制度等不同形式，其中科学发现、专利技术、非专利技术、商标、著作等又被称为可辨认无形资产，商誉被称为不可辨认无形资产。从研究开发成果的表达角度看，自然科学技术领域的成果形式有论文、软件、数据库、模型、专利等，人文社会科学领域的成果形式有专著、译著、论文、研究报告、工具书、电脑软件等。从企业投资和管理的角度看，研究开发成果主要是指新方法、新产品、新工艺、新材料、新设计等生产技术上的发明。从产权的角度看，研究开发的成果属于研究开发投资者所有的私人知识或私人技术，而不是公共知识或公共技术，这些知识、技术在生产中的应用将改变企业的生产函数，提高企业的生产效率。

第四节　研究开发的相关概念

研究开发作为现代社会的科学技术活动的主要组成部分，一般是指目的在于形成或增进知识的努力或行为，包括从提出研究开发计划到获得研究开发成果的过程。研究开发的直接产物是获得了研究开发成果，但研究开发成果还要经过一系列环节而运用到社会经济活动中。因此，在分析研究开发与企业绩效、经济增长等的关系问题时，还需要明确研究开发、研究开发成果与科学技术、科技活动、研究开发成果应用、科技服务、高技术产业、创新与技术创新等概念之间的异同。

一、科学技术

科技、科学技术是科学和技术的合称。在通常意义上，科学与技术是两个内涵丰富、边界模糊的概念，科技活动也泛指一类十分广阔的实践活动。如果说，科学是为了认识世界，那么，技术则是为了变革世界。科学活动是提高人类的认识水平，技术活动是增强人类的生存发展能力，改善人类的生活质量。直至20世纪60年代，科学和技术还是两个相对独立的概念，其中科学活动是对客观自然规律进行的系统的、归纳为一定模式的知识探索，是研究人员在象牙塔中进行的。

（一）科学

科学是关于自然界、人类社会和人自身的规律的事实、原理、方法和观念的知识体系以及创建这个知识体系的社会活动。科学的内容包括科学事实（概念）、科学原理、科学方法和科学观念。科学的任务是发现规律，提出理论，认识世界，解释世界。一般认为，科学至少包括以下三个方面的内容：（1）科学是人们研究自然、社会、思维的本质及其规律所获得的一种知识体系。例如，人们在研究"种瓜得瓜，种豆得豆""一母生九子，九子各不同"等这样的自然现象及其规律以后，便获得了关于生物遗传和变异的知识体系，这个知识体系就是"遗传学"。（2）科学不仅是一种知识体系，它还是产生知识体系的一个活动，一个过程。知识体系不是在一朝一夕之间就能够全部获得的，它必须要经历一个由不知到知，由知之较少到知之较多的动态过程，这个过程既可能是较短的，也可能是很长的。例如，研究生命起源、人类起源、宇宙起源等这样的重大问题，就需要一个相当长的过程。这个过程又是一个不断发展、创新的过程，必须根据客观事实不断地变革自己传统的思维方式、世界观，形成新的世界观和思维方式，因此，僵化、保守都将会阻碍科学的发展。（3）科学还是一种社会事业。科学不只由科学家个人进行，它还需要整个社会共同参与。例如，研究宇宙中有无"反物质"和"暗物质"问题，就需要各国科学家、政府联合制造和发射"阿尔法磁谱仪"。

科学概念长期是指自然科学，自然科学是以自然界、自然现象为研究对象，其目的在于揭示自然界各种现象的本质，认识它的运动规律，并遵循自然规律，利用和改造自然，为人类造福，包括物理学、化学、生物学、地质学、医学等学科。自然科学来自生产实践，并为生产实践服务，它随着生产的发展而发展，并积极推动生产的发展。

社会科学主要是以人类社会为研究对象，是关于人类社会发展变化的学说或者理论体系。社会科学作为一个独立的科学知识体系，是近代西方大工业生产和城市化的产物。D. W. 卡尔霍恩曾指出：社会科学主要是技术革命以及随之发生的社会变化的结果。工业革命以前的社会并不是没有变化，但是，技术的兴起使这种变化迅速得多，并且打破了传统的生活模式而又没有新的模式来代替。社会科学的产生，部分的原因就是努力寻求这种新的模式。随着人类不断提高对自身的认识能力，经济学、社会学、政治学这些以经验的方法来对人类社会进行探究的学科从 18 世纪中后期开始独立，到 19 世纪才逐渐建立系统的理论结构和知识体系，管理学（企业管理和公共管理）在 20 世纪也逐渐发展。不过，相对于人文学科以及宗教，社会科学在研究方法上更接近了科学，现代科学的范围应包括自然科学和社会科学。

在现代社会，在西方科学的影响下，人们常把"人文"与"自然"相对应。"人文"通常指人类的各种文化现象，特别是指人类的精神文化。可以说，人文学科是指以人类精神生活为研究对象，是对人的存在、本质、价值及其发展等问题进行自我反思，是对人类思想、文化、信仰、情感、道德、美感和精神表现进行探究的学问，是 20 世纪对那些被排拒在自然科学和社会科学之外的学科的简便总称，一般表现为文学、历史、哲学、艺术、宗教、人类学、伦理学等学科。人文学科关注的中心或其研究的对象主要是人自身，是关于人的精神、文化、价值、观念的问题。

自然科学能够运用各种形式化、定量化、数学化的方法，社会科学在一定程度上也能够运用各种形式化、定量化、数学化的方法，这也是社会科学被称为科学的重要原因。比较而言，人文学科更多地以联想、反思、感悟、直觉、情感渗透、价值分析作为研究的基本方法，也有些人把人文学科视为知识或理论体系但不视为科学体系①。

（二）技术

技术远比科学古老，技术的含义也比较含糊。事实上，技术史与人类史一样源远流长。技术的原始概念是指熟练、技能。所谓熟能生巧，巧就是技术。而在现代技术中，技能已逐步失去原有的地位和作用，只是技术的一个要素。进入工业化、市场化的现代社会，技术泛指人类在社会经济活动上创造和发展起来的手段、方法和技能的总和。如国际工业产权组织认为：技术是指制造一种产品或提供一项服务的系统的知识。技术包括以下三方面的含义：（1）技术是人们为了变革自然和社会所采取的一切物质手段、工具和方法。其中，物质手段或工具（如各种机械、交通工具等）是硬件技术；而技术方法如炼钢方法、制碱方法等则是软件技术。（2）技术不仅是某种物质手段、工具或方法，它还是包括从技术研究、开发到技术成果或技术方案向工业生产运用转化的活动和过程。和科学一样，这个过程也是一个不断发展、创新的过程。例如，我国目前开展的技术创新就是这样一个过程。（3）技术是某一社会时代生产力发展水平的一个重要标志。例如，人们常常把某种主导技术如石器技术、铁器技术、蒸汽机技术、电气技术、原子能技术、计算机技术等作为划分某种社会时代的标志，如石器时代、铁器时代、蒸汽时代、电器时代、原子能时代、计算机时代等。

可以按照技术功能和运用上的特征，将技术分为通用技术和专用技术。（1）通用技术一般是指可以为竞争性的企业共同使用的技术，包括在国民经济中广泛使用的技术和为某一行业

---

① 梁景和，郑文涛：《关于人文社会科学若干概念的思考》，载《档案学通讯》网络版，www.daxtx.cn。

共同使用的技术，又称共性技术、非专用技术等。诸如计量单位、常用数据（包括常用数学数据、理化数据、机电常用参数、材料检测参数、安全和环境保护数据等）、国际通用的科技符号等国民经济活动中通用的技术，某一行业中通用的技术。G. Tassey 在 1992 年提出了基础设施的概念，它包括共性技术（generic technology）、基础技术（infratechnology）等类别。其中，共性技术指一个行业的核心性、基础性的技术，是将基础科学推向应用的第一步成果，是专用性技术研究开发的基础，是竞争性企业共同使用的技术；基础技术包括一系列技术工具，这些技术工具能够提高整个经济过程的效率。（2）专用技术是在共性技术、基础技术基础上开发出来的、适用特定市场的技术、方法、工艺、产品等，是私人物品领域的技术，为企业专有，拥有自主知识产权，又称专有技术①。

还可以按照传统的生产活动与非生产活动的定义，将技术分为狭义的生产技术和广义的技术两种概念。（1）狭义的技术主要是指生产技术，它是技术中最基本的部分，是根据生产实践或科学原理而发展成的各种工艺操作方法和技能，以及相应的材料、设备、工艺流程等，是人们在实践中积累总结的用以改造自然的知识体系。包括工艺技巧、劳动经验、信息知识、实体工具装备，也就是整个社会的技术知识或资料、技术设备和技术人才。生产技术直接用于生产活动，是企业研究开发的主要目标。（2）广义的技术包括生产技术和非生产技术。非生产技术如研究和实验的技术、军事技术、文化教育技术、医疗技术、管理技术、人际交往技术等，是为满足社会生活的多种

---

① ［美］Gregory Tassey：《政府研发的经济影响评估》，第一章，武夷山，译，北京，科学技术文献出版社，2005；吴建南、李怀祖：《技术基础设施研究进展》，载《科研管理》，1999（1）。

需要的技术。作为对研究开发成果的统称的技术，指的是广义的技术。

本书主要在两种含义上使用技术的概念：（1）指研究开发的成果。研究开发成果还被称为知识。（2）经济学的分析中的技术概念，指将投入转化为产出的方式，是对生产函数的描述。

与科学、技术相关的概念还有工程。工程是对科学、技术的综合性、创造性的应用和整合，工程科学是将科学、技术综合性、创造性地应用到生产活动以及社会生活中而形成的各学科的总称，如水利工程、化学工程、土木建筑工程、遗传工程、社会工程等各种工程及其学科。当然，科学、技术与工程之间相互交叉，分别并不十分明确。一般来讲，工程侧重于科学、技术的实际运用，科学侧重于理论、知识的研究，而技术则介于两者之间。我国在 1994 年成立中国工程院之前，将工程科学一直放在中国科学院管理。在中国工程院建立后，中国科学院至今仍设有信息技术科学、技术科学学部。

（三）科学、技术的特性

在现代社会，科学、技术作为人类认识世界、改造世界知识成果，具有几个显著特征：（1）无形性。科学、技术在本质上是一种看不见摸不着的智力性、知识性的东西，它只能靠人类的思维能力去理解、掌握和交流。当然，科学、技术可用语言、设置等表达，可以物化在生产工具特别是现代生产设备上，但论文、设备、产品等只是科学、技术的载体或客体。（2）目的性。人类是有目的地进行科学技术活动，获得科学技术成果。在现代社会，科学技术成果主要是通过有组织、有目的的研究开发活动获得的。科学、技术的目的性在经济活动中得到了充分的体现，企业无论是通过研究开发获得成果，还是通过技术市场卖出或买进知识成果，其直接目的就是为了经济上的应用，为了获得投资上的更高的收益。（3）非排他和非竞争性、外部性。科学、技术在运用中具有显著的外部性，科技成果不仅给研究开发者带来了收益，而且具有显著的社会效益。（4）系统、结构性。现代社会的科学技术不只是零星、简单的知识，而是复合性、系统的知识，是通过广泛的社会协作完成和实施的。如企业的生产技术包含了关于产品的生产原理、设计，生产操作，设备安装调试，管理、销售等各个环节的知识、经验和技艺的综合。

科学、技术之间既有密切的联系，也有显著的区别，它们毕竟是不尽相同的社会文化。科学的基本任务是认识世界，有所发现，从而增加人类的知识财富；技术的基本任务是发现世界，有所发明，以创造人类的物质财富，丰富人类社会的精神文化生活。科学要回答"是什么"和"为什么"的问题；技术则回答"做什么"和"怎么做"的问题。因此，科学和技术的成果在形式上也是不同的。科学成果一般表现为概念、定律、论文等形式；技术成果一般则以工艺流程、设计图、操作方法等形式出现。科学成果一般不具有商业性，主要受著作权的保护；现代技术研究具有明确的目的性，技术成果可以商品化，技术发明及其在经济上的应用受到专利权、商标权等工业产权的保护。

由于社会活动中的科学、技术界限并不十分清楚，二者之间又密切相关，政府部门一般将科学技术活动作为一个整体进行统计。根据联合国教科文组织（UNESCO）《关于科技统计国际标准化的议案》的原则，将科学技术活动定义为：与各科学技术领域（即自然科学、工程和技术、医学、农业科学、社会科学及人文学科）中科技知识的产生、发展、传播和应用密切相关的系统的活动。这些活动包括研究开发（R&D）、科技教育与培训（STET）及科技服务（STS）。联合国教科文组织

《科学技术统计工作手册》规定，对科技活动的统计就是对三类活动的统计，即研究开发活动、科学技术教育和培训活动、与研究开发密切相关的科技服务活动。同时，科技统计的核心总量指标是"投入研究开发活动的人员、资金、物质"。

我国在联合国教科文组织、经济合作与发展组织的规定基础上，结合国情，界定了我国的科技活动，包括：研究开发、研究开发成果应用、与研究开发活动相关的技术推广与科技服务活动。其中，研究开发活动这一专门领域是科技活动的主要部分。在统计上，我国遵循联合国的规定，也将科技活动统计分为以上三类活动。为了更深入了解研究开发活动对经济增长的影响，我国在科技统计范围中增加了对研究与发展（R&D）成果应用的统计，并将核心总量指标由投入范围扩大到了产出范围，即增加了专利、科技成果、论文、高技术贸易等指标。

（四）研究开发与科学技术

在现代社会，研究开发与科学技术之间的关系是：研究开发包含于科学技术活动中，研究开发活动及其成果是科学技术活动及其成果的基础和核心部分；研究开发概念一般不包括其成果的运用过程，但科学技术活动包括科学技术成果的运用过程，也就是科学技术成果的产业化、社会化过程，科学技术转化为社会生产力、应用于生产和生活的过程。在知识的生产过程意义上，可以将科学技术与研究开发的概念、统计指标替代使用。在知识的运用过程意义上，一般不可以将科学技术与研究开发替代使用，但可以将科学技术与知识创新、技术创新的概念替代使用。

我国有关部门特别是科技管理部门定义和统计的科学技术一般只包括自然科学技术。最新的如《国家中长期科学和技术发展规划纲要（2006—2020年）》，在重点领域及其优先主题、重大专项、前沿技术、基础研究等部分，列入规划的基本上都是自然科学技术范围的研究开发项目。不过，我国研究开发的国家标准已经包括了社会科学和人文学科的研究开发，政府部门在制定财政、会计、科学技术等方面的政策时，应当将自然科学、社会科学和人文学科都纳入规划和支持的范围。

二、研究开发成果的运用

通过研究开发获得成果意味着研究开发活动的结束，但并不意味着知识创新、技术进步过程的结束，人们投资于研究开发的最终目的是将其成果应用于人类社会经济活动，这就需要区分研究开发及其成果、研究开发成果应用、中间试验、工业生产等概念，这些概念是我国政府部门在统计上使用的概念。区分这些概念之间界限的一个重要准则是活动的直接目的，据此就可以大致划分研究开发与研究开发成果应用、工业生产之间的界限。

（一）研究开发成果应用

按照我国的规定，研究开发成果应用是指为使研究开发的试验发展阶段产生的新产品、材料和装置，建立的新工艺、系统和服务以及作实质性改进后的上述各项能够投入生产或在实际中运用，解决所存在的技术问题而进行的系统的活动，并不具有基础创新的成分。我国规定，研究开发成果应用不包括建筑、邮电、线路等方面的常规性设计工作，但包括为达到生产目的而进行的定型设计和试制以及为扩大新产品的生产规模和新工艺、新方法、新技术的应用领域而进行的适应性试验。研究开发成果应用的最终形式多是可供生产和实际使用的带有技术、工艺参数规范的图纸、技术标准和操作规范等。研究开发成果应用包括：（1）农业领域里新品种的区域试验；工业领域里为形成新产品的生产规模而进行的工业性试验。（2）仿制国内外技术先进的新产品而进行的设计与试制工作。（3）为满足本部门的技术需求而对引进国内外新方法所进行的分析研究、消化吸收工作。（4）为解决试验发展阶段新产品、新装置、新工艺能投入生产而进行的定型设计与试制工作。

我国还规定，研究开发成果应用这一分类只用于自然科学、工程和技术、医学和农业科学领域，其特点是：（1）为使试验发展的成果用于实际解决有关技术问题。（2）运用已有知识和技术，不具有创新成分。（3）成果形式是可供生产和实际使用的带有技术、工艺参数规范的图纸、技术标准、操作规范等。

如何区分研究开发与研究开发成果应用？比较而言，研究开发是目的在于形成或增进知识的行为，其中基础研究和应用研究的目的主要是扩展科学知识，试验发展的目的主要是利用或综合已有知识创造新的应用。而研究开发成果应用是将研究开发的创新性成果应用于经济活动，以生产提供满足社会需要的产品和服务的行为。因此，对引进（或购买）现成的技术成果（如专利、技术诀窍、图纸和样机等）进行复制或直接应用而形成新产品的过程不是研究开发活动，而是研究开发成果应用。经过试验，一般都要对原型进行修改和改进，当通过最终试验达到满意后，原型的研究开发也就结束。在此之后，即使由研究开发人员参加，制造原型的若干复制品，都不属于研究开发。采用国内已有的产品及技术，对其在技术上没有实质性的改进，或为开拓市场仅有一些小的调整或修改，属于仿造或模仿，其设计、制造与试验不属于研究开发，而是研究开发成果应用，制造出的样机只能算是复制品。

关于新工艺、新生产过程、新方法的研制。对新工艺、新生产过程、新方法的研制或对现有工艺、生产过程在方法上和技术上作实质性的改进，是研究开发。采用国内已有的生产工艺、生产过程或方法，而在技术上没有实质性的改进，只是对采用的生产工艺、生产过程或方法作适应性试验，不属于研究开发，而是研究开发成果应用。

关于中间试验。新产品、新工艺、新生产过程直接用于生产前，往往要进行中间试验以解决一系列的技术问题，这种情况比较复杂，对其是否属于研究开发应视具体情况而定。如果进行中间试验的直接目的是从技术上进一步改进产品、工艺或生产过程或为此目的进行试验以获得经验和收集数据，那么就是研究开发；如果是为了进行产品的定型设计，获取生产所需的技术参数，那么就不是研究开发，而是研究开发成果应用。例如，"桐油改性聚氨酯漆中试"，其目的是找出改进工艺的方法，通过中试研究和制定最佳配方及工艺条件，设计制作，测试中试产品的物化性能、施工性能、贮存性能，属于试验发展。"磷酸酯盐系列产品中试"，其目的是稳定产品质量，选择有效的除泡方法并确定工艺条件，这种进行产品应用考核实验的中试，属于研究开发成果应用。

（二）工业生产等

在我国的科技统计制度中，研究开发的成果应用与随后的工业生产也是不同的概念。因此，需要区分试生产、质量控制与检测测试、市场调查、工业生产等不同概念。

试生产。试生产是原型经过必要的改进、修改满意后，在正式投入生产前的"试验性"生产。进行试生产时有关产品、工艺、流程等的设计工作已基本完成，在试生产过程中也不对产品或生产过程在技术方面作进一步的改进，因而既不属于研究开发，也不属于研究开发成果应用。

质量控制与检验测试。生产过程的质量控制及材料、设备、产品的常规检验、测试，既不属于研究开发，也不属于研究开发成果应用。原型检验测试和非商业性的试验工厂（中试车间）中的检验测试，属于研究开发活动。

市场调查。既不是研究开发，也不是研究开发成果应用。

工业生产。在工业领域中，试验发展活动与研究开发成果应用活动和生产活动的边界是：（1）试验发展的直接目的是技术上的创新或改进；而为使已获得的技术成果转向生产或实际使用，并仅仅应用已有技术知识进行适用于生产或实用的设计、试制、试验，则是研究开发成果应用。（2）如果产品、工艺、生产过程和处理方法已经确定，活动的直接目的是进入市场，为此制订生产前的计划并使生产过程或控制系统正常运行，这类工作则属于生产活动范畴。

（三）研究开发成果运用

通过研究开发获得新的知识、技术等研究开发的成果（achievements）或产出（output）并不是研究开发的最终目的。即使政府投资于研究开发，直接目的是弥补市场失灵，实现知识生产的最优产出，但最终目的也是知识的社会经济运用。对于企业，研究开发的目的自然服从于投资收益最大化的企业目标。由此，在描述研究开发与企业绩效、经济增长的概念中，还有研究开发结果（outcomes）或研究开发成果运用这一概念。

研究开发结果经过接受系统转化后，进入市场，满足市场需求，产生了经济效益与社会效益。这样，从开展研究开发活动，取得研究开发的成果，将其成果应用到生产，从而改变企业的生产函数，提高企业的生产效率，企业产品进入市场满足社会需要，直至企业取得经济收益的这一完整过程，我国管理部门把它分为研究开发、研究开发成果应用、工业生产等不同阶段。这一完整的过程，实际上也是熊彼特所说的创新或经济创新。对于研究开发的成果应用、工业生产、市场销售等这些阶段，管理学上一般称为研究开发结果、研究开发最终产出或研究开发成果运用，本书一般统称为研究开发成果运用。

（四）技术开发、技术积累、技术扩散、技术进步与技术老化

这是在学术研究中与研究开发有关的几个概念。

技术开发（technological development）是指科学技术上的发现或发明，通过应用研究、开发研究转化为社会生产的全过程。技术开发的概念产生于 20 世纪 40 年代的美国，60 年代在欧美日等发达国家和地区得到了广泛的研究。技术开发有狭义和广义两种解释。广义的技术开发，包括与产品、技术发展相联系的定向基础研究、应用研究、开发研究直到生产的全过程，也可以说它包括整个技术进步活动中的技术发明、技术革新和技术推广三种相互关联的技术活动环节。狭义的技术开发，不包括基础研究，仅仅包括由应用研究、开发研究直到生产过程。

技术开发也有不同的分类。按照技术开发的内容，技术开发分为产品开发、过程开发和管理开发三大类别。其中，产品开发是指以生产新产品为目的和内容的技术开发；过程开发是指以创造或完善某种生产方法或工艺为目的和内容的技术开发；管理开发是指管理技术的开发，它是以创造或完善协调和组织生产过程的方式和方法为主要内容的一种开发活动。按照技术开发的方式，技术开发分为独创型、改良型和集成型三大类别。其中，独创型技术开发是指前所未有的技术的开发，它在基础科学研究的基础上，通过应用研究取得技术上的重大突破，创制出前所未有的产品，从而形成新的生产领域，取得惊人的经济效益；集成型技术开发是对现有技术进行重新组合，创造出具有新功能的工艺或产品；改良型技术开发是在原有技术基础上进行局部改进。按照技术开发的专业或行业，技术开发分为工业技术开发、农业技术开发、医药技术开发等不同类别。

技术积累（technological accumulation）是一个具有重要

意义但研究甚少的概念，至今尚缺乏通行的定义。技术积累一般是指对既有技术的学习、接受、应用过程和结果，既包括通过教育、健康、培训、"干中学"等人力资本投资途径而积累于人力资本，也包括通过新的机器设备等积累于物质资本，技术积累提高了个人、企业的生产技术能力，引起了技术创新和经济增长。不过，新古典经济理论把资本及其积累作为经济增长的核心因素，把劳动和资本作为同质的要素，因此技术及其积累只能作为经济增长的外生变量。直到阿罗、罗默等人，才把研究开发作为技术创新、技术积累的源泉，建立了新增长理论。

技术扩散（technology diffusion）是指知识产权属于政府、单位、个人所有的技术，以有偿或无偿、公开或秘密的方式，扩散运用到别的国家、单位、个人的现象。罗格斯（E. M. Rogers）认为，扩散是创新在一定时间内，通过某种渠道，在社会系统成员中进行的传播过程。曼斯费尔德（E. Mansfield）认为，技术扩散就像技术创新一样，本质上是一个学习的过程。一般认为，产生技术扩散有两个原因：一是存在着技术势差；二是存在着模仿学习者潜在利益的刺激。技术扩散可以理解为包括技术贸易、技术转让、技术交流、技术传播等活动的总称。当然，并不是所有的技术都能得到扩散，技术扩散的速度和范围也不相同，有些技术的扩散还受到法律或企业的禁止或限制。例如按照国际惯例，禁止扩散制造大规模杀伤性武器的技术；一个国家为了安全或保持某个领域的领先地位，在一定时期内也禁止某些尖端技术向外扩散。创新的潜在效应一般通过扩散逐渐得以发挥。正是因为模仿、扩散，创新才引起产业结构的改变。

技术进步（technical progress）是指产出增长中扣除劳动和资金的投入数量的增长作用后，所有其他作用之和，包括生产要素质量的变化、知识进步和管理水平的提高等。技术进步分为体现型和非体现型。体现型技术进步是指伴随新要素质量的提高而产生的技术进步，如因劳动质量的改进而产生的技术进步。非体现型技术进步是指不依赖于要素质量的外部因素作用产生的技术进步，例如管理水平的提高、资源分配的合理性等。体现型技术进步：指被包含在新生产出来的资产（如机器设备、原材料、燃料动力等资金的物化形式）之中，或者与新训练和教育出来的劳动力结合在一起的技术进步。

技术老化（technology aging）是指原有的技术由于社会生产发展和科学技术进步而变成落后的技术的过程。技术的老化与更新，不是偶然发生的，而是生产发展、科技进步的必然结果。在人类社会向前发展的过程中，社会生产不断向深度和广度拓展，必然导致技术的老化和不断更新。一项技术的发展周期一般都经历科研试验、推广、普及和老化等不同阶段。当然，技术的新旧是相对的，某些在发达国家已经落后、老化的技术，在发展中国家可能是适用的甚至新颖的技术；类似地，某些企业已经落后、老化的技术，在某些企业可能是适用的甚至新颖的技术。

三、创新

在有关研究开发的文献中，经常将研究开发、创新、技术创新等概念混用，这些概念虽然关系密切，但并不等同。那么，什么是创新？创新的类型是什么？

（一）创新的定义和性质

创新是奥地利裔美籍经济学家熊彼特（J. A. Schumpeter）在他的《经济发展理论》（1912）一书中系统提出的一个经济学概念。在此之前，萨伊在1803年发表的《政治经济学概论》、马克思在许多著作中都乐观地分析了科学技术进步与经济增长问题。熊彼特认为，创新就是把生产要素和生产条件的新组合引入生产体系，即建立一种新的生产函数。他把创新活动归结为五种形式：（1）生产新产品或提供一种产品的新质量；（2）采用一种新的生产方法、新技术或新工艺；（3）开拓新市场；（4）获得一种原材料或半成品的新的供给来源；（5）实行新的企业组织方式或管理方法。

按照熊彼特的界定，创新并不等于简单的技术上的发明，与企业生产无关或未能与企业生产融合的技术发明并不影响企业效率和经济增长。创新是描述从创新开始到创新成果的工业生产的整个过程的概念，是一种复杂、多样的生产和增进知识，并将之运用到社会经济中的人类行为。创新是"建立一种新的生产函数"，也就是说将技术发明融入企业生产，把一种前所未有的关于生产要素和生产条件的"新组合"引入生产体系，以改变企业的生产方式和生产效率。因此，"创新"是一个"内在的因素"，"经济发展"也是"来自内部自身创造性的关于经济生活的一种变动"。显然，熊彼特所坚持的是一种广义的创新理论，企业自身即使没发明创造出新产品、新技术，如果能够成功地引进别人的新产品、新技术并将其产业化，能够改进经营管理方式，也是一种创新。显然，熊彼特的创新概念包含了从开始创新到创新成果的工业生产的完整过程，包含了科学上的发现、技术上的发明和经济上的生产函数、组织体制的创新等多方面的内涵。

熊彼特强调企业家在经济活动特别是创新活动中的主导地位。在经济活动中，"创新""新组合"或"经济发展"的五种具体情况并不是自动发生的，实现创新，引进新组合是由企业家完成的。熊彼特把企业家定义为具有创新才能的人。企业家是创新活动的人格化，没有企业家，创新也就无从谈起。企业家的创新行为把科学家的发展创造成果引入经济活动中，一般情况下，创新可以降低成本或提高产品质量，从而使实行创新的企业在竞争中占据优势，获得超额利润。超额利润的引诱会促使其他企业纷纷模仿，创新及模仿浪潮必然促进整个经济的增长和发展。也就是说，熊彼特把技术创新作为一个转换媒介，把科学技术与经济增长和发展联系了起来。

在20世纪50年代索洛关于技术进步的分析之前，主流经济学不仅暗含着制度不变的假设，还长期暗含着技术不变的假设。即使在索洛之后，经济学家开始分析研究开发、技术进步对企业生产、经济增长的影响机制，但在主流经济学的分析模型中，技术只是指生产过程中将投入转化为产出的方式，技术创新或技术变迁是指改变投入产出方式并提高了生产效率的资源配置行为，并没有单独分析制度创新或制度变迁因素。而从实践上看，无论是在企业还是在国家的经济活动中，技术创新与制度创新往往都相伴而生，相互影响。例如，在柯布—道格拉斯生产函数 $Y = K^{\alpha} (AL)^{1-\alpha}$ 中，A 就是一个技术指标，参数 α 也是生产技术的一部分。因此，微观经济学中关于技术、技术创新的经济分析，实际上都隐含或加进了制度创新的因素。

从创新的过程看，一项完整的创新可分为知识生产和知识运用两大阶段。（1）现代社会的知识生产阶段主要是有目的、有组织的研究开发活动，它是生产、增进知识或技术、获得知识成果的活动过程，知识生产的目的和结果是产生了新的发现或发明。在日常用语中，创新有时指新的科学、技术、制度等方面的新知识、新成果，如科学发现、技术发明、新的销售方法等科学技术领域的创新成果，企业改革方案或政府改革方案等制度领域的创新成果。创新性的知识成果还可分为原始性的创新成果、跟随性的创新成果和集成性的创新成果；创新有时指知识的生产活动或过程。（2）知识运用是对创新成果的运用，也就是研究开发成果从研究部门运用到社会经济活动中的过程。知识运用又分为创新成果在本单位的运用和在单位外的运用，单位外的运用就是知识的转移、扩散过程。一般地，可以把知识生产过程及其成果称为狭义的创新，这一概念大致等于研究开发的概念；把完整的创新活动称为广义的创新。

（二）原始创新、改良创新和集成创新

按照创新对于同一个问题的解决方法和解决程度，创新可分为原始（独创、开拓）型创新，改良（模仿、适应、跟随）型创新，集成（综合）型创新三种类型。（1）对于同一个问题，发现了一种新的产品、工艺、市场、原材料、组织结构、激励机制等，都属于独创、原始型的创新。原始型创新最困难，也最有价值。原始型创新一旦成功，将会占有全部或大部分市场份额，或者形成新的市场，或者大幅度提高企业的经济效益，企业将取得高额利润或超额利润。（2）面对高额或超额利润，必然有人跟踪、学习、模仿和改进。改良型创新是在别人的原始型创新的基础上，做一些必要的扩展或者变动，发展出一些新的东西。改良型创新不是简单的仿制，它包含着根据自己的情况和市场的需要，对学习对象的渐进的改进或革新，改良型创新不仅是独创型创新的一种重要传播形式，往往也是技术进步和创新的主要内容，是企业技术能力成长的主要源泉。改良创新多了，又必然产生第二轮独创型创新。如此循环往复，不断创新，推动社会经济发展。如韩国在引进美国 CDMA 手机技术的基础上，在技术的外围做了很多研究工作，形成了自己的知识产权技术。我国所说引进、吸收、消化再创新，实际上也属于改良创新的范畴。（3）集成创新是指把现有的技术组合起来，创造一种新的产品或者新的技术，或者是把别的领域里的成熟的技术引进到另外一个领域里，而使得它能够创造新的变化。在复印机发明之前，单项技术都有了，但是把它组合起来就成为新的产品——复印机。从技术创新的发展趋势看，集成创新正在成为主要方式。如我国的汽车、家用电器、TD-CDMA 等行业的创新，多属于改良创新、集成创新。

从技术的角度，以火腿肠产品为例说明创新的过程和内容。20 世纪 80 年代中期以前，我国市场并没有这种产品。火腿肠的出现源于中国人在解决基本温饱之后，肥肉卖不出去了，这时洛阳肉联厂负责人通过到日本考察，引进中国第一条火腿肠生产线，生产出"春都"牌火腿肠，一炮打响，占有了这一新兴市场。很快，邻近的漯河肉联厂生产了"双汇"牌火腿肠。洛阳肉联厂当然属于独创型创新，漯河肉联厂则是改良型创新，而现在众多的火腿肠企业生产出各种不同的火腿肠，都属于模仿型创新。从经济效益上看，模仿、改良不需要支付大额的创新成本，更不需要承担创新风险，适合于中小型企业进入和瓜分市场。当然，现代社会建立了专利权、商标权等制度，以保护独创型创新者的经济利益。模仿、改良型创新者如果想适应市场竞争，赶超行业的创新者，除了遵守相关法律规定，还必须进行独创型创新。"双汇"后来居上，超越"春都"，就在于"双汇"在模仿、适应之后，在技术、制度上的不断创新。

与独创型创新、改良型创新相似的概念是突破性技术和持久性技术。这是美国学者 Clayton Christensen 在研究了磁盘驱动器、挖掘机、零售等行业的研究开发、技术创新的基础上，在 1997 年出版的《创新者的窘境》（*The Innovator's Dilemma*）中提出的解释领先公司在面对技术变化时为什么会失败，也就是为什么大公司不善于进行突破性创新时提出的技术创新概念。（1）持久性技术是指此类技术使产品按照主要市场中大多数用户历来重视的那些方面来改进已有性能。某一行业中的大多数技术进步都具有持久性的特点。从技术本身来说，尽管某些持久性技术可以具有非连续性或突变性的特点，但持久性技术提供的技术改进的轨道依然是没有脱离原有的技术轨道，产品的竞争基础并没有改变。Christensen 的研究证明，即使是极为困难的持久性技术也极少引起领先公司的突然失败，领先公司能够很好地进行基于持久性技术的创新。（2）突破性技术是那些并不是按照公司主流用户的需求性能改进轨道进行改进的技术。突破性技术给市场带来了截然不同于以前的价值。一般来说，突破性技术比主流市场上已定型的产品要差（性价比差），但是它们具有少数激进的（一般是新的）用户比较喜欢的其他特性，突破性技术的技术改进轨道已经（暂时）偏离了现在主流用户的技术改进轨道。突破性技术的产品一般比较便宜、简单，比较小，而且通常更便于使用。如 CD 机对于录像来说是突破性技术，晶体管收音机与真空管收音机相比，也是突破性技术。Christensen 从企业运行机制、决策模式，包括资源的分配模式、主流用户对创新的影响等出发，解释了已定型公司成功地执行渐进性创新，但未能处理好突破型创新的原因所在。

（三）技术创新与制度创新

从创新活动的内容和成果性质角度，如何对创新进行分类，目前国内学术界和政府部门还没有一致的结论，常见的有以下几种分类：（1）熊彼特对创新的五分法。在熊彼特提出的创新概念中，发明了一种生产上的新工艺、新方法，并将这种技术创新应用于企业生产，实现它的商业价值，这属于技术创新。在经济学上，可以把只改变生产技术、资源配置方法，而不改变人与人之间的利益关系的创新称为技术创新。（2）理论创新、技术创新和制度创新。胡锦涛主席 2006 年 1 月 9 日《坚持走中国特色自主创新道路　为建设创新型国家而努力奋斗——在全国科学技术大会上的讲话 》，2006 年 1 月 26 日《中共中央　国务院关于实施科技规划纲要增强自主创新能力

的决定》都提出了创新的这一划分。（3）技术创新、管理创新
和制度创新。经济学家成思危教授多次强调，创新包括技术创
新、管理创新和制度创新三种类型。（4）技术创新和制度
创新。

本书认为，各种内容的创新从根本上可以分为技术创新和
制度创新，或者说技术变迁和制度变迁。技术创新又称为知识
创新、科技创新，是指知识、科学技术上的创新，理论创新也
应当属于知识创新或技术创新，下面还将具体分析技术创新。
技术创新往往要带来决策、组织、管理、监督等微观上的企业
体制的改变，进而引起生产、交换、分配等宏观上的经济体制
和公共政策的改变，从而调整人与人之间的利益关系，而这些
方面的改变或调整被称为制度创新。

熊彼特之后，学者们在创新研究上更喜欢使用技术、技术
创新、知识创新的概念。技术一般是指制造一种产品或提供一
项服务的系统的知识，是对研究开发成果的统称，这些知识应
当包括自然科学、社会科学和其他学科范围的各种技术。在这
个意义上，技术创新与知识创新、科技创新是相等的概念。技
术创新包含了技术的研究开发活动或过程、研究开发成果、研
究开发的成果运用等多个层次的含义，简而言之，知识创新是
指知识的生产与运用过程。研究开发产生了新的技术，新技术
能够使给定的一组投入得到更多或更好的产出，技术创新是指
人类通过新技术改善生产效率的经济行为。伊诺思（L. Enos）
1962 年在《石油加工业中的发明与创新》中从行为的集合的角
度定义了技术创新："技术创新是几种行为综合的结果，这些
行为包括发明的选择、资本投入保证、组织建立、制订计划、
招用工人和开辟市场等。"林恩（G. Lynn）也认为，技术创
新是"始于对技术的商业潜力的认识而终于将其完全转化为商
业化产品的整个行为过程"。美国国家科学基金会（National

Science Foundation of U. S. A. ）也从 20 世纪 60 年代开始研究技术变革和技术创新，迈尔斯和马奎斯（S. Myers & D. G. Marquis）在 1969 年研究报告《成功的工业创新》中将创新定义为技术变革的集合，认为技术创新是一个复杂的活动过程，从新思想、新概念开始，通过不断地解决各种问题，最终使一个有经济价值和社会价值的新项目得到实际的成功应用。在《1976 年：科学指示器》研究报告中，他们进一步提出技术创新是将新的或改进的产品、过程或服务引入市场。同时，将模仿和不需要引入新技术知识的改进明确作为两类创新而划入技术创新的定义范围。弗里曼（Freeman）在 1973 年《工业创新中的成功与失败研究》中提出，技术创新是一种技术的、工艺的和商业化的全过程，会导致新产品的市场实现和新技术工艺与装备的商业化应用。其后，他在 1982 年《工业创新经济学》修订本中指出，技术创新就是指新产品、新过程、新系统和新服务的首次商业性转化。以上学者对技术创新的解释虽有不同，但都将它理解为从新思想、新知识的提出到实现商业化的系统的完整的过程，这一技术创新过程也是经济创新过程。

我国政府部门对技术创新的规定也与此类似。以科技部科技型中小企业技术创新基金管理中心的有关政策规定为例：科技型中小企业技术创新基金作为政府对科技型中小企业技术创新的资助手段，将以贷款贴息、无偿资助和资本金投入等方式，通过支持成果转化和技术创新，培育和扶持科技型中小企业。创新基金将重点支持产业化初期（种子期和初创期）、技术含量高、市场前景好、风险较大、商业性资金进入尚不具备条件、最需要由政府支持的科技型中小企业项目，并将为其进入产业化扩张和商业性资本的介入起到铺垫和引导作用。因此，创新基金将以创新和产业化为宗旨，以市场为导向，上连"863""攻关"等国家指令性研究发展计划和科技人员的创新成果，下接"火炬"等高技术产业化指导性计划和商业性创业投资者，在促进科技成果产业化，培育和扶持科技型中小企业的同时，推动建立起符合市场经济客观规律、支持科技型中小企业技术创新的新型投资机制。

管理创新是人们经常提及的概念。管理创新是指企业、政府等社会经济主体提出创造性思想并将其转换为有用的产品、服务或作业方法的过程。当管理者说到要将组织变革成更富有创造性的时候，他们通常指的就是管理创新。管理创新的具体内容包括管理思想理论的创新、管理制度的创新和管理具体技术方法的创新三个方面的内容。显然，所谓的管理创新是指把一种新思想、新方法、新手段，或者新的组织形式引入到企业或者国家的管理中，并取得相应效果的过程，管理创新属于制度创新的范围。类似地，组织创新、政策创新等概念所反映的内容也属于制度创新的范围。

从长期和整体上看，因技术创新而直接导致了生产力提高、经济增长和社会发展；而制度等其他因素是通过作用于技术而间接作用于经济增长。因而，制度创新的绩效由其对技术创新的促进或抑制作用体现出来。制度要适应技术发展的要求，由均衡状态（适应）—不均衡状态（不适应）—均衡状态（重新适应）不断演进。技术的生长和发展既有连续性特征，又有跳跃性特征，是缓慢发展与快速发展相间交替进行的。周期性的科学大突破导致了大跨度的技术革命，而两者之间则是技术缓慢发展的阶段。当技术发展处于革命性的跃升期时，技术创新极为活跃，技术环境改变迅速，技术水平快速提高。这时制度创新的适应性角色决定了制度创新也应该是十分活跃，并且其每一绩效是递增的。当技术处于平稳发展阶段时，制度创新不但活跃程度下降，并且持续的制度创新所带来的边际报酬是递减的。无数多的短期制度绩效曲线的包络线构成了长期的制度变迁绩效曲线，长期的制度绩效先递增后递减，呈递减规律。

技术创新和制度创新的相通性是它们都改变了资源配置的方式和效率，都受到成本收益原则的约束。制度的改善可以降低成本，技术的进步可以减少成本。技术创新是组织主体在技术性成本及收益发生变化的条件下，对这一成本收益之间差额的变化所做出的技术方面的反应。当产品相对价格发生变化，导致采用新技术所取得的净收益大于现有水平状况下所取得的净收益时，则组织主体就会产生改进技术的激励，实现技术创新。并且技术创新产生的成本收益变化会改变该组织原有的成本收益匹配状况，这就会使某些行为主体进行制度创新。如果新的制度安排可实现比现有制度安排更大的净收益，那么新的制度安排就会诞生，发生制度创新。反之亦然。故不论是制度创新还是技术创新，都是由于成本收益间净收益的相对比较产生的。实际上，制度创新和技术创新都是社会经济主体适应性行为选择的结果。技术创新和制度创新在经济增长中都很重要，两者不可偏颇。技术决定论或制度决定论都只强调一方面，视另一方为经济增长的外生变量。其实，技术因素和制度因素都是经济增长的内生变量，它们共同作用促进经济的增长，针对发展中国家的技术落后和制度滞后，应当同时进行技术创新和制度创新。

尽管对创新可以机械地分门别类，如分为技术创新和制度创新，但不同学科、不同学者在使用创新概念时存在着极大的差别。如管理学所分析的创新主要是生产技术和产品上的改变或突破，有时也分析管理制度、管理方法的创新。而出于理论构造和经验解释的优美和便利，西方主流的经济学在分析企业生产和国民经济时，长期暗含着制度不变甚至技术不变的前提条件。在索洛之后，创新才被引入理论分析，而这时的创新意味着对生产函数的调整或改变，是将技术上、制度上的创新都视为功能相同的创新活动，换言之，经济学理论中的创新是包含了技术、制度创新的复合概念。事实上，由于语境或情境不同，创新的概念或含义也不同，本书在不同情况下，使用不同含义的创新概念。

从上可知，研究开发与创新这两个概念既有联系，又有区别。被称为"创新"的这个词，至少包含以下三种含义，或者说实际上是三个不同概念的复合体：（1）创新是指知识的生产过程及其成果，这一狭义的创新概念等同于研究开发的概念。经济合作与发展组织（OECD）把研究开发定义为：研究和实验开发是在一个系统的基础上的创造性工作，其目的在于丰富有关人类、文化和社会的知识库，并利用这一知识进行新的发明。（2）创新是指知识的生产和知识的运用（配置）的整个过程，这一概念包括了研究开发和研究开发成果运用两方面的内涵。（3）创新不仅指知识的生产和运用的知识（技术）创新过程，往往还伴随着制度（政策）创新的过程，因此创新不但包含了知识上的创新，而且包括制度上的创新，这实际上也就是熊彼特的创新或经济创新的概念。

以上主要从知识的供给角度，介绍和探讨了研究开发的概念，以及研究开发的主体、对象、目的、类型、过程、成果等问题。相对于知识的生产和供给而言，知识的使用与需求分析对于企业生产、经济增长同样重要。过去，经济学、管理学等学科对知识的供给方面过分关注，但对于知识的需求与消散方面没有给予足够的重视。实际上，对于知识的需求扩展了知识产业，而后者对于生产率的增长具有重要意义。

第五节　我国研究开发的现状和问题

一、研究开发的发展状况

（一）我国科技发展的过程

尽管研究开发在我国并不是新鲜的事物，但研究开发的社会化、市场化和企业成为研究开发的主要主体还是改革开放以后的事情。

新中国成立后，面对积贫积弱、饱经战乱、百废待兴的国民经济体系，恢复和发展科学技术活动成为我国社会经济发展的重要内容。1949 年 11 月 1 日，中国科学院正式成立。1956 年 1 月，中共中央召开全国知识分子问题会议。毛泽东、周恩来在会上要求全党、全军和全国人民努力学习科学知识，为迅速赶上世界科学技术先进水平而努力奋斗。在这次会议上，党中央发出了"向科学进军"的伟大号召。总体上看，"文化大革命"前的十七年，国家集中和调动了一切可能的力量和资源，在很短时间内就建立起相对完整的研究开发体系，并取得一个又一个的科技硕果。遗憾的是，"文化大革命"十年中，中国科技事业的发展受到极大挫折。

1978 年 3 月 18 日，全国科学大会在北京举行。复出不久的邓小平发表重要讲话，旗帜鲜明地指出"科学技术是生产力"。十一届三中全会后，我国的科学技术事业逐渐走上了健康发展的道路。1985 年 3 月，中共中央做出《关于科学技术体制改革的决定》，从宏观上制定了科学技术必须为振兴经济服务、促进科技成果商品化等方针和政策，从而为科技成果向现实生产力的转化以及高新技术产业化的发展奠定了政策基础。1986 年 3 月，邓小平亲自批准实施瞄准世界高新技术前沿的

"863 计划"。1988 年 8 月，国务院批准实施以高新技术商品化、产业化、国际化为宗旨的"火炬计划"，先后批准建立了53 个国家级高新技术产业开发区，中国高新技术产业从此迅速壮大。

20 世纪 90 年代，面对世界新科技革命和知识经济的发展，我国提出了科教兴国及可持续发展等一系列发展战略。1995 年 5 月 26 日，我国首次正式提出实施"科教兴国"的战略。在中共十五大上，江泽民再次提出把科教兴国战略和可持续发展战略作为跨世纪的国家发展战略，提出要充分估量未来科学技术特别是高技术发展对综合国力、社会经济结构和人民生活的巨大影响，把加速科技进步放在经济社会发展的关键地位，使经济建设真正转到依靠科技进步和提高劳动者素质的轨道上来。

创新是一个民族的灵魂，是一个国家兴旺发达的不竭动力。提高我国的自主研究开发能力，必须依靠创新。只有依靠科技创新，把科技创新作为经济增长的"发动机"和"倍增器"，才能更加主动地适应知识经济兴起的挑战。随着创新在国家社会经济发展的地位上升和作用增强，一些国家在 20 世纪末期开始把科技创新作为基本战略，大幅度提高科技创新能力，形成日益强大的竞争优势，国际学术界把这一类国家称为创新型国家。目前世界上公认的创新型国家有 20 个左右，包括美国、日本、芬兰、韩国等。这些国家的共同特征是：创新综合指数明显高于其他国家，科技进步贡献率在 70% 以上，研究开发投入占 GDP 的比例一般在 2% 以上，对外技术依存度指标一般在 30% 以下。此外，这些国家所获得的三方专利（美国、欧洲和日本授权的专利）数占世界数量的绝大多数。

1992 年 10 月，党的十四大报告首次提到了"创新"问题。1999 年 8 月，全国技术创新大会把"加强技术创新、发展高科技、实现产业化"确立为中国科技跨世纪的战略目标。2005

年，十六届五中全会审议通过《中共中央关于制定国民经济和社会发展第十一个五年规划的建议》，将增强自主创新能力作为《建议》的重要内容，并将"形成一批拥有自主知识产权和知名品牌、国际竞争力较强的优势企业"列为未来五年经济社会发展的重要目标之一；同年，我国完成制定《国家中长期科学和技术发展规划纲要（2006—2020）》，作出了"加快建设国家创新体系""建设创新型国家"的重大战略决策。2006年1月，胡锦涛主席在全国科学技术大会上提出，建设创新型国家的总体目标是：到2020年，使我国的自主创新能力显著增强，科技促进经济社会发展和保障国家安全的能力显著增强，基础科学和前沿技术研究综合实力显著增强，取得一批在世界具有重大影响的科学技术成果，进入创新型国家行列，为全面建设小康社会提供强有力的支撑。

在1996～2006的十年间，我国的研究开发经费支出额以年均19.7％的速度增长，远远超过世界主要发达国家增长率水平。2007年，我国的研究开发经费支出总额达到487.9亿美元，比上年增加111亿美元，连续6年居世界第六位，与美、日、英、法、德5个研究开发大国的差距不断缩小。但是，一个国家的科技创新活动能力不仅与研究开发投入总量有关，而且与研究开发投入强度密切相关。由于缺乏有效的动力激励，和发达国家相比，我国研究开发的投入强度明显不足。从研究开发经费投入的强度来看，20世纪90年代，我国R&D/GDP增长缓慢，1999年以后这一比值开始迅速提高（见表2-1）。2007年，我国的研究开发经费强度增至1.49％，在发展中国家中居于首位。但是我国的研究开发经费强度与世界发达国家的水平还有较大差距（见图2-1）。绝大多数发达国家的研究开发经费强度都在2％～4％之间，以色列甚至达到4.68％，韩国和日本也都在3.4％以上。

表 2-1　全国研究开发（R&D）经费支出（1999～2007 年）　　单位：亿元

项目＼年份	1999	2000	2001	2002	2003	2004	2005	2006	2007
R&D 经费支出	678.9	895.7	1042.5	1287.6	1539.6	1966.3	2450	3003.1	3710.2
R&D 经费支出/ GDP（%）	0.76	0.90	0.95	1.07	1.13	1.23	1.34	1.42	1.49

资料来源：根据国家统计局《中国科技统计年鉴》、中国科技统计（www.sts.org.cn）等历年数据整理。

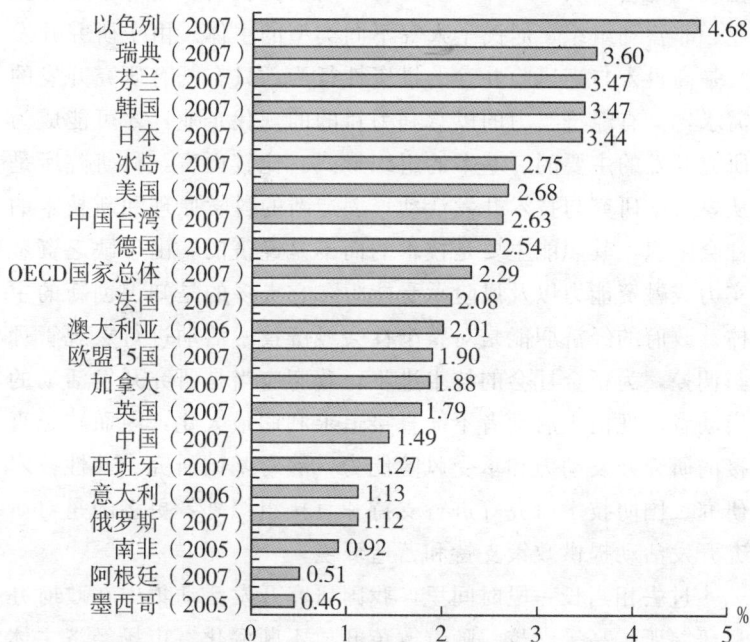

图 2-1　部分国家（地区）R&D 经费与 GDP 的比值（单位%）

资料来源：引自科技部《科技统计报告》第 6 期（总 444 期）。

近年来，我国已涌现出了不少具有国际水准的自主创新成果，如具有自主知识产权的数字电视地面传输、先进音视频解码、闪联等重大标准相继颁布；载人航天和探月工程一期取得成功；TD-SCDMA。WAPI、基因药物等自主创新成果开始实现产业化；量子信息、造血干细胞分型研究、"炎黄一号"黄种人基因图谱等重要的原始创新成果进入国际科学前沿。

（二）企业开始成为研究开发的基本主体

研究开发活动是一系列创新要素围绕研究开发目标的协同和整合过程，往往需要多重主体的共同参与和协作才能完成。在现代社会，从事研究开发的有政府研究机构、高等学校、企业、非营利组织、居民个人等不同类型的主体。由于研究开发又是高投入与高风险并存的投资性行为，只有既有研究开发的需求，又有经济实力的以营利为目的的现代企业，才可能成为研究开发的主要的、基本的组织形式。比较而言，科研院所是从事科学研究与技术开发活动、创造新的科学原理和新技术的社会组织，其职能主要是技术的而不是经济的，由于缺乏资金实力或融资能力以及风险承受能力，它更多的是知识创新的主体。政府的经济职能是对整个社会经济技术活动进行宏观管理与调控，为了全社会的技术进步，政府应当是研究开发活动的启动者，但由于启动者不能直接追求利润最大化，因而缺乏直接的研究开发动力和承受风险能力，除对基础研究、共性技术研究、国防技术研究等进行支持和直接组织外，更多的是对研究开发活动提供政策支持和营造环境。

过去相当长一段时间里，我国研究开发活动集中在政府办科研院所、高等学校，随着改革开放不断深化，市场经济主体呈现多元化，近年来我国研究开发的主体已经开始发生根本性的改变。企业的研究开发经费支出（不含企业委托其他单位进行研究开发所支付的经费）占全国研究开发经费支出的比重逐年上升，1996年超过研究开发机构而居首位，自2000年以后，企业支出的研究开发经费一直占全国研究开发支出的 3/5 以上，2006 年达到 71.1％，2007 年达到 72.3％（见表 2-2），表明企业在我国研究开发活动中的主体地位已经确立。

表 2-2　我国研究开发经费支出按执行部门分（1995～2007 年）　单位:％

分类 ＼ 年份	1995	1997	1999	2000	2001	2002	2003	2004	2005	2006	2007
研究开发机构	42.1	40.6	38.5	28.8	27.7	27.3	25.9	22.0	20.9	18.9	18.5
企业	43.7	46.1	49.6	60.3	60.4	61.2	62.4	66.8	68.3	71.1	72.3
高等学校	12.1	11.3	9.3	8.6	9.8	10.1	10.5	10.2	9.9	8.5	8.5
其他	2.2	2.0	2.6	2.3	2.1	1.4	1.2	1.0	1.0	0.8	0.7
合计	100	100	100	100	100	100	100	100	100	100	100

资料来源：根据国家统计局《中国科技统计年鉴》、中国科技统计（www.sts.org.cn）等历年数据整理。

企业作为研究开发的基本主体地位可以从我国研究开发经费来源和执行情况得到说明。我国的研究开发经费过去主要来源于政府，近年来，这种情况正在改变，研究开发经费主要来自企业，其次是政府拨款，另外还有少量其他来源。根据国家统计局数据计算，2007 年我国的研究开发经费支出总额中来自企业的资金占 70.4％，来自政府的资金占 24.6％，其他方面的资金占 5％，企业资金已经是我国研究开发活动最主要的资金来源。不过，研究开发经费到底应当来自政府还是企业，国际上并无统一的模式，瑞典、美国、德国、芬兰、中国台湾、韩国、以色列等国家或地区来自企业的资金占 60％～80％，而俄罗斯、意大利、南非、西班牙、英国、加拿大、法国等国家来自企业的资金只在 30％～50％[①]。

---

① 见中国科技部的《中国科技数据（2008）》国家比较数据，http://www.sts.org.cn/sjke/kjtjdt/data 2008-6.htm。

　　表 2-3 显示了 2000～2006 年企业研究开发的经费及研究开发强度（对企业而言，该指标指的是研究开发支出占销售收入的比重），虽然企业的研究开发经费支出连年增长，但是研究开发强度却一直在 0.75 左右徘徊，远远低于国外发达国家 5％的平均水平。

表 2-3　大中型工业企业研究开发经费支出及研究开发强度　　单位：亿元

指标名称 ＼ 年份	2000	2001	2002	2003	2004	2005	2006
研究开发经费支出	353.4	442.3	560.2	720.7	954.4	1250.3	1630.2
研究开发经费占销售额比例(％)	0.71	0.76	0.83	0.75	0.71	0.76	0.77

　　资料来源：根据国家统计局《中国科技统计年鉴》、中国科技统计（www.sts.org.cn）等历年数据整理。

二、我国研究开发存在的问题

　　中国科学技术协会（www.cast.org.cn）全国科技工作者状况调查于 2002 年启动，至 2007 年 5 年间先后实施了非公有制企业、民办非企业单位科技工作者状况和需求调查，全国科技工作者状况调查，西部科技工作者政策环境状况调查，科技工作者权益保障状况调查和影响科技工作者自主创新的主要因素调查等。已公布的调查结果表明，科技成果转化率低、科技政策没有充分发挥效用、科技投入方式单一、东西部科研环境差异大、西部难以吸引人才等问题，折射出走自主创新之路任重道远。中国科学技术协会《全国科技工作者状况调查报告（2003 年）》显示：74.5％的研究开发项目的成果没有转换为产品或者应用于生产。

（一）研究开发的人力资源和政府投入水平不高

虽然我国人才总体规模已近 6000 万，研究开发人员及从事研究开发活动的科学家、工程师总量位居世界前列，但是按照创新型国家的重要指标——全部劳动力中的研究开发人员比重（科技人力投入强度）衡量，我国在国际上处于落后地位。2005 年我国每万名劳动力中研究开发人员为 17.5 人年，约为俄罗斯、挪威、澳大利亚、奥地利、比利时和法国的 1/7、韩国和英国的 1/5。我国每万名劳动力中从事研究开发活动的科学家、工程师为 14.4 人年，虽然比 2000 年的 10 人年有了较大的上升，缩短了与发达国家的差距，但美国、日本、俄罗斯和韩国的这一指标值仍然在中国的 6 倍、7 倍、4 倍和 5 倍以上。我国每万名劳动力中研究开发人员和从事研究开发活动的科学家、工程师的比例不仅大大低于发达国家，而且低于波兰、阿根廷等国，在 OECD《主要科学工程指标》所列的 37 个国家中排第 34 位，大体与南非相当（见表 2-4）。我国高层次人才十分短缺，能跻身国际前沿、参与国际竞争的战略科学家更是凤毛麟角。在 158 个国际一级科学组织及其包含的 1566 个主要二级组织中，我国参与领导层的科学家仅占总数的 2.26%，其中在一级科学组织担任主席的仅 1 名，在二级组织担任主席的仅占 1%。政府要通过一些重大项目来凝聚人才，更重要的是要通过政策激励企业增加研究开发投入，吸引更多人才进入企业和产业。

表 2-4 每万名劳动力中研究开发人员指标的国际比较

国家（地区）	年 份	每万名劳动力[②]中研究开发人员（人年/万人）	每万名劳动力中研究开发科学家工程师（人年/万人）
OECD 总体	2002	—	65.4

国家（地区）	年 份	每万名劳动力^②中研究开发人员（人年/万人）	每万名劳动力中研究开发科学家工程师（人年/万人）
美 国	2002	—	91.2
中 国	2005	17.5	14.4
日 本	2004	134.9	102.0
俄罗斯	2005	124.4	62.8
德 国	2005	114.4	65.3
法 国	2004	128.5	72.9
英 国	1998	91.4[①]	55.9
韩 国	2005	90.7	75.7
加拿大	2002	106.5	67.7
意大利	2004	67.3	29.6
澳大利亚	2004	116.0	79.4
波 兰	2005	44.6	36.1
芬 兰	2005	217.6	149.9
阿根廷	2005	29.2	20.5
南 非	2004	18.8	11.3

注：① 1993年；② 我国的劳动力指经济活动人口；③ 外国数据为参与研究开发活动的研究人员数。

我国目前科技投入总量仍然不足，没有形成稳定增长机制，以政府为主体的投入增长滞后于发展需要。我国研究开发经费支出由 2002 年的 1288 亿元增加到 2007 年的 3710 亿元，上升到世界第六位，但相对水平并不高，科技投入占 GDP 的比例最高是 1960 年的 2.32%，以后逐年下降，到 1998 年研究开发经费支出总额为 551 亿元人民币，占 GDP 的比例为 0.69%，2000 年以后有所回升，到 2004 年为 1.23%，2007 年为 1.49%，与我国有关法规规定的 1.5%一直存在差距。比较而言，许多发达国家 1998 年研究开发占 GDP 的比例已经远远超过我国当前水平，如美国 R&D 经费达 2279.3 亿美元，占 GDP 的 2.79%；德国（1997 年）R&D 经费达 875.4 亿德国马克，占 GDP 的比重为 2.33%；日本的 R&D 经费占 GDP 的 2.92%，韩国为 2.89%。

（二）相关政策和竞争环境还欠公平

我国的国有和非国有企业之间、内资和外资企业之间还存在着一系列政策上的差异，内资、非国有的民营企业在投融资、税收、自主创新等方面遇到不少障碍和歧视。即使在实行企业所得税内外资企业并轨之后，外资企业照样可以得到原来的优惠。我国的技术、产品上的自主创新还缺乏政策环境的良好支持，成为阻碍创新型国家战略落到实处的一个重大问题。在自主产品和自主品牌的培育过程中，政府的作用确实独特而重要。比如，政府采购目前的一大问题是没有充分发挥支持本土产业的功能，在税收、金融等方面也存在问题。

中国科协全国科技工作者状况调查表明，科技工作者对科技政策满意程度一般。除评奖制度一项外，科技工作者对各项科技政策的满意度一般；科技工作者认为科技工作方针政策促进创新的作用也属一般水平。

（三）投融资体制改革滞后

缺钱——这是许多有创新愿望的民营企业最大的抱怨。企业自主创新急需大量资金，但无法及时便利地从合法的金融机构获取，因此一些民营企业只好通过地下钱庄来解决，这种做法合情、合理，但不合法。市场经济国家的企业自主创新基本上有两种形式，一种就是现有企业研究开发，实现创新；另一种是新的风险企业的开发创业的硅谷模式。由于体制的原因，目前我国这两条主要途径全部严重堵塞。国际上已证明最有效的"有限合伙制"，股票柜台交易退出机制在我国迟迟没有推出。我国应建立多层次的金融体系：一是构建一种商业银行对于科技研究开发、自主创新活动贷款风险补偿机制；二是用好财政贴息、财政支持之下的政府目标信用担保体系等政策性金融工具。

（四）研究开发立项机制存在问题

为了提高研究开发投资的效率，解决科技成果转化率低的问题，应当对科研选题、立项、经费分配等原有的科技管理体制和机制进行改革与创新。在研究开发项目的选择上由单一申报转向全社会征集，从"小范围"向"大社会"突破，面向全社会网上征集重大技术项目需求及建议。在科研立项上实现从"散而全"向"精而准"突破，对重大技术需求进行深入调查研究，反复论证，选择确立社会需要的研究项目。在科研经费投入上实现从"撒胡椒面"向"重点与集中"突破，实现科研经费的使用向"重点与集中"突破。同时，把科技对经济发展贡献的大小纳入了对各级政府进行考核的重要指标。

同时，我国在研究开发立项时，过去多采取以单个环节、单项技术指标立项的办法，往往只要求这个单项的科技成果要达到某个水平，并没把这个单项科技成果能够在提高经济效益中所需要的其他技术及相关配套的一连串问题全部纳入到课题里面来，致使无法统筹解决这些涉及提高经济效益的问题。由此，许多很好的成果研究出来后，没人管，没人用，造成相当大的研究经费和研究成果浪费。对此，经济领域的许多科技创新及攻关课题，应当采取以提高经济效益的整体目标立项，统一动作，实现共同目标，以更好地发挥科技在经济建设中的作用。

（五）评价、管理体系简单僵化

研究开发的考核、评价体制存在问题。长期以来，许多部门和单位以论文数量作为考核的主要指标，有关部门关注的是上报的成果数量和纸上的学术价值和社会经济价值，但对实际价值缺乏有效的评价，导致相当多的科研院所、高等学校科研人员片面追求论文数量，花大量时间跑课题、要经费、写总结、争奖项。片面追求论文数量带来负面影响：一是反映论文质量的指标落后；二是与经济增长密切相关的专利产出发展滞后，目前我国发明专利数量仅占世界总量的2％，许多科研成果研究出来后竟无人问津。论文质量也无法让人乐观：1993～2003年，世界各学科领域按照作者统计的SCI（科学引文索引）论文被引用次数，前20名没有中国学者，前100名仅有2人。

同时，功利化、工具化的科技观还较为严重，以创新为主导的价值观尚未成为普遍风尚。官本位等传统文化中的消极因素，使科研成为一些人追名逐利的工具。传统教育体制和方法也不利于创新意识的培养：重知识灌输，轻能力培养；重趋同一致，轻标新立异。创新文化建设是实现创新型国家建设目标的关键，应创造一种鼓励创新、容忍失败的政策环境和文化氛围。一方面要鼓励创新人员增强社会责任感和历史使命感，力戒急功近利；另一方面要改革人事制度和教育、科研体制，创造一个公平、竞争、合作的创新环境。

（六）研究开发上缺乏有效的分工合作，研究开发效率低下

我国科技人力资源总量从2002年的2559万人增加到2007年的5160万人，居世界第一位。国家投入的科研经费，"十五"规划前四年财政科技投入总量达到3590亿元，其中2006年的科技投入达到716亿元，年均增长17.45％。我国科技人力资源总量大，工作时间长、强度高、压力大，健康差，但产出效率不高，科研经费投入的使用效率相当低下①。

① 《第二次全国科技工作者状况调查报告发布》，中国新闻网，2009-07-10。

许多技术、产品的研究开发，涉及不同学科、不同领域的知识，往往需要多家单位分工合作，整合资源，联合研究开发。在一些发达国家，不同层次的研究机构明确分工，分别专注于技术、产品、产业链上、中、下游某些环节的研究开发。在竞争者之间、采购商和供应商之间、产学研之间互相合作，发挥的效益远远高于一个孤岛式的企业。相反，我国很多行业的技术、产品、产业链支离破碎，有大量空白没人填补，另一些环节却是"千军万马过独木桥"。

研究开发投入不足和研究开发资源分散重复、浪费低效并存。我国目前创新基础条件资源短缺与浪费现象并存，科技基础条件资源存在着薄弱和分散等突出问题，成为科技、经济发展中的"瓶颈"。据有关部门统计，我国大型科研装备利用率只有 25%，而发达国家则达到 170%～200%。共享创新资源是缓解短缺矛盾的唯一选择。因此，一方面要加强重大创新基础设施的前瞻布局与合理规划；另一方面要加强资源管理，鼓励共建共享创新基础条件平台，特别要注重采用市场机制调节。此外，要打破目前"小而全"的小生产创新模式，注意围绕解决关键技术问题搭建创新平台。

（七）自主创新能力不足，对外技术依存度居高不下

以汽车工业为例，汽车产业之所以被称为工业的火车头，就是因为它可以带动装备制造、钢铁、有色金属、电子等相关产业的发展。当初我国汽车工业推行中外合资，希望实现引进外方技术—消化吸收—自主开发的发展道路。大力引进外国资金和设备 20 多年后，我们几乎实现了全世界最大限度的开放，90% 的轿车市场已经让给外方，但并没有换来有国际市场竞争力的核心技术，而是换来了进入成熟期、衰退期，甚至马上就要淘汰的技术，绝大部分合资企业没有开发过像样的新车型、新发动机，未能生产出一个拥有自主知识产权的品牌，反而形

成了依赖引进的被动局面，连已有的创新能力都丧失殆尽。1985 年，中德合资的上海大众汽车公司开始生产桑塔纳轿车，外方母公司德国大众随即就淘汰了这种车型，而上海大众连货架、扫地用的清洁机都从德国进口。2003 年，德国大众在中国合资生产的产量，只占全球的 14%，但是其利润 80% 来自中国。北京市与韩国现代合资生产索纳塔后，我方原有的装备全部弃置，需要的基本设备全部从韩国进口，只有四个轮胎和一个电瓶由中国制造。而且，我国很多企业消化吸收再创新能力弱，消化吸收费用平均不到引进项目费用的 7%。而韩国、日本等国却要花比引进项目费用多 3～10 倍的钱来消化吸收，形成了引进—吸收—试制—自主创新的良性循环。幸有以奇瑞、吉利、哈飞等为代表的民族品牌，开始打破中国汽车工业不能自主开发轿车、必须与外商合资的神话，冲击着洋品牌统治中国轿车市场的格局。

以芯片生产为例，20 世纪 50 年代，中国自行研制出第一台大型电子计算机时，比美国只差十几年。但改革开放后，国内不重视芯片的自主开发，而是不断买进生产线，这条落后了，又买新的，接着落后。尽管先后引进了 3 英寸、6 英寸、8 英寸、12 英寸的硅单晶的生产线，但在研究开发和生产的若干关键环节却出现了短期内无法弥补的空缺。如今，我国在计算机技术方面同国际先进水平相比，差距比 50 多年前还要大，而且这种差距在继续增大，造成战略上的潜在危险。

以制药行业为例，我国化学药品研究开发水平落后世界先进水平 50 年，即使发源于中国的天然药研究开发水平，也落后 20 年。国外调查表明，每研制出一种新药，平均需要 10 年时间和 10 亿美元的投入。

核心技术和关键技术缺失，既是我国自主创新要解决的高端问题，又严重制约着国内创新活动的开展。自 1985 年我国

《专利法》开始实施到 2000 年年初，我国专利申请总量首次达到 100 万件，2004 年 3 月达到第 2 个 100 万件，2006 年 6 月达到第 3 个 100 万件，2008 年年底超过 800 万件。2005 年，国家知识产权局共受理发明、实用新型、外观设计 3 种专利申请共 476264 件，同比增长 34.6%。虽然我国专利申请总量已经超过 300 万件，但来自国内的专利申请多以外观设计和实用新型居多，发明专利数量仅占 19.9%，有核心竞争力的发明专利数量则更少，且主要集中在中药、软饮料、食品和汉字输入法等领域。来自国外的专利申请中，发明专利占 86.6%。

我国发明专利授权中 3/4 为外国人所拥有；申请专利数量最多的 10 家电子信息企业，5 年申请之和仅相当于美国 IBM 公司 1 年申请的专利数量。我国高科技领域中的发明专利，绝大多数来自国外。其中无线电传输、移动通信、半导体、西药、计算机领域，来自外国企业和外资企业的发明专利，分别占 93%，91%，85%，69%，60%。我国的高端医疗设备、半导体及集成电路制造设备和光纤制造设备等基本从国外进口，其中中国石化装备的 80%，轿车制造装备、数控机床、先进纺织机械、胶印设备的 70% 依赖进口①。

我国对外技术依存度高达 50%，而美国、日本仅为 5% 左右。关键技术自给率低，占固定资产投资 40% 左右的设备投资中，有 60% 以上要靠进口来满足，高科技含量的关键装备基本上依赖进口。许多重点领域特别是国防领域的对外技术依赖，会对国家安全构成严峻挑战。国内还没有形成"注重创新能力建设"和"保障创新领先者权益"的政策环境②。

---

① 叶静：《专利申请落入数字陷阱?》，载《中国经济周刊》，2006-07-30。

② 李斌等：《九大问题挑战"创新型国家"》，载新华网，2006-01-08。

（八）企业尚未发挥研究开发的主体作用

我国企业的创新主体地位日益凸显，企业技术中心创新体系开始形成，创新服务网络逐步完善，知识创新工程进入新阶段，创新人才队伍和科研条件进一步增强，创新活力显著提高。不过，我国企业整体上还没有成为自觉的、有效的研究开发主体。我国企业总体技术创新能力较弱，研究开发效率偏低。许多主导产业核心技术依赖引进，短期内很难有根本改变。企业技术开发投入严重不足，难以开展重大关键技术研究开发；同时，自主创新还没有成为企业寻求发展机会的第一选择。国内拥有自主知识产权核心技术的企业仅为万分之三，企业难以掌握核心技术，重引进、轻消化吸收再创新的问题一直未能有效解决。2004 年，规模以上工业企业技术引进经费支出397 亿元，消化吸收经费支出仅 61 亿元，远远低于日本和韩国的水平。科技创新能力严重不足，使许多企业陷入受制于人的被动境地。相反，有关研究表明，目前"政策寻租"空间仍较大，依靠政策或其他要素获得的超常规发展机遇要比依靠创新容易。

以经济和科技发展水平均居全国前列的江苏省为例。江苏省高新技术企业外资比重逐渐加大，专利开发的脚步却很慢。2001 年全省 50 强企业中没有一家专利申请量超过 100 件，其中不少 50 强企业多年来未申请过一项专利。2002 年全省 97％的企业没有申请专利，1438 家高新技术企业仅 304 家企业申请过专利；大中型企业的研究开发经费仅占销售收入的 0.74％，只是美国、日本的 1/5；申请专利只有 1521 项，不及 IBM、日立年申请量的 1/6，不少大型企业集团多年未申请过一项专利①。

---

① 朱春晓：《加快科技创新 迈向新型工业化——2002 年大中型企业科技活动情况分析》，江苏省统计局《统计分析资料》，2003-05-27。

我国现有的企业研究开发组织规模小，力量不足，导致企业研究开发能力较弱。我国 2.8 万多家大中型企业拥有研究开发机构的只有 25%。我国企业研究开发机构的缺乏和研究开发人员的不足，使得企业的研究开发效率低下。2000～2005 年，我国大中型工业企业新产品销售收入占产品销售收入比重分别为 15.33%，15%，16.1%，14.61%，15.3%，14.61%。新产品实现利润占销售分别为 10.22%，10.4%，11.9%，12.5%，13.03%。如果按投入研究开发活动的全部人员和经费总额计算，国有大中型工业企业每产生一项发明专利的人员投入为 137 人，而外资和港澳台资企业的人员投入分别为 23 人和 25 人；每产生一项发明专利的经费投入为 1821.5 万元，分别为外资和港澳台资企业的 2.9 倍和 3.8 倍①。

（九）研究开发与生产、市场脱节，科技成果转化率偏低

研究开发与经济发展之间没有形成互动供求关系，一边是有研究能力的人缺少研究经费，有技术成果的人找不到转化的出路，另一边是企业找不到好的新技术成果。我国科技成果实际转化率不足 20%，转化后能产生经济效益的成果又大约只占被转化成果的 30%，因此只有不到 10% 的成果能取得较大效益。教育部调查结果表明，我国高校目前虽然每年取得的科技成果在 6000 项～8000 项之间，但真正实现成果转化与产业化的还不到 1/10。中国高教学会专业委员会年会披露：在自然科学领域，2004 年教师的人均论文产量是 2000 年的 260%，而重点高校应用型科技成果转化的专利均价，2004 年比 2000 年减少了近 50%，技术合同均价则减少了 1/3。

---

① 国家统计局社会科技司：《国有大中型工业企业自主创新能力建设亟待加强》，科技部门户网站，www.most.gov.cn，2006-08-23。

第三章
研究开发的性质分析

　　研究开发是一种有目的、有组织的生产和增进知识的复杂性、系统性、高风险的活动，它包括研究开发决策、研究开发实施过程、研究开发成果等阶段或环节。研究开发获得了成果后，还有研究开发成果的生产运用和产品的市场销售，即研究开发成果的工业化、市场化和社会化过程。作为一种特殊的投资活动，不同类型、不同阶段的研究开发，以及研究成果的运用具有风险与不确定性、团队性、无形性、新颖性、外部性、非排他性和非竞争性等特殊的性质，这些特性不仅影响着研究开发的决策、投资和实施，以及研究开发成果的开发运用，也影响着研究开发的实施和管理、绩效评估、激励约束、信息披露、会计处理，以及政府在研究开发上的公共政策等方面的经济行为和制度安排。

第一节　研究开发活动的不确定性和团队性

　　对研究开发的性质和效应的正确理解和分析是管理研究开发和制定公共政策的前提。不过，国内外的许多分析都停留在对研究开发重要性的泛泛而论，这种做法无疑降低了后续研究的科学性和可信性。因此，本书的第三章、第四章分别分析研究开发的性质，以及研究开发与企业绩效、经济增长的相互关系，为后面的研究提供理论和知识上的准备。

一、风险与不确定性

由信息的不完全、不对称导致的风险与不确定性是日常生活和学术研究中广泛使用的概念。不过，对于风险、不确定性等概念，至今没有形成统一的定义。

（一）风险与不确定性的概念

风险最初是指人们在社会活动中遇到的危险，而渔民在江河湖海上遭遇风浪是最容易发生的危险，"风"即意味着"险"。从外来语言的角度看，希腊语、拉丁语、阿拉伯语等都有风险的概念，现代英文中的风险（risk）一词源于意大利语的"risque"，该词早期也是被理解为客观的危险，体现为自然现象或者航海遇到礁石、风暴等事件。大约到了19世纪，在英文的使用中，风险一词常常用法文拼写，主要是用于与保险有关的事情上。进入近现代社会，风险与人类的决策和行为后果联系越来越紧密，人们对风险一词的认识已经大大超越了遇到危险的日常理解，而越来越被学术化。

风险已经成为现代社会经济生活的组成部分，风险无处不在，无时不在，我们被风险环境包围的同时，也制造着新的风险。除了冒险，别无选择。风险一般是指"遇到破坏或损失的机会或危险"，是"未来结果的不确定性或损失"。如何处理风险意味着如何分配风险的成本和收益。如果采取适当的防范措施，降低或消除破坏或损失出现的概率，则风险可能带来机会和收益，风险越大，收益越高。那么，如何定义风险，它与其他相关概念有何区别？风险是一种伴随人类始终的状态还是现代产物？风险是客观存在还是心理认知的结果？风险是普遍性的还是在不同环境下具有不同的表现形式？风险有哪些种类？风险对人类的社会经济活动有什么影响？等等。

在学术研究上，数学、哲学、经济学、社会学、统计学甚至文化艺术领域等也都探讨了风险、不确定性问题。奈特在《风险、不确定性和利润》（1921）中提出并区分了风险与不确定性，并首次明确分析了风险与不确定性的性质及其关系问题①。奈特强调，完全竞争意味着完备知识，因而在完全竞争的假设下，利润是不存在的。进而，遵循已知规律的变化不会产生利润，可度量的风险同样也不产生利润，因为这样的风险都能够通过保险或其他措施来消除。为了说明利润的来源，奈特认为已有的风险理论混淆了可度量的概率意义上的风险与不可度量的不确定性之间的区别。奈特用"风险"指可度量的不确定性，概率型随机事件的不确定性就是风险。风险的特征是概率估计的可靠性，以及因此将它作为一种可保险的成本进行处理的可能性。估计的可靠性来自所遵循的理论规律或稳定的经验规律，只要概率能够用这两种方法中的任意一种以数字表示，人们就可以根据过去推测未来的可能性，不确定性就可以被排除。奈特用"不确定性"指不可度量的风险，非概率型随机事件就是不确定性。与可计算或可预见的风险不同，不确定性是指人们缺乏对事件的基本知识，对事件可能的结果知之甚少，因此，不能通过现有理论或经验进行预见和定量分析。利润理论之所以得以成立，正是因为真正的"不确定性"，而不是"风险"。正是在一个充满不确定性的世界中，一部分人才会努力获取信息以寻求获益的机会，而这一部分行为者也会比

---

① ［美］富兰克·H.奈特：《风险、不确定性和利润》，13～14页，王宇，王文玉，译，北京，中国人民大学出版社，2005。

其他人得到更多的有关利润机会的信息。

奈特的不确定性意味着人们难以通过现有理论或经验对事件进行预见和定量分析，这就直接挑战了新古典经济学完全信息或完全知识及其完全理性的假设。20 世纪 30 年代，哈耶克（1937）在与兰格（Oscar Lange）等人关于计划与市场的大论战中，第一次明确提出了知识分工范畴，正式地把知识问题纳入经济学的视野。科斯在《企业的性质》（1937）中作出新古典经济学充分信息的假设，引入交易成本概念来解释企业的性质与边界问题，认为企业是一种能够降低交易成本的合同安排。西蒙 1957 年把人类的认知结构引入经济人的行为分析之中，提出了有限理性假设。经过以上调整，知识或信息概念就逐渐进入了主流经济学家的视野。

20 世纪 60 年代以来，信息、风险研究出现了大量的文献，涉及自然科学、社会科学中的诸多学科。不过，由于对风险的理解和认识程度不同，或对风险的研究的角度不同，学术界对风险的内涵还没有统一的定义，不同的学科、不同学者也对风险概念有着不同的解释。如统计学、精算学、保险学等学科把风险定义为一事件造成破坏或伤害的可能性或概率。通用的公式是：$R = H \times P$，即风险＝伤害的程度×发生的可能性。这个定义带有明显的经济学色彩，采用的是成本—收益的逻辑，但忽视了风险可能带来的潜在收益。而且，很少有人在奈特的意义上对不确定性问题进行研究，不少学者混用风险和不确定性，甚至将风险和不确定性视为同一个概念，将风险、不确定性理解为未来事件可度量的可能性。

（二）风险的不同定义

在把风险、不确定性理解为狭义的事件未来发展的可能性的基础上，人们从不同角度，提出了关于风险的不同定义。

1. 从事件未来可能发生的结果的不确定性角度定义风险。

如 A. H. Mowbray 称风险为不确定性；C. A. Williams 将风险定义为在给定的条件和某一特定的时期，未来结果的变动；March&Shapira 认为风险是事物可能结果的不确定性，可由收益分布的方差测度；Brnmiley 认为风险是公司收入流的不确定性；Markowitz 和 Sharp 等将证券投资的风险定义为该证券资产的各种可能收益率的变动程度，并用收益率的方差来度量证券投资的风险，通过量化风险的概念改变了投资大众对风险的认识。由于方差计算的方便性，风险的这种定义在实际中得到了广泛的应用。

2. 从事件未来可能发生的损失的不确定性角度定义风险。如 J. S. Rosenb 将风险定义为损失的不确定性；F. G. Crane 认为风险意味着未来损失的不确定性。Ruefli 等将风险定义为不利事件或事件集发生的机会。对于损失出现的不确定性的性质，有主观学说和客观学说两类。主观学说认为不确定性是主观的、个人的和心理上的一种观念，是个人对客观事物的主观估计，而不能以客观的尺度予以衡量，不确定性的范围包括发生与否的不确定性、发生时间的不确定性、发生状况的不确定性以及发生结果严重程度的不确定性。客观学说则是以风险客观存在为前提，以风险事故观察为基础，以数学和统计学观点加以定义，认为风险可用客观的尺度来度量。

3. 从事件未来可能发生的损失的损害程度大小的角度定义风险。如段开龄认为，风险可以引申定义为预期损失的不利偏差，这里的所谓不利是指对保险公司或被保险企业而言的。例如，如果实际损失率大于预期损失率，则此正偏差对保险公司而言即为不利偏差，也就是保险公司所面临的风险。Markowitz 排除了可能收益率高于期望收益率的情况，提出了下方风险（downsiderisk）的概念，即实现的收益率低于期望收益率的风险，并用半方差（sernivaviance）来计量下方风险。

4. 从事件未来可能发生的损失可能性与损失大小的角度定义风险。如朱淑珍在总结各种风险描述的基础上，把风险定义为：风险是指在一定条件下和一定时期内，由于各种结果发生的不确定性而导致行为主体遭受损失的大小以及这种损失发生可能性的大小，风险是一个二位概念，风险以损失发生的大小与损失发生的概率两个指标进行衡量。王明涛在总结各种风险描述的基础上，把风险定义为：所谓风险是指在决策过程中，由于各种不确定性因素的作用，决策方案在一定时间内出现不利结果的可能性以及可能损失的程度。它包括损失的概率、可能损失的数量以及损失的易变性三方面的内容，其中可能损失的程度处于最重要的位置。

5. 应用对波动的标准统计方法定义风险。1993 年 30 国集团发表的《衍生证券的实践与原则》报告中，对已知的头寸或组合的市场风险定义为：经过某一时间间隔，具有一定工信区间的最大可能损失，并将这种方法命名为 Value at Risk，简称 VaR 法，并竭力推荐各国银行使用这种方法。1996 年国际清算银行在《巴塞尔协议修正案》中允许各国银行使用自己内部的风险估值模型去设立对付市场风险的资本金。1997 年 P. Jorion 在研究金融风险时，利用"在正常的市场环境下，给定一定的时间区间和置信度水平，预期最大损失（或最坏情况下的损失）"的测度方法来定义和度量金融风险，也将这种方法简称为 VaR 法。

6. 应用随机性的特征来定义风险。风险的不确定性包括模糊性与随机性两类。模糊性的不确定性，主要取决于风险本身所固有的模糊属性，要采用模糊数学的方法来刻画与研究。随机性的不确定性，主要是由于风险外部的多因性（即各种随机因素的影响）造成的必然反映，要采用概率论与数理统计的方法来刻画与研究。根据不确定性的随机性特征，为了衡量某一风险单位的相对风险程度，胡宜达、沈厚才等提出了风险度的概念，即在特定的客观条件下、特定的时间内，实际损失与预测损失之间的均方误差与预测损失的数学期望之比，它表示风险损失的相对变异程度（即不可预测程度）的一个无量纲（或以百分比表示）的量。

综观上述关于风险的各种定义，可以发现，人们对风险的理解和研究，主要基于两个要素或两种角度：一是损失性，把风险看成是一种损失类型，认为风险是可能发生的损失；二是不确定性，认为风险是发生损失的可能性。应当说，风险既具有损失性，又具有不确定性，损失性和不确定性是风险的两个本质特性。一般地，风险是指选择的某种行为结果的不确定性，以及由于这种不确定性使行动者的期望目标与实际状况之间发生差异，从而给行动者造成损失的可能性。2007 年 4 月，国际标准化组织技术管理局风险管理工作组（ISO/TMB/WG Risk Management）在加拿大渥太华召开了第四次工作组会议，来自 16 个国家的风险管理工作组专家以及 ISO 医疗器械质量管理和通用要求标准化技术委员会（ISO/TC210）、IEC 可靠性技术委员会（IEC/TC56）、IEC 安全顾问委员会（IEC/ACOS）和国际风险管理委员会（IRGC）等风险管理工作组联络组织的代表共 40 余人参加了此次会议。会议讨论制定风险管理国际标准——ISO 31000 风险管理原则与实施指南，各国专家对风险管理标准的核心概念——"风险"的定义进行了热烈讨论，我国代表提出的"不确定性对目标的影响"（effect of uncertainty on objectives）的风险定义得到了工作组的采纳。

在概念的内涵上，风险由风险因素、风险事故、风险损失、风险单位等要素组成。（1）风险因素。它是风险事故发生的潜在原因，是造成损失的内在或间接原因。根据性质不同，风险因素可分为物质风险因素、道德风险因素和心理风险因素三种类型。（2）风险事故。风险事故是造成损失的直接或外在的原因，是损失的媒介物，即风险只有通过风险事故的发生才能导致损失。就某一事件来说，如果它是造成损失的直接原因，那么它就是风险事故；而在其他条件下，如果它是造成损失的间接原因，它便成为风险因素。例如，天上下冰雹，路滑发生车祸，造成人员伤亡，这时下冰雹是人员伤亡的风险因素；冰雹直接击伤行人，这时下冰雹就是风险事故。（3）损失。在风险管理中，损失是指非故意的、非预期的、非计划的经济价值的减少。通常将损失分为两种形态，即直接损失和间接损失。（4）风险（危险）单位（risk unit）。发生一次风险事故可能造成标的物最大的损失范围。在商业保险中，它是保险公司确定其能够承担的最高保险责任的计算基础。我国《保险法》第100条明确规定：保险公司对每一危险单位，即对一次保险事故可能造成的最大损失范围所承担的责任，不得超过其实有资本金加公积金总和的10％；超过的部分应办理再保险。

风险频率、风险程度、风险成本等是与风险有关的几个概念。风险频率，又称损失频率，是指一定数量的标的物在确定的时间内发生事故的次数。风险程度，又称损失程度，是指每发生一次事故导致标的物的毁损状况，即毁损价值占被毁损标的物全部价值的百分比。风险成本，是指风险的存在和风险事故发生后人们所必须支出费用的增加和预期经济利益的减少，它包括风险损失的实际成本，风险损失的无形成本和预防和控制风险损失的成本。

（三）风险的分类

风险是以多种形态存在的。从现有的研究看，风险的分类主要有以下几种标准。

1. 静态风险与动态风险。静态风险是指由于自然力的不规则作用，或者由于人们的错误或失当行为而招致的风险。例如，洪灾、火灾、海难，人的死亡、残废、疾病、盗窃、欺诈，呆账、破产等。静态风险是在社会经济正常情况下存在的一种风险，故谓之"静态"。动态风险是指以社会经济的变动为直接原因的风险，通常由人们欲望的变化、生产方式和生产技术以及产业组织的变化等所引起。例如，消费者爱好转移、市场结构调整、资本扩大、技术改进、人口增长、利率变化、环境改变等。静态风险与动态风险的划分，以其是否由社会经济变动而引起为标准，二者的区别主要在于：一是静态风险的风险事故对于社会而言一般是实实在在的损失，而动态风险的风险事故对社会而言并不一定都是损失，即可能对部分社会个体（经济单位）有益，而对另一部分个体则有实际的损失；二是从影响的范围来看，静态风险一般只对少数社会成员（个体）产生影响，而动态风险的影响则较为广泛；三是静态风险对个体而言，风险事故的发生是偶然的，不规则的，但就社会整体而言，可以发现其具有一定的规律性，然而动态风险则都很难找到其规律。

2. 纯粹风险与投机风险。按照是否有获利机会为标准，风险可以分为纯粹风险（pure risk）和投机风险（speculative risk）。纯粹风险是指那些只有损失机会而无获利可能的风险。纯粹风险的风险事故发生，对当事人而言，必有损失形成。例如，火灾、沉船、车祸等事故发生，则只有受害者的财产损失和人身伤亡，而无任何利益可言。当然，如果为了某种目的蓄意肇事，则从根本上改变了风险因素的性质。投机风险是指那些既有损失可能也有获利机会的风险。例如，市场行情变化，对此企业造成损失，对彼企业则可能是有利的；对某企业而言，市场的此种变化将导致损失，而市场的彼种变化则可能带来好处。纯粹风险的风险事故及其损失，一般可以通过大量的统计资料进行科学测算，而投机风险则难以做到，因为投机风险在很大程度上受到政治环境、市场变化和道德因素等的制约。

3. 财产风险、人身风险和责任风险。按照潜在的损失形态分，风险可以分为财产风险（property risk）、人身风险（personal risk）和责任风险（liability risk）。财产风险是指财产发生毁损、灭失和贬值的风险。例如，建筑物遭受地震、洪水、火灾的风险，飞机坠毁的风险，汽车碰撞的风险，船舶沉没的风险，财产价值由于经济因素而贬值的风险，等等。人身风险是指由于人的死亡、残废、疾病、衰老及丧失或降低劳动能力等所造成的风险。人身风险通常又可分为生命风险（life risk）和健康风险（health risk）两类。责任风险是指由于社会个体（经济单位）的侵权行为造成他人财产损失或人身伤亡，依照法律负有经济赔偿责任，以及无法履行合同致使对方受损而应负的合同责任，所形成的风险。与财产风险和人身风险相比，责任风险是一种更为复杂而又较难控制的风险，尤以专业技术人员如医师、律师、会计师、理发师、教师等职业的责任风险为甚。

4. 按照风险的来源，风险可以分为自然风险、技术风险、市场风险、制度和政策风险以及个人风险。这些风险从根本上又可以归纳为两大类：外部风险，即自然具有的风险；人为风险，这与管制、管理和规范人类行为的各种制度和技术有关。人类行为导致的风险已经成为风险的根本性来源，这包括两层含义：一是人类发明的技术、制度安排以及作出的各种决定、采取的各种行动都可能带有风险，尽管其中大部分的目的是要预防、减少甚至控制风险；二是人类的行为加重了自然界本身具有的风险。这一方面表现为人类为了改善生产生活而破坏了自然环境和自然规律，从而引发了包括温室效应、沙尘暴、赤潮、转基因食品等问题；另一方面是物品和人的流动造成了自然灾害的转移和扩散。典型的例子是一些动植物的跨国移动对接受国生物圈造成的破坏。

对风险还有其他一些分类。如依照承担风险的主体分，风险可分为个人风险、家庭风险、企业风险、国家风险，其中个人风险、家庭风险和一般企业风险也可谓之个体风险（micro-risk），而国家（政府）风险和跨国企业的风险则称为总体风险（macro-risk）；按照风险所涉及的范围分类，风险可分为基本风险（fundamental risk）和特定风险（particular risk）；按照能否预测和控制，风险可分为可管理风险（manageable risk）和不可管理风险（non-manageable risk）；此外还有将风险分为主观风险和客观风险的分类方法。

（四）风险与不确定性研究的意义

比较而言，奈特关于风险与不确定性的划分更具有理论分析的价值。

从信息和决策的角度看，如果符合以下条件，即关于未来具有完备知识或完全信息，存在一个明确的政策目标，存在能够实现政策目标的各种可选择的备选方案，只有一种环境状态，不同方案的成本、收益是确定的、可以量化的，偏好是稳定的等，那么无论是开展还是不开展研究开发，都可以采用确定性的普通决策方法，选择最优的政策方案，以实现决策目标的价值最大化。确定性决策实际上是最优规划问题，其决策方法有线性规划以及由此形成的对偶模型分析、影子价格分析、参数灵敏度分析等，有多目标规划法、整数规划法和非线性规划法，有导数和微分法、拉格朗日法、最优控制法等，以及数据包络分析（DEA）、排队论、马尔柯夫分析等最优化方法。

如果关于未来具有部分的或有限的信息，那么未来事件发生的结果具有多种可能性，这些可能性是可度量的，存在的环境状态不是一种而是多种，那么可以采取动态规划、决策树、表格法等概率决策方法，进行风险性或概率性决策，采取保险或其他措施以规避、分散风险。风险性决策就是依据概率理论而进行的决策，可采用应用于政府、企业、个人等所面对的风险性问题。

但是，如果关于未来几乎没有任何信息，面对的是不确定性的环境状态，就属于奈特的不确定性决策问题。不确定决策的核心问题是不知道可能出现的各种未来状态的概率值，只能采取主观判断和选择，常见的决策准则有等可能原则、乐观（最好）原则、悲观（最差）原则、乐观系数准则、等可能准则、最小遗憾准则等。

当然，相当多的文献中将风险和不确定性混同使用，把风险、不确定性都理解为关于未来事件的可能性。或者在使用广义的不确定性概念时，将风险包含在不确定性中，即不确定性包含了可度量的、概率型的风险和不可度量、非概率型的不确定性。这样，当事件发生的概率值无法度量时，属于不确定性事件，不确定性事件是完全风险事件；当事件发生的概率值为1时，属于确定性事件，确定性事件是无风险事件；当事件发生的概率值在0～1之间时，属于风险性事件，风险事件发生损失的可能性（概率值）可度量的，人们可以采取一定措施分散、转移风险。

不仅经济学、管理学等学科研究着风险和不确定性的问题，现代科学对世界的解释也由确定性、决定性的解释转向了统计性、相关性解释。按照牛顿力学，根据物体间的相互作用和力学的基本定律，从运动的初始条件出发，就可以巨细不遗地得出宇宙中一切物体的全部运动状态。拉普拉斯自豪地说，在智者的面前，再没有什么事物是不确定的了，过去和未来都可以历历在目地得到呈现。然而，爱因斯坦的相对论、量子力学等都揭示了物质运动的相对性、随机和不确定性，而混沌等非线性系统进一步表明了世界的不可预测性。在这个意义上，人类对世界未来变化的解释在本质上是不确定性的，无论是物理学等自然科学还是经济学等社会科学在本质上都是不确定性的科学①。

　　管理学、经济学等分析风险、不确定性问题，目的是认识其性质和规律，提出处理风险、不确定性的理论和方法，把风险、不确定性问题转换为可计量、可处理的决策和管理问题。从研究开发上看，在研究开发的决策和实施、研究开发成果运用等环节，都存在风险和不确定性问题，这就要求对研究开发的人员能力、研究开发活动（行为）、研究开发结果以及研究开发结果运用等方面进行科学评价，并在研究开发绩效评价的基础上实行组织内的激励约束管理和组织外的公共政策支持。

二、研究开发活动的风险与不确定性

　　研究开发的过程就是知识生产、技术开发的过程，研究开发目的在于获得计划中的或预料外的发现或发明，并将之运用于社会经济活动，取得相应的投资收益。不过，研究开发并非瞬息完成的简单行为，而是一种为了生产或增进知识、技术的系统性的活动，它包括研究开发决策（计划）、研究开发投资、研究开发计划实施和获得相关成果等阶段或环节。在研究开发活动的创意、孕育、调查、预测、决策、立项、计划、设计、试验等每一个环节、每一个方面，由于对未来技术、市场、社会、自然、政策等方面都存在着严重的信息不充分、不对称性，面对未来的研究开发存在着失败的风险，常常既没有实现

----

　　① ［美］M・克莱因：《数学：确定性的丧失》，李宏魁，译，长沙，湖南科学技术出版社，1997；［美］詹姆斯・格莱克：《混沌：开创新科学》，张淑誉，译，上海，上海译文出版社，1990。

计划中的目标，也没有获得意外之喜。阿罗在 1962 年提出，研究开发过程具有不确定性、不可分割性以及创新利润的非独占性三个突出的特征，其中不确定性存在于研究开发过程的每一个环节，是研究开发的一个核心特征①。

（一）研究开发的决策风险

尽管人类认识世界、改造世界的能力不断提高，但相对于技术和市场的千变万化，人类因为信息和理性的限制，其预见和决策能力还是受到了重大限制。

决策是指针对特定的问题，从多种可以替代的备选方案中选出最合适的方案，作为未来行动的目标、依据、规则、手段的过程。从信息、预测和决策的角度看，研究开发决策过程中存在着一系列影响理性决策的因素。如信息不充分，决策知识和能力的局限性；制度特别是企业的组织机构和治理结构不健全；公司企业的股东之间和组织机构内部的认知和利益之争；缺乏真实、明确的目标，混淆决策的社会目标、企业目标和企业部门目标；固守规则、程序和经验，导致决策上的僵化、保守和官僚主义；决策者的政治、法律、文化、经济、技术等方面的知识素养、管理经验和价值判断；专业化使决策者视野狭隘，过分简化现实，难以形成全面、正确的决策；决策中的过分量化，忽视质的因素在决策上的重要性；决策者不愿从事决策方案和实施的评估；社会舆论、传统或惯例的影响。

从信息的角度看，导致研究开发决策风险和不确定性的主要是信息的不充分性甚至无知性。充分信息是指决策者全面、真实、及时拥有了关于某种环境状态的情况，不充分信息就是决策者部分拥有了关于某种环境状态的情况，人对于某种环境

---

① Arrow K. J. , The Economic Implications of Learning by Doing, *Review of Economic Studies*. 1962 (6), pp. 153-173.

状态的各个方面处于无知无识的极端状态被称为盲态信息。例如，对于产品市场，充分信息就是指对产品的品种、质量、价格、市场结构、供求状况、消费者偏好等拥有全部信息，无所不知，由此决策者可以做出理性决策。在做出研究开发决策前，需要了解科学、技术、产品、市场、政策等各个方面的相关信息，并依据科学的理论和方法制订研究开发计划。显然，决策者在制定跟随性、改良性的研究开发战略时，一般只能获得部分信息，属于风险性决策；决策者制定原始性、开拓性的研究开发战略时，对于尚未出现或突破的技术，能够获得的信息更少，甚至一无所知，属于不确定性决策。

受上述一系列因素的影响，在研究开发的方向、内容和运用等问题的决策上，人类常常犯下重大的甚至系统性的决策错误。爱迪生在发明电灯之前的一千多次实验都失败了，只不过从一个侧面说明了研究开发在技术的不确定性。人类在研究开发的目标、内容和运用上出现的错误比比皆是，如瑞士在电子手表、日本在模拟技术等方面研究开发的决策失误。罗斯格的研究成果表明，在美国大约每年开发的 1 万项新产品中，有 80％夭折于初期，而剩下的新产品中也仅有 100 项能取得技术和经济上的成功。据曼斯菲尔德对美国大公司的抽样调查，高技术创新的成功率仅为 12％①。

以电子计算机的商业应用为例。人类很早就有了制造计算机的梦想，欧洲一批数学家在 17 世纪就已开始设计和制造以数字形式进行基本运算的数字计算机，1642 年，法国数学家帕斯卡采用与钟表类似的齿轮传动装置，制成了最早的十进制加

①　转引自：夏保华等：《中间试验风险的分析与防范》，载《科学学研究》，1996（4）；王月辉：《高技术创新的风险与防范》，载《科学管理研究》，1997（4）。

法器。不过，从提出计算机的思想到研制出电子计算机，并实现批量、廉价生产，经过了 300 年的时间。在美国军方的支持下，1945 年世界上第一台电子计算机 ENIAC 被研制出来并试运行，1946 年 2 月 10 日，美国陆军军械部和宾夕法尼亚大学莫尔学院联合向世界宣布 ENIAC 的诞生。ENIAC 包含了 1 万 8 千多个真空管，重达 30 吨，占地 170 平方米。对这种样子的产品，谁也不会预料到它最终会走进千家万户，成为今天随手可持的掌上电脑，以至于当时的 IBM 总裁托马斯·J·沃森预言，今后只要几台计算机就可以满足全世界的需要。这不是个人的失误，因为它代表了 1950 年之前美国科学界和工业界对计算机应用前景的普遍看法。其实，沃森犯下的错误还有很多：当静电复印的发明者卡尔森要把技术出售给 IBM 时，沃森拒绝了，卡尔森去找了施乐公司，多年后 IBM 试图挤入复印机市场但未能成功；沃森还拒绝了 ENIAC 发明者埃克特和莫齐利，后来埃克特和莫齐利成为 IBM 最重要的竞争对手。

研究开发上的突破和成功，往往都是在一次一次失败的基础上不断探索而实现的。为了激励自主创新，营造鼓励自由探索、勇于承担风险的学术氛围，我国 2007 年修订后的《科学技术进步法》第 56 条规定，国家鼓励科学技术人员自由探索、勇于承担风险。原始记录能够证明承担探索性强、风险高的科学技术研究开发项目的科学技术人员已经履行了勤勉尽责义务仍不能完成该项目的，给予宽容。

（二）研究开发决策实施和管理的风险

即使研究开发的内容和目标在决策上无误，但可能在决策执行上出现失败。一项研究开发从提出设想到推出成果，要经过一系列的决策和实施环节，是由研究开发人员具体完成的，研究开发还具有工作的能动性和团队性，研究开发的每一个环节甚至某一点上的失误都可能导致整个研究开发的失败。

在研究开发的实施过程中，风险和不确定性不仅来自信息的不充分，还来自信息的不对称性。对称信息是指在某种相互对应的事物关系中，每一方都等同地掌握对方的知识。广义的对称信息包括三种信息状态：每一方都拥有对方的全部信息，这也就是完全信息；每一方都拥有对方的对等但不完全信息；每一方都不拥有对方的任何信息。如果相关的各方之间拥有不对等的信息，这就是不对称信息状态。例如，对商品的质量、价格等方面的信息，生产者、销售者和消费者三方之间往往存在着信息不对称现象。充分、对称信息是理论上的假设，现实中普遍存在的是不充分信息、不对称信息现象。经济学家一般把拥有更多信息的一方称为代理人，把拥有更少信息的一方称为委托人，委托代理关系实质上是基于信息的不对称性，通过谈判、合同而达成的交易和合作关系。在决策制定前，不对称信息将导致所谓的逆向选择，如阿克洛夫研究的旧车拍卖中的坏车成交现象。在决策的实施过程中，不对称信息将导致所谓的道德风险，如决策执行中的阳奉阴违、偷奸耍滑、弄虚作假行为。

显然，在研究开发过程中，研究开发组织与外部环境之间存在着信息上的不对称性。在研究开发组织内部，如企业与其研究开发部门之间，研究开发部门与研究开发项目团队或小组之间，研究开发团队的成员之间，都广泛存在着信息不对称现象，因此导致了研究开发活动中的各种管理问题。对此，后面有关研究开发的绩效评价、激励机制等部分还将具体分析。

（三）研究开发的成果优先权

对于同一个项目，即使研究开发顺利进行，获得了知识成果，但由于知识产权制度上的专有权规定，只有首先获得成果并受到法律保护的研究开发者才享有知识产权，而其他的研究开发活动属于法律上的重复、无效活动，除了获得相关经验和教训外，几乎不能享有知识的权利和收益。

为了鼓励和保护个人和机构从事研究开发的积极性和创造性，现代法律确立了私权性质的知识产权制度。与有形资产的权利制度相比，知识资产的权利制度具有其特殊性。其中，知识产权的专有性也被称为知识产权的独占性、排他性或垄断性，是指知识产权专为权利人所享有，非经法律特别规定或者权利人同意，任何人不得占有、使用和处分。知识产权的专有性具体表现为：权利人依法可以独占其知识产权；知识产权的使用必须置于知识产权人的控制之下，任何人未经其许可或者法律特别规定不得行使其知识产权，否则将构成侵犯知识产权的行为；每一项知识产品只能授予一项所有权，对同一项知识产品不能允许同时存在两项以上的不相容的权利，以确保知识产权的权利主体具有唯一性，这体现了知识产权的专有性和优先性。

关于优先权或在先权利，我国在 1993 年颁布的专利法和有关法律中曾经加以确定，但对于优先权的性质和定义，有关法律并没有明确规定，中外专家、学者也未取得一致看法。少数学者从权利的产生时间和效力两个方面来限定优先权，多数学者从权利产生的先后顺序界定优先权。一般来讲，财产的权利本无先后，因为权利与其主体与生俱来。对于有形的物质财产，由于各类主体依法所得的相同权利或不同权利各有其边界，不同人可以拥有外观和内容完全一样的财产，各自应用，互不干扰，因此区别权利取得的先后顺序并无法律意义。即使权利在行使中产生冲突，也不可能通过区别产生先后的办法来解决，因为不能说产生在先的权利就一定比产生在后的权利更重要、更优先。

不过，在知识的研究开发和运用领域，区分权利产生的先后顺序具有特别重要的法律意义。这是因为，尽管一项知识可以为若干主体同时发现，为多人同时利用，但为了鼓励和保护首创，克服知识成果的外部性，现代法律有必要对不同主体基于同一知识产品所获得的权利区别先后，以保护在先权利，排斥其他的重复研究和在后的侵权仿冒。因此，即使多人同时有了同一性质的技术发明或商标设计，在分别申请的情况下，无论奉行发明在先还是申请在先的原则，只可能由其中一人获得权利，获得权利之人将有权排斥其他研究开发者拥有和转让其研究开发的成果，其他研究开发者只剩下在先使用权。显然，研究开发成果特别是发明、商标上的优先权原则，使得在研究开发上必须实行竞争或竞赛机制，先获得成果者成为唯一赢家，后获得成果者成为研究开发和权利上的失败者，这就进一步加大了研究开发的风险性。

三、研究开发活动的风险特征

（一）不同类型、不同阶段研究开发的风险特征

各种研究开发的风险并不是等同划一、均匀分布的，不同类型、不同阶段的研究开发，其风险和不确定性也有其不同的特征。

研究开发分为基础研究、应用研究和试验发展，不同类型的研究开发具有不同的风险特征。基础性研究因几乎无法带来直接的经济利益，研究成果属于公共知识，个人或企业从事研究的风险最大，政府应当全力资助；试验开发性研究因主要面向企业和市场的需求，以收益最大化为目标，企业在承担较高风险的同时也可能获得较高的收益；应用研究的风险和收益介乎基础研究和试验开发之间。表 3-1 说明了不同的研究开发及其风险程度。

表 3-1　研究开发的类型与不确定性程度

研究开发的类型	风险程度
基础性研究与基础性发明	不确定性
重大的开创性产品创新；公司以外开创性的生产工艺创新	高风险性
基本产品创新；在本公司或系统中的开创性生产工艺创新	较高风险
公司已有品种的新一代产品	较高风险
获得专利的创新；仿制的产品创新；产品或工艺的	中等风险
新型号；产品的衍变；为创新产品作代理推广（销售）	低风险
已有生产工艺创新的晚期采用及在本企业中的特许授权使用；较小的技术改进	很低的风险

在研究开发及其成果运用的不同阶段，风险程度也不同。研究开发从始于一项发现到商品化的过程中，风险大致具有逐渐减少（递减）的特征。比较而言，基础研究通常在创新初始阶段发生，在技术开发和商业化、社会化运用上具有高风险，而应用性研究或试验开发的风险性显然小于基础研究。

不过，在研究开发成果的商业化运用过程中，风险又有着从低到高不断增加（递增）的特征。因为随着技术不断成熟和产品不断生产，需求不断得到满足，边际效应发生递减，市场趋于饱和，新的消费需求和技术又将出现，曾经的新技术将变得保守陈旧，最终退出市场。从技术的研究开发到最终退出，风险程度大致呈"U"形曲线变化。

国外的许多经验研究都表明了研究开发过程的风险偏态分布：少数产品和工艺可以一鸣惊人，而其余的毫无用处。C. Christensen 对磁盘驱动器行业的深入研究表明了创新和风险的相关程度。1976～1993 年是美国磁盘驱动器行业的发展期，共有 83 家公司进入了磁盘驱动器市场，但只有 10 家取得了成功①。F. M. Scherer（1998）的研究发现，在任何情况下，相对少数的顶级企业占据了所有发明和创新价值的绝大部分，美国和德国前 10 个最有价值的专利占全部专利价值的81%～93%，大部分的专利没有市场价值②。

（二）研究开发与一般投资的风险比较

在信息不充分、不对称的条件下，任何投资行为都可能存在风险。比较而言，研究开发投资由于面临着技术、人口、市场、政策、自然等多方面的信息限制，由于从研究开发的决策、实施到研究开发成果的产业化、市场化运用是一个漫长、复杂的过程，研究开发的风险显著高于实物资产和金融资产的投资活动。一般性的投资活动可能出现失误或失败，但投资失误或失败后往往还有已形成的固定资产等可以转让或变现，不至于全部损失。投资者或银行对于面向未来、智力为主的研究开发投资，几乎没有可回收的有价值的实物资产，如果投资失败，最终损失殆尽。Kothari，Laguerre and Leone 的一份研究显示：研究开发的收益变动率（一种风险计量的指标）是实物投资的 3 倍。研究开发、技术创新的技术强度越大，市场竞争越充分，不确定性越高③。即使相关研究开发人员在研究开发过程中形成或增进了自己的人力资本，但投资者很难通过转让研究开发人员减少损失。

---

① ［美］克雷顿·克里斯滕森：《创新者的窘境》，第一、二章，吴潜龙，译，南京，江苏人民出版社，2001。

② ［美］巴鲁·列弗：《无形资产——管理、计量和呈报》，43 页，王志台，译，北京，中国劳动社会保障出版社，2003。

③ Kothari, S. P., Laguerre, T. and Leone, A., Capitalization versus Expensing: Evidence on the Uncertainty of Future Earnings from Current Investment in PP&E and R&D, *Working paper*, University of Rochester, 1998.

　　生命周期不同阶段的企业、不同规模的企业、不同形式的企业，研究开发具有不同的风险。处于创立之初的中小企业研究开发投资不足，风险更高，但具有强烈的研究开发动力或冲动，更可能进行技术突破性的研究开发；处于稳定成熟期的大中型企业研究开发实力强大，风险较低，但更愿意沿既有的路径开展研究开发，进行技术改良型、集成型的研究开发。自然人企业在人员和资本规模、风险承担等方面都不适宜研究开发和创新活动，有限责任的公司企业较好地适应了创新的需要，而人合兼资合的两合公司或有限合伙企业是最适宜风险投资的企业形式。

　　对于不同行业、不同规模、市场结构不同的企业，其研究开发的风险也有所不同。一般而言，新兴行业的企业、新建立的企业、市场竞争充分行业的企业的研究开发风险更大，这些企业的研究开发投资往往依靠风险投资公司或者政府，而大企业、市场不完全竞争（竞争受到限制）行业的企业的研究开发风险相对较低，可以依靠自己的资金进行研究开发。不过，新兴行业的研究开发和市场开拓一旦成功，其收益也远远大于成熟行业。

　　（三）研究开发风险的技术性与社会性

　　研究开发不是单纯或封闭的知识生产、技术创新的过程，而是人类社会经济活动的一个重要组成部分。因此，研究开发活动的风险就不仅有技术性风险，还有知识、技术之外的政治政策、市场、文化等方面的社会性风险。

　　科学技术作为研究开发的成果，它为人类的选择与行动创造了新的可能性，体现了人对自然和社会的干预。但是，科学技术本质上是一项涉及未知的事业，它的风险与它的益处一样难以准确预测。科学技术不只是解决问题的手段，不只体现了广泛的社会价值和那些发现、发明与使用它的人的利益，科学技术与其社会后果是统一的，科学技术还带来了许多新型风险，同时也通过再结构化而提高了传统风险的水平，并使风险成了一个真正重大的政治和社会问题。在实践中，人们更经常考虑的只是科学技术在提高生产力水平和改善生活条件等方面的巨大潜力。这种实践偏好虽然体现了某种行动理性，但这种行动理性已或多或少潜存着日后的选择困惑。20世纪以来的科技应用实践，出现了一系列科技风险的极端例子，如科技在两次世界大战中的应用、大面积的放射性污染、全球性的原子战、有毒化学品和生理性药品的滥用，以及最近人们谈论较多的克隆危机等，已确定无疑地证明了科学技术在价值上的两面性。对此，国内外学者已经做了相当多的呼吁和研究。

科学技术产生什么影响、服务于什么目的，这些都不只是科学技术本身所固有的，而是取决于人用科学技术来做什么。科技活动的生态和社会后果，特别是那些次级的和长期的后果大部分是难以预见的、不确定的，由特定技术系统潜在的错误功能所带来的社会风险是科技活动的内在组成部分。那些直接指向人类生存的自然性和道德秩序的合法性的科技成就，更是经常引起重大的思想争论和对人类命运的终极关怀。随着科技发展的加速，研究开发特别是复杂技术与真实环境相互作用的研究是不能完全在实验中进行的，对科学知识的运用日益变成了在实验室之外对包含风险的技术的检验过程，社会本身变成了实验室，从而因实验结果的不确定性而提高了社会的风险水平。

工业革命以来，科学技术不仅改变了人类周围的自然环境，而且也渗透到人类生活的各个层面，极大地改变着人类自身的历史变迁与发展。在现代社会中，有两种主要的动力促进了社会的科学技术化水平：其一是把科学技术作为重要推动力量的社会发展观，其二是社会行动者之间的集团竞争。由于运用科学知识发明超级技术是一种十分自然的竞争策略，因此对科技因素的高度重视导致了集团竞争的日益加剧。特别是现代的科技研究者大多并不愿意将自己孤立在象牙塔内，靠满足好奇心维持职业兴趣；而是希望能创造出那种可能增加社会财富和解决社会问题的知识，以便在探求知识的过程中获得地位、声望与权力。许多企业的投资和管理者也并非看不到其新技术、新产品带来的生态危害，但他们却有意地将其淡化甚至完全忽略掉，就像不考虑那些他们可以使用而无须付费的外部成本（如空气）一样。

正是这种发生在经济、政治、文化等诸社会系统中的、为了短期利益而进行的盲目竞赛，在促进科学技术发展的同时，也使科学技术成了社会风险的生产者。随着科学技术社会化的加速，每一种新的科学技术都给世界的因果结构增添一种要素，而各种因素相互之间可能性关系的数量则呈指数增长。这种复杂性的连锁增长特征及人们认识这种复杂性增长的能力的有限性，使各个独立的社会行动者经常不能完全理解各种因素在技术过程中的相互依赖性，从而使社会性风险迅速提高。在没有有效的社会监控、制裁的情况下，每个社会行动者都只受其自身行动的全部结果中或多或少有限的一部分结果的影响，而其他影响，特别是那些外在性问题是经常被有意忽视的。在这个意义上，风险性也不是外在于科学技术的社会特征，而是科学技术的内在属性之一。把科学过程与社会行动统一起来，是探讨科技风险产生和增长的社会机制的重要前提。

以近几年克隆技术引发的国际争论为例。反对者声称，克隆技术特别是克隆人的出现可能引发复杂的伦理学问题，甚至颠覆生命的神圣性，终止人类的多样性进化，改变人种的自然构成和自然繁衍模式，使人失去自然选择独特基因的权力，从而使该项技术的风险无限增长并超出人类的承受能力，因此应加以禁止。支持者认为，克隆技术具有极大的实用价值，在生物医药、器官移植、物种保存等方面有广泛的应用前景；它增加了人类对生活方式的选择机会，所引起的某些伦理问题是能够解决的；它不仅不会终止进化的多样性，反而可促进人类向更有利的方向变异；故对之应持宽容态度。撇开具体的技术细节不谈，这次争论再次表明，人们在评估一项技术的潜在社会效应（利益和风险）时仍缺乏成熟的标准，争论十分容易陷入情绪化的猜测。

从理论上说，可把研究开发及其成果运用中的风险因素分为两类：技术的内在因素；技术的研究开发、扩散和运用的社会因素，如市场、政策等因素。换言之，研究开发及其成果运用的风险分为技术性风险和市场风险、政策风险等社会性风险。当然，从严格的意义上说，技术风险也是社会风险的组成部分。虽然不同的技术可能具有不同的风险潜力，但这些风险潜力的呈现或现实化则受社会因素的影响。

对于一般经济活动的风险性，企业还可以采取商业保险等市场化的防范措施。现代保险业的功能不同于回避风险，也没有从根本上消除风险，它的本质是风险转移或风险分担，即保险公司把事物潜在的代价转移到所有购买了保险的众人身上。如果当事人因买了保险而思想麻痹，甚至为图赔偿故意造成事故，风险的概率就会大大超出保险公司的正常估价和承受能力。保险业中的这种"道德风险"提供的借鉴在于：即使能够建立一套科技保险制度，我们仍然不能忽视对科技行动的责任。但是，研究开发活动具有更大的风险性，一般难以采取商业保险等市场化措施来消除、转移或分担投资风险，这就使得研究开发的风险只好由投资者承担。因此，这就需要通过其他措施，主要是法律制度、公共政策上的安排，如现代公司的法人和有限责任制度，有限责任与无限责任相结合的企业制度，

政府的公共投资、财政补贴、税收优惠等措施，以转移、分散
研究开发活动的风险。

四、研究开发活动的团队性

研究开发活动既是研究开发人员有目的、能动性地开展研
究开发的过程，这一过程又往往是众多的研究开发人员有组织
的、既竞争又合作地开展研究开发的过程，团队内部的分工协
作成为研究开发的基本组织方式。特别是在 20 世纪，重大科
研成果几乎都是依靠团队的创造力，以项目为基本单元、以团
队为基础组织是现代社会研究开发的另一大特征。

团队是一个目前广泛使用但还没有规范定义的概念，有多
少人就可能提出关于团队的多少个定义。可以把团队理解为：
团队是存在于一个组织内部的，由一定量的具有共同目标、互
补技能、彼此合作的人组成的相对稳定的群体。团队有几个构
成要素，通常将这些要素归纳为"5P"：（1）人（people）。人
是团队的基础和核心力量。3 个或 3 个以上的人就可以构成团
队。由于团队是一种合作博弈的结构，通过分工和合作完成目
标，因此团队成员一般具有知识、技能、经验等方面的互补
性。（2）目标（purpose）。团队应该有一个既定的共同目标，
为团队成员导航，知道要向何处去，没有目标的团队就没有存
在的价值。组织中的团队目标必须跟组织目标一致，团队目标
一般还可以分解为团队成员的个人目标，大家合力实现的共同
目标。（3）定位（place）。团队的定位包含两层含义：一是团
队在组织中处于什么位置，由谁选择和决定团队的成员，团队
最终应对谁负责，团队采取什么方式激励下属？二是个人的定
位，作为成员在团队中扮演什么角色，其权力、职能、责任、
报酬等各是什么？（4）权限（power）。团队的权限关系也包含
两层含义：一是团队在组织中拥有什么样的权力和职责，如决

策、执行、财务、人事、信息等方面的权力。二是组织的特性，组织的性质、业务和目标、规模、团队数量等，这直接决定着组织与团队之间的关系。(5) 计划（plan）。可以把计划理解为完成目标的具体手段和程序。

现代社会存在着两种不同的创造力，一种是个人创造力，另一种是团队（或集体）创造力。历史上曾经有过许多个人英雄主义的科学家和发明家。不过，工业革命以来，人类面临的生产技术问题日益复杂，科研规模日益扩大，解决生产技术问题越来越依靠多学科、协作性的综合研究，以往那种个人式或师徒式的研究方式正在逐步让位给科研共同体等现代科技研究组织形式。团队研究是现代研究开发的基本模式，衡量一个国家或群体的创新能力的大小，其中重要的是它是否形成了强劲的团队创新能力。

在巴纳德（1886～1961）之前，经济学、管理学对组织的分析侧重于分工和制度，对组织中的人员等问题没有足够的研究。梅奥等人研究了组织中的人与人之间的社会关系和心理感受，提出了非正式组织的概念，但对组织问题也缺乏足够的研究。这种组织理论的缺陷，直到巴纳德等人才有了根本性的改观。巴纳德认为，成员之间的协作是整个社会得以正常运转的基本而又重要的前提条件。社会的各种组织，不管是政治的、军事的、宗教的还是企业的、学术的，都是一个协作系统。事实表明，在多变的环境中，团队往往比传统的部门结构或其他组织机构更灵活，反应更迅速，更有利于利用个人的专门才能，提高组织的运行效率。对于需要多种知识、技能、经验才能完成的任务，由团队来做通常比个人来做效果好。

研究开发的具体实施者既是具有目标、知识、才能和主观能动性的个人，这些研究开发人员是通过分工、合作的团队方式完成目标的，团队工作过程又存在着信息不对称性。因此，既保护和调动研究开发人员的工作自主性、积极性和创造性，又保证他们的研究开发活动服从团队和组织的目标，使个人收益最大化与组织收益最大化协调统一起来，这就成为研究开发绩效评价、内部激励中需要认真解决的问题。

第二节 研究开发成果的资产性质

一、研究开发成果的具体性质

（一）研究意义

研究开发是有目的、有组织的形成和增进知识的努力或行为，研究开发成果一般称为知识。这些知识成果从内容上看有科学发现、技术发明、技术方案等形式，从表达上看自然科学技术领域有论文、软件、数据库、模型、专利等形式，人文社会科学领域有专著、译著、论文、研究报告、工具书、电脑软件形式，从知识的权利界定和性质上看主要是知识资产，包括发现、专利技术、非专利技术、商标、著作等可辨认的知识资产，商业秘密等不可辨认的知识资产。

知识是研究开发成果的主要组成部分，已有的关于知识资产特征或性质的论述也可以看作研究开发成果性质的论述。目前，无形性、新颖性、专有性、地域性、时间性等是国内学术界关于知识资产性质的标准解释①。

显然，以上归纳的知识资产的几种性质是基于不同角度的解释，但某些性质的解释实在值得大加商榷。从经济学角度看，知识作为研究开发的成果，作为一种生产要素或资产，具有一系列特殊的性质，这些性质影响了研究开发活动和研究开

---

① 郑成思：《知识产权论》，77～94页，北京，法律出版社，2001。

发成果运用。知识具体具有以下的性质：知识本身具有无形性、新颖性等自然的、独有的性质，部分知识具有隐含性、时效性；无形性、新颖性导致了知识生产、消费或使用上的非排他性和非竞争性、外部性。从知识的数量和分布的角度看，知识还具有不完全性、互补性等特征。知识如果作为资产，它还应当具有稀缺性、有用性等资产的一般性质。知识的以上性质，导致了在知识的生产、占有、转让、消费使用等方面需要确立有效的制度安排，以保障知识的生产、占有、转让、消费的有效进行，不断提高研究开发投入的效率。

（二）无形性和新颖性

无形性是人类多数的研究开发成果或智力成果的自然属性，即知识是人类智力的创造性活动的产物，既不是物，也不是行为，一般不具有一定的形态，是非物质财富，属于无形财产。当然，知识的无形性并不表示其载体的无形，所谓载体就是指智力成果所依附的并使该成果得以为人所感知的物体。知识或创意可以或必须通过或借助一定的载体表现出来，如借助不同的自然语言（汉语、德语或英语）和人工语言（如图形、公式）表达出来，才能够进行交流和使用。正因为知识可以被不同的载体所表达，而且在低成本、多次或重复性的表达过程中不改变知识的智力价值，即知识具有所谓的可复制且易复制性，这致使人们难以对知识进行实在而具体的控制，很难严密封锁，独自使用，极易脱离权利人的控制，相反，知识资产不仅很容易被他人无偿地学习、模仿或盗用，而且可以被多人同时地、等效地学习使用，这就使付出智力劳动而创造出知识产品的权利人因他人的不劳而获而得不到应有的回报。

智力活动或研究开发的结果虽然不一定必须具有新颖性，但有认识价值和社会经济价值、获得知识产权的成果必须具有新颖性，每一件知识资产都是独一无二的人类智力创造成果，与已有知识相比都有一定的创新。新颖性的知识才能够改变社会经济活动的方式，提高社会经济活动的效率，创造出新的价值。我国规定，专利等知识资产的新颖性是指在申请日以前没有同样的发明在国内外出版物上公开发表过、在国内公开使用过或者以其他方式为公众所知，也没有同样的发明由他人向国务院专利行政部门提出过申请并且记载在申请日以后公布的专利申请文件中。

知识的新颖性意味着有知识上、经济上的价值，知识的无形性意味着知识的价值容易被他人了解和使用，知识因其无形性、新颖性而导致了知识运用上的非竞争性和非排他性、外部性等特性。

（三）隐含性和时效性

知识本身除具有无形性、新颖性等自然的、独有的性质外，部分知识还具有隐含性、时效性。

第二章关于隐性知识和显性知识的分类表明，因为人类各种语言文字符号的抽象性和局限性，知识具有表达、传递上的困难性，可以明晰说明的知识仅仅是人的知识当中可用语言交流的那部分，还有很大一部分知识是难言的隐性知识。隐性知识与显性知识的分析意义在于：个体或组织的隐性知识是一种高度专用性的、难以转移的且难以模仿和替代的非竞争性要素，如何把隐性知识转化为可以表述的、规范的显性知识而加以利用，如何通过一种特别的定价机制来为隐性知识进行计量定价就成为相当重要的问题。显然，知识的互补性、知识的隐含性也成为分析研究开发活动中的分工、合作、团队管理的重要概念。

知识的时效性包含知识在时间上的使用价值（效用）和价值两方面的含义。知识作为研究开发的成果，通过配置能够产生收益，具有一般资产的特性。对于一般性的资金或资产，经济学、管理学上一般假定它具有时间价值。资金的时间价值是指资金在生产和流通过程中随着时间推移而产生的增值，即一定量资金在不同时点上的价值量差额。资金不会自动随时间变化而增值，只有在投资使用过程中才会有收益，是资金所有者让渡资金使用权而参与社会财富分配的一种形式。资金的时间价值一般用无风险、无通货膨胀条件下的社会平均投资收益率来代替，因为理性个体不会将资金闲置不用。资金的终值与现值是用来表示时间价值的一组概念。终值又称将来值，是现在一定量现金在未来某一时点上的价值，俗称本利和，通常记作 F。现值又称本金，是指未来某一时点上的一定量现金折合到现在的价值，通常记作 P。

知识资产的时效性相对复杂多变。比较而言，通用性、基础性的知识可以不断传承和积累，具有长时间的使用价值和价值，这类知识随着时间推移和运用次数、范围的扩大而不断增值，多采用著作权制度加以保护。而许多专用性、应用性的知识具有很强的时效性，换言之，知识更新速度很快，如果不能及时、有效使用，其使用价值和价值很快就消失殆尽，最先获得并有效使用这些知识将获得最大的收益。知识的价值与知识的更新速度成反比，即知识更新越快，原有知识的有效使用时间越短，知识的价值随着时间的推移而不断减少，这类知识多采用专利权制度加以保护。

（四）非排他性、非竞争性和外部性

具有非排他性、非竞争性的公共物品（public goods）又译为公共品、公共产品、公共商品、公共财、公共财货等，也有人称社会物品或集体物品。公共物品问题最早由休谟在 1739年提出，萨缪尔森 1954 年、1955 年给出了公共物品的规范定义。按照萨缪尔森的定义，一种物品是公共物品还是私人物品，一般是按照它在消费或使用上的排他性和（或）竞争性的程度而加以定义的。后来，尼尔逊（Nelson）首先讨论了知识的公共物品性质，而阿罗（Arrow）1962 年论及信息经济时明确提出了知识的公共物品性质及其经济学含义。阿罗指出，研究开发就是生产技术性知识或者信息的活动，而信息具有公共物品的性质，因此，信息生产者不可能把由生产带来的利益完全归为己有，其结果是，投入信息生产的研究开发费用将会减少，由此提出了第一个内生经济增长模型①。罗默指出，区分物品的非竞争性与非排他性是重要的，因为非排他性不可避免地与非凸性相联系。斯蒂格利茨在研究技术创新后也认为，研究开发产出具有公共物品的性质。如果由私人提供知识，就必须有一定形式的保护，使知识不能轻易被公开使用。

非排他性关注的是消费上的成本、收益问题。个人有权利排除他人使用他所生产或购买的物品，但某些物品具有非排他性的性质。非排他性是指无法排除他人对同一物品的自动受益，即一种物品一旦生产提供出来就难以或不能把任何一个人从享受它的利益中排除出去，对这种物品的生产供给不付任何费用的人同支付费用的人一样能够享有这种物品带来的益处，这意味着尽管非排他性物品的生产和提供是有成本的，但供给者难以收费或收费的成本过高，非排他性的这一效应也称为外部性。显然，知识一旦以某种形式被公开或被泄露，就很难排除他人的学习应用，非排他性在大规模生产复制和互联网高度发达的当代社会尤其明显。当然，经济学家对于知识的非排他性存在争议。在现实中，知识的排他性取决于两个因素，即知识自身的性质与对知识的制度安排。从知识自身的性质来说，它具有显著的非排他性。不过，通过建立某些制度如专利制

---

① Arrow K. J., The Economic Implications of Learning by Doing, *Review of Economic Studies*. 1962 (6)，pp. 153-173.

度，可以使知识具有某种程度的排他性，排他性是技术与法制的函数。

非竞争性关注的也是消费上的成本、收益问题，它是指不止一个人同时从既定水平的物品供应上受益，即一种物品当甲消费它时并不妨碍乙同样消费它，即增加额外一个人消费这种物品不会引起成本的任何增加，这意味着物品的利益是公共的，它使每个人都受益。非竞争性导致的结果就是规模收益递增，供应非竞争性物品的边际成本为零，受益者不愿或不必付费，而愿意搭便车或免费搭车（free rider，本意为自由骑士）。阿罗当初使用"不可分性"（indivisibility）代替非竞争性，罗默（Romer）认为不可分性与非竞争性并非同义，不可分性产生局部非凸性，而非竞争性与全局非凸性相联系。罗默对知识的性质也作出了界定：知识是非竞争性的与部分可排他性的。知识自身也具有显著的非竞争性。1996 年，罗默在美国经济学会年会上指出，新增长理论学者开始将世界分为"观念"（ideas）和"实物"（things）两种生产性投入。观念是只要很小的努力就能存储的非竞争性物品，实物是竞争性物品。知识具有非竞争性，即不排除他人同时使用，向一个新用户提供一份知识的边际成本为零，这意味着知识的生产和配置不能完全由竞争性市场力量来完成，只能在垄断框架中生产或者作为公共物品生产。非竞争性的另一种定义是下一单位的物品比第一单位的产品具有更低的边际成本，即边际成本递减，由此将导致垄断，但由于存在熊彼特式的竞争，这种垄断是有限度的。

具有非竞争、非排他性的物品是公共物品，公共物品主要是指外部正效应的物品，如国防、外交、基础教育、社会治安、公路、图书馆等物品，广义的公共物品还包括对诸如环境污染、传染性疾病之类的公害性的物品（public bads）的治理；具有竞争性、排他性的物品是私人物品。公共物品按其消费上的非排他性、非竞争性的具体情况，又可分为纯公共物品和准公共物品，国际（世界）公共物品、全国公共物品和地方公共物品。诸如宪法和法律、外交、国防、社会治安等同时具有非排他性和非竞争性的公共物品被称为纯公共物品，按照斯蒂格利茨的说法，纯公共物品是指将它提供给额外一人的边际成本严格等于零，并且不可能将人们排除在享受这种物品之外①。介乎公共物品与私人物品之间的是准公共物品（或准私人物品），包括非竞争性但排他性的准公共物品，非排他性但竞争性的准公共物品，有一定程度的非竞争性和非排他性的准公共物品。

综合起来说，知识作为公共物品具有以下基本特征：（1）知识的生产者很难控制知识的社会使用。如果创造者将其知识产品隐藏起来，那么他的创新活动就不会被承认，从而失去社会意义。如果创造者将知识产品公之于众，他对知识这一无形资源事实上又难以有效控制。（2）知识的个人消费并不影响他人的消费，无数个人可以共享某一公开的知识资源。无形的知识以有形的载体形式公开，为社会所周知和使用，即构成了经济学上的公用使用性。（3）知识是一种易逝性资产。知识的生产是有代价的，而知识的传递费用相对较小。一旦生产者将其知识出售给某一消费者，那个消费者就会变为原生产者的潜在竞争对手，或是其他消费者成为该知识的搭便车者，后者在知识产权领域中即是无偿仿制或复制他人知识的情形。（4）知识的消费与其他公共物品不同，它的使用不仅不会产生有形损耗，从而使知识减少，反而可能扩张社会的无形类资源总量。但是，由于外部性原因，生产者提供的知识往往被消费

---

① ［美］约瑟夫·E·斯蒂格利茨，卡尔·E·沃尔什：《经济学》上册，237页，黄险峰，张帆，译，北京，中国人民大学出版社，2005。

者自由使用，其结果虽然是知识带来的社会效益大大高于创造者个人取得的效益，但同时导致知识生产者难以通过出售知识来收回成本。在一个没有知识产权的世界里，即使进行研究开发，研究开发活动也将严重地偏向于可能被保密的、实用价值显著的知识领域。

外部性是知识在识别、传播、应用等过程中具有的重要特性。新增长理论认为，通过对知识的外部性、非竞争性和非排他性的定义，将知识引入生产函数，就可以建立一些有价值的、足以产生内生增长的模型，如罗默（1986）的知识溢出模型、卢卡斯（1988）的人力资本溢出模型以及贝克尔和墨菲（1992）的内生专业化模型等。再如，定义了知识的非竞争性后，将知识引入生产模型是否会导致规模收益（报酬、回报）递增的问题？Langlois指出，知识能在很多不同的具体环境中应用，因此能广泛传播，并产生递增收益。知识的规模收益递增产生于知识再使用过程中的两种效应，即斯密的劳动分工效应与数量效应（volume effect）。数量效应是指在生产过程中，随着生产数量的增加，将导致生产成本下降。与知识的非竞争性相联系的另一个问题是知识的扩散问题。

对于知识运用上的外部性，后面还将具体分析。

（五）不完全性和互补性

从知识的数量和分布的角度看，知识还具有不完全性、互补性等特征。

得益于奈特的启发，哈耶克（1937，1945，1952）把自己的心智理论与经济理论连接起来，提出了知识不完全性假设。首先，知识不完全性意味着，人们所应用的关于环境的知识不是以一种集中且整合的形式存在的，而是由不同的个人分散持有的，因此，经济学不仅应该研究给定的知识能否利用的问题，而且应该研究分散知识的传递和利用机制问题。其次，知识不完全性意味着存在着某种完全无法意识到的东西，经济学必须探寻经济行为主体发现和获得知识的学习过程，必须构建有利于主体学习和交流的制度安排。现在，可以把知识不完全性与信息不完全性视为等同的概念，这一概念也是分析分工与交易、风险和不确定性、合同的性质与执行、逆向选择与道德风险、评价与激励、委托代理关系等一系列相互关联的经济、管理问题的起点。

斯密的劳动分工观念暗含着知识的分工和分离，这意味着专业化的个人和组织往往只能掌握有限的、不完全的知识，哈耶克因而提出了知识不完全性问题。如何协调知识的分工和分离？哈耶克提出了市场的方式。贝克尔等人在 1992 年也曾经探讨过这一问题。由于知识是可积累的，知识进步是连续的，同时由于知识是通过不同理论之间的争论、竞争和融合而更新、发展的，这就意味着不同人、不同组织之间掌握的知识是差异、互补的。通过对于知识的互补性进行分析，产生了增长过程中的多均衡问题。Winter & Nelson 认为，知识是通过渐进的演化而获得的，因而在演化的框架中对增长理论进行了分析。杨小凯（Young，1993）认为，经济发展过程实质上是分工深化过程，在分工深化过程中，经济及其发展所需的知识、人力资本自发演进，杨小凯认为分工是专业化水平的加深，这实际上是对斯密的思想进行现代化。

汪丁丁（1997）从哲学和经济学角度对知识的性质作了进一步的阐释，提出了知识的互补性特征。知识互补性包括空间互补性和时间互补性，前者是不同类型知识或者不同知识传统沿着空间经验表现出来的互补性，后者是同一类型知识的不同知识片段沿着时间经验表现出来的互补性。由此，对知识的经济学研究就无法回避两个重要问题：一是关于知识分工或不同知识传统的配置、协调以及相应的制度安排问题；二是关于知识的演化以及与之相应的社会经济制度的变迁问题。可以说，任何一类知识的经济收益都只在社会现存的全部知识的结构中才得到界定，成为"可计算的"。汪丁丁试图以这两种形式的知识互补性为基石，建立"知识经济学"①。知识的互补性也影响了知识生产、运用中的管理、激励等问题。

二、知识、资产与知识产权制度

综上分析，无形性、新颖性、隐含性、时效性、非排他性和非竞争性、外部性、不完全性、互补性等属于研究开发的知识成果的具体特征。知识如果作为资产，它还应当具有稀缺性、有用性等资产的一般性质。比较而言，时间性、专有性、地域性、法定性等只是知识资产制度（知识产权制度）的特性，必须把知识的性质与制度的性质加以区分，前者决定或导致了后者。

（一）资产及其类型

资产是解释社会经济活动的基本概念，一般认为资产是能够产生收益的东西，内涵与资产等同的还有财产、资本、经济资源等概念。美国财务会计准则委员会在财务会计概念结构公德第六号中的界定：资产是一特定主体因为过去的交易或事项而拥有或控制的、可能的未来经济利益。其他国家和国际性组织在研究、制定财务会计概念结构时，都不同程度地采纳了这一定义，将资产的根本特征界定为未来经济利益。我国 1992年发布的《基本会计准则》，采取了一种折中式的处理，将资产定义为"能够用货币计量的经济资源"，既避免了按照会计

---

① 汪丁丁：《知识沿时间和空间的互补性以及相关的经济学》，载《经济研究》，1997（6）；汪丁丁：《知识表达、知识互补性、知识产权均衡》，载《经济研究》，2002（10）。

规则确定资产的不合理的逻辑，也回避了未来经济利益过于抽象、无法计量的矛盾，具有一定的合理性。2000 年《企业财务会计报告条例》对资产进行了重新定义：资产，是指过去的交易、事项形成并由企业拥有或控制的资源，该资源预期会给企业带来经济利益。

人类社会中的各种资源具有不同的自然性质和权利安排。传统上，稀缺且有用的经济资源或资产一般分类为土地（自然资源）、劳动（人力资源或人力资本）和资本三种要素形态。从人与资产的关系角度，还可以将资产分为三大类：一是能够被人所自主、直接掌握、控制，可以在生产和生活中加以使用的物质资源，包括可以被人类控制使用的土地、矿藏、水流等自然资源和人类劳动创造的各种物质产品，即有形资产；二是人本身所具有的、能够用于经济活动并带来或产生经济价值的能力，这就是过去所说的劳动力、人力资源和现在所说的人力资本；三是人类创造的智力性成果，即知识或知识资产，也是无形资产的主要组成部分。通行的民法学教科书或者把资产或财产界定为人身之外的资源，并将资产分为物质资源和非物质事物两类；或者把劳动力、知识资产划归非物质事物一类。各国立法也有不同规定，英美法律以及法国法律中都明确规定"财产"包括有体物和无体物，而德国法律和日本法律认为无体物诸如权利之类不是物（财产），如《德国民法典》第 90 条规定"法律上所称物，仅指有体物而言"。我国《民法通则》在"民事权利"一章中分别规定了"财产所有权和与财产所有权有关的财产权""债权""知识产权""人身权"，《物权法》规定所称物包括不动产和动产。可见，我国《民法通则》《物权法》所规定的财产所有权的客体并不是全部的"财产"，而是仅限于有形资产。

实际上，上述关于资产或财产所有权的客体仅限于有形资产的观点并不适应社会经济发展的需要。人本身也是一种客观的物质存在，只不过是一种有生命、有社会意识或思想的特殊的物。人是社会经济活动的主体，同时也是社会经济活动的手段，人的体力、智力上的劳动能力也是一种客观存在，尽管劳动能力是蕴藏在人身内部的、看似无形的东西，客观之物并不都是人能够直接用眼看得见、用手摸得着的东西，人的智力从广义上说原本是一种特殊的生理或自然现象。身外之物和身内之力都是人的资产。在当代社会中，知识资产已经作为经济资源或工业产权广泛进入了经济领域，公司的商誉、知识产权等无形财产更是公司资产的重要组成部分。从各国立法来看，尽管有的国家如日本、德国不认为无体物是"物"的范畴，但在其担保物权中都普遍规定权利等无体物可以作为担保物权的客体。我国《公司法》《继承法》关于法人财产权、公司财产、财产继承权的规定中所使用的"财产"概念，也都是既包括有形财产，也包括无形财产。

知识资产不仅是资产的重要组成部分，而且在人类社会经济活动中发挥着越来越巨大的作用。不过，由于研究开发活动在工业化社会才有目的、大规模地开展，人类如何建立公平有效的知识资产制度，已有的动产和不动产的产权体系如何包容、接纳知识或知识资产已经成为制度创新的重要内容。而且，与一般资产相比，研究开发成果还具有无形性、新颖性和使用上的外部性等特殊性质，这些特殊性质导致了研究开发成果等智力成果具有不同于一般资产的权利安排，如知识产权的在先性、时间性。事实上，在我国的民法制度建设上，没有首先编纂民法典，而是依次制定了合同法、知识产权法、物权法，今后还将依次制定侵权行为法、涉外民事关系法律适用法和民法总则，之后再编纂民法典。

由于研究开发采取专利、著作权等知识资产的形式，必然要依法披露新技术、新产品的必要细节，但这些信息极可能被竞争对手学习、吸收，对手即使不采取仿制、盗用等侵权行为，也可以在此基础上推进他们的研究开发。因此，许多企业为避免披露信息，宁愿将其研究开发成果作为商业秘密（trade secret）而不采取专利的形式，商业秘密就是不向他人公开的、企业独有的某些技术、工艺等知识成果，包括研究开发的成果。例如，可口可乐的配方就不受专利法的保护，因为它是商业秘密。商业秘密在某些行业中发挥着重要作用，如冶金行业中的新的合金往往不受专利法的保护。当然，商业秘密也有一个重大的缺陷：如果竞争对手也独立发现了相同的工艺或技术，那么他不受优先权的制约，可以使用这些工艺或技术，也并不需要支付专利法所规定的使用费。

（二）研究开发成果的稀缺性与有用性

一种东西之所以能够产生收益、被称为资产，需要具备稀缺且有用这两个经济上的基本特征。知识作为研究开发成果之所以能够成为知识财产，成为法律保护的对象，也是因为它具备了稀缺与有用的特性。与一般的经济资源相比，作为研究开发成果的新知识、新技术不仅具有资产的稀缺性和有用性的一般性质，而且其稀缺性更显著，有用性更独特，还具有无形、新颖的特殊性质。

一种资源之所以成为财产的一大原因是它的稀缺性，且越是供不应求的资源其价格越高。知识不是一种天然生成并取之不尽的资源。人类在漫长的实践过程中尽管积累了所谓的巨量知识，但如果剔除了错误、重复、失效等知识后，创新性的知识成果相对于人类的需求仍是稀缺不足的，知识爆炸是一个并不准确甚至虚假的概念。新知识的稀缺性表现在多个方面：（1）知识生产的长期性、复杂性和高投入、低产出、高风险性。从系统的角度看，知识的生产过程是一个连续的学习、积累、创造的过程，需要个人、企业、社会的大量投入，需要长时期的探索性、创造性的研究开发活动。(2)知识产品的生产过程对生产者的智力投入有特殊要求，直接从事知识生产的研究开发者也是稀缺性人才：一是知识生产者不仅是高体能的人才，他的观察、分析和解决问题的能力更要高于一般人，能胜任高体力、高智力投入的劳动；二是通过文献储存和大脑储存，有相当的知识储备，具备高智力投入的基本条件。创造性的研究开发人才是知识的生命载体，他们的劳动与物质生产部门的那种重复性的简单劳动不同，它是以前人积累的知识为劳动资料，以抽象的知识产品为劳动对象的精神生产劳动。对于社会不断增长且变化的需求而言，即使建立了大学制度，这类人才仍然常常存在着供给不足。(3)即使社会上生产、储存了大量的知识，但每一个经济主体能够占有、使用的往往是稀缺的、不完全的知识。

科学技术是社会生产力。创新性的知识是社会中最为有用的资源之一，是社会财富的重要组成部分。知识不仅能作用于人们的精神生活，满足人们精神生活上的好奇、愉悦等方面的需要，产生一定的精神、社会价值。知识还能投入生产领域，改变生产函数，提高生产效率，满足人们物质生活的需要，产生一定的经济效益，具有经济价值。在新兴行业，知识资产在许多企业资产总额的比例甚至超过了有形资产。索洛以来的理论分析和经验研究已经做了充分证明，知识的生产和消费是决定现代经济增长的主要因素。外部性是研究开发成果的经济价值的特殊表现，即研究开发成果不仅给所有者带来了经济上的收益，而且还为其他人无偿带来了经济上的收益，私人收益率低于社会收益率。

基于知识的有用性和稀缺性原因，以及知识的无形性、新颖性和非排他性、非竞争性、外部性等特性，社会有必要建立公平有效的知识产权制度，个人或组织对其在研究开发中创造的精神或智力成果应享有法定的权利，以调整知识生产的成本与收益关系，提高知识的生产与配置效率。1474 年，威尼斯第一次以法律形式对某些机器和技术的发明人授予 10 年期的特权，这被视为现代专利制度的起源。英国 1623 年《垄断法》对专利权的保护原则，1709 年《安妮女王法令》对著作权的保护原则，一直沿用至今。法国 1804 年《拿破仑民法典》第一次确认了商标权是一种财产权。进入 20 世纪，多数国家建立了保护知识产权制度，并开始在世界范围内协调和保护知识产权。根据世界知识产权组织统计，世界发明成果的 90％～95％可以在专利文献中查到，如果能够有效利用专利文献，可节约科研经费的 40％，科研时间的 60％。

（三）研究开发成果的产权制度

研究开发成果主要采取知识产权的制度形式，知识产权涉及由什么人、对什么知识成果、取得什么样的权利的制度规定。从权利主体上看，应当由做出发明创造的人拥有知识产权。从民法的角度看，研究开发的知识成果作为一种资产，其权利制度包括知识的物权和债权的制度安排。物权是产权的静态规则，是指人直接支配特定物、享受其利益，并同时排除他人对支配与享有利益的侵害干预的权利，物权下面分为"自物权"和"他物权"两个概念。产权一经转移即资产由一主体转向另一主体时，就在资产转让者与受让者之间形成了新的产权关系，这时就进入了债权规则的管辖之下，债权是产权的动态规则，债权下面分为"合同之债""侵权之债""无因之债""不当得利"等概念。知识产权既属于现代社会中的资产的重要组成部分，依法享有资产的一般权利，又因为它是人的智力的创造物，人身权利也延伸到了著作权等特定知识资产上。

从权利客体或保护对象上看，知识产权保护的是人类智力的创造性成果，知识资产主要由工业产权和著作权两大类组成。工业产权主要包括专利权和商标权，其中专利权保护的对象包括发明、实用新型、外观设计等发明创造类型，商标权保护的对象包括商品商标、服务标记、原产地标记等。随着科学技术的不断进步和在社会经济中的扩散应用，知识资产的范围也在不断扩展。根据 1883 年《保护工业产权巴黎公约》和 1886 年《保护文学艺术作品伯尔尼公约》的传统定义，知识产权包括版权和工业产权两大部分，工业产权包括发明专利、实用新型、外观设计、商标、服务标志、企业名称、原产地名称和制止不正当竞争，这些权利在工业活动或经济活动中的应用能够直接带来经济利益。根据 1967 年成立的世界知识产权组织的定义，知识产权包括：文学艺术和科学作品；表演艺术家、录音和广播的演出；专利；科学发现；外观设计；商标、服务标记、企业名称和牌号；制止不正当竞争；在工业、科学、文学艺术领域内其他一切来自知识活动的权利。根据世界贸易组织 1994 年签订的《知识产权协定》的定义，知识产权包括：版权和有关权（包括计算机软件）；商品商标和服务商标；外观设计；地理标志；发明专利；植物新品种；集成电路布图设计；未公开的信息（商业秘密）。

研究开发成果的学术和经济价值不仅在所有者的独立使用上得以实现，还要通过知识的交流、传播、扩散，在更大的空间和时间范围，在更多的使用者上得以实现，这才能够充分发挥知识的作用。因此，确立知识资产的转让使用和收益制度，这就是他物权理论所要分析的问题。他物权是在他人所有物上设定的权利，是财产非所有者根据法律的规定或所有者的意思对他人的所有资产享有的进行有限支配的物权，是所有权部分权能与所有权分离的结果，又称限定物权。他物权下面分为"用益物权"和"担保物权"。用益物权是为了使用和收益的目的而在他人所有物上设定的权利，它主要就物的使用价值对物进行支配，在权利上根据法定或约定而具有独立性，其权利的行使必须以占有标的物为前提。目前，绝大多数国家已经建立了他人如何使用知识资产的制度，如著作权既包括复制权、出版权、发行权、表演权、播放权、展览权、演绎权、报酬权等可以转让的资产权利，也包括发表权、署名权、修改权和保持作品内容完整权等不可转让的人身权。

知识由于具有无形性、新颖性、隐含性、时效性、非排他性和非竞争性、外部性、不完全性、互补性等特性，决定了知识的产权制度安排上具有时间性、专有性、地域性、法定性等制度特性。

时间性是指知识资产受法律保护具有一定的时间限制，也就是法律规定的保护期限。如我国规定：发明专利权的期限为20年，实用新型和外观设计专利权的期限为10年，均自申请日起计算。时间性是基于现代社会的知识不断更新、知识资产的效应和人生时间有限之间的权衡而做出的制度规定，对知识成果的在先性的专有性权利的无限期保护将阻碍知识进步和社会发展，因此政府对知识产权的保护都具有一定的时间限制，超过了法定期限，任何人都可以无偿使用这些知识资产。

专有性又称排他性、独占性或垄断性，是指人对财产的所有权，专利权人对其权利的客体（即发明创造）享有占有、使用、收益和处分的权利，不经许可，任何单位和个人不得使用，否则就构成侵权，承担相应的法律责任。专有性是一切资产的权利属性，无论是公有产权还是私有产权均不得侵犯。不过，知识资产因其无形性、新颖性和使用上的外部性，在权利的授予和保护上形成了不同于有形资产的在先权保护原则。

地域性是国家分治时代的产权安排的基本特征，也是对知识资产权利的空间限制。一个国家或地区所授予和保护的知识产权仅在该国或地区的范围内有效，对其他国家和地区不发生法律效力。法定性又称依法确认性，任何资产受到政府保护都要经过一定的法律程序。知识产权的产生和取得，也要有法律的直接确认。知识资产的权利是由政府主管部门根据发明人或申请人的申请，认为其发明成果符合专利法规定的条件，而授予申请人或其合法受让人的一种专有权。在严格意义上，地域性、法定性不是知识产权制度的特殊性质，而是资产制度的普遍性质。

三、研究开发成果的优先权分析

（一）优先权制度

与一般性资源相比，作为研究开发的成果，相当一部分的知识具有无形性、新颖性的自然属性，知识在使用上还具有外部性。无形性使得知识易于学习、模仿甚至盗用，新颖性意味着知识的经济运用能够带来收益甚至超额收益，但无偿使用知识的个人或机构也能够分享知识带来的收益，这就导致了知识资产的权利安排有别于一般资产，需要在权利认定的优先权和权利保护的时间性之间进行权衡。

优先权又称在先权利，起源于罗马法，法国民法典确立了债权处理中的优先权制度，后来演变为由民法和特别法设定的特种物权制度。本书探讨的优先权或在先权主要是指在同一个知识资产上存在有多个权利要求时，按照知识生产、权利申请和获取的先后，保护在先取得的权利。在先权利是相对与"在后权利"而言的，尊重和不侵犯他人的知识产权在先权利是知识产权保护的重要原则，任何人在使用知识资产时都不得侵犯他人的知识产权。该原则是从物权法中的物权优先原则演化而来的，体现的是谁先取得权利就先保护谁的"先来先得"精神，也是国际条约和各国普遍承认的解决知识产权权利冲突的基本原则。1883 年《保护工业产权巴黎公约》确定了在成员国之间专利申请上的优先权原则，在优先权期间内对其他人的发明专利、实用新型、外观设计和商标同样申请不能授予工业产权，该工业产权应授予该优先权人。保护在先权利原则要求在先权利必须是合法的，能够作为一项独立而完整的权利与在后权利相对抗，而且在先权利的效力范围应当覆盖在后权利。

对于优先权，我国的相关法律、法规、司法解释以及知识产权主管部门的行政规章已有所规定。为了促进研究开发竞争和技术进步，1993 年 1 月 1 日起正式实施的专利法即确立了本国优先权制度。2001 年修订的《商标法》第 9 条规定：申请注册的商标，应当有显著特征，便于识别，并不得与他人在先取得的合法权利相冲突。2000 年修订的《专利法》对发明和实用新型的新颖性要求，体现的就是保护在先权原则，其中第 23条对外观设计专利权则明确规定：不得与他人在先取得的合法权利相冲突。《企业名称登记管理规定》第 25 条规定：两个以上的企业因已登记注册的企业名称相同或者近似而发生争议时，登记主管机关依照注册在先原则处理。国家工商行政管理局《关于解决商标与企业名称中若干问题的意见》第 6 条规定：处理商标与企业名称的混淆，应当适用维护公平竞争和保护在先合法权利人的原则。但对于在先权利的概念或定义，目前还没有明文规定，专家学者也未取得一致看法。从知识的生产和性质角度看，可以从权利产生的先后顺序界定在先权利，而不是从权利产生的时间和效力角度来限定在先权利。

（二）知识生产的优先权

区分权利产生的先后顺序在知识生产和配置的领域具有重要的制度和经济意义。这是因为对于一般性的资产，权利本无先后，因为权利与其主体与生俱来。在一定的时空条件下，某一资产只能由某一个人或社会组织来实际占有和运用，所有人能够有效地管理自己的有形财产，以排除他人的不法侵占。即使权利在行使中产生冲突，也不可能通过区别产生先后的办法来解决，因为不能说产生在先的权利就一定比产生在后的权利更优先、更有效。因此，对于多份同样的有形资产，则不同人可以享有同等的权利，分别成为资产的所有者。

比较而言，知识成果的特殊性质使得知识成果的权利保护、侵权认定、权利处置等产生了相当复杂的问题。一方面，知识成果具有无形性、使用上的外部性等特殊性质，人们对知识产品的占有不是一种实在且具体的控制，而表现为认识和利用，一项知识成果可以为若干主体同时依法有偿地占有和利用，还可以为若干主体同时非法无偿地占有和利用。因无形性，使得知识成果的所有者之外的使用者，因不慎或故意而侵权的可能性大大高于有形资产的使用者；使得知识成果的所有者可以货许三家，将其使用权同时卖给两个或更多的买者，但有形资产如房屋的所有者不能把同一房屋同时卖给独立的两个或更多的买者。另一方面，知识成果的生产又具有高投入和风险性，知识成果具有显著的稀缺性，为鼓励形成和增进知识，法律有必要对不同主体基于同一知识产品所获得的权利区别先后，以保护在先权利，排斥在后的侵权仿冒。因此，对于多份同样的知识资产或知识成果，所有权只能授予首先创造或申请的人，后来人不能获得这一权利。著名的贝尔电话机是其发明人亚·贝尔1876年2月14日向美国专利局申请的，可就在两个小时后，一个叫格雷的人也向美国专利局提出电话机的发明专利申请。随着研究开发的广泛开展和科学技术的迅速进步，受到法律保护的知识成果日益增多，知识产权的范围逐渐扩大，受保护对象已扩大到版面设计、实用艺术品、计算机软件、集成电路、植物新品种、基因、网络域名、未注册商标、网络虚拟财产等日新月异的创新成果。

知识成果权利保护上的优先权问题不仅存在于国内，而且存在于国家之间。因为知识产权是在各个国家及地区依法申请登记的，具有地域性特征，如果申请人想在多个国家寻求产权保护，那么申请人应当在多个国家分别提出申请。为了防止他人抢先申请、防止他人在申请人向外国提出申请前公布公开同样的内容而导致申请丧失新颖性，申请人最好能在希望寻求权利保护的多个国家同时提出专利申请。但是，申请人向不同国家提出申请势必要花费一定的时间，往往难以在同一天向多个国家提出申请。为此，1883年签署的《保护工业产权巴黎公约》为了便于缔约国国民在其本国提出专利或者商标后向其他缔约国提出申请，也确立了优先权原则。即申请人在一个缔约国第一次提出申请后，可以在一定期限内就同一主题向其他缔约国申请保护时，其在后申请在某些方面视为是在第一次申请的申请日提出的。换句话说，申请人提出的在后申请与其他人在其上次申请日之后就同一主题提出的申请相比，享有优先的地位。当然，在后申请享受优先权的条件之一是知识资产具有"相同主题"，否则在后申请就明显损害了其他申请人和公众的利益。按照2001年版的《审查指南》，相同主题的发明创造的定义是：技术领域、所要解决的技术问题和技术方案实质上相同，预期效果相同的发明或者实用新型。在2006年版《审查指南》上，相同主题的发明创造或者实用新型的定义修订为：技术领域、所解决的技术问题、技术方案和预期的效果相同。

权利上的优先与劣后、在先与在后是一对概念。正因为有了在后权利及其与在先产生的权利的冲突，才有认识和讨论在先权利及其效力的必要。进一步的问题是：在确立了知识生产的在先权利的基础上，如何界定和保护在后者的行为和利益？对知识的在后生产使用主要有三种情形：一是剽窃、抄袭、模仿他人智力成果形成自己的利益；二是通过许可受让他人智力成果形成自己的权利；三是独立创作但偶然与他人相同或近似的智力成果上形成的权利。优先权的效力，是指在同一客体上依法衍生的两个或两个以上的权利发生冲突时，在先产生的权利所具有的法律地位。保护优先权是处理知识产权权利冲突的一项基本原则，是指在后权利的设立和行使不得侵犯和妨碍他人在先已经存在并受法律保护的权利。对于其中第二、第三种情况中的在后权利，各国一般予以有限制的保护，但第一种情况中的行为侵犯了在先权利人的知识产权，是可撤销或可宣告无效的行为。

优先权保护的方式主要有两种：一种是财产法则，即恢复被侵犯的在先权利的原状，宣告在后权利无效或撤销在后权利；另一种是补偿法则，即在承认在后权利的同时对被侵犯的在先权利给予一定补偿。这是两种互相排斥的保护方式，不可能同时运用于同一权利冲突，原则上应使用财产法则，在例外的情形下应使用补偿法则。财产法则作为保护在先权利的原则，具有以下的理由：（1）财产权的排他性表现为财产权的主体是不可兼容和不相重叠的，这就决定了财产法则作为保护在先权利的原则。具体而言，不能有两个以上主体同时享有同一项财产权，主体在享有某一财产权时，他人不得予以侵犯或妨碍。财产法则就是通过宣告与在先权利相冲突的在后权利无效或撤销该在后权利来维护财产权的排他性的。（2）恢复原状是在财产权受到侵犯之后所能采取的保护财产权的最佳途径。损害赔偿的最高指导原则是恢复原状。当在先权利被在后权利所侵犯时，恢复原状的一个必要条件便是撤销在后权利或者宣告其无效。（3）财产法则并非不允许他人与在先权利人通过协商来利用优先权，它只是禁止他人未经在先权利人同意而实施对优先权构成限制或者阻碍的行为。未经在先权利人许可就擅自设立在后权利，是对在先权利的漠视，如果认可这种强盗行为，无疑是对在先权利人自由和意志的莫大污辱，理应被撤销或宣告无效。

优先权保护的力度，是绝对保护原则还是相对保护原则？现在，世界各国对保护优先权基本形成共识，但在具体的保护方式和保护力度上还有差异。目前国际采取的多是绝对保护原则，即在先权利一定优于在后权利，当在先权利和在后权利发生冲突时，保护在先权利而不保护在后权利。从有关知识产权的立法规定上看，知识资产的确认和产权界定并不是一个问题。例如，中国的《专利法》《商标法》《著作权法》等知识产权法都明确规定了各种知识资产的产权界定。各国关于知识资产的产权原则大致有二：一是发明创造在先原则，即谁最先创造出了知识资产，产权就属于谁，如美国关于专利权的界定；二是登记注册在先原则，即如果不同的人同时创造了知识资产，谁最先向政府管理部门登记注册，知识资产就属于谁，如中国以及大多数国家关于知识产权的界定。

从知识的生产角度看，优先的、专有的权利制度和绝对保护原则充分体现了对知识生产者权利的尊重，能够大大激励知识的生产，为知识所有者带来精神上和经济上的极大化收益。知识资产的价值在于它的新颖、独创性，是在已有的公开、公共知识基础上研究开发的。只有创新性的知识才是稀缺的有用的知识，而且只有创新的知识才需要投入一定的人力物力，才能够明显地影响经济活动，带来一定的甚至超额的经济收益时，知识的所有者才要求产权的确认和保护，社会也赋予其一定的权利。知识一旦成为公共知识，就自动丧失了权利的基础。在使用上，由于知识资产具有独创、新颖的特点，知识所有者又具有独占权，知识所有者只要不转让其使用权，产权的排他性就意味着其知识资产、进而这种资产所形成或凝结的物品在社会或市场上具有独占即垄断的结果。因此，知识产权与特许权、政府专营（国营）等同被视为行政垄断，能够带来超额收益。

（三）知识优先权的相对性

然而，如果从知识资产的性质、产权界定与资源配置效率之间的关系上看，优先权保护就不能采取简单的绝对保护原则了。知识资产与纯私人产权或私人物品不同。按照通常的解释，它具有新颖性、无形性、有用性、外部性等资产属性和专有性（独占性）、地域性、时间性等权利特征。不过，知识资产区别于其他资产的根本特征还是新颖性、无形性和使用上的外部性、信息不对称性等资产属性，这些特性使得知识资产具有不同于一般资产的权利安排。因此，有的国家采取相对保护优先权原则，即只有优先权受到实质、显著的侵害条件下才予以保护，并有保护期限的制约。

有用性是指知识资产能够被复制、使用，并且能够产生经济收益，创造和购入知识资产是基于投资和营利的目的。以专利权而言，有用性有以下判断基准：一是再现性，即所属技术领域的技术人员可以根据公开的技术内容，重复实施该技术方案，实施的结果是相同的；二是可实施性，即所属技术领域的技术人员可以将该技术方案在产业中加以利用和实现；三是有益性，即该技术方案的实施可以产生对人类社会有益、积极的效果，主要是指经济收益。正因为如此，专利权、商标权传统上又被称为工业产权。显然，如果知识成果的所有者享有了知识资产的在先独占权，但自身不能有效使用知识资产，又不允许他人合法地且更有效地使用这一知识资产，这就导致了知识资产的低效甚至无效配置。而且，知识成果的无形性表现在某些知识及其权利与其权利的客体或载体之间可以相对分离，如专利性技术，这使得知识资产所有者难以控制知识资产，而容易被他人模仿、复制、使用，并且获得经济收益，仿制、冒牌、盗版产品的大行其道说明了这一行为的经济有效性。再者，从历史的角度看，科学文化知识既是人类世代相继的实践活动的结晶和积累，又是人类技术进步、经济发展的起点和基础，人类新的发现、发明和发展都必须以人类迄今所积累的知识和经验为基础，其创造直接有赖于已有知识的借鉴、启发和支持。

显然，如果实行无限期、绝对性的保护优先权原则，完全禁止他人未经同意不得使用其智力成果，这虽然在短时期内通过权利垄断能使权利人收回其成本，但势必付出巨大的交易和管理成本，而且阻碍知识的潜在社会经济效益的充分发挥，限制技术进步、社会经济发展，背离知识产权制度设立的最终目的。因此，优先权不是绝对的和无限的，优先权制度如果保护范围过大，保护时间过长，行使方式过泛，就有失公平和效率，可能在更大程度上损害他人利益和社会公益。在处理在先权与在后权之间的冲突上，有时还需要采取相对保护的原则，即在决定保护哪个权利而不保护哪个权利时，不仅取决于权利取得的时间，还要考虑其他因素，在某些情况下，保护优先权利原则应当与其他原则特别是利益平衡原则一起综合考虑，以便于社会既在合理的程度与范围内可以真正享受到权利人的创造成果，又使社会在此基础上能有进一步创新发展的可能。

在口头语言、书面语言、印刷业等信息革命发生后，以电子信息技术为核心的第四次信息革命，给人类基于私人权利原则的知识产权制度提出了一系列新的挑战。例如，开发困难而复制容易，且复制件质量不会比原件差是软件的重要特征，如何保护电子计算机软件就成为知识产权保护的重要问题。又如，如何管理家庭等转录他人的音像、软件等作品的行为。德国最早规定家庭只有向作者支付合理报酬后才能转录音像作品供私人使用，1965 年对音像设备制造企业和进口企业规定了

"版权使用费"，即按照音像设备出厂价的 5％作为版权使用费加到零售价上，以补偿版权所有者的损失。再如，他人未经许可不得影印、复制、播放他人的作品，但个人或科研、教育、政府等组织为了公共利益可以在特定情况下有限使用他人作品。1992 年，我国成立了著作权集体管理的首家组织——中国音乐著作权协会；2001 年，中国音乐著作权协会签发许可，授权 64 家宾馆、22 家商场等播放各种录音制品，收费的 80％付给著作权所有者，20％交给协会；自 2005 年 3 月 1 日，《著作权集体管理条例》正式施行；2006 年 10 月，国家版权局公告了中国音乐著作权协会和中国音像集体管理协会上报的《卡拉 OK 经营行业版权使用费标准》，基本标准为每个卡拉 OK 包房每天收取 12 元版权使用费。近年来，如何管理从互联网上下载使用他人作品、如何保护互联网上的著作权等成为知识产权管理的新的热点问题。我国于 2001 年修订《著作权法》时，增加了作者、表演者和录音录像制作者享有网络信息传播权的规定。

对人类智力的创造性成果，除了可以运用知识产权制度加以保护外，还可以建立制定和实施其他政策。对于发明创造，我国实行专利权和发明权的双轨制度，发明人可依法申报发明权，其权利包括人身权和财产权，发明人可依法获得发明证书、奖章、荣誉证书和其他荣誉称号等。对于人类的知识发现，即对物质世界的现象、特征或规律提出的首次阐述，苏联在 1947 年首创了发现权，发现权也包括人身权和财产权，其财产权主要指获得奖金和其他物质奖励的权利。当然，发明创造人也可以不申请专利权、发明权等权利，而通过非专利技术方式维护其利益。

第三节　研究开发成果运用的外部性和风险性

研究开发的成果运用不属于研究开发的范围，但研究开发成果最终只有运用于组织内部的社会经济活动，或者通过公开、转让等方式运用于组织之外的社会经济活动，才能实现研究开发的社会和经济价值。如果说，因信息的不充分、不对称性，导致了研究开发的决策和实施的风险和不确定性，那么在完成研究开发活动、获得成果后，研究开发主体在成果运用上还将面临因信息不充分、不对称性而导致的风险和不确定性，再加上成果运用中的外部性，这进一步提高了研究开发成果运用上的风险性程度。

一、外部性

外部性与公共物品是用于解释诸如知识、教育、法律、外交、治安、图书馆、公园、道路等产品和服务的性质，以及它们的生产提供方式的基本概念。

外部性（externality）又译为外在效应，又称为外溢性（溢出效应，spillover），这一概念由马歇尔和庇古在 20 世纪之初提出。从经济学上看，外部性是指一个人的行为对相关者的福利的效应或影响，这种影响并不是在有关各方以价格为基础的交换中发生的，因此其影响是外的。按照一般说法，外部性指的是私人收益与社会收益、私人成本与社会成本不一致的现象。依据作用效果，外部性分为正外部性和负外部性，或外部经济和外部不经济，以及生产上的外部效应和消费上的外部效应。正外部性是经济主体的行为使他人或社会受益，而受益者无须花费代价；负外部性是经济主体的行为使他人或社会受损，而施加害者没有承担成本。如企业的技术发明被其他企业无偿引用，养蜂人放蜂使果农收成增加同时果农也为养蜂人提供了蜜源等属于正外部性，而个人在公共场所吸烟，化工厂向江河排放污水等属于负外部性。具体而言，化工企业在生产中造成了环境污染，给其他居民和企业带来了危害，但该企业并没有自愿给出补偿，这是外部负效应或外部不经济，此时企业的边际私人成本小于边际社会成本，边际私人收益大于边际社会收益。又如，居民小院里盛开的鲜花，无偿地给邻居、行人和放蜂人带来了好处，这是外部正效应或外部经济，此时居民的边际私人成本大于边际社会成本，边际私人收益小于边际社会收益。

以上主要是从经济学的成本、收益角度定义和分析生产领域或经济领域的外部性、公共物品问题。事实上，还应当把成本、收益、效用的概念扩展到经济学之外，分析非生产领域的广义的外部性、公共物品问题。

外部性和公共物品一般被视为市场失灵的两大表现，但如果深究外部性、公共物品的性质和作用机制就可发现，外部效应与公共物品之间实际上具有紧密的联系。外部性是从个体生产、消费的成本承担、收益获取的角度提出的概念，公共物品是从个体对产品和服务的消费性质的角度提出的概念，这两个概念定义的角度和标准有所差别，但本质上都是讨论个体在生产和消费上的成本承担、收益获取问题。产品或服务在使用或消费上的非竞争性、非排他性导致了成本、收益上的外部性，可以把公共物品与外部性物品视为等价的概念。从排他性的角度看，受益的非排他性就是外部正效应，这些物品是公共物品或公益物品；受害的非排他性就是外部负效应，这些物品是公害物品。从竞争性的角度看，根据排他性物品的竞争性程度，非竞争性的外部效应被称为非耗竭的外部效应，具有非耗竭的外部正效应的物品是纯公共物品；竞争性的外部效应被称为可耗竭的外部效应，具有可耗竭的外部正效应的物品是准公共物品。例如，居民小院里的鲜花只能无偿地给有限数量的行人和放蜂人带来好处，这是可耗竭的外部效应；大海上高高的灯塔可以给众多的船只指引航向，这近似于非耗竭的外部效应；而万里晴空上的太阳就是典型的纯公共物品了。

非竞争性、非排他性、外部性广泛存在于生产者之间、消费者之间或者生产者与消费者之间。对于排他性的物品，可以通过界定和保护私有产权来组织资源的配置活动；对于竞争性的物品，可以通过市场方式有效生产和提供。总而言之，私人、市场机制可以有效生产提供私人物品。但对于非排他性和（或）非竞争性的物品，难以有效地显示、计量私人应有的偏好和需求、成本和收益，难以有效地筹集投资和获得收益，通过私有产权、市场交易方式进行收费和提供既不可能也不合理，相反容易出现搭便车、自然垄断等现象，私人、市场机制不能实现社会资源的优化配置。萨缪尔森将市场非效率的范围缩小到两类事件，一类是负外部性的污染，一类是正外部性的公共品。个人、市场的方式如果不能有效地生产和提供公共物品或限制公害物品，又必然影响资源配置效率和实现社会公平，这就需要采取某种方法对市场机制的运行过程加以管制，而政府制定公共政策，提供公共物品是克服市场失灵、提高社会资源配置效率的主要途径。

二、研究开发成果运用的外部性

（一）研究开发的外部性

对研究开发成果可以从外部性角度进行分析，也可以从公共物品角度进行分析。事实上，许多文献正是如此。如上所述，公共物品与外部性这两种分析方法或角度似乎有别，但实质上殊途同归，此处侧重于外部性角度的分析。

　　研究开发成果是人类智力的成果，是在一定的物质技术基础和生理的社会的基础上产生的精神成果，它往往需要借助一定的物质载体才能被社会所认识、评价、交换和使用。知识成果的无形性直接导致了其使用或消费上的非竞争性、非排他性或外部性，使得知识成为准公共性的物品，也使得必须通过专有性的知识产权保护研究开发。具体来说，所有者的私人智力成果如果要得到社会的承认和保护，就必须通过社会公共部门（一般为政府的知识产权管理机构）的确认、登记和公告，如专利在初审时的公开，商标作为企业和产地的信息必须公开，著作也必须以有形形式公开，以相对低廉的成本被广泛了解和传播，这就使得原本私人的、秘密的知识变为半公开或公开的知识。私人资产或物品在消费或使用上具有竞争性和排他性，而知识资产的特性决定了它只具有部分的竞争性和排他性，甚至不具有竞争性和排他性。知识资产的部分竞争性体现在知识可以共享而并不减少其知识的价值和经济价值；部分排他性体现在知识如技术或商业秘密很难被私人完全保密和独自地使用，何况知识所有者一旦获得产权就必须放弃或部分放弃知识的私人秘密性。这样，知识产权即使属于私人产权，但这些资产很难完全竞争性和排斥性地实际生产、提供和使用，而容易出现外部效应，研究开发成果不仅给投资者带来了收益，同时他人也可以不付或少付费用而学习和模仿，共享这些新知识，并可能把某些新知识用于社会经济活动而获得收益，这就是研究开发的外部性、外溢性或易逝性（fugitive property），准确地说，知识的正外部性或外部正效应，包括所谓的知识外部性、市场外部性和收益外部性。

　　比较而言，基础研究的成果主要是科学发现，科学发现是人们对自然、社会和思维固有的现象、性质或规律的揭示，如自然科学领域对新星球、数学定理、物理理论、地震规律等方面新的发现，哥白尼的地动说、牛顿的万有引力定律、门捷列夫的元素周期表、爱因斯坦的相对论等，都是认识前人未知的自然界及其客观规律的科学发现，这些发现非竞争性和非排他性更强，又无法直接运用到生产活动中获得经济利益，更接近于公共物品，属于公共知识。由于科学发现属于人类的新思想、新理论、新观念，具有认识上的前所未有性、唯一性以及真理性特征，科学发现者的活动是发现、认识它们，而不是创造、改造它们。因此，不宜为发现人所垄断或专有，也就是说，发现人不应当阻止他人运用他的科学发现。况且，科学发现尽管需要投入大量的财力、人力，但其本身是难以直接用于生产、进入市场、获得收益的。对于这类知识成果实行专利制度既难以保障研究开发者的经济利益，又严重限制社会的合理使用，因此一般不能采取私权性质的专利权制度予以保护。此外，智力活动的规则和方法，如游戏方法、体育竞赛方法、计算方法、教学方法、生产管理方法；某些特定的技术专项，如疾病的诊断和治疗方法，动物和植物品种，用原子核变换方法获得的物质等，由于其特殊性质，一般也不授予专利权。而试验开发的成果主要是应用科学发现、智力规则和方法等获得的实用性的知识或技术，这些知识或技术具有明显的竞争性和排他性，一般可以直接用于生产活动，带来显著的经济收益，实用性的知识或技术更接近于私人物品，可以采取专利权等知识产权保护制度。至于应用研究及其成果，大致属于公共物品与私人物品之间的准公共物品，应当综合实行私人、市场激励与公共政策扶持。

研究开发的外部性包括两种：市场外溢和知识外溢。(1) 市场外溢又称价格外溢，当知识或技术从知识的研究开发主体流向其他经济主体但没有补偿或没有足够的补偿时，当新的或改进的产品或服务所增长的价值没有完全体现在其新、旧

版本之间价格的差异时，市场外溢就发生了。这时，研究开发
投资者的收益率就降低了，如果显著降低的话，就会削弱甚至
遏制进一步投资研究开发的积极性。（2）当知识或技术流出或
流向竞争对手而没有获得相应的收益时，知识外溢就发生了。
显然，从最终的成本收益的角度看，价格外溢与知识外溢实际
上是一回事，它们都导致了收益的溢出。由于外部性意味着研
究开发出的知识及其收益并非为投资者所专有，研究开发的这
种特性又被称为研究开发的非专有性①。

　　在知识的积累中存在外部性吗？阿罗（1962b）综合分析
了对发明活动的资源配置，给出了肯定的回答。罗默（1986）
使讨论更加深入，他着重指出，不仅存在这样的外部性，而且
它们是现代经济的一个主要特征和经济增长的一个源泉。阿罗
提出的关键论据是信息，它不像普通商品，能被个人和商业企
业重复使用而没有被损耗，并且不能排除个人和商业企业使用
公共信息。由此，新知识的利益不限于其最初的创造者，这样
就产生了外部性。

　　研究开发创造新知识。因此，如果知识的外部性确实存
在，那么它们应该客观出现在研究开发成果的实际运用中。格
里利谢斯（Griliches，1979）指出，战后时期的研究开发投资
具有高收益率。首先，私人收益率是高的。在美国，经过细致
研究，研究开发投资的私人收益率是物质资本投资收益率的两
倍多。在其他国家，此比率甚至更高。尽管差距的一部分也许
反映了更高的投资风险所要求的补偿，但看起来似乎不是整个
差距都可归因于补偿。其次，当考虑到同一部门企业间的技术
溢出效应时，所估计的收益率会翻倍。而当考虑到利益从投资

---

① ［美］乔治·泰奇：《研究与开发政策的经济学》，82～84 页，苏
竣，柏杰，译，北京，清华大学出版社，2000。

于研究开发的部门向技术上相关的部门扩散时，所估计的收益率会更高。看来研究开发投资的社会收益率确实远高于私人收益率，明确地显示出存在外部性。此证据引致了新增长理论的第二次热潮，这次热潮强调研究开发、知识创新是生产率增长的直接源泉。

研究开发成果运用的外部性不仅有外部正效应，还包括负外部性即外部负效应，外部负效应意味着社会成本大于私人成本，损人利己甚至损人不利己。经济学家认为，知识的外部负效应主要有三种体现：（1）创造性破坏。作为内生增长理论的一个重要分支，新熊彼特学派（Neo-Schumpeterian）的增长模型对于知识性质有一个基本假定：知识具有创造性破坏特征，创造性破坏是一种负的外部性，即新知识使已有的知识过时，知识的外在性变得不明确。（2）知识对于研究与开发的跨期溢出效应，即随着知识的积累，通过研究与开发发现新的知识越来越难，因此，现在的知识发明对于未来的知识发明具有负的影响。（3）某些知识及其产品有一定市场，利己但损人，属于所谓的劣效品，如吸毒工具、赌博机器、制造假钞票、假有价证券的方法或机器。

如果从负外部性的角度看，以知识的正外部性为基础的新经济增长模型的政策含义也变得不明确，因为无法确定知识的正外部性与负外部性中哪一个更为重要，进而无法确定在竞争均衡中，对于研究开发的投资是过多还是过少，换言之，不能确定对于研究开发活动是进行征税还是进行补贴。当然，不少研究者认为，相对于知识的正外部性而言，其负外部性可能微不足道。不过，各国一般规定，违反法律、社会公德或者妨害公共利益的发明创造，如吸毒工具、赌博机器、制造假钞票、假有价证券的方法或机器，不授予专利权；发明创造本身目的并不违法，而是为了达到有益的目的，但是其使用结果可能损害他人健康或者对生命财产会造成危害的，不能授予专利权。

（二）研究开发的私人收益率与社会收益率

研究开发成果具有显著的外部性，具有公共物品或准公共物品性质的问题已经被经济学家所发现并得到许多经济学家的证实。

在企业中，研究开发的绩效和企业的绩效一般并不是相同的概念。研究开发绩效或收益是指来自研究开发投资的收益，包括研究开发成果在企业生产经营中运用而获得的收益和企业转让研究开发成果而获得的收益；由于研究开发及其成果运用还具有外部性，因此企业获得的只是研究开发收益的一部分即研究开发的私人收益，另一部分为其他人或企业无偿获得，企业得自研究开发的私人收益加上其他人或企业无偿获得的研究开发收益之和就是研究开发的社会收益。研究开发收益只是企业的绩效或收益的一部分，企业绩效还包括得自其他投资的收益。

显然，研究开发成果在运用上的外部性，致使得自研究开发的社会收益率（全部收益的比率）大于投资者得到的私人收益率。纳迪利（Nadiri）1993年的研究发现，创新者本身的收益率平均在20%~30%之间，而社会收益率大约为50%。表3-2中的数据揭示了研究开发成果运用上的严重问题：据世界海关组织和国际刑警组织主办的2004年首届全球打假大会会议统计，全球每年的假货贸易额达到6000亿美元，相当于世界贸易额的7%，而毒品贸易额才3220亿美元。据美国联邦贸易委员会的统计，全球汽车配件市场上假冒品高达每年120亿美元，其中30亿美元的产品就出现在美国市场上。2004年，美国企业因知识产权偷窃（IP theft）损失了2500亿美元，这个数字超过22个国家的GDP总额，相当于沙特、挪威、波兰和南非四国的GDP总和。世界卫生组织估计，全球10%的药品是假冒品。美国联邦航空管理局估计，每年有 2％（大约 52 万件）的假冒配件被安装到飞机上。

表 3-2　创新（或 R&D）的私人收益率与社会收益率

作者与研究年份	估计的收益率（％）	
	个人	社会
Nadiri，1993	20～30	50
Marsfield，1997	25	56
Terleckyj，1974	29	48～78
Sveikauskas，1981	7～25	50
Go to and Suzuki，1989	26	80
Bernstein and Nadiri，1988	10～27	11～111
Scherer，1982，1984	29～43	60～147
Bernstein and Nadiri，1991	15～28	20～110

資料来源：经济合作与发展组织：《以知识为基础的经济》，机械工业出版社，1998 年出版，42 页。

　　无论是在完全竞争还是垄断市场结构下，当研究开发的社会收益率大于私人收益率，出现外部效应时，对社会经济活动也有正反两个方面的影响。一方面，正外部效应将会提高整个社会的研究开发能力和技术水平，避免了不同研究开发主体之间的重复研究和重复实验，避免了研究开发资源的浪费，提高了全社会经济效率。另一方面，研究开发成果的公共物品性质也不可避免地导致了"搭便车"行为，个人或企业不愿承担知识生产过程中的成本和风险。研究开发成果无偿被他人利用，也严重削弱了研究开发的激励机制，致个人、企业对研究开发投资不足，降低社会的创新能力和发展活力。特别是生产公共物品的基础研究，如果完全通过个人、市场机制进行基础研究，必然会造成基础研究投资的严重不足，从而影响基础研究成果的生产供应以及应用研究和开发研究的持续进行。

　　为了克服研究开发成果运用外部性的不利影响，既保证为个人、企业的研究开发提供足够且适当的激励，又促进研究开发成果的交流和扩散，以实现积极的社会效益，这就需要通过一定的制度安排，保障研究开发资者有足够的收益，使其私人收益率接近社会收益率。正如诺斯等人在《西方世界的兴起》开宗明义：有效率的经济组织是经济增长的关键；一个有效率的经济组织在西欧的发展正是西方兴起的原因所在。有效率的组织需要在制度上做出安排和确立所有权以便造成一种刺激，将个人的经济努力变成私人收益率接近社会收益率的活动①。在这方面，政府需要采取措施直接支持基础研究，提供科学技术教育培训与推广计划，还要制定严格的知识产权保护法规以保护创新者的创新收益。

　　综上所述，由于研究开发活动的公共产品特性、不确定性以及收益的非独占性，致使市场在激励研究开发方面的作用有限。由于市场失灵的存在，完全依赖市场机制来激励企业技术创新显然不是一种最佳选择，需要政府制定有效的政策来弥补市场激励的不足，以刺激企业研究开发的能动性。但是，需要说明的是，在企业的研究开发活动中，市场制度仍然是基本的制度安排，政府的激励研究开发的政策只是作为调节机制发挥其重要作用，更多地是弥补市场激励的不足，营造有利于企业研究开发的制度环境。

　　（三）研究开发成果运用的风险性

　　知识或研究开发成果的价值在实际运用中得到实现。研究开发成果如果对企业经营和国民经济产生作用，就必须具体运用到生产过程中，并且满足社会或市场的需求。一项创新成果

---

　　① ［美］道格拉斯·诺斯，罗伯特·托马斯：《西方世界的兴起》，5页，厉以平，蔡磊，译，北京，华夏出版社，1999 (2)。

从实验室中的发现、发明到工业生产、进入、占领市场，转换为满足社会需要的产品和服务，需要经过诸如鉴定、试生产、标准、计量、质量、工艺、设备、营销、服务、评价、改进提高等一系列环节，中间可能经历漫长的时间和无数的失败。由于信息不充分、不对称性和外部性，在不确定性的经济世界中，研究开发成果运用的几乎每一个环节都有失败的风险，需要经历极其惊险的跳跃，具有更大的风险性或不确定性，易于遭到挫折甚至失败。因此，即使通过研究开发获得了成果且获得了法律承认，但受企业决策、市场需求、市场竞争、环境变化、政策调整等因素的影响，这些成果也可能丧失技术开发、经济运用上的价值。创新不只是单纯的科学、技术行为，更是市场、社会行为，必须把科学技术上的创造和市场化、社会化结合起来。这方面成功的永远是少数，而失败的例子不胜枚举。

研究开发成果运用上的风险大致分为技术风险和社会风险，技术风险是指因研究开发成果特性而导致的风险，社会风险是指研究开发成果在社会经济运用中面临的风险，包括生产应用、传播扩散、市场销售、制度与政策等多方面的风险。由于研究开发具有投资上的风险性、成果上的无形性、成果运用上的外部性和风险性等特征，这首先意味着在研究开发的决策、投资、项目实施、研究开发成果管理和运用等方面存在着一系列难题，这些难题即使在企业的研究开发中也难以得到完全有效的解决，必须在研究开发的决策和投资方式、绩效评估、信息披露、激励约束等方面进行制度创新和有效管理。

三、研究开发成果的公共使用

研究开发成果因其无形、新颖性和使用上的外部性而决定着它并不是纯粹的私人物品，不能完全将其界定为私人资产，在权利界定上存在着私人权利与公共权利、专有区域（exclusive zone）与自由区域（free zone）之间的划分。专有区域是指知识的生产创造者依法专有的权利范围，他人使用其知识产品既要征得创造者同意又要支付报酬（如授权许可使用），或虽依法不经许可但要支付报酬（如法定许可使用、强制许可使用），因此这一区域既维系了知识生产者的创造激情，又维护了知识生产者的经济利益。自由区域在知识资源中所占比例较小，在法律规定的条件下，使用他人的知识产品既无须征得同意又无须支付报酬（即合理使用），因此这一区域促进了信息交流与扩散，有助于社会的创造活动，从长期和整体上也增进了知识生产者的权益。反之，任由知识生产者绝对占有和控制知识资产，将会从长期和整体上降低知识的生产和使用效率。因此，为了调和在先者和在后者之间的利益，实现知识资产的最优配置，在知识资产的权利安排上不仅要确立和保护优先权，保护研究开发者的私人利益，激励知识的生产、扩散和使用，同时还要维护他人和社会的正当利益，从长期和整体上促进知识共享，实现社会收益或福利最大化。

由此，现代社会还确立了权利保护上的时间性、地域性原则，确立了授权使用、合理使用、法定许可使用、强制许可使用等知识资产的转让、使用制度。

时间性、地域性原则是指知识资产受法律保护具有一定的时间和空间限制，也就是法律规定的保护期限和保护地域，并按期缴纳保护费用。知识资产的期限届满之后，或者不在保护的地域，知识资产自动进入公共领域，其他人和机构可以免费使用这些知识资产。据统计，全球的累计授权专利总量已有5000多万件，几乎涵盖了人类生活的各个领域，而在这5000多万件专利中，只有70多万件在我国有效，其余的专利或是因为没有在我国申请，或是因为专利已经过了有效期，所以不受我国法律保护，在我国将被视为"公知公用"技术，可以在符合 WTO 规则的情况下免费使用。[①] 比较而言，非知识资产权利可以世代相传永久保护，但法律只授予了知识资产有限的权利时间。其中，专利权的保护时限一般为 10～20 年，其中我国 1993 年之前对发明、实用新型、外观设计的保护期分别为 15 年、8 年、5 年，此后分别为 20 年、10 年、10 年；美国对发明的保护期是 17 年，对外观设计的保护期可以由申请人选定为 3.5 年、7 年或 14 年。商标权的保护时限一般为 10 年但期满可以续展，著作权一般为作者终身之年加 25～50 年，我国著作权保护时限为作者终身之年加 50 年，法人、自然人单位的作品和电影、电视、摄影作品的保护期为 50 年。

从研究开发的类型看，基础研究、应用研究与试验开发的过程和成果并不相同，相应的制度安排也有一定区别。比较而言，基础研究等活动产生的科学成果与某些技术成果是社会需求的重要知识，又具有显著的公共物品性质，这就需要采取非市场机制的权利安排，让消费者间接支付成本，以支撑和激励生产者的知识生产活动。对于公共物品性质的基础研究或科学发现，私人、市场的激励机制难以有效调节，这就需要确立非市场的制度安排。专利权、商标权等经济性知识成果的优先权制度主要调整的是社会主体在资产或财产权利上的界定和冲突，而具有显著公共物品性质的科学发现等非经济性知识成果的优先权制度主要调整的是社会主体在人身权利上的界定和冲突，与优先权有关的奖励机制包括：（1）科学发现的命名权，即在某项科学成果上以完成该项科学发现的科学家来命名。（2）科学奖金的获得权，即从政府或社会组织那里领取奖励科

---

① 魏小毛等：《公知公用技术是一座待开发的'金矿'》，载《中国知识产权报》，2007-08-02。

学发明的科学奖金。基础研究上的优先权奖励制度既激励和保护了研究者的权利，又换取了社会对该项科学成果的公共使用权利。当然，在科学发现的优先权授予上，并不如专利权制度上非此即彼，追求唯一性，同时取得的科学发现可以获得并列的命名、奖励等项权利。诺贝尔奖获得者中有许多就是因为在科学研究上共同发现了科学原理、智力方法、新物质等共同获奖的，如丁肇中与里希特1974年各自独立地发现了J/ψ粒子，为此他们共同获得1976年诺贝尔物理学奖。（3）政府的财政支持，政府一般投资于大学、研究机构等进行的基础性研究。类似地，在某些基础性、重大的技术成果奖励上，也确立了非市场的优先权奖励制度，如政府或社会组织颁发的发明荣誉证书、奖章和奖金，以对技术成果的社会效益进行评价和激励。当然，如果该项技术成果符合专利权授予的条件，还可以同时获得专利权制度的保护①。

　　研究开发成果在传播、扩散、使用中才能发挥最大的社会经济效益。在知识成果的配置过程中，由于存在着限制谈判、交易和竞争的因素，有时需要一个理性但强有力的第三方推进交易实现。为了促进研究开发成果的交流、传播、扩散，在更大的空间、时间范围和更多的社会经济主体上使用，限制权利人的垄断权，保障社会公众接触、了解和合理使用知识成果，充分发挥研究开发成果的社会经济效益，还可以在产权界定的基础上，采取授权使用、合理使用、法定许可使用、强制许可使用等产权交易方式，实现研究开发成果的传播、扩散。

　　授权使用，又称许可使用，即知识成果所有人授权他人以特定方式对其知识产品进行使用。授权使用这一法律行为通常

---

　　①　吴汉东：《关于知识产权基本制度的经济学思考》，载《法学》，2000（4）。

表现为许可使用合同，在国际上即被称为许可证贸易。

合理使用，是在法律规定的条件下，不必征得权利人同意，又无须向其支付报酬，基于正当目的而使用他人知识产品的合法的事实行为。合理使用制度起始于著作权领域，其初衷在于解决后来作者以创作新作品为目的而如何利用前任作者的作品的问题，其本质特征是自由使用、无偿使用和社会福利的最大化。与前述几种许可使用不同，合理使用中使用者与创造者的权利交易不同于一对一的对手交易，而是社会制度安排下的特定创造者与不特定的使用者之间就信息资源分配所进行的交换。合理使用广泛适用于知识产权领域，诸如著作权中的个人使用、新闻报道使用、转载或转播使用等，专利权中的先用权人的使用、非商业性目的的使用、临时过境的使用等，以及商号权、商标权中因公务、司法活动或社会公益目的的使用等。如专利法中规定，对于在专利申请日以前制造相同产品、使用相同方法或者已经做好制造、使用的必要准备条件的"先使用人"，可以在原生产规模范围内继续使用这一技术；当专利权人自己制造或经其许可制造的专利产品售出以后，即认为其专利权已经"用尽"，他人可以再使用通过分销、转卖或零售渠道获得的该产品；为科学研究和实验目的，为教育、个人及其他非生产经营目的使用专利技术的，可以不经专利权人许可，不视为侵权行为。版权法中也有类似规定，为了个人学习、研究或欣赏目的，为了教育、科学研究、宗教或慈善事业使用他人作品，无须征得作者同意，不需要向其支付报酬。

法定许可使用与强制许可使用。相对于授权使用而言，这两种方式也都是非自愿的许可使用。法定许可使用是指根据法律的直接规定的方式使用已公开的知识产品，可以不经权利人许可，但应向其支付报酬的制度，国际上将称这种交易方式为法定许可证。强制许可使用是指在特定的条件下，由政府主管机关根据情况，将对已公开的知识产品进行特殊使用的权利授予申请获得此项权利的使用人的制度，国际上将这种交易方式称为强制许可证。法定许可使用与强制许可使用都是一种准法律行为，即虽无严格意义的意思表示，但又有向相对人表意之行为，因而发生与法律行为相同后果的一种法律关系。法定许可使用与强制许可使用制度的设定，减少了交易的信息收集、谈判和签订合同的成本，提高了交易的频率，有助于实现知识资产效益最大化的目标。如我国专利法规定的强制许可的情形：在具备实施条件的单位以合理的条件请求专利权人许可实施其专利，而未能在合理长的时间内获得这种许可；在国家出现紧急状态或者非常情况；为了公共利益；实施技术上更为先进的专利而有赖于前一项专利。我国著作权法规定了在 12 种情况下可以不经作者许可、不向作者支付报酬而合理使用其作品，但使用时应当指明作者姓名和作品名称，并且不得侵犯作者依法享有的其他权利。当然，确立和适用这一制度时应注意：非自愿的许可制度仅适用于已公开的部分产品的有限范围，且符合帕累托效率标准；非自愿的许可制度仅仅是减少了部分交易成本，而不可能消灭交易成本，使用人在支付报酬方面仍要与权利人进行谈判。

综上所述，由于研究开发活动的公共产品特性、不确定性以及收益的非独占性，致使市场在激励研究开发方面的作用有限。由于市场失灵的存在，完全依赖市场机制来激励企业技术创新显然不是一种最佳选择，需要政府制定有效的政策来弥补市场激励的不足，以刺激企业研究开发的能动性。但是，需要说明的是，在企业的研究开发活动中，市场制度仍然是基本的制度安排，政府的激励研究开发的政策只是作为调节机制发挥其重要作用，更多地是弥补市场激励的不足，营造有利于企业研究开发的制度环境。

第四章
研究开发与企业绩效的实证分析

　　从长期和总体上看，企业投资于研究开发不仅获得了创新性成果和成果运用的收益，而且增进了他人的乃至全社会的利益，有目的、有组织、大规模的研究开发保证了社会经济的稳定持续增长，现代社会已经进入了以知识的生产和配置为基础的所谓的知识经济时代。对此，新增长理论、新贸易理论等相关的研究给出了理论上的解释和经验上的检验。研究开发绩效一般只是企业绩效的一部分，企业研究开发绩效并不等于企业绩效。然而，企业往往很难区分和计算、现实中也很少公布得自研究开发的绩效，所以本章拟从微观层面，利用我国电子信息行业的相关数据，对研究开发与企业绩效的相关性进行检验。

第一节　研究开发与企业绩效研究概述

　　整个 20 世纪，科学技术发生了一系列革命性变化，特别是交通、通信、信息技术的迅猛发展，促使知识的生产、扩散和应用各个重要环节发生了深刻的变革，从根本上改变了人类知识的体系结构、存在形式以及知识活动的方式和载

体，知识存在形式出现了数字化和编码化的变化，知识活动的
方式和载体出现了计算机化和网络化，这些根本性的变化加速
了知识的流动和传播，方便了知识的交易和应用。20 世纪的科
技革命在引发知识革命的同时，也引发了企业、产业的革命性
变化。从企业看，企业越来越多地投资于研究开发，研究开发
部门成为大中型企业、跨国企业的重要机构，企业获得了来自
研究开发的收益，企业也因应对技术变革和竞争而改变了组织
机构、治理结构和管理方式。从产业角度看，电信价格下降，
计算机普及，全球网络出现，以及生物技术、材料科学与电子
工程等领域的发展，创造出以前根本不可想象的新产品、新服
务系统、新兴行业和新的就业机会，出现了大量的新兴产
业——信息产业、生命产业、新能源产业、新材料产业、空间产
业、海洋产业、环境产业以及各种服务产业，从而使人类的社会
经济生活发生了革命性变化，进入知识经济、知识社会时代。

　　对于因知识生产与运用而导致的经济增长方式的变化，熊
彼特、马克卢普、阿罗、科斯等经济学家都曾做出过预言式的
发现。20 世纪 80 年代以来，经济学家对研究开发与企业绩效
问题进行了大量的研究工作。近期如 Rajan & Zingales（1998）
等人的企业进入研究，Willax（2000）、Singh（2001）等人的
创业企业研究，从不同的视点对知识要素所有者的激励做出了
理论上的阐释。弗里德曼、拉丰、梯若尔（Tirole）、Fuden-
berg、Varian、Shapiro 以及汪丁丁等经济学家运用博弈论、契
约经济学、产业组织理论以及信息经济学等现代经济学分析工
具，也对此进行了深入的探索。在新增长理论中，对研究开发
投入、研究开发成果与企业生产、企业业绩、国民经济增长等
问题已经建立了众多理论模型，也做了大量的实证研究。关于
研究开发与企业绩效、经济增长的分析，可从相关的论文、专
著和教科书找到大量的论述，第一章也有简要的综述，在此不

再赘述。本节主要从微观与宏观两个层面，简要介绍企业研究
开发与企业绩效相关性的某些实证研究成果。

一、研究开发与企业绩效关系的宏观分析

对于研究开发支出与企业生产率、产业发展、经济增长等
关系问题，国外学者利用产业数据或企业数据对不同国家研究
开发投资的收益率分析等问题进行了大量研究，从而得到研究
开发投资对企业产出、经济增长影响等结论。早期的研究，如
Edwin Mansfield 研究了研究开发投入的边际收益率①；Wil-
liam N. Leonard 则研究 R&D 投入强度与企业销售增长的关
系②；Griliches 用 Cobb-Douglas 生产函数检验了 1957～1977
年大约 1000 家美国最大制造公司的研究与开发支出对生产力
的影响③，Jaffe 对 1973～1979 年 432 个美国制造公司进行抽
样分析，调查了研究开发支出对公司利润与市值的影响④，他
们的研究结果似乎都表明研究开发支出对企业生产力和绩效的
提高有着显著的贡献。

研究结果表明：（1）虽然采样时间跨度、样本所处行业或
企业的不同使得到的结果有差异，但总的来讲研究开发对产出
有较大的促进作用，产业层次的数据表明研究开发的收益率，

---

① Edwin Mansfield，Rates of return from industrial research and de-
velopment，*The American Economic Review*，1965（1/ 2），pp. 310-322.

② William N. Leonard，Research and development in industrial
growth，*The Journal of Political Economy*，1971（2），pp. 232-256.

③ Griliches，Zvi. ，R&D and the Productivity Slowdown，*American
Economic Review*，May，No. 2，1980，pp. 343-348.

④ Adams，J. D. and Jaffe，A. B. ，Bounding the Effects of R&D：
An Investigation Using Matched Establishment-Firm Data，*Round Journal
of Economics*，1996，27（4），pp. 700-721.

即研究开发投资对产出增长的贡献约在 20%～40%，企业层次的数据表明研究开发的收益率即研究开发投资对产出增长的贡献约在 20%～30%；(2) 研究开发对经济增长的促进作用因资金来源的不同有所差异，一般地，私人投资的研究开发项目的收益率为 27%～60%，公共投资的研究开发项目的收益率几乎为 0，甚至为负；(3) 过程创新的收益率为 58%～76%，而产品创新的收益率为 20%～30%，表明过程创新对产出的影响更大；(4) 研究开发密集型行业和非研究开发密集型行业对产出的影响存在很大的差异；(5) 从研究开发收益率的时间特性来分析，研究开发收益率在 20 世纪 70 年代呈下降趋势，而在 80 年代呈上升趋势，从当时高科技产业迅猛发展的势头推测出，90 年代的研究开发收益率也是呈上升趋势的。

以美国为例，有关研究表明（如 Jorgensen and Stiroh，2000），1959～1973 年期间，美国生产率增长中有 2/3 源于技术进步；1973～1995 年期间，生产率增长缓慢，技术进步的贡献也相对不足；1995 年之后，生产率增长又出现了增加趋势，技术、知识对美国经济增长的贡献率开始超过 50%，技术对不同行业经济增长的贡献率上升到 40%～70%。1996 年，美国核心版权业的出口额达 601 亿美元，在历史上首次超过了农业、汽车制造业及飞机制造业的出口额，成为美国出口额最大的产业。

我国国内学者也非常关注这一问题，刘小玄根据我国工业企业数据量大且所有制形式多样化的特点，超越对数生产函数，在具体的经验估计方法上采用 OLS 方法研究了我国工业企业的技术效率[①]，姚洋采用参数方法，用基于 Cobb-Douglas

---

① 刘小玄：《中国工业企业的所有制结构对效率差异的影响》，载《经济研究》，2000 (2)。

生产函数的边界生产函数模型研究过我国工业企业技术效率的各种影响因素，认为公共研究机构的研究开发支出对企业效率有负面的影响，而企业的研究开发支出对企业技术效率的提高具有较强的正向作用①。王核成在阐述研究开发投入与产出机理的基础上，分析了研究开发投入对企业成长贡献的影响因素②。何玮基于我国 1990～2000 年大中型工业企业数据，利用 Cobb-Douglas 生产函数，从总体上实证分析了研究开发费用支出对产出的影响，指出我国大中型工业企业技术开发费用支出只在 3 年左右的时间对企业的产出存在影响，而技术开发经费投入少，是造成其研究开发费用对产出影响具有短期性的原因之一；科研人员和高水平研究开发机构的缺乏是我国大中型工业企业科技能力薄弱、后劲不足的重要原因③。吴延兵利用我国 2002 年制造业产业的数据，研究发现研究开发与生产率有显著的正相关关系；高科技产业的研究开发产出弹性明显高于非高科技产业④。

安同良等人的研究表明，全面竞争力是企业最重要的技术创新动力，技术创新的主要障碍是缺乏技术创新能力和技术创新人才；行业、企业规模、所有制特征三个因素是影响我国企业创新活动的重要因素。其中，行业是影响企业研究开发活动

----

① 姚洋，章奇：《中国企业技术效率分析》，载《经济研究》，2001 (6)。

② 王核成：《R&D 投入与企业成长性的相关研究》，载《科学管理研究》，2001 (6)。

③ 何玮：《我国大中型工业企业研究与开发费用支出对产出的影响——1990～2000 年大中型工业企业数据的实证分析》，载《经济科学》，2003 (3)。

④ 吴延兵：《R&D 与生产率——基于中国制造业的实证研究》，载《经济研究》，2006 (12)。

的最主要因素之一，不管是研究开发的强度、频率、主体还是研究开发的分配与方向，都表现出明显的行业间差异；与小公司相比，大公司更多地会进行持续性研究开发活动；研究开发费用强度和企业规模之间呈现明显的 V 形结构关系；外国公司比国内公司表现出更为活跃的研究开发行为①。

二、研究开发与企业绩效关系的微观分析

由于微观计量经济学的发展和微观数据的可得性，国外对企业研究开发与企业业绩相关性的研究较多。早期如 Ben-Zion 研究了企业市值与账面净值之差与企业研究开发和广告费的关系，William N. Leonard、Ben Branch 等也做过相关方面的研究，他们利用美国丰富的微观统计数据从不同角度得出的结论都支持了企业研究开发投入与企业业绩之间存在正相关性的结论②。在考察企业组织、市场结构与研究开发的关系的基础上，经济学家从 20 世纪 70 年代开始转向分析研究开发投资的社会和私人收益，这些经验研究包括最初的案例研究及后来的对研究开发活动对生产率和经济增长率的影响的大样本、横截

---

① 安同良，王文翌，魏巍：《中国制造业的技术创新：模式、动力与障碍》，载《当代财经》，2005（12）；安同良，施浩：《中国制造业企业 R&D 行为模式的观测与实证》，载《经济研究》，2006（2）。

② Ben Zion, U., The investment aspect of nonproduction expenditure: An empirical test, *Journal of Economics and Business*, 1978, p. 224.

William N. Leonard, Research and development in Industrial Growth, *The Journal of Political Economy*, 1973, (5), pp. 1249-1252.

Ben Branch, Research and development activity and profitability: A distributed lag analysis, *The Journal of Political Economy*, 1974, (5), pp. 999-1011.

面的分析。

在研究开发与企业经济增长的关系问题上，多数的经验研究结果表明：(1) 研究开发支出对公司的生产率的提高作出了重大贡献。一个国家、一个行业、一个企业在知识资产方面的投入与经济增长、生产率提高、企业盈利增加之间呈显著的正相关关系 (Lev，1999)。研究结果表明，研究开发投资的收益率每年高达 20%～30%，是实物资产投资收益率的两倍多，这反映了研究开发资本相对于实物资产投资具有较高的生产率和风险。而且，由于许多不进行研究开发的企业获得了外部收益，因此研究开发的社会收益率会更大。(2) 旨在开发新的科学技术的基础研究对企业生产率和经济增长率的贡献要远大于诸如产品开发、正处于开发过程中的研究开发等其他形式的研究开发，估计的两者贡献差别大约为 3:1。(3) 由私人投资的研究开发对生产率的提高所作的贡献要比由政府投资的研究开发大。不过，由政府的代理机构以及在实验室从事的并由政府资助的研究，特别是大学里的研究，对基础性的工业技术进步作出了非常显著的贡献。(4) 研究开发产生的私人收益和社会收益存在很大的差别。由于研究开发具有外部效应，企业、行业、甚至国家从其他企业、行业或国家研究开发活动中获得收益，致使研究开发的社会收益率高于单个企业的收益率。这一发现曾经一度引起人们的担心，唯恐企业失去投资于研究开发活动的动力。但有关保护研究开发利益的一些制度安排，如专利权、著作权、商标权等，逐步消除了人们的疑虑，成为近现代社会技术进步的主要根源。

不过，有些研究表明，研究开发、创新与企业绩效、经济增长之间的关系更像哥德巴赫猜想，看起来正确，却无法得到完全的证明，这在我国表现得尤其突出。如博思艾伦公司近年进行的一项名为"博思艾伦全球创新 1000 研究"活动，通过分析全球创新 1000 家大企业的研究开发与企业绩效之间的关系，结果发现，1000 家企业 1999～2004 年研究开发与企业的销售额、利润、股东收益等指标之间似乎都没有相关性①。

　　我国由于缺乏公开披露的研究开发经费支出信息，对研究开发支出对企业业绩影响进行实证研究的很少。以 2004 年深交所制造业上市公司为例，披露研发费用的只有 61 家，而且多在"其他与经营活动有关的现金流出"的附注、专项应付款的辅助、待摊费用、预提费用的附注后披露，披露的研发费用的金额极有可能只是研发费用总额的一部分。薛云奎、王志台根据沪市的经验数据（1996～1999）证明了单位无形资产对企业经营业绩的贡献要高于固定资产。由于当时上市公司的研究开发信息披露极度缺乏，几乎没有研究开发支出的具体数据，他们没有对 R&D 投入与公司业绩的相关性进行实证研究②。梁莱歆、张焕凤，程宏伟、张永海和常勇等根据上市公司财务报告中披露的公司信息，分析研究开发支出对公司业绩的影响。他们在文章中均以研究开发投入强度作为研究开发投入指标，但是他们得出的结论却是不同的。梁莱歆等认为研究开发投入强度与主营业务利润率有较强的相关性，研究开发投入产出效应具有明显的滞后性，但对形成企业核心竞争力的技术资产的贡献偏小③。程宏伟等人对公司研究开发投入与业绩相关性进行了一元线性回归分析实证研究，研究表明我国上市公司整体研究开发水平低，研究开发信息披露不充分，研究开发投

---

① Barry Jaruzelski 等：《创新的密码》，载《21 世纪经济报道》，2006-02-13。

② 薛云奎，王志台：《无形资产信息披露及其价值相关性研究——来自上海股市的经验数据》，载《会计研究》，2001（11）。

③ 梁莱歆，张焕凤：《高科技上市公司 R&D 投入绩效的实证研究》，载《中南大学学报》，2005（2）。

入与公司业绩正相关、研究开发投入对公司业绩的影响逐年减弱、上市公司的研究开发投入在投入之后的 1～2 年中对公司业绩的影响没有表现出滞后性、研究开发投入比重太低、不足以推动业绩的持续增长①。而邱东阳的研究结果表明科技、研究开发投入无明显的实施效果②。

第二节　企业研究开发及成果运用分析

一、研究开发系统及其组成单元

（一）研究开发系统

从系统的角度分析企业研究开发及其成果运用是一个有效的途径。

系统是现代科学技术中的一个基本概念。贝塔朗菲认为，系统可以定义为相互作用着的若干要素的复合体③。钱学森认为，系统是由相互作用和相互依赖的若干组成部分结合而成的、具有特定功能的有机整体，而且这个有机整体又是它从属的更大系统的组成部分④。根据这一已经被广泛接受的概念，系统至少具有三个特征：（1）整体性。系统是由各个组成部分（要素）结合而成的有机整体。（2）关联性。系统的各要素是

---

① 程宏伟，张永海，常勇：《公司 R&D 投入与业绩相关性的实证研究》，《科学管理研究》，2006（3）。

② 邱东阳：《上市公司科技、R&D 投入与业绩的实证研究》，重庆大学硕士论文，2002（5）。

③ ［加］冯·贝塔朗菲：《一般系统论》，51 页，林义康，译，北京，清华大学出版社，1987。

④ 钱学森：《论系统工程》，10 页，长沙，湖南科学技术出版社，1982。

按一定方式或要求结合而成的，要素之间有着密切的联系，并共同完成系统应达到的目的或功能。(3) 目的性。任何一个系统的运行都是一种有组织、有目的的行动，都有其特定的功能要求，特别是那些人类设计或改造而成的系统。此外，系统还有动态性、层次性、环境适应性等特征。

系统又是一个相对、开放的概念，子系统又是它从属的更大系统的组成部分。换言之，系统有它的边界，边界之外的与系统相关的一切要素是这个系统的外部环境。如果把一家企业视为一个系统，那么企业内部的生产、财务、市场、研究开发等部门就是该企业的子系统；如果把企业内的研究开发部门视为一个系统，那么各个研究开发团队或研究开发项目就是研究开发部门的子系统。同时，任何一个系统都是在一定的环境下存在和发展变化的，系统与环境之间有着信息、物质、能量的交换。环境对系统的影响和作用成为系统的输入，系统对环境的影响和作用成为系统的输出。

可以把企业内部的研究开发活动和项目都视为一个系统，这个系统有它的目标、要素和结构、运行过程，而研究开发成员或个人是这个系统最基本的组成要素，研究开发项目或团队是这个系统的基本组织形式。Mark G. Brown & Raynold A. Svenson 在 1988 年提出了著名的研究开发系统模型——B-S 模型，包括 5 个阶段：投入 (input)、过程或程序系统 (processes system)、产出 (output)、接收系统 (receiving system) 和结果 (outcomes)，如图 4-1 所示①。

显然，B-S 模型不仅包括了从提出研究开发创意、制订研究开发计划到获得研究开发成果的研究开发诸环节（输入、过

---

① Mark G. Brown and Raynold A. Svenson, Measuring R&D Productivity, *Research Technology Management*, 1988, 31, pp. 11-15.

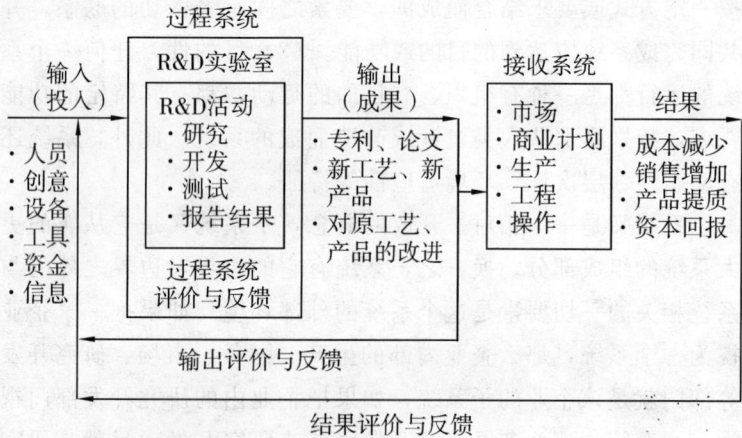

图 4-1　企业研究开发与成果运用系统

程系统和输出，以及过程系统评价与反馈和输出评价与反馈），而且纳入了研究开发成果在企业内部的生产运用、在企业外部的市场营销等环节（接收系统、结果，以及结果评价与反馈），这实际上是超出了研究开发范围的技术创新系统的概念，此处暂且称之为研究开发与成果运用系统。

（二）研究开发系统的组成单元

从系统的角度看，可以将一个研究开发项目分解为输入（投入）、内部过程、输出（成果、产出）三个环节。按照 B-S 模型，研究开发系统由 8 个单元（环节）组成：投入，内部过程系统，内部过程评价与反馈，输出（成果），输出评价与反馈，接收系统，结果，结果评价与反馈。

1. 研究开发投入（输入）。研究开发投入主要包括人员、创意、设备、工具、资金、信息等。除创意、信息外，其余都可以用货币资金直接衡量，具体表现为研究开发支出（费用）。当然，创意、信息也是投入一定资金的结果，也可以折算成资金或费用。在企业研究开发资源有限的情况下，企业研究开发必须要在研究开发战略指导下，进行科学、合理的资源配置，才会产生"1＋1＞2"的效果。

2. 研究开发过程系统，又称为处理系统、研究开发项目实施系统。研究开发过程系统也就是研究开发的实施过程，包括：①研究，主要指基础研究与应用研究。基础研究是探索自然界的物质变动变化规律的研究，是发展新技术、新产品的理论基础；应用研究是为了某种实用目的，运用基础研究的成果，开辟新的科学技术途径的研究，企业中进行的大部分是应用研究；②开发是运用研究成果，寻求明确具体的技术发展的研究；③测试，开发出来的新产品、新工艺要进行测试或中间试验，以便发现其中的缺陷，及时进行纠正和完善；④内部过程的评价（测度）与反馈，研究人员应随时对所研究与开发的结果进行测算、评价并加以反馈。

3. 研究开发成果，又称为研究开发的输出或产出。企业研究开发成果反映了其活动的结果，主要表现为：获得专利权，发表论文，开发出新产品、新工艺，对原有的工艺、产品进行了改进等。其中，专利数是衡量企业研究开发成果的比较有效的指标[1]。在企业研究开发投入总量一定的情况下，研究开发产出的高低取决于对研究开发部门的管理，对研究开发人员的绩效评价和激励约束的制度和管理。

4. 接收系统，也就是研究开发成果的生产运用过程。对于企业来说，获得专利权、开发出新工艺、新产品并不是最终目的，其目的是将这些成果运用于企业生产过程，提高企业的经济效益，因此，必须有下一步的生产和市场转换过程。企业接收系统的职能是把研究开发产出的专利、工艺、产品等付诸于

---

① 古利平等：《专利与 R&D 资源：中国创新的投入产出分析》，载《管理工程学报》，2006（1）。

企业的生产制造和市场销售，以获取经济效益。企业研究开发产品向经济效益的转化并不是个简单的过程。这个过程涉及企业研究开发部门和其他部门（如营销部门）在企业总体目标下的互动关系，企业应建立面向市场的研究开发子系统和其他子系统之间的有效界面和运作程序，在研究开发过程中，这些部门的交互作用与和谐关系对研究开发成功与否影响巨大，其重要性甚至远大于各部门本身的职能执行情况对研究开发的影响。

影响企业研究开发子系统和其他子系统之间的有效界面管理和协调运行的主要因素是企业的组织方式、企业文化等因素①。在组织方式上，应使各部门有效沟通、加强合作，使创新过程的各个环节服务于企业的整体战略。由一定比例的生产部门、营销部门、研究开发部门人员组成研究开发团队，就是一种打破部门界面，完善部门之间交流与沟通的方式。不同的企业文化对部门在创新过程中的界面连接所起的影响是截然不同的。鼓励创新、容忍失败、奖惩公平的企业文化有利于提高探索的积极性，也有利于员工之间的友好合作。

5. 研究开发结果。企业的研究开发成果经过接受系统转化后，进入市场，满足市场需求，产生了经济效益与社会效益。例如因为新产品的技术含量、性能提高，使价格上升；或由于新工艺、新设备的采用，使企业生产、销售成本下降；或因为产品性能改进，使得销量增加，这些都为企业和社会创造了效益，这一环节又称为研究开发成果运用。

如上所述，B-S 模型的前 5 个单元是研究开发过程，后 3 个单元是研究开发成果的运用过程。经过以上环节，企业对研

---

① 华锦阳等：《企业创新过程中的界面问题成因探析》，载《科研管理》，2000（4）。

究开发的投入最终获得了收益。

二、研究开发成果运用的风险与收益

显然，投入资源开展研究开发到最终获得投资收益并不是瞬间完成、一帆风顺的过程，企业研究开发可能获得高收益，也经常面临着风险和不确定性、外部性等问题，研究开发投资经常遭到失败。本节在第三章分析的基础上，侧重分析研究开发成果运用中的风险和收益问题。

（一）研究开发成果运用的风险类型

技术进步的历史表明，从一个科学技术上的最初突破到最终产生新产品和新工艺、满足社会需求之间存在着一个漫长的过程，这一过程包括试生产、标准、计量、质量、工艺、设备、营销、服务、评价、改进提高等环节，几乎每一个环节都有失败的风险。1903 年莱特兄弟送上天的飞机实际上只是一个"会飞的自行车"，直到 1936 年 DC-3 的出现，飞机才成为可靠的商业航空工具；而今天的喷气客机与 DC-3 之间的性能差距又是巨大的。1947 年半导体晶体管刚刚被贝尔实验室发明出来时，《纽约时报》仅仅在内页登了一条小消息，称它也许可以用来为聋哑人发展更好的助听器，然而半导体技术在后来 50 年间的巨大发展使其成为席卷全球的信息革命的技术基础。因此，即使通过研究开发获得了成果且获得了法律承认，但受企业决策、市场需求、市场竞争、环境变化、政策调整等因素的影响，这些成果也可能丧失技术开发、经济运用上的价值。创新不只是单纯的科学、技术行为，更是市场、社会行为，必须把科学技术上的创造和市场化、社会化结合起来。这方面成功的永远是少数，而失败的例子不胜枚举。

研究开发成果运用上的风险大致分为技术风险、市场风险和政策风险三大类。其中，技术风险是指因研究开发成果特性而导致的风险；市场风险是指研究开发成果在社会经济运用中面临的风险，包括生产应用、传播扩散、市场销售、售后服务等环节中的风险；政策风险是指因制度变迁、政策调整等引起的风险。

1. 因技术的性质和缺陷而导致的技术风险是研究开发成果运用上的首个风险。它可能包括：（1）成果本身的不成熟。有些研究设想和成果最初看来是可行的，然而，一旦实施就会发现许多技术问题还没有或无法解决，甚至新技术与原有技术之间存在的多种矛盾冲突，导致新技术无法运用。这就需要对技术成果进行较大的改进，甚至进行再发明，进行中间试验，而企业又可能没有这方面的研究开发能力，导致创新项目不得不半途而废。据统计，研究开发的实验室样品阶段的成功率一般低于 25％；中间试验阶段的成功率为 25％～50％。（2）辅助性成果的缺乏。有些成果本身没有什么问题，然而它的成功实施还取决于一些其他辅助性成果，而有些互补性、辅助性的成果可能是无法得到的。一项新技术从科学原理到完全应用于生产，中间要经历多个环节。在实际的转化中，可能会由于关键技术预料不足，相关技术不配套等原因而影响新技术的适用性、先进性、完整性、可行性和可靠性。（3）研究开发的方向和内容偏离了生产和市场发展的需要。技术和市场发展变化迅速，激烈竞争，研究开发机构不能确定未来技术、生产和市场的发展方向，导致研究开发成果推出之日，可能也是过时或无用之时。（4）竞争性、替代性的新技术是研究开发成果运用中的另一种风险因素。对于一种产品或服务，生产提供的技术方法可能不止一种，而是多种。研究开发项目需要一定的实施时间，当项目正在进行或完成时，也许另一项成本更低、功能更好的技术或产品出现了，导致这项新技术变得过时或无用，从而遭到淘汰。

因此，研究开发从实验室的成果到生产应用必须经过中间试验、试生产等环节，以解决一系列的生产技术问题，然后才能投入批量生产。正因为大量的问题必须在研究开发成果的实际应用过程中才能够被发现并得到解决，所以能够更好适应市场竞争的企业成为研究开发的主要力量，研究开发的人员和投资主要投入到了应用研究、试验发展和研究开发成果的产业化、市场化过程上，如美国三分之二的研究开发投资是花在产品设计、试验、再设计以及对制造工艺的改进上，而不是花在基础和应用科学上。

2. 因市场的不确定性而导致的市场风险是研究开发成果运用上的第二个风险。从研究开发成果、工业产品到交换到用户之手还要经过市场调查、市场销售、售后服务，以解决一系列的市场问题。研究与开发成果是否能顺利实现商品化，对企业未来的成本降低、利润增长、市场扩张等能够起到多大数量、多少时间和空间的作用，这些都具有不确定性。显然，消费者偏好、市场接受能力、市场接受时间、新产品扩散速度以及政府有关产品标准和政策变化等方面的不确定性都将影响产品的商品化，市场销售的诸多环节和因素都有可能造成产品销售出现困难，甚至失败。

以肖克莱为例。肖克莱 1910 年生于英国伦敦，在麻省理工学院（MIT）获固体物理学博士学位后留校任教，不久到了贝尔实验室。第二次世界大战结束后，贝尔实验室开始研制新一代的电子管，具体工作由肖克莱负责。1947 年，肖克莱与两位同事发明了点接晶体管放大器，这就是后来引发一场电子革命的晶体管，被媒体和科学界称为 20 世纪最伟大的发明之一，他们三人因此荣获 1956 年度的诺贝尔物理学奖。1948 年，肖克莱等人申请了发明晶体管的专利。1955 年，高纯硅的工业提炼技术已成熟，用硅晶片生产的晶体管收音机也问世了，晶体管的商业应用正开始展现无限的应用前景。肖克莱不满足于眼下的发明，他更想将这项发明商品化，推向市场，他于1955年回到老家圣克拉拉谷，在硅谷了望山建立了肖克莱实验室股份有限公司。作为一名慧眼识英才的伯乐，肖克莱聘用了8位年龄都在30岁以下的优秀人才，目标是生产5分钱一只的晶体管（这个价格到1980年还无法达到）。但是，公司在晶体管的研究制造上几乎一事无成，8个人1957年递上辞职书，这些离开的人后来创办了仙童、英特尔等公司。1960年，肖克莱将实验室卖给了克莱维特实验室，1963年正式离开自己创办的半导体公司。显然，肖克莱虽然是科学研究上的天才，但因不谙熟企业管理和市场营销而导致了经营上的失败。

以美国铱星公司的铱星系统为例。美国铱星公司的铱星系统是由66颗低地轨道卫星组成的移动通信网络，使用户能够在全球任何区域之间通电话，而不必担心地方蜂窝电话系统互不兼容。作为世界上第一家创立全球卫星电话网（铱星系统）的公司，美国《大众科学》将其列为年度百项最佳科技成果之一。美国铱星公司作为卫星移动通信业的开拓者，曾耗资50亿美元、花费12年的时间用于技术开发。但铱星系统从1998年11月投放市场以来，由于手机和服务费用昂贵等原因，公司客户一直稀少，到1999年8月初也只有2万用户，而要实现盈利则至少需要有65万个用户。在无法按期偿还巨额债务的情况下，2000年3月18日，铱星公司被迫向法院申请破产保护。美国铱星公司破产的重要原因不是技术上的缺陷，而是市场上的不足，它忽视了市场需求的变化，没有充分认识到普通移动电话的竞争威胁。

比较而言，比尔·盖茨不是伟大的技术发明者，使他成为世界首富的视窗系统也并不是他的发明，但他以强大的营销手段占领了市场，把此项技术的发明者苹果公司远远抛在了后面。而著名的戴尔公司也不以技术见长，它没有自己的制造产品零部件企业，但在市场与顾客需求、零部件的配套企业的整合与创新上表现出的极强的能力是其获得成功的重要原因。

3. 研究开发成果因其无形性和消费上的非竞争性、非排他性，容易在公示、传播、扩散等环节脱离权利人的控制，出现泄密、模仿、盗用等损害权利人利益的问题，致使研究开发者不能独享投资的收益，这些因制度、政策因素而出现的风险是研究开发成果运用中的第三个风险。知识的力量不仅取决于其自身的价值，更取决于它是否被传播以及被传播的深度与广度。知识的转移、扩散是指研究开发成果通过跨越时空的交流传播，把知识从其拥有者传递到接收者，使不同的个体间实现知识共享的过程。知识扩散具有激励性（激发人们的求知欲望）、教育性（培养人们的科学思想、科技道德，使人们掌握各种生存技能，增强与自然协调共存的能力）和增值性（知识的扩散能补充、创新原有知识）等特点。研究表明，在国家创新系统中，存在着5种主要的知识扩散活动：（1）企业之间的技术合作。企业间进行技术合作既能够获得技术资源，取得规模经济效益，通过人才和技术的互补发挥协同作用，又能够推动、激励企业竞争。（2）公共研究部门与企业之间的知识扩散。（3）技术扩散。通过新设备、新机器的技术扩散是知识扩散的传统方式。（4）人员流动。人员及其携带的知识（意会知识）的流动是创新系统中的一种关键的知识扩散。（5）国际知识扩散。随着经济全球化和企业国际化，知识扩散日益国际化，这包括从国外获得技术，购买外国专利和许可，不同国家企业之间的技术合作，外国直接投资和国际合作发表等。

知识因扩散而推动了社会经济发展。如前所述，研究开发成果具有无形性，成果运用上存在外部性，研究开发成果具有准公共物品的特征。显然，如果研究开发全部投资由企业承担，企业研究开发一旦获得成功，其他企业包括竞争对手就会千方百计地获取有关研究开发的信息资料，并将其应用于生产经营活动中，这样研究开发收益就不可避免地会从研究开发企业向非研究开发企业溢出，因此研究开发企业不能享有研究开发投资的全部收益，企业收益率低于社会收益率。至于研究开发企业最终能够获取多大比例的研究开发收益，则是高度不确定的。由于不同类型的研究开发成果外部性不同，企业一般不愿意承担风险更高的基础性研究、独创性的研究开发项目，而把研究开发集中在防守性的模仿创新、产品变化和工艺创新上，这就可能导致对研究开发的资源投入数量不足，资源配置效率不高。

研究开发不是在封闭、不变的环境中进行的，而是在一定的制度和政策背景下进行的。研究开发的制度和政策环境主要由政府行为和公众偏好组成，而政府行为和公众偏好也存在一定程度的不确定性，这使企业的研究开发也面临制度和政策不确定性的风险。20 世纪 70 年代世界性石油危机爆发后，许多国家政府制定、实施了一些限制石油消费、提高能源效率的政策，鼓励开发新能源。受其影响，能源、化工、汽车等行业进行了战略调整，如汽车企业的研究开发方向转向开发轻型低耗的节能型汽车，一些新能源工业得到了迅速的发展。我国是制度变革、政策调整频繁的国家，产业、财政税收、贸易、投资等方面的政策取向都影响着研究开发活动。

与发达国家相比，我国在研究开发成果运用上存在着创新性不足、产业化不高的突出问题。对于科研院所、高等学校等事业型的研究开发机构，他们往往为项目而研究，为评奖而研究，而不是为了科学技术发展、社会经济需要而研究，许多研究开发成果停留在发表论文、申请专利、参加评比、制造样品的层次上，缺乏将研究开发成果社会化、市场化的足够的动力和压力。对于内资企业的研究开发机构，他们有研究开发的经济动机，但企业研究开发的激励机制不健全，能力不足，层次不高，创新性不强，而知识成果流失严重。在 2007 年 4 月"中国保护知识产权高层论坛"上，国资委副主任黄淑和表示，国内申请专利的企业仅占 1％，只有万分之三的企业拥有自主知识产权。在 2006 年申请发明专利的前 50 名企业中，只有华为等 4 家国内企业，其余绝大部分是外资在中国建立的独资或合资企业，国内企业普遍缺乏自主知识产权。调查还显示，34.9％的企业未建立对职务专利发明人的奖励制度，72.7％的企业未建立对人才流动造成知识产权流失的管理制度。同时，多数企业知识产权应用能力较弱，企业知识产权商品化、产业化进展缓慢，品牌创建能力不足，许可证贸易开展少，知识产权资本化运作多数处于空白，超过一半以上的企业专利实施率低于 30％①。我国企业申请的专利中 80％左右是外观设计和实用新型，而不是发明专利。相反，来自国外的专利申请中，发明专利占 86.6％；我国高科技领域中的发明专利，绝大多数来自国外②。

　　近年来，交通、出版、新闻、通信等领域的技术进步和行业发展，不断降低了思想、知识的传播、扩散的成本，提高了思想、知识的传播、扩散速度，互联网技术更是极大促进了思想、知识的传播，促进了全社会的知识生产。不过，这也加快了研究开发成果被他人无偿学习使用的速度，扩大了研究开发成果被他人无偿学习使用的范围。

―――――――――

　　①　陈筱红：《我国仅 1％企业申请专利 多数被外资企业申请》，载《北京青年报》，2007-04-26。

　　②　叶静：《专利申请落入数字陷阱？》，载《中国经济周刊》，2006-07-30。

（二）研究开发收益的滞后性和非对应性

由于从研究开发的决策、决策实施到成果运用上存在着高度的风险性和显著的外部性，研究开发投入的收益在当期内往往显现不出来，具有显著的潜在性和滞后性。从实践上看，研究开发要经历一个内部转化过程才有可能产出专利、新工艺或新产品，并通过生产系统制造出产品，然后经过企业营销系统从市场上得到回报，这一过程有可能经过几年、几十年甚至更长的时间。因此，企业在进行研究开发的绩效评价和激励管理时必须考虑研究开发收益的潜在性、滞后性问题。

研究开发的投资与收益之间还具有非对应性或非线性的特征。研究开发活动对产品的质量及成本的影响非常大，但由于受有限的市场空间、阶段性的技术极限及竞争企业间博弈以及消费者偏好等因素的影响，企业研究开发的投入与产出之间往往呈现非线性的特征，对应性比较差，也就是说，高额的投入并不一定能带来期望的高产出，当研究开发投入达到一定程度后，随着研究开发投入的增加，其增长率会渐趋于一个常数。因此，在对企业研究开发绩效进行评价时，很多时候很难将研究开发的成果直接归属到特定的产品，采用传统的财务绩效指标，很难直接评估研究开发人员对企业获利的贡献，而必须将大量的非财务指标应用于研究开发的绩效评价。

综上分析，由于研究开发具有投资上的风险性，成果上的无形性，成果运用上的外部性和风险性等特征，意味着在研究开发的决策、投资、项目实施、研究开发成果管理和运用等方面存在着一系列难题，这些难题即使在企业的研究开发中也难以得到完全有效的解决，必须在研究开发的决策和投资方式、绩效评估、信息披露、激励约束等方面进行制度创新和有效管理。这还意味着单纯依靠个人、企业、市场的方式不能生产提供最优的研究开发成果，要求在知识生产与运用中建立一种能够有效规避风险的分摊机制，有效降低交易成本的合同安排，要求社会经济体系中的各个要素、各相关经济主体、各合同组织之间的有机协调、配套以及紧密合作，充分发挥系统效应，政府需要制定和实施相关的研究开发公共政策。Freeman (1987)、Lundavall (1992)、Nelson (1993) 等人由此提出了国家创新系统理论。同时，知识的生产、传播、扩散、运用与检验也必须依托于一个相对完善的经济体系。

（三）研究开发绩效与企业绩效

从上可知，研究开发如果不是企业的全部活动，只是企业的部分活动，那么研究开发收益只是企业的绩效或收益的一部分，企业绩效还包括得自其他投资的收益，研究开发的绩效和企业的绩效一般并不是相同的概念。为了分析研究开发的效率，就必须将研究开发绩效与企业绩效区别开来。

研究开发绩效或收益是指来自研究开发投资的收益，包括研究开发成果在企业生产经营中运用而获得的收益和企业转让研究开发成果而获得的收益；由于研究开发及其成果运用还具有外部性，因此企业获得的只是研究开发收益的一部分即研究开发的私人收益，另一部分为其他人或企业无偿获得，企业得自研究开发的私人收益加上其他人或企业无偿获得的研究开发收益之和就是研究开发的社会收益。显然，研究开发成果在运用上的外部性，致使得自研究开发的社会收益率（全部收益的比率）大于投资者得到的私人收益率。

如果企业对研究开发活动单独管理和核算，那么还可能计算研究开发的成本和收入。然而，研究开发从立项决策、项目投入、项目实施到成果运用往往与企业的其他活动不可分离，何况研究开发及其成果运用还具有一定的非竞争和非排他性、外部性，研究开发收益具有长期性、潜在性、滞后性和非对应性，难以准确地区分和计算研究开发的成本、收入，从企业收益中区别研究开发收益并不是一件容易的事情。从实践上看，企业公布的研究开发支出或投入一般只是实际支出的一部分，同时企业很少公布得自研究开发的收入。因此，尽管可以定性分析研究开发成果、研究开发收益和企业收益，但很难进行定量分析，即使分析的话也主要分析研究开发支出与企业绩效的相关性。

三、研究开发与高技术产业发展

(一) 高技术产业的概念

研究开发的成果是知识、技术上的创新，知识、技术的创新虽然并不全部运用于社会经济活动，但技术进步、经济增长、社会发展的知识来源主要来自研究开发活动，研究开发成果在产业上的高密度运用就是高技术产业。高新技术产业通常是指那些以高新技术为基础，从事一种或多种高新技术及其产品的研究、开发、生产和技术服务的企业集合，这种产业所拥有的关键技术往往开发难度很大，但一旦开发成功，却具有高于一般的经济效益和社会效益。高科技行业是研究开发、知识创新的高度集中领域，出现了风险投资、人力资本股、创业股、创意股等新现象。对高科技企业的研究，主要着眼于知识生产、知识产品和人力资本定价问题。

第二次世界大战以后，出现了一些对人类生活产生很大影响的技术，如核裂变反应堆技术、半导体技术和第一代计算机技术等，被称为"新技术"，随之提出了"新技术革命"。这些技术和科学基本上还是分离的，而半导体技术等已开始了科学和技术融合的萌芽。直至 20 世纪 60 年代，"科学"和"技术"还是两个概念。到了 70 年代，又一批新技术的涌现使得科学与技术之间的原有界限已不再明确地存在，这批新技术到了 80 年代被称为"高技术"。由于这些技术具有科学和技术融合的特性，又被称为"高科技"①。人们一般认为，高技术（high-technology）一词源于 20 世纪 60 年代的美国。到了 70 年代，高技术的用语逐渐增多，主要指一大批新型技术产品和引发出来的一些变革。1981 年，美国出现了以"高技术"命名的月刊。1983 年，"高技术"一词被收入美国出版的《韦氏第三版新国际辞典增补 9000 词》。

与以前的科学相比，高科技具有明显不同的特点：（1）与以前的数学、物理、化学、天文、地理和生物等科学不同，高科技的分类不再以探索系统知识为标准，而以追求效用为标准。如信息科学就是要加大、加快信息的存储、处理和传输，光电子学、大规模集成电路和计算机科学就都是为这一目的服务的。新材料科学就是要获得新材料。海洋科学就是以整个海洋为对象的综合学科，包括了一系列新科学技术。这种变化给我们的科研带来了变革，如包括社会科学在内的多学科综合研究就已经成为现代的研究方式。（2）和以前的技术不同，从科学到技术的周期大大缩短。如从 1831 年发现发电机原理到 1872 年发明发电机，用了 41 年的时间，跨了两代人，无法在一个人手中实现；而从 1974 年提出无线移动通信的原理，到 1978 年出现手提电话只用了 4 年时间，完全可以在一个人手中实现。由于高科技具有在短期内直接实现产业化的特性，目前高技术产业化已成为时代的浪潮。实现高技术产业化，首先要明确高技术产业化的实质。

高科技不仅有别于以前的科学，也与传统技术有明显的不同：（1）传统工业技术发明的指导思想都是尽可能多地利用自然资源，以获取最大利润，不考虑或极少考虑环境效益、生态

---

① 吴季松：《高技术、高技术产业化、知识经济的历史与现状》，载《人民日报》，1998-02-28。

效益和社会效益。建筑在自然资源取之不尽，环境容量用之不竭的基础上，甚至以向自然掠夺为目的，这不能不说是技术与科学分离的悲剧。而高技术产生在多种自然资源几近耗竭，环境危机日益加剧的时代，又把科学与技术融为一体，反映了人类对自然界与人类社会的科学而全面的认识。因此，高技术的指导思想是科学、合理、综合、高效地利用现有资源，同时开发尚未利用的富有自然资源来取代已近耗竭的稀缺自然资源。如信息科学技术的软件，生命科学技术的基因工程对资源的耗费与传统技术不可同日而语。所以，符合上述指导思想开发的产业就是高技术产业，反之则不是高技术产业。(2) 传统工业技术需要大量资金、设备，有形资产起决定性作用，而高技术产业则需要知识、智力，无形资产的投入起决定性作用。当然高科技产业也需要资金投入，甚至是风险资金投入，但是如果没有更多的信息、知识和智力的投入，它就不是高技术企业。目前美国许多高技术企业的无形资产已超过了总资产的60%。(3) 高技术产业较之钢铁、机械和纺织等产业的另一显著不同就是，产业技术领域十分广阔。仅以信息科学技术为例，任何国家都不可能在计算机技术、微电子技术、芯片技术、大规模集成电路技术、光电子技术、光纤技术、激光技术、网络技术和软件技术以及层出不穷的高新技术中全面领先，任何一个国家都可以充分利用自己的智力资源，有所为，有所不为，占一席之地。

由于科技进步日渐成为经济发展的决定性因素，国际竞争已成为以经济为基础，以科技特别是高科技为先导的综合国力的竞争，因而自20世纪70年代初以来对未来经济出现了多种说法，先是托夫勒1970年在《第三次浪潮》中指出的"后工业经济"，后是奈斯比特1982年在《大趋势》中提出的"信息经济"，再是英国福莱斯特1986年在《高技术社会》中提出的

"高技术经济"，1996 年经济合作与发展组织明确定义了"以知识为基础的经济"。1997 年 2 月当时的美国总统克林顿又采用了联合国研究机构以前提出的知识经济的说法。这些令人眼花缭乱的名词实际上是在逐步建立一个日渐清晰的概念，即人类正在步入一个以知识（或智力）资源的占有、配置、生产、使用（消费）为最重要因素的经济时代，简而言之就是"科学技术是第一生产力"的时代。

目前，国内外所谓的高技术产业主要是基于自然科学技术角度进行高技术产业的研究和统计，高技术产业主要分布在第二产业。比较而言，对人文社会科学成果在产业上的运用缺乏应有的研究和统计，事实上，第三产业的法律、会计、管理与市场咨询等服务行业广泛运用了人文社会科学的研究成果。

（二）高技术产业的统计和研究

对高新技术产业范围的界定，是研究高新技术产业各种问题包括政策问题的基础。本章第三节将研究电子信息企业的研究开发强度与企业绩效的相关性问题。从各国情况看，电子信息行业因其研究开发投入上的较高强度，一般被划入高技术产业的范围，并受到了企业和政府投资的青睐。由于高技术、高技术产业是一个发展着的相对概念，加之由于人们所处的社会背景和所持的理论框架不尽相同，因此不同时期、不同国家在认识高技术、高技术产业上也不尽一致。随着高技术产业的发展，如何界定和统计高技术产业的重要性日趋显著。

如何界定和统计高技术和高技术产业？经济合作与发展组织和美、英、意、加等国家的政府部门及科研机构都在高技术产业界定方面陆续做了大量工作。高技术产业一词目前国际上还没有统一的、公认的定义和界定范围，但至少以下三点是相似的：（1）所采用的定量指标相类似。一般采用以下三个指标作为界定高技术产业或产品的依据：研究开发强度（密集度），如研究开发经费支出占制造业总产出（按增加值计算）或总销售额的比重；科技人员或熟练工人比重，如从事研究开发人员占职工总数的比重；产品可见的技术复杂程度，如产品的技术水平、产品生产的设备、工艺水平等。通常，用上述一个或几个指标的组合作为界定和划分高技术产业或产品类别的标准。（2）高技术产业核心内容相对集中，即有一定的类聚性，各种界定都包括航空航天、电子及通信、办公设备及计算机、医药等制造行业。（3）一般把那些知识、技术密集度高，发展速度快，具有高附加值和高效益，并具有一定市场规模和对相关产业产生较大波及效果等特征的产业称为高技术产业。在具体实践中，许多国家将微电子、光电子、电气设备、航空航天、武器制造、精细化工、新材料、生物工程等产业界定为高技术产业。如《欧盟科学技术指标报告（1994）》把有很高的经济增长率和国际竞争能力，有较大的就业潜力，同时研究开发投入高于所有部门平均水平的航空航天制造业、化工产品制造业、医药品制造业、电器设备制造业、电子设备制造业、数字处理和办公设备制造业、汽车及零件制造业、科学仪器制造业八大产业作为技术密集型或先导型产业。

（三）高技术产业的界定方法

目前，国际上一般采用技术密集度（研究开发经费强度或研究开发人力强度）等作为确定高技术产业的基本依据。如经济合作与发展组织认为，高技术产业具有以下五个特征：研究开发投入强度大；对政府具有战略意义；产品和工艺老化快；资本投入大、风险高；研究开发成果及其国际贸易具有高度国际合作与竞争性。美国学者 R·纳尔逊《高技术政策的五国比较》认为：所谓高技术产业，是指那些以大量投入研究与开发资金，以及迅速的技术进步为标志的产业。国外对于高技术经济的统计主要有两种方法：（1）产品界定方法，即基于产品的方式（products-based method），划分产业（行业）高技术产品类别。（2）产业界定方法，即基于产业的方式（industry-based method），界定高技术产业（行业）。代表性的有经济合作与发展组织的方法，这也是在国际比较中广泛采用的高技术产业统计方法。

基于产品的界定方法，其优势在于将非高技术产品排除在外。同时，它为贸易和政策分析提供了更为详细的信息。但是，由于目前尚未形成一套产品分类的国际标准，这种方法只能依据国际贸易中使用的以产品为基础分类的《海关统计商品目录》进行，因此，对高技术产品的分类主要在分析高技术产品的国际竞争力中使用。界定什么是高技术产品有多种方法，应用比较广泛的是美国商务部制定的高技术产品分类。

1971 年，美国商务部依据某类产品销售额中研究开发支出的比重和科学家与工程师、技术工人占全部职工的比重均大于10％为标准，结合本国的《工业标准分类（SIC）》确定了高技术产品目录，该分类方法称为 DOC1。1977 年，由于《国际标准贸易分类（SITC）》的出现，美国为分析技术创新对国际贸易产生的影响，在 DOC1 的基础上，进一步完善、改进了原有的高技术产品目录，称为 DOC2。1982 年，美国在高技术产品分类方法上的研究进一步深入，提出确定高技术产品不仅要依据最终产品用于研究开发经费的多少，同时还要考虑中间产品所支出的研究开发经费。据此确定了 10 大类产品为高技术产品，称为 DOC3。进入 20 世纪 90 年代，随着美国商务部所使用的国际贸易分类的变化，目前高技术产品的分类从原来以《国际标准贸易分类（SITC）》为基础，改为以海关合作理事会制定的《商品名称及编码制度（HS）》为基础的进出口商品统计分类。并在以往基础上，增加了定性分析，对高技术产品进一步筛选，把满足以下两个条件的产品定义为高技术产品：一是产品的主导技术必须属于所确定的高技术领域；二是产品的主导技术必须包括高技术领域中处于技术前沿的工艺或技术突破。据此确定了 10 大高技术领域，并根据 HS 前 6 位代码，确定了 222 类高技术产品。其 10 大高技术领域为：生物技术、生命科学技术、光电技术、计算机及通信技术、电子技术、计算机集成制造技术、材料设计技术、航天技术、武器技术、核技术。

基于产业的界定方法，是从产业层次入手，试图从宏观上反映高技术产业的规模和结构。1982 年，美国商务部以各产业研究开发经费支出占工业增加值的比重，以及科学家与工程师、工程技术人员占整个产业职工数的比重，来界定高技术产业。据此，化工产品制造业、非电气机械制造业、电气机械制造业（包括电子设备）、运输设备制造业（包括导弹、火箭）和仪器、仪表制造业共 5 大产业归属于高技术产业。

1986 年，经济合作与发展组织根据联合国制定的国际标准产业分类（ISIC），选择 22 个制造业行业，依据 13 个比较典型的成员国 1979～1981 年间有关数据，通过加权方法（权重采用每个国家产值在总产值中所占份额的数值）计算了这些行业的研究开发经费强度。在此基础上，用研究开发经费强度（研究开发经费占产值的比重）作为界定高技术产业的标准，将研究开发经费强度明显高于其他产业的 6 类产业（航空航天制造业、计算机及办公设备制造业、电子及通信设备制造业、医药制造业、专用科学仪器设备制造业和电气机械及设备制造业）定义为高技术产业。

随着经济发展中知识和技术因素的急剧增长，各类产业的研究开发经费强度发生了重大变化。1994 年，经济合作与发展组织将研究开发强度的数据和计算方法做了进一步调整。(1) 不仅考虑了直接研究开发经费，还考虑了间接研究开发经费，选用研究开发总经费（直接研究开发经费＋间接研究开发经费）占总产值比重、直接研究开发经费占总产值比重和直接研究开发经费占增加值比重三个指标来定义高技术产业。（2）经济合作与发展组织根据 10 个更为典型的成员国 1973～1992 年的数据，逐年计算了 ISIC 中 22 个制造业部门的上述三项指标。（3）依据 1980 年和 1990 年的数据，将上述三项指标明显偏高的那些产业划分为高技术产业。根据定义和新的计算结果，经济合作与发展组织对高技术产业目录进行了调整，由原来的六分类变为四分类。即原来高技术产业群中的航空航天制造业、计算机及办公设备制造业、电子及通信设备制造业、医药制造业仍属于高技术产业，而专用科学仪器设备制造业和电气机械制造业则由于研究开发强度已不具备明显高于其他产业的特点，而被划归为中高技术产业。

国际标准产业分类第 3 版（ISIC-Rev. 3）颁布使用后，2001 年经济合作与发展组织依照新的国际标准产业分类重新确定了高技术产业新的分类标准，根据 13 个成员国 1991～1997 年间的平均研究开发经费强度（研究开发经费占产值和增加值的比重），将制造业中的航空航天制造业，医药制造业，计算机及办公设备制造业，无线电、电视及通信设备制造业，医疗、精密和光学科学仪器制造业这 5 类产业确定为高技术产业。

与基于产品的方法相比，经济合作与发展组织基于产业的方法是一种宏观和近似的方法。这种方法从制定战略和政策的大范围考虑问题，试图对某一高技术产业部门进行整体描述，关注的是高技术产业的整体规模和结构，而不考虑产业内部微观层次上的产品变化，其最大优势就在于简单明了，基础广泛，有利于国际比较，其提供的定义、分类和目录被国际社会广泛认同和采用，包括美国在内的几乎所有发达国家和联合国、世界银行都应用经济合作与发展组织的方法进行国际比较。不过，产业界定法具有产业排他性，产业内的企业不论是否生产高技术产品，都将成为高技术产业的组成部分而列入统计，而产业外从事高技术产品生产的企业却被排除在外。因此，这种方法既可能高估也可能低估高技术产业的规模。

（四）我国高技术产业及其统计和研究

我国有关专家学者从 20 世纪 80 年代开始对国外高技术产业发展动态进行了研究，引入了高技术、高技术产业的概念，如 1988 年开始实施的"863"计划中提及的"高技术产业"与发达国家高技术产业的一般概念相近，也是我国高技术产业的初始概念。

国家科委从 1988 年 7 月开始实施"火炬"计划，它与"863"计划的一个显著区别是将"高技术产业"延伸为"高技术、新技术产业"，将"高技术产品"变化为"高技术、新技术产品"。从此，舆论界出现了高技术产业与新技术产业相提并论的情况，高技术产业的概念也已由狭义的一般的高技术产业概念演变为广义的，包括一切新技术领域的高新技术产业概念，"高新技术"的概念也应运而生。这样，高新技术就包括两层含义：高技术是指在一定时间里水平较高、反映当时科技发展最高水平的技术；新技术是相对我国原有旧技术而言的，往往不是高技术，但它是填补国内空白的技术，适宜于工业化程度较低的发展中国家。1989 年，广东省率先在全国建立了高技术产品调查制度，随后江苏、北京、辽宁等省市都开展了基于产品的高新技术产业统计。

1990 年，科技部参照美国的分类方法，从《海关统计商品目录》中分离出高技术产品，并据此对我国的高技术产品进出口情况进行统计。根据世界科学技术的发展现状，考虑到我国的客观条件，科技部 1991 年确定了 11 个领域的新技术：微电子和电子信息技术，空间科学和航空航天技术，光电子和光机电一体化技术，生命科学和生物工程技术，材料科学和新材料技术，能源科学和新能源技术，生态科学和环境保护技术，地球科学和海洋工程技术，基本物质科学和辐射技术，医药科学和生物医学工程技术，其他在传统产业基础上应用的新工艺新技术。20 世纪 90 年代初，我国陆续批准了 53 个国家级高新技术产业开发区。

90 年代中期，科技部根据经济合作与发展组织六分类法，提出了与其高技术产业相对应的，由航空与航天器制造业、计算机与办公设备制造业、电子及通信设备制造业、医药制造业、仪器仪表制造业、电器设备制造业 6 大行业及 91 个小行业组成的高新技术产业统计方案。由于我国的高新技术产业尚处于发展初期，大多数产业仅从事高新技术产品的加工和装配，以研究、开发、生产为特征的产业格局尚未形成，研究开发投入与传统产业相比优势不明显。因此，我国在确定高新技术产业时，无法采用经济合作与发展组织的方法，用研究开发强度指标来界定高新技术产业，仅是对应经济合作与发展组织的分类，按照国民经济行业代码选出相应的行业。1998 年，科技部根据国际高技术产业统计的发展趋势，又提出了与经济合作与发展组织四分类法相对应的，由 4 大行业和 24 个小行业组成的高新技术产业统计方案。尽管四分类法是高新技术产业统计的发展方向，但受各种因素的影响，目前科技部仍采用六分类法进行统计。1999 年，科技部重新制定了《中国高新技术产品出口目录》。

2002 年 7 月，国家统计局印发《高技术产业统计分类目录的通知》，建立了我国高技术产业统计的国家标准。中国高技术产业的统计范围包括航天航空器制造业、电子及通信设备制造业、电子计算机及办公设备制造业、医药制造业和医疗设备及仪器仪表制造业等行业。按照国家发改委 2007 年公布的

《高技术产业发展"十一五"规划》,"十一五"期间,我国要大力发展包括电子信息产业、生物产业、航空航天产业、新材料产业、新能源产业、海洋产业等高技术制造业和以电信业、网络产业、数字内容产业等为代表的高技术服务业,要组织实施集成电路和软件产业、新一代移动通信、下一代互联网、数字音视频产业、先进计算、民用飞机产业、卫星产业、新材料产业、生物医药9大专项工程。

不过,我国政府部门目前界定和统计的是范围更广的高新技术和高新技术产业,而不是国际上通行的高技术和高技术产业。根据我国目前经济和科学技术发展状况,以及倡导科技成果转化成生产力的政策需求,有关部门将高技术扩展到高新技术,并进行相关的统计。比较而言,我国的高新技术概念更偏重于新技术,其范围是按照某些科学技术领域进行划定的,其产品统计的范围定为凡是与某些科学技术有关的产品均列为高新技术产品,也就是基于产品的形式对高新技术进行统计,将按照嫁接、引入新技术生产的,或通过购买的新设备、新机器所生产的新的最终产品均列为高新技术产品,而并不涉及这些产品的生产方式和中间产品的研究和生产。同时,许多地区按照各自的高技术产品目录统计,统计结果互不可比,水分很大。这样,在统计结果上,往往过高地估计了我国高技术的发展状况。

我国现行的科技统计调查制度是一个多主题的综合性科技活动调查制度,这和国外研究开发统计和技术创新专项统计调查制度有很大的区别。研究开发投入不是按全成本核算口径计量统计,研究开发活动的间接费用没有分摊到研究开发活动中去,使我国研究开发投入水平较实际发生明显偏低,很难采用一整套研究开发的年度系列数据对高技术进行评价。而且,将技术开发人员占职工总数的比例,技术开发经费占产品销售收入的比例，或将研究开发经费占产品销售收入的比例作为高技术的评价标准并不科学、适宜。因为技术开发是我国特有的计划经济体制下的科技统计概念，泛指以工业企业为主体的科技活动，包括企业内部研究开发活动，以及运用科技成果对已有产品、材料、技术方法、工艺流程和装置等进行技术上的重大改进的活动等，技术开发的含义比研究开发活动的含义大，统计范围广，其人员统计包括了大量的一般职工，经费统计包括了购买一般技术的费用，甚至包括购买机器设备的费用。按照这些统计标准进行高技术统计评价，带来了严重的统计上的高估①。相反，我国统计上的技术依存度又存在着低估现象。

对于我国高技术产业的发展状况和技术特征，我国学者也进行了分析比较。通过对我国制造业各小类行业技术密集度的计算，发现没有出现国外那种高技术产业按照技术密集度聚类的现象，也无法依据技术密集度在"高技术产业"与"非高技术产业"之间画出一条清晰的界线。从实际情况看，我国的计算机制造业、电子与通信产业等高技术行业中外资企业多，生产技术水平与国际水平较为接近，是人们理念中的高技术产业，但其技术密集度在国内并不处于较高水平，相反对外技术依存度较高，所谓的高技术产业依然处于低技术生产阶段。

（五）我国高技术产业的发展特征

如上所述，无论采取产品方法还是产业方法，高技术产业都意味着企业大规模、高强度投资于研究开发，技术创新和扩散成为企业和产业经济增长的主要因素。那么，我国从 20 世纪 80 年代开始研究和发展的高技术产业发展状况如何，研究

---

① 辽宁省科技厅科技统计分析中心：《中国高技术统计现状及面临的主要问题》，中国科技统计，2002（6）；李健民：《国外高技术产业统计状况和我国的高新技术产业统计》，辽宁科技统计信息网，2002-03-05。

开发、技术创新是否成为我国高技术产业增长的主要因素？

从取得、使用新知识、新技术的角度看，一个国家、一个企业可以采取自主研究开发和引进国外技术两种基本方式。以自主研究开发为技术主要获得形式的国家可视为技术自主型，以引进技术为主体的国家可视为对外技术依赖型，因此有了技术自主率和对外技术依存度的概念，同时在国家层面也提出了要衡量一个国家的技术自主率或对外技术依存度的要求。从目前的统计指标上看，通过研究开发经费与技术引进经费可以分别测度国家在两种技术获取方式中的投入程度，而两者之间的比例或者其中一项所占的比重可以作为衡量国家的技术自主率或对外技术依存度的指标。基于此，经济合作与发展组织使用了研究开发经费与国际技术转让支出费用（即技术引进经费）的比例作为测度各成员国对外技术依赖程度的指标，该比例大于1则说明该国的技术以自主研究开发为主，比例越高技术自主率越高，对外技术的依存度越低。以2003年统计数据为例，大部分发达国家的比例达到3，其中日本达到28，美国为15。

我国在分析国家对外技术依存度时，通常采取的计算公式是：技术依存度（％）＝技术引进经费／（研究开发经费＋技术引进经费－技术出口经费）。由于目前我国没有技术出口经费的统计数据，且在我国的技术出口量很少，所以在测度公式中将技术出口经费忽略为零，公式简化为：技术依存度（％）＝技术引进经费／（研究开发经费＋技术引进经费）。这样，通过计算技术引进占全部技术获取的比重，就可以反映国家的对外技术依赖程度，比重超过50％说明国家对外技术依赖程度较高。类似地，通过计算企业的相关数据，也可以反映企业的对外技术依赖程度。

根据相关数据，2004年我国对外技术依存度为37％。而同期大部分发达国家的对外技术依存度都在30％以下，其中美国 2004 年只有 7％。从我国高技术产业看，1995 年对外技术依存度高达 62.0％，"九五"后期该指标急剧下降，1999 年降到 25％的历史最低点，"十五"以来基本维持在 30％上下，2004 年下降到 27.7％①。由此来看，我国高技术产业的对外技术依存度依然较低，这是否说明我国高技术产业的对外技术依赖程度已经较低，并且已经具有较强的自主创新能力呢？

依靠引进获取技术是获得技术的一种基本方式，但技术引进的具体途径多种多样。除了通过技术引进途径所获得的软技术，还应包括在生产过程中所引进的先进设备、技术人才以及高技术含量的中间品等，生产过程中硬技术的引进在制造业中尤为重要。以我国高技术产业为例，加工贸易的生产方式占据了主导地位。2005 年，我国电子技术、计算机集成制造技术类高技术产品进出口的贸易逆差分别高达 764 亿美元和 145 亿美元；同年，在高技术产品出口中以加工贸易出口的产品占总额的比重高达 89％。同时，不仅企业引进技术，高等院校、研究机构等也有技术引进行为。但由于数据可获得性的限制，我国统计的一般只是企业技术引进经费，这样就存在对技术引进测度的严重低估现象，公式计算的对外技术依存度仅能说明我国直接引进技术的依赖程度。

从行业发展阶段与技术创新方式之间的关系上看，在不同的发展阶段，行业的技术创新也经历了不同方式：（1）低技术生产阶段，表现为对外技术依存度与研究开发强度双低，此阶段的行业自身研究开发能力低，同时也无法获得国外的先进技术；（2）技术依赖阶段，表现为自身研究开发投入低，自主创新能力低，对国外技术高度依赖；（3）模仿创新阶段，表现为

① 吴辰，高昌林：《从对外技术依存度看高技术产业的技术创新》，中国科技统计，www.sts.org.cn，2007-06-13。

在对外技术依赖程度较高的同时自身研究开发投入也较高，创新活动多以模仿创新为主；（4）自主创新阶段，表现为高自主研究开发、低对外技术依赖度，此阶段的产业具有较高的自主创新能力。

2004 年，我国高技术产业的研究开发强度为 4.6%，这虽然比 1995 年提高了近 3 个百分点，但与发达国家大部分都在 25% 以上相比，说明我国高技术产业的研究开发强度还停留在较低的水平。从目前测算的高技术产业对外技术依存度来看，我国高技术产业的对外技术依存度已经经历了由高到低的阶段，即从 1995 年的 62.0% 下降到 2004 年的 27.7%，其中三资企业为 44.3%，国有企业为 23.5%①。综合分析技术依存度和研究开发强度，2004 年我国高技术产业对外技术依存度虽然趋于降低，但研究开发强度并不高，高技术产业依然处于低技术生产阶段。我国高技术产业要想获得持续快速的发展，只能依靠内资企业走自主创新的路径。

以第三节将要分析的电子信息行业的研究开发和生产为例。自 20 世纪 90 年代起，我国电子信息行业已成为国民经济发展最快的产业部门，其工业总产值已占世界总量的 5% 以上，在全球排名仅次于美国和日本。但是，电子信息行业的快速增长主要说明我国以外资为主、加工贸易为主的行业经济增长，内资企业的研究开发和国际竞争能力依然很低。从电子信息行业中的电子元器件制造业的产业链角度看，电子元器件制造业的产业链包括研制、设计、生产、销售与服务等环节。目前我国电子元器件制造业各个环节状况如下：研制环节总体上技术力量薄弱，研究与发展投入强度低，关键技术和零部件主要依

---

① 吴辰，高昌林：《从对外技术依存度看高技术产业的技术创新》，中国科技统计，www.sts.org.cn，2007-06-13。

靠进口；设计环节总体上产品设计水平落后，新旧产品更替缓慢；生产环节总体上生产规模较大，但人员科技素质低，生产设备陈旧，工艺比较落后，产品技术含量低，特别是管理与柔性技术更为落后；销售与服务环节上国内销售网络相对比较健全，但在国外主要依靠外资企业推销产品，尚未形成完备的物流服务体系。总之，我国电子元器件制造业已形成一定产业基础和规模，但是研制和设计能力弱，生产技术水平较低且具有熟练性劳动密集型产业特点，而关键技术和产品来源于国外，产品主要销往国外，从产业联系上从属于国际发达国家产业链，这决定了它的依附性和产品附加值低。以集成电路（IC）芯片为例，我国每年芯片使用量超过 100 亿块，而 80％依靠进口，高端芯片几乎 100％ 进口，如中央处理器（CPU）的研究和生产由美国英特尔和 AMD 公司垄断[1]。

相比之下，国内的机械制造业、专用仪器设备制造业、金属冶炼和压延制造业的小行业技术密集度普遍较高，但这些行业不论在国外和国内都未被人们看做是高技术产业。从我国高技术产业发展现状来看，这种计算结果从一个侧面说明我国与发达国家分属于不同发展阶段，我国高技术产业尚处于发展初期，还不具备"明显高"的技术密集度这个典型特征。因此，界定我国高技术产业的工作，只能借助于国际规范，采用定性为主，定量与定性相结合、多途径和多方案综合比较的方法，才能比较真实地反映我国的实际。

---

[1] 赵玉川：《我国电子元器件制造业发展状况及发展战略的选择》，载《科技管理研究》，2005（1）。

第三节　我国研究开发与企业绩效的实证分析

一、样本选择和数据收集

（一）样本选择

根据国外已有的理论和实证研究，企业研究开发与企业绩效之间应当呈现正相关性。对于这一极富理论和实践意义的命题，需要放在我国的条件下进行具体分析，并运用我国的相关统计、会计、调研等方面的经验数据，加以具体的检验。本节尝试运用回归分析方法，对我国研究开发强度较高的电子信息企业进行实证研究。

从我国实际情况看，以下两个因素限制了实证研究工作：（1）改革开放以来，企业的产权制度和组织形式一直处于改革、变化过程中，这是研究对象的不确定性。（2）相关的统计、会计等方面的数据不全面、不连续、不准确。由于前一个原因，即使是国有企业、上市公司的数据也存在着一系列问题。以上市公司为例，由于会计财务制度和信息披露制度的不完善，大多数上市公司没有在其年度财务报告中披露研究开发支出情况，更极少披露研究开发绩效的情况，这就严重限制了对研究开发经费支出与研究开发绩效关系的分析，和对已经进行的主要研究开发支出与企业绩效关系的分析。尽管如此，运用有关数据进行实证研究还是有一定的理论和实践意义的。

之所以选择电子信息企业，主要原因有二：（1）在我国国民经济各行业中，第二产业（包括采矿业、制造业、电力、燃气及水的生产和供应业、建筑业）的各行业研究开发强度较高，特别是其中的大型企业，既广泛、深入开展了研究开发，也广泛、深入应用了研究开发成果。在第二产业中，制造业是主要组成部分，而电子信息行业是我国大力支持发展的行业，代表了我国制造业发展水平。电子信息行业是我国对外开放程度较高、市场竞争比较充分、产业规模较大、研究开发强度较大、经济增长速度较快的行业，较好地代表了我国经济、企业和技术发展的水平。（2）以前的电子工业部和 2003 年政府机构改革后的信息产业部的政府管理和统计工作较好，上市企业也较多，比较容易收集相关的统计数据进行实证研究。

在电子信息行业，信息产业部经济体制改革与经济运行司公布的中国电子信息行业百强企业代表了我国的内资电子信息企业的最高水平。申报电子信息百强企业主要有两方面的基本条件：（1）行业范围和企业规模。行业范围为在国内以电子信息技术产品（含计算机、软件、元器件、家电、通信等）制造为主的企业（或企业集团），不分隶属关系，只要企业所生产的电子信息产品的销售收入占企业营业收入的 60%（含 60%）以上，就可以确定为电子信息企业；以金属加工为主营业务的企业不在申报企业之列。企业规模为年度实际完成的营业收入达到 10 亿元以上（含 10 亿元）的企业（或企业集团）。（2）企业的内资性质，代表了国内企业研究开发、自主创新的水平。国有、集体、民营、股份制等各种经济类型的企业和可确定为中方控股（包括绝对控股和相对控股）的中外合资企业（企业集团的性质取决于其核心企业的性质）。以下企业不在申报之列：外商独资企业、港澳台独资企业、已以集团名义申报电子信息百强企业排序的企业集团的各下属企业。

2001～2006 年，电子信息行业研究开发强度保持在 1.1～1.7 之间，一直属于我国研究开发强度较高的前 8 名行业。从 2006 年看，大大中型工业企业研究开发投入强度超过 1% 的行业有医药制造业（1.76%）、专用设备制造业（1.7%）、电气机械及器材制造业（1.48%）、通用设备制造业（1.47%）、交通运输设备制造业（1.38%）、橡胶制造业（1.19%）、通信设备、计算机及其他电子设备制造业（1.19%）。

（二）数据收集

模型中使用的变量包括研究开发经费投入强度（简称研究开发强度）、研究开发和技术人员占全部职工人数比重（简称研究开发和技术人员比重）、主营业务利润率。出于数据本身的质量和收集计算的方便，本章依据 2004～2006 年连续 3 年上榜的电子信息百强企业名单，选取上榜且上市的公司和上榜企业的控股上市公司的作为样本（上市是指在上海证券交易所、深圳证券交易所上市，样本企业数共 54 家，见附录 1）。

相关数据主要来自 2004～2006 年上市公司公开披露的信息。但由于部分上市公司没有公布其"研究与发展经费"，本书假定电子信息百强企业的研究开发强度与其控股的上市公司的研究开发强度是一致的，用百强企业的"研究与发展经费""营业收入"数据加以替代，两者相除得出研究开发强度，并作为上市公司的研究开发强度。从实际情况看，百强企业与其控股上市公司的研究开发强度高度一致，可以替代使用。

二、变量设计

企业研究开发投入包括资金、人员、创意和信息等。除了创意缺乏客观、可量化的标准，资金、人员、信息投入可以用货币进行计量，在统计（会计）核算中体现为研究开发经费（费用）。由于不同企业的规模不同，研究开发投入的绝对数额不可比，本书主要以研究开发投入强度和研究开发和技术人员的比重这两个相对量指标反映企业的研究开发投入水平。

（一）研究开发经费投入强度

行业或企业的研究开发经费投入强度是指研究开发经费支出与其主营业务收入的比率。根据信息产业部发布的电子信息百强企业（大多是集团公司）2004～2006 年公布的研究开发经费和营业收入，计算出相应的上市电子信息企业的研究开发强度，经过统计计算和整理后，样本公司研究开发投入强度指标如表 4-1 所示。

表 4-1　2004～2006 年样本企业研究开发强度分布情况（单位:%）

研究开发投入强度区间分布	2004 年		2005 年		2006 年	
	企业比重	强度均值	企业比重	强度均值	企业比重	强度均值
0～2	20.00	0.84	11.11	1.01	13.33	1.02
2～5	20.00	3.01	24.44	3.47	24.44	3.49
5 以上	60.00	30.6	64.44	22.83	62.22	23.19
平均	100	19.14	100	15.67	100	15.42

资料来源：根据样本企业的有关资料计算而得。

根据 2006 年的科技统计报告，我国高科技产业研究开发强度为 1.08%，其中电子及通信设备制造业的研究开发强度超过 1.3%。从表 4-1 研究开发投入强度分布的情况来看，连续三年 60% 以上的样本公司的研究开发投入强度超过了 5%，样本整体的强度均值均过了 15%，明显高于高科技产业和同行业整体水平，原因可能有二：一是电子信息行业是高科技上市公司中科技含量较高的行业，其研究开发投入强度一般较其他行业高；二是因为样本中的企业为上市的电子信息百强企业，其研究开发能力和资金状况一般要好于其他电子信息企业。

（二）研究开发和技术人员比重

研究开发和技术人员占全部职工人数的比重可以从另一侧面反映企业对研究开发的重视和投入水平。样本企业研究开发和技术人员占全部职工人数的比重如表 4-2 所示。

从表 4-2 可以看出，约 70% 的样本企业 2004 年、2005 年、

2006 年三年研究开发和技术人员的比重在 20％以下，表明企业研究开发人力资源的投入偏低。

表 4-2　2004 ～2006 年样本企业研究开发和

技术人员比重分布情况 （单位:％）

研究开发和技术人员比重分布	2004 年		2005 年		2006 年	
	企业比重	研究开发和技术人员比重均值	企业比重	研究开发和技术人员比重均值	企业比重	研究开发和技术人员比重均值
10 以下	28.30	5.85	35.85	6.48	28.85	6.01
10～20	43.40	15	35.85	15	40.38	14
20 以上	28.30	39.32	28.30	42.73	30.77	41.18
平均	100	19.36	100	19.88	31	19.93

资料来源：根据样本企业的有关资料计算而得。

（三）企业绩效

本书选择主营业务利润率衡量企业绩效。之所以不选择净利润、利润总额等常用的考核企业绩效的指标，主要是基于以下考虑：企业的净利润不仅与新产品、新工艺的开发与生产有关，还与企业的其他业务收入、偶然性收入等有关。研究开发活动的经济效益主要体现在增加企业的主营业务收入或者降低主营业务成本上，所以在分析研究开发投入和企业绩效之间的关系时，用主营业务利润率更为合理。

三、基本统计描述

（一）研究开发强度与利润率的关系

对样本企业 2004～2006 年不同研究开发投入强度下的企业盈利能力进行了统计分组，如表 4-3 所示。从表 4-3 中可以看出，除 2004 年研究开发强度处于 2%～5% 范围内的企业其主营业务利润率高于研究开发强度处于 5% 以上的企业外，研究开发投入强度和企业的主营业务利润率存在着较明显的正相关关系，即研究开发投入越高，相应的主营业务利润率就越高。

表 4-3　2004～2006 年样本企业不同研究开发强度下盈利能力
指标的分布情况

研究开发投入 强度区间分布	平均主营业务利润率（%）		
	2004 年	2005 年	2006 年
0～2	15.41	8.17	9.18
2～5	20.75	13.49	11.63
5 以上	17.78	14.18	14.05
平均	17.90	13.35	12.81

资料来源：根据样本企业的有关资料计算而得。

（二）研究开发和技术人员比重与利润率的关系

对样本企业 2004～2006 年不同研究开发和技术人员比重下的盈利能力进行了分组，如表 4-4 所示。从表 4-4 可以看出，研究开发和技术人员的比重与企业的主营业务利润率之间也存在较明显的正相关关系，即企业研究开发和技术人员的比重越高，主营业务利润率就越高。

表 4-4　2004～2006 年样本企业不同研究开发和
技术人员比重下盈利能力指标的分布情况

研究开发和技术 人员比重分布	平均主营业务利润率（%）		
	2004 年	2005 年	2006 年
10 以下	12.56	7.87	9.18
10～20	11.28	10.52	11.63

研究开发和技术 人员比重分布	平均主营业务利润率（%）		
	2004 年	2005 年	2006 年
20 以上	17.14	17.19	14.05
平均	13.45	11.46	12.81

资料来源：根据样本企业的有关资料计算而得。

四、理论假设

根据以往的经验和新增长理论关于研究开发、创新与企业绩效的理论，特别是罗默开拓的内生经济增长理论分析，研究开发投入创造了新知识，知识特别是通用性知识具有外部效应，导致了其他企业的收益增长甚至递增，知识特别是专有知识还具有内部效应，导致企业获得了高额甚至超额利润，由此研究开发成为企业绩效增长的首要因素。对于研究开发投入与企业绩效相关性的检验，基本模型是回归分析，包括一元回归分析和多元回归分析。在回归方程中，解释变量是研究开发投入因素，包括研究开发强度、研究开发和技术人员比重，被解释变量是企业绩效即主营业务利润率。

假设 1：研究开发投入与企业的绩效正相关

企业进行研究开发投入的最终目的不是获取专利、开发出新产品、新工艺，而是利用这些成果来提高企业的生产率，实现企业利润最大化。国外的实证研究已证实，研究开发投入与绩效之间存在正相关关系，如 Lev（1999）指出，大量经验研究结果表明，一个国家、一个行业、一个公司在无形资产方面的投入与经济的增长、生产率的提高、公司盈利之间呈显著的正相关关系。为了验证我国企业研究开发投入的实施效果，假定企业研究开发投入与企业的绩效正相关，即在研究开发对企业绩效改变的回归方程中，回归系数显著的不等于 0，并为正。

假设 2：研究开发投入对滞后期的公司绩效影响更大

从研究开发投入到产品研制成功，再到将产品顺利销售取得利润，需要很长时间。薛云奎与王志台①、何玮②、梁莱歆与张焕凤③的研究都表明：研究开发投资的收益具有一定的滞后性，当年的研究开发收益可能不在当期体现，更多地体现在后续年份。因此，本书假设研究开发投入对滞后期的公司绩效影响更大。

假设 3：研究开发和技术人员比重越大，企业的绩效越好

企业研究开发和技术人员在企业总人数中所占的比重越大，说明企业越重视研究开发活动，研究开发的成果可能就越多，相应地，企业的绩效可能也就越高。

五、一元线性回归分析

（一）研究开发强度对主营业务利润率的一元线性回归分析

根据前述的理论假设，拟用方程（1）、方程（2），对研究开发投入对当期以及滞后两期的主营业务利润率的影响进行分析。

$$P_{it} = a + \beta_1 \mathrm{RDI}_{it} + \varepsilon_{it} \tag{1}$$

$$P_{it+j} = a + \beta_1 \mathrm{RDI}_{it} \varepsilon_{it} \tag{2}$$

i 表示企业，t 表示 2004 年度，$j = 1, 2$。

---

① 薛云奎，王志台：《无形资产信息披露及其价值相关性研究——来自上海股市的经验数据》，载《会计研究》，2001（11）。

② 何玮：《我国大中型工业企业研究与开发费用支出对产出的影响——1990～2000 年大中型工业企业数据的实证分析》，载《经济科学》，2003（3）。

③ 梁莱歆，张焕凤：《高科技上市公司 R&D 投入绩效的实证研究》，载《中南大学学报》，2005（2）。

P_{it} 表示第 t 年 i 企业的主营业务利润率，RDI_{it} 表示 t 年 i 企业的研究开发强度，a 为第 i 个电子信息企业不可观测的个体特征，ε_{it} 为误差项。

本书利用 EViews5 软件对前述模型进行了一元回归分析，检验了样本企业研究开发投入与企业业绩之间的关系。回归结果如表 4-5 所示。

表 4-5　研究开发投入与企业绩效相关性的一元线性回归结果

方程		$t=2004$	$t=2004$，$j=1$	$t=2004$，$j=2$
样本数		54	54	54
β_1		0.422635	0.697969	0.866426
T 检验（β_1）	T 值	1.011864	1.636481	1.934289
	Sig	0.3168	0.1084	0.0591
F 检验	F 值	1.023868	2.678072	3.741475
	Sig	0.316784	0.108419	0.059111
调整后的 R^2		0.000497	0.033779	0.054028

从表 4-5 可以看出：无论是在研究开发支出发生的当年、滞后一年、滞后两年，样本企业的研究开发强度的系数为正，且在滞后两年的时候更是通过了 5% 的 T 检验。但是，研究开发强度和当年绩效以及滞后 1 年的绩效之间不存在显著的正相关关系，只和滞后两年的绩效呈显著的正相关关系，这说明研究开发样本企业的研究开发投入对主营业务利润率贡献存在滞后的效应。

比较可知，一元回归结果和梁莱歆、张焕凤等人的实证结果相近，但与程宏伟、张永海和常勇（2006）等人的结论有所不同①。其实，这与程宏伟等人研究结论并不真正冲突：在程宏伟等人研究中，我国上市公司整体研究开发水平低，研究开发信息披露不充分，公司后续研究开发投入不足，投入比重太低，这显然不足以推动企业绩效的持续增长。

（二）研究开发和技术人员比重对主营业务利润率的一元线性回归分析

为了验证研究开发和技术人员的比重和企业绩效之间的关系，本书利用方程（3）分析了 2004 年、2005 年、2006 年的研究开发和技术人员的比重和企业对应年份主营业务利润率之间的相关关系。

$$P_{it} = a + \beta_2 \mathrm{ERD}_{it} + \varepsilon_{it} \tag{3}$$

方程中 ERD_{it} 表示 t 年研究开发和技术人员占企业职工人数的比重，其他符号的含义同上。回归结果如表 4-6 所示。

表 4-6　研究开发和技术人员比重与企业绩效相关性的
一元线性回归结果

方程		$t = 2004$	$t = 2005$	$t = 2006$
样本数		54	54	52
β_1		0.165326	0.003753	0.00197
T 检验（β_1）	T 值	2.518483	0.419586	1.638137
	Sig	0.0150	0.6765	0.1077
F 检验	F 值	6.342755	2.678072	2.683494
	Sig	0.014966	0.108419	0.107672
调整后的 R^2		0.093172	−0.016100	0.031955

---

① 程宏伟，张永海，常勇：《公司 R&D 投入与业绩相关性的实证研究》，载《科学管理研究》，2006（3）。

回归结果显示：三年的研究开发和技术人员比重与企业主营业务利润的相关系数均为正，2004 年、2006 年的系数通过了显著性检验。

通过一元回归分析可以看出，样本企业的研究开发投入、研究开发和技术人员比重与企业的主营业务利润率之间或多或少呈正相关关系，并且研究开发投入对企业绩效的影响存在着滞后效应。不过，上述一元回归方程的拟合优度 R^2 偏低，可能是模型中缺乏适度的指标变量所致，下文再利用多元回归模型对研究开发强度、研究开发和技术人员比重对企业绩效的影响进行检验。

六、多元回归分析

根据前述的理论假设，并参照王志台、梁莱歆、何玮、周亚虹[1]等人的实证研究，拟根据方程（4）来检验当年研究开发投入对企业当期经营绩效的影响；用方程（5）检验当年的研究开发投入对随后企业绩效的影响。

$$P_{it} = a + \beta_1 RDI_{it} + \beta_2 ERD_{it} + \beta_3 P_{it-1} + \varepsilon_{it} \tag{4}$$

$$P_{it+j} = a + \beta_1 RDI_{it} + \beta_2 ERD_{it+j} + \beta_3 P_{it+j-1} + \varepsilon_{it} \tag{5}$$

方程中的 P_{it-1} 属于引入的控制变量，用来控制盈利的时间序列性对未来年度主营业务利润率的影响。本书利用该指标，力图把企业的利润分离为两种：一是研究开发投入对利润的推动效应；二是企业除研究开发以外的其他投入对利润所作的贡献。

从调整后的 R^2 和 F 检验值来看，多元线性方程的整体效果比一元线性方程好，但是实证的结果仍然不是很理想，除了从经济实践和理论假设分析，还应分析是否存在多重共线性的问题。

---

① 周亚虹，许玲丽：《民营企业 R&D 投入对企业业绩的影响》，载《财经研究》，2007（7）。

为了避免多重共线性问题，本书利用明显优化的滞后两年模型，进行自变量之间的相关关系分析，分析结果如表 4-7 所示。

表 4-7 自变量的相关关系分析

	RDI_{2004}	P_{2005}	ERD_{2006}
RDI_{2004}	1	0.1013	0.2729
P_{2005}	0.1013	1	0.1719
ERD_{2006}	0.2729	0.1719	1

从协方差矩阵可以初步判定，RDI_{2004}、P_{2005} 和 ERD_{2006} 之间存在多重共线性。以 RDI_{2004} 和 P_{2005} 为自变量时方程的拟合优度为 0.28665，引入 ERD_{2006} 后的拟合优度为 0.266815，拟合优度变小了，其他检验值也没有得到改善，说明引入变量 ERD_{2006} 不恰当，应剔除。剔除 ERD_{2006} 后的模型的回归结果如图 4-1。

需要说明的是，逐步回归法逐个引入解释变量，构成回归模型，进行模型估计。根据拟合优度的变化决定新引入的变量是否独立。如果拟合优度变化显著，则说明新引入的变量是一个独立解释变量；如果拟合优度变化很不显著，则说明新引入的变量与其他变量之间存在共线性关系。

从图 4-2 可以看出，剔除 ERD_{2006} 后模型有所改善，但是研究开发强度和企业绩效之间仍然是不显著的正相关关系。

利用方程（4）和方程（5）进行回归分析，分析结果如表 4-8 所示。从表中可以看出：（1）三个方程的研究开发强度的回归系数均为正值，但是，研究开发强度系数对应的 T 值没有通过显著性检验，这说明研究开发强度和主营业务利润率之间不存在显著的正相关关系。（2）从模型的 F 检验值以及调整后的 R^2 来看，滞后一期、滞后两期的模型明显比研究开发投入发生的当年优化。（3）三个方程的研究开发和技术人员比重

Estimation Equation：

$$P_{2006} = C(1) + C(2) * RDI_{2004} + C(3) * P_{2005}$$

Substituted Coefficients：

$$P_{2006} = 0.0991 + 0.0293 * RDI_{2004} + 0.2940 * P_{2005}$$

Dependent Variable：P6
Method：Least Squares
Date：04/13/08　Time：10：05
Sample：1 54
Included observations：54

Variable	Coefficient	Std. Error	t-Statistic	Prob.
C	0.099128	0.014024	7.068356	0.0000
RDI_{2004}	0.029267	0.044712	0.654559	0.5157
P_{2005}	0.294002	0.062515	4.702918	0.0000

R-squared	0.313568	Mean dependent var		0.138115
Adjusted R-squared	0.286650	S. D. dependent var		0.091586
S. E. of regression	0.077353	Akaike info criterion		−2.226913
Sum squared resid	0.305160	Schwarz criterion		−2.116414
Log likelihood	63.12666	F-statistic		11.64864
Durbin-Watson stat	1.579961	Prob（F-statistic）		0.000068

图 4-2　剔除 ERD_{2006} 后的回归结果

的系数均为正，但是只有 2004 年的 T 值通过了显著性检验，说明研究开发和技术人员比重与主营业务利润率之间不存在显著的正相关关系。

表 4-8　研究开发投入与企业绩效相关性模型回归结果

方程		$t=2004$	$t=2004$，$j=1$	$t=2004$，$j=2$
样本数		53	53	52
β_1		0.035709	0.029787	0.023555
T 检验（β_1）	T 值	0.803061	0.348532	0.509297
	Sig	0.4258	0.7289	0.6129
β_2		0.163373	0.004677	0.001054
T 检验（β_2）	T 值	2.468521	0.607673	0.957716
	Sig	0.0171＊＊	0.5462	0.3430
		0.029763	1.123697	0.267435
T 检验（β_3）	T 值	0.786168	4.397734	4.177713
	Sig	0.4356	0.0001＊＊	0.0001＊＊
F 检验	F 值	2.507441	6.787313	7.186516
	Sig	0.069764＊	0.000644＊＊	0.000443＊＊
调整后的 R^2		0.080010	0.250309	0.266815

注：＊表示在 10％的显著水平下显著，＊＊表示在 5％的显著水平下显著，下同。

七、结论与研究局限

通过对样本企业研究开发与企业绩效的以上统计及回归分析，可以得到以下结论和启发：

（一）企业研究开发投入对企业绩效的作用不明显

上面的实证研究表明，企业的研究开发投入与绩效之间不存在显著的正相关关系，这可能和我国内资企业原有技术水平不高、企业研究开发投入不足、研究开发效率不高、内资与外资企业竞争激烈等有很大的关系。根据国家统计局等机构发布的《2006 年全国科技经费投入统计公报》，我国绝大多数行业的研究开发投入不足，通信设备、计算机及其他电子设备制造业研究开发强度也只有 1.19％；根据 2006 年的科技统计报告，电子及通信设备制造业的研究开发强度在高科技上市公司中排名第二，但是研究开发强度也只是略超过 1.3％。本书选取的样本企业为电子及通信设备制造业的部分上市公司，与其他企业相比，应该更有实力进行研究开发活动。但是，如表 4-1 所示，仍有 50％以上的样本企业研究开发强度在 5％以下。从整体上看，我国企业研究开发投入仍然处于一个较低的水平，与外国企业和外资企业相比还存在很大的差距，而我国经济已经全面参与了国际分工和竞争，国内外企业面对的是同一个竞争市场，以内资企业当前的研究开发水平，在与国外企业和外商投资企业的激烈的竞争中往往处于劣势。因此，我国企业应进一步加大研究开发投入，全面提升企业的技术实力和核心竞争力。

（二）我国企业研究开发效率偏低

无论是一元线性分析还是多元线性分析，研究开发投入对企业绩效相关系数都较低，这从一个侧面说明了我国研究开发的效率低下。事实上，从企业的注册类型上看，我国大中型工业企业中的内资企业的研究开发经费投入规模、投入强度均高于外商投资企业和港澳台商投资企业。2005 年，内资企业数量占大中型工业企业总数的 67.5％，创造的产品销售收入占 67.1％，但其研究开发经费占 74.0％。但是，随着中国经济的飞速发展，越来越多的跨国公司开始将研究工作转移至中国，2005 年三资企业研究开发经费总额比上年增长了 26.3％，占大中型工业企业研究开发经费比重由 1998 年的 19.2％增加到 2005 年的 26.0％。从研究开发经费的行业分布上看，内资企业的研究开发活动集中在高技术行业和技术密集型行业。2005年，通信设备、计算机及其他电子设备制造业，黑色金属冶炼及压延加工业，交通运输设备制造业是内资企业研究开发经费投入最多的三个行业，其研究开发经费均在100亿元以上。三资企业研究开发经费主要投入到部分高技术行业，通信设备、计算机及其他电子设备制造业，交通运输设备制造业，电气机械及器材制造业，通用设备制造业，医药制造业是三资企业2005年研究开发经费投入最高的5个行业，这5个行业的研究开发经费占全部三资企业研究开发经费的79.0%①。内资企业研究开发投入大而产出、效率相对低，这具体体现在以下两个方面。

1. 缺乏高水平的科研人员和研究开发机构。高水平的科研人员和研究开发机构的缺乏，可能使投入的研究开发经费无法得到充分的利用，从而造成短期效应。从我国现实情况看，我国大中型工业企业的研究开发人员占总职工人数的比重偏低，2006年只有1.63%，而发达国家这一比例一般在8%～20%，有的高达30%。我国企业拥有的研究开发机构比重也较低，2006年大中型工业企业中设有科技机构的仅为23.2%，其中高水平的研究开发机构更少，大部分企业的研究开发活动处于一种自发松散状态，这就直接影响到了我国企业的产品开发和技术创新能力。因此，只有不断地提高企业自身的研究开发能力，重视对高素质人才的培养，建立高水平的研究开发机构，才能较好地利用研究开发投入，创造出更多的研究开发成果，保障企业的可持续发展。

2. 企业的自主研究开发意识不强，对外技术依赖性高。自

---

① 玄兆辉：《我国大中型工业企业科技活动特征分析》，中国科技统计，www.sts.org.cn，2007-06-12。

20 世纪 90 年代起，我国电子信息行业已成为国民经济发展最快的产业部门，其工业总产值已占世界总量的 5％以上，在全球排名仅次于美国和日本。但是，电子信息行业的快速增长主要缘于依赖国外先进技术的加工贸易的增长，内资企业的研究开发和国际竞争能力依然很低。由于在技术水平上与国外有较大差距，从短期利益出发，企业更愿选择外购技术及设备。在本文选取的 54 家样本企业中，只有 24 家企业拥有专利及专有技术，而且绝大多数是外购或接受投资取得的，自主研究开发的专利或专有技术寥寥无几。

单纯引进技术不可能取得技术上的领先地位，企业唯有通过研究开发，提高自主创新能力，才可能提高企业的核心竞争力。

（三）企业研究开发投入和企业绩效之间存在明显的滞后效应

无论是一元回归分析，还是多元回归分析，企业研究开发的投入和企业绩效之间都存在明显的滞后效应，在评价企业研究开发绩效时应充分考虑这一效应。

（四）企业应加强研究开发信息的披露

企业研究开发投入、研究开发能力和研究开发成果的评价都离不开全面、准确、及时的研究开发统计和会计信息。我国 2006 年颁布的无形资产会计准则要求企业披露计入当期损益和确认为无形资产的研究开发支出金额，但这种披露对会计报表使用者远远不够，也为公司管理层回避研究开发投入留下了空间。

在研究开发活动的信息披露方面，应有创新思维，将财务会计报告和管理会计报告相融合，予以多层次披露。（1）在会计报表中报告符合资本化条件的研究开发信息。（2）在会计报表附注中以表格的形式揭示以下有关研究开发的信息：企业对研究开发支出采取的会计政策、研究开发支出的期初余额、本期增加发生额、本期转出额、本期摊销额和期末余额、研究开发支出的摊销方法以及摊销期限、研究开发支出当期应计提的减值准备等。（3）在财务情况说明书中披露以下信息：当年研究开发支出占销售收入的比重、企业取得的专利数、新产品收入占总收入的比重、研究开发合作联盟和合作企业的投资等和投资者决策高度相关的信息。

（五）本研究的局限

由于我国研究开发的相关信息属于企业自愿披露的信息，大多数上市公司没有披露。在研究中，曾经对深市 200 多家制造业上市公司的报表进行仔细搜索，只有 79 家上市公司在报表中提及公司的研究开发情况，分别散见于董事会报告以及专项应付款、其他与经营活动有关的现金流出、预提费用、长期待摊费用、管理费用、待摊费用、其他应付款以及所得税的附注说明中。在这 79 家披露研究开发情况的公司中，有 22 家没有披露任何研究开发的数据，不过寥寥数语介绍一下董事会对研究开发的重视情况。剩下的 57 家公布研究开发数据的上市公司，其公布的数据的可比性也较差，很少有公司公布研究开发支出的准确数据，大多数公布的是政府对科技三项费的拨款数据、导致现金流出的研究开发支出，预提和摊销研究开发费用数据等。研究开发数据的不可获得，影响了对研究样本的选择，样本数据偏少可能会影响结论的正确性。

如前所述，由于受有限的市场空间、阶段性的技术极限及竞争企业间博弈以及消费者偏好等因素的影响，研究开发的投资与收益之间具有非对应性或非线性的特征，高额的投入并不一定能带来期望的高产出，当研究开发投入达到一定程度后，随着研究开发投入的增加，其增长率会渐趋于一个常数。本章采用线性回归的方法分析研究开发投入和企业绩效之间的关系，具有一定的局限性，但在我国目前研究开发强度比较低的情况下，影响应该不是很大。

第五章

企业研究开发的绩效评价

绩效评价就是为了实现企业的经营目标，遵循一定的理论和方法，运用特定的指标和标准，对生产经营活动及其结果做出判断，为企业发展和收益分配提供数量上的依据。第二、第三章的分析表明，研究开发活动及其成果具有风险与不确定性、团队性、非排他性和非竞争性、外部性等特性，基础研究还属于典型的公共物品。不过，研究开发毕竟是一种投资行为，企业的研究开发更侧重于应用研究和试验发展，以企业的投资收益最大化为目标。因此，这就需要分析、评价研究开发特别是企业研究开发的绩效，通过绩效评价体系将价值评价、筹融资、生产经营、薪酬激励等管理制度联结起来，提高研究开发的效率。随着我国研究开发规模的不断扩大和重要性的日益增强，对企业研究开发绩效评价就具有更为重要的意义。

第一节　研究开发绩效评价概述

一、企业绩效评价的发展过程

　　绩效评价是所有组织包括企业组织都关心的重大问题。对于企业，即使是只有一个投资者的独资企业，投资者为了收益最大化的目标，也要对其企业的经营状况和发展前景有一个比较清晰的了解判断。企业如果属于公司制企业，有多个股东，股东由于种种原因而不能或者不愿亲自经营企业，而把企业委托给职业的管理者经营，管理者在企业内部主要依靠非市场的行政方式管理企业，出现了所谓的股东与管理者、所有权与控制权的相互分离。这时，企业管理、企业绩效评价的重要性就进一步凸显出来了。从亚当·斯密开始，股东的担心、管理者的渴望、企业的绩效就是经济学家和管理者十分关注的问题。斯密在《国民财富的性质和原因的研究》中质问：股份公司的董事为他人尽力，而私人合伙企业的合伙人只是为自己打算，所以，要想股份公司的董事监视钱财的用途像合伙人那样用心周到，是很难做到的。这样，疏忽和浪费，成为股份公司业务经营上多少难免的弊窦[1]。

　　在企业管理中，绩效评价是指评价主体按照企业发展的需要，根据特定的评价标准和评价方法，设计评价指标体系，对企业目标的实现情况进行判断的活动。工业革命和公司制度发生以来，绩效评价就成为企业管理的重要内容，企业绩效评价方法或模式大致经历了成本绩效评价、财务绩效评价、价值绩

---

　　[1]　［英］亚当·斯密：《国民财富的性质和原因的研究》下卷，303页，郭大力，王亚南，译，北京，商务印书馆，1974。

效评价和综合绩效评价四个发展阶段①。

（一）成本绩效评价的模式

如果企业的生产技术相对稳定，产品和业务相对单一或标准化，市场竞争并不充分，那么根据企业生产的实物量和生产成本就大致可以评价企业的绩效。18 世纪后期，工厂制度产生，由于当时企业资本结构单一，生产规模小，产品种类少，而个人收入水平不断提高，经济增长更多基于供给创造需求。因此，企业经营管理上的核心问题是生产成本控制，即以收入弥补成本，通过减少生产消耗，提高生产效率，销售更多产品，取得更多的利润。这一时期，企业管理更多地依靠经验和惯例，绩效评价比较任意。相应地，会计核算的主要目的是计算盈利，以成本指标为核心来评价企业绩效。进入 19 世纪，欧美企业管理者仍然多根据货运、客运、钢铁、纺织、机械加工等各自行业的生产经营特点，采用一些比较简洁的产出指标，如发电量、吨公里成本等，建立了绩效评价指标体系。

19 世纪末 20 世纪初，市场竞争日益激烈，"泰罗制"开始推行，劳动条件和劳动定额有了一系列重大改革，工人的操作方法、工具、材料、机器以及作业环境逐渐标准化。此时，工程师与会计师一道将数量标准扩展成为每小时人工成本、单位产品原材料成本等价格标准，进而建立了产品的标准成本。企业根据标准成本或预算数与各车间、部门的实际成本费用发生额之间的差额进行管理和激励。1911 年，美国的哈瑞最早设计了标准成本制度。随着企业普遍应用成本会计、差异分析、激励制度，不断完善产量和成本类评价指标，不仅有效提高了企业生产效率，更使企业成本管理由被动的事后反应变为主动的

---

① 王化成，刘俊勇：《企业业绩评价模式研究》，载《管理世界》，2004（4）。

事前预算和事中控制，真正达到了对成本进行监控的目的。这一时期的企业经营绩效评价变为主要是以标准成本指标为依据，形成了标准成本绩效评价方法。

（二）财务绩效评价的模式

进入 20 世纪以来，经济发展和企业管理中的两大特征促使社会在标准成本绩效评价方法基础上，开始建立了财务评价方法。一方面，由于科学和技术革命，经济和居民收入持续增长，市场规模和范围不断扩大，资本市场不断发展，生产走向大工业、社会化，出现了投资和并购高潮，企业规模不断扩大，规模经济成为企业竞争和制胜的主要手段。另一方面，大企业的组织结构复杂化，所有者和管理者之间出现了分权和授权化管理趋势。经济技术、资本市场和企业管理上的这些变化，使得所有者更关心其投资的利润或收益，管理者更关心其才能、努力的报酬或收入，以投资报酬率为核心的财务指标就成为企业投资和生产效率、管理者才能的核心评价指标，绩效评价从生产和成本评价转向综合性、价值化的投资收益评价，逐步确立了财务性的绩效评价指标体系。

1903 年，杜邦公司设计出了投资报酬率（ROI）等多个重要的经营和预算指标，开始运用投资报酬率法评价企业绩效，形成了著名的杜邦财务分析体系。其中，其财务主管唐纳森·布朗提出了著名的投资报酬率公式：投资报酬率＝资产周转率×销售利润率，并将投资报酬率法发展成为一个评价各个部门绩效的手段。1929～1933 年大危机后，会计准则和各种规范越来越多，以财务指标为主的绩效评价指标不仅用于对外财务报告，也用于指导企业的内部经营。

以利润率为核心的财务评价模式中使用的指标主要是财务指标，这些指标可以分为盈利能力指标、营运能力指标、偿债能力指标和发展能力指标。财务模式中所使用的绩效指标主要是从会计报表中直接获取数据或信息，或根据其中的数据计算的有关财务比率，这些数据严格遵循会计准则，易于获取，最大限度地减少数据的人为调整，而且利于与同行及竞争对手进行比较。投资报酬率、权益报酬率、利润等财务性评价指标因其所用数据的可操作、可比性强，成为评价企业的主导性指标。由于企业建立了基于财务模式的激励约束机制，根据责权利一致的原则，常常可以将企业划分为成本中心、利润中心、投资中心等不同的责任中心，并将企业的总目标层层分解为每个责任中心的子目标，如成本、利润、投资报酬率等，通过对这些子目标的实现状况进行评价，根据评价结果进行激励，这种评价方式可以激励各子部门的管理者共同完成企业总目标。针对传统的杜邦财务分析体系特别是投资报酬率指标在评价部门管理人员时的缺陷，20 世纪 50 年代，通用公司又率先使用剩余收益（RI）指标，而能更好地反映企业整体价值、未来机会和风险的贴现现金流量指标的应用也日益广泛。

当然，由于财务绩效指标更多地反映企业的短期财务绩效，无法反映企业未来价值创造，不能体现长期的竞争优势，单纯使用财务指标不能反映出财务指标和非财务指标之间的因果关系，无法满足资本市场和股东的要求，从而导致各种短期化行为。同时，所有者和管理者分离的公司制企业，容易出现内部人控制，财务指标易被操纵。如果以这些被操纵的指标作为管理层评价及补偿的标准，显然难以实现恰当的激励。从实践上看，没有足够可信的证据说明利润决定股东财富，却有大量的相反证据。一些企业为了不断地取悦股东，不惜采取那些能够提高账面利润但却毁坏价值的行动，近期发生在美国公司中的财务丑闻就是最好的例证。

20 世纪 80 年代以来，随着企业管理的规范化和资本市场的不断发展，在大企业绩效评价的指标体系中引入了非财务指标，比较重要的包括产品生产周期、客户满意程度、保修成本等非财务指标。当然，此时建立绩效评价体系的出发点仍是企业内部的生产管理问题，而不是客户的要求，且管理者激励机制的评价指标仍然以财务指标为主，未能出现合理的非财务指标。因此，这一时期是以财务指标为主、非财务指标为补充的财务绩效评价时期。

（三）价值绩效评价的模式

20世纪以来，随着许多大企业广泛采用财务绩效评价模式，这种模式所存在的问题也逐渐暴露出来。由于以利润指标为核心的财务模式着眼于企业即期绩效的评价，未考虑时间价值，这就易于造成企业决策的短期行为，难以反映股东财富价值的变化和资本市场的要求，促进企业长期发展。在这种情况下，就需要建立新的绩效评价模式，而经济增加值（economic value added，EVA）代表了股东财富的真实状况，它不受公认会计准则的约束，如果公认会计准则扭曲了资本收益或资本支出，可在利润基础上对财务指标进行一系列调整，其结果直接反映了企业目标的实现程度。由此，企业的利润最大化目标被股东财富最大化取代，企业及管理者绩效评价出现了价值评价模式。

价值模式以股东财富最大化为导向，它主要使用经过调整的财务指标，或根据未来现金流量得到的贴现类指标，其中最有代表性的当属经济增加值（EVA）。这是因为，股东的财富是否增加可用EVA来表示，对于上市公司则可以采用市场增加值（market value added，MVA）来表示。剩余收益（RI）实际上已是EVA的前身。1986年，阿尔弗雷德·拉帕波特在《创造股东价值》一书中，提出了从股东价值角度评价企业绩效的方法，即股东价值＝企业价值－债务＝公司现金流入－现金流入-资本加权平均成本-债务①。1991 年，斯特恩·斯图尔特（Stern Stewart）公司通过对传统财务指标的调整，建立了 EVA 评价指标。从 1993 年《财富》杂志的文章开始，理论界通过大量研究，验证 EVA 指标对股票价格的解释力是否高于传统指标，采用 EVA 指标或 EVA 绩效评价体系的企业是否比没有采用的企业在市场上表现得更好。多数研究表明，EVA 是相关程度最高的内部绩效指标，即 EVA 作为绩效评价指标优于传统利润指标。在计算上，EVA 是企业经过调整的营业净利润（NOPAT）减去该企业现有资产经济价值的机会成本后的余额，其公式为：$EVA = NOPAT - WACC \times NA$。其中，WACC 是企业的加权平均资本成本；NA 是企业资产期初的经济价值，是对企业会计账面价值进行调整的结果；NOPAT 是根据报告期损益表中的净利润经过一系列调整得到的。1997 年，杰弗里等人提出修正的经济增加值（refined economic value added，REVA）指标，即以资本的市场价值取代经济价值对企业的经营绩效进行衡量，主要用于上市公司的绩效评价，进一步改进了经济增加值指标。

　　EVA 在绩效评价和激励机制方面的一般做法是：以长期计划目标作为评价标准，以 EVA 作为评价指标；按照计划目标设定奖金，对每年 EVA 的增量部分提供奖励，每年度的 EVA 改进目标一般 5 年左右确定 1 次；随着实际绩效的变化，计算 EVA 计划改进目标的基数每年自动调整 1 次；奖金上不封顶，下不保底；设立奖金库对奖金的发放予以调节，以缓冲奖金的大幅度变动，当可以确定奖金变动与股东财富的持久变化相关联，也就是说当企业的未来发展证明了管理者等行为与

---

　　① ［美］阿尔弗雷德·拉帕波特：《创造股东价值》，北京天则经济研究所，等译，昆明，云南人民出版社，2002。

企业长期目标一致时，兑现奖金。EVA 虽然是单一的评价指标，但它从股东的角度评价企业的绩效，在 EVA 调整过程中考虑了企业的发展战略、组织结构、业务组合、会计政策等因素，有效地将企业战略与日常业务决策和激励机制有机地联系在一起，企业 EVA 持续地增长意味着企业市场价值和股东财富的不断增长，实现了股东财富最大化的财务目标，促进了管理者为股东创造财富。由于经济增加值以追求股东财富最大化为单一目标，其应用范围基本限定为营利性企业，尤其适合于上市公司。而且，以经济增加值为代表的价值模式是对财务指标进行的适当调整，这就保证了评价指标数据的易获得性。近年来，宝山钢铁、青岛啤酒等公司已开始结合公司情况，在管理上采用 EVA 激励机制。

当然，价值模式也有其缺陷。由于价值模式的评价指标主要还是通过对财务数据的调整计算出来的货币量指标，对非财务指标的考虑不足。由于单一的 EVA 指标限于从外部对企业进行整体评价，难以有效评价企业内部的绩效状况，企业不得不采用一些内部绩效评价指标，如把每股收益、利润额等作为内部绩效指标，并按其增长状况对管理者以激励，但这也可能导致追求局部利益而忽视企业整体利益。再者，价值模式也没有充分考虑企业的其他利益相关者。

（四）综合绩效评价的模式

20 世纪 50 年代之后，随着市场竞争的全面化和国际化，企业面临的环境日益复杂，大中型企业需要从生产、财务、研究开发、人力资源、市场营销等方面进行全面管理。80 年代以来，知识积累、科学发现和技术进步出现了加速趋势，社会进入以知识或信息为基础的经济时代，企业的竞争能力越来越取决于人力资源（资本）运用和知识资产开发。在这场激烈的市场竞争中，成功的决定因素不再仅存于企业的内部，内外部的多种因素共同影响和制约企业的发展，企业必须全方位地参与国际市场竞争，越来越多的企业开始从全球战略的高度考虑企业的长期目标和短期发展。

企业过去主要运用生产和财务指标，相对静态地、独立地评价企业和管理者绩效的评价体系已无法满足企业管理的需要。这时，企业董事会必须将生产、财务、研究开发、人力资源、市场营销等各职能部门协调统一，使用市场占有率、顾客满意度、新产品数量、员工满意度等非财务评价指标，将相对静态、关注结果的生产、财务指标与动态性、长期性的非财务指标协调统一，建立系统、动态且分层、分类的绩效评价指标系统，完善企业内部管理决策的信息系统。由此，基于企业持续性发展、战略性管理的绩效评价研究和运用迅速发展起来。

显然，影响和制约企业发展的所有这些因素都应在绩效评价指标体系中得到充分体现，建立绩效评价指标体系的出发点就应当从企业内部的生产问题转移到内外结合的战略管理角度上来，绩效评价体系必须符合并服务于企业的战略目标。1992年、1993年、1996年，卡普兰和诺顿在《哈佛商业评论》上发表了三篇有关平衡计分卡的论文。他们根据组织的战略目标和竞争需要，在财务指标基础上，以相关者利益最大化为目标，在平衡计分卡中给出了财务、顾客（如顾客满意度和市场占有率）、内部业务流程（如产品质量和交货时间）、学习与创新（如人员技能）4个方面的评价指标，构建了财务指标与非财务指标相结合的评价指标体系，随后又给出了可操作性的实施步骤，使平衡计分卡成为战略管理的有效工具。

在平衡计分卡中，财务指标侧重说明企业已采取行动的结果，而顾客满意度、内部业务流程、学习和创新活动等非财务指标可以有效地反映企业未来的竞争发展能力，这就把企业的短期行动与长期战略目标联系起来发挥作用。由于信息技术的发展，集成管理信息系统日益成熟，比如 ERP 管理系统，可以提供绩效评价中所需要的多种信息。由于平衡计分卡设计了多种类别的评价指标，在实际应用时可根据组织类型不同灵活调整指标类别，因此其应用范围已超越了营利性企业，政府机构、医疗机构、教育机构等非营利组织也开始推广使用该方法。

（五）我国的企业绩效评价

从我国看，绩效评价主要是改革开放以来特别是全面建立公司制度以来的事情。在计划经济时代，企业只是计划经济中的生产单位，厂长经理只是政府计划的执行者，企业只要完成政府制订的计划就可以了，甚至完不成计划也没关系。20 世纪 90 年代前，与计划经济相适应，我国形成了以产值、产量、企业规模等为重点的国有企业财务管理体系，这一时期企业财务绩效评价指标体系主要有：固定资产产值率、定额流动资金周转天数、可比产品成本降低率、利润总额完成率、销售成本利润率、销售利润率、资金利润率等，且侧重于实际数与计划数的比较。

改革开放以来，市场逐渐成为资源配置的基础性方式，企业成为市场交易和竞争的主体，企业及管理者绩效评价才成为社会各方关注的热点和难点问题。自国家计委等部门 1992 年联合下发包括 6 项指标的工业经济评价考核指标体系以来，到 1999 年财政部等 4 部门颁发《国有资本金绩效评价规则》和《国有资本金绩效评价操作细则》，再到国资委 2003 年 12 月至 2004 年与 187 家中央企业负责人全部签订年度经营业绩责任书，对中央企业负责人的年度和任期经营业绩进行考核，以及 2005 年年底国资委、中国证监会相继推出的股权激励办法，我国在企业绩效、管理者绩效评价上进行了各种探索和建设。不过，比较我国的企业及管理者的绩效评价理论与实践，可以发现我国现行的仍然是以财务指标为主的绩效评价体系。

二、研究开发绩效评价的发展过程

进行研究开发评价的原因有如下几类：（1）解决研究开发的投资规模、资金分配、资金使用方式等问题；（2）分析研究开发特别是研究开发项目的进展状况，为了解、调整项目计划提供依据和参考；（3）评价项目绩效与项目的整体执行情况，利用评价结果为今后的研究开发决策服务。随着研究开发逐渐成为企业的重要投资和生产活动，研究开发评价特别是绩效评价体系也逐渐建立和发展起来，提出了主观评价法、文献计量法、投入评价法、多层面评价法等研究开发绩效评价的方法。

根据国外相关文献，可以将研究开发绩效评价的发展历程分成三个阶段：决策—事件阶段（1980年前）；决策—过程阶段（1980～1990年）；综合评价阶段（1990年至今）①。

（一）决策—事件阶段（1980年前）

进入20世纪，政府、大学、企业等部门的研究开发活动逐渐走向规模化和规范化，研究开发分析（包括研究开发绩效评价）也逐渐成为学术研究和投资管理的重要问题。在1980年之前的决策—事件绩效评价阶段，主要从研究开发项目的角度，运用古典模型、投资组合模型和项目评价技术，评价研究开发活动及其绩效。

从20世纪50年代开始，绩效评价的古典模型大量涌现，它主要包括轮廓图、清单模型、评分模型和经济指数模型。古典模型常用于筛选决策和事前评价，优点是简明易懂，操作简便。其中，轮廓图比较直观地表示待选项目的性能，清单模型

---

① 刘景江，郑刚，许庆瑞：《国外 R&D 项目测度与评价研究述评》，载《研究与发展管理》，2001（6）。

能提供一个单一的分值，这两种模型不需要过多的数据，且所需数据容易获得；评分模型将定性评价与定量评价合并成一个等级的总体分值；经济指数模型简单易用，考虑了项目成功的概率。古典模型的缺点是：轮廓图和清单模型过于主观；评分模型的指标权重很难精确得到；经济指数模型的数据难以得到或估计，不能动态地同时选择多个项目，只关注结果，忽略了在实际组织中评价与选择研究开发项目的决策过程，没有考虑战略绩效，是一种静态模型。

投资组合模型的特点是：在投资约束条件下，可以同时动态地选择项目组合；使用数学规划方法来评价和选择项目；经常使用线性规划模型。不过，大多数投资项目的评价需建立非线性规划模型，尽管非线性规划模型难以求解，所需数据也不容易准确地得到。

项目评价技术主要包括决策树、故障树和相关树。它的特点是：运用技术方法分析和评价项目；决策理论模型有助于分清策略和潜在的风险、缺陷以及折中方案。不过，决策树有时会变得很复杂，有时会变得很简单，影响评价的准确性；决策树不能单独用于评价和选择一组竞争有限资源的项目。

在这一阶段，研究开发绩效评价理论与方法的总体特征是：基于传统的财务评价；在特定的组织层面和时间点做出评价与选择；通常设置固定不变的指标与标准；在规划周期中不改变评价与选择的目标、指标和标准。这些理论与方法的缺陷是：评价方法往往集中于产出，假定只有一个决策者，指标很少，是一种理想状态下的评价。由于较少考虑到组织和行为的变化以及环境因素，20世纪70年代中期之后实际部门逐渐放弃了这些理论和方法，因为现实情况要比此种决策模型描述得更为复杂，系统的评价方法应运而生并取而代之。

（二）决策—过程阶段（1980～1990 年）

这一阶段的绩效评价方法偏重于从决策的过程中寻找相关的因素，而不仅仅是项目的可能产出。它不是简单地提供如何选择的答案，而是通过系统分析来考虑组织结构与设计、多层次系统理论、分散化管理等因素，以进行研究开发项目的绩效评价。

决策—过程阶段评价方法的特点是：项目被组织评价与选择，承认组织决策过程的价值；关注决策过程，而不是结果；其目标是获取关于一般管理策略的见识，而不是给特定的评价与选择问题提供答案。它的缺点是：不能平衡地兼顾过程与结果；没有考虑权变因素（如市场变化趋势、竞争状况、组织规模结构、集权与分权的程度、组织战略、控制政策和主要经营过程等）对组织决策（评价与选择研究开发项目）的影响；评价中不能平衡定性与定量评价、财务与非财务评价。

（三）综合评价阶段（1990 年至今）

研究开发评价要面对许多因素，如多个专家、资金预算与限制、多个冲突或矛盾的指标、资源的相互替代，另外还要考虑如风险、新技术的盈利可能性、战略的实现等难以度量的不确定因素。同时，由于营销、生产制造、技术开发等组织部门提出的不同要求而增加了决策的难度，使得研究开发项目的评价面临许多挑战，单一的评价方法已不能适应要求，因此逐渐涌现的综合集成的评价选择方法取代了原来的单一评价方法，常用的综合评价法有战略测评与评价方法、平衡计分卡、结果与主导因素框架等。

通观中外企业管理上的各种实践和理论，可以发现，发达国家和发展中国家在运用指标方法进行绩效评价时，都是根据企业生产、管理上的特点和社会经济发展水平，灵活采用不同的评价方法。

三、国内研究开发绩效评价的实践状况

早在 20 世纪 50 年代，我国已经开始对研究开发绩效的评价活动，最初的评价主要以主观评价和定性评价为主。自 90 年代以来，随着研究开发活动规模的迅速扩大和水平的不断提高，我国在研究开发绩效评价的理论、方法及应用方面做了大量的研究工作，已形成了较为有效的评价理论和方法。不过，从实践上看，尽管我国已经开始在研究开发绩效评价上引入了国外诸多方法，研究开发绩效评价方法在由简单向复杂方向发展，但我国在研究开发绩效的实际评价上还存在着许多问题。

（一）评价方法选择上无所适从

梁莱歆对 400 家高新技术企业进行了一项问卷调查，结果发现 81％的企业反映未开展过研究开发绩效评价工作，其原因概括起来主要有三点：一是认为必要性不大，甚至认为只要进行研究开发肯定对企业有利，无须组织专门的评价；二是企业缺乏专门的机构与人员从事研究开发的绩效评价工作；三是认为研究开发绩效评价方法太复杂，企业不具备这种能力和条件，提出这一点的企业占了 76％①。

企业研究开发绩效评价方法日益复杂，但并非一定是越复杂越好，在追求评价结果正确、全面的同时，还应当考虑实用性，应当重视评价方法可操作性的提高。对于企业而言，在进行研究开发绩效评价工作时，应当注意选择符合自身行业特点的评价方法，并在绩效评价实施中不断摸索、完善，逐步建立符合企业需要的、能有效运作的研究开发绩效评价模式。

---

① 梁莱歆：《谈高新技术企业 R&D 绩效评价中应重视的几个问题》，载《科技管理研究》，2005（3）。

（二）绩效评价与企业目标脱节，缺乏导向性

企业评价研究开发绩效的目的在于考核研究开发部门和人员的工作成果，据此激励研究开发部门和人员，以达到预定的工作目标，进而实现公司的战略目标。因此企业研究开发的绩效评价系统就应该与企业的战略目标相匹配，不能仅仅从研究开发人员的兴趣出发。而我国企业研究开发的绩效评价往往是孤立的，只关注研究开发成果数量，缺乏为企业整体经营战略服务的导向性和战略眼光。

（三）重研究开发的产出数量，轻研究开发的质量和效益

在企业研究开发的绩效评价中，专利数以及新产品数、论文数等研究开发成果指标因直观，获取数字容易等优点颇受管理者的青睐。目前，国家统计局对我国企业科技活动的评价，主要采用的是企业在某段时期获得的专利数、新产品销售率、每位研究开发人员拥有的专利数、单位研究开发支出产生的专利数、科技论文发表数等定量指标。例如，2006～2008年间，我国专利申请量分别为57.3万、69.4万、82.8万件。其中，2006年我国专利申请量比上年增长20.3％；授权量达到26.8万件，比上年增长25.2％，其中发明专利申请量21.0万件，比上年增长21.4％，发明专利授权量5.8万件，比上年增长8.4％。全国共发表科技论文40.5万篇，比上年增长了14.0％，三系统（SCI、ISTP、EI）收录的论文17.2万篇，比上年增长12.4％。全国共完成重大科技成果33644项，比上年增长4.0％[①]。

这些产出指标确实可以直接反映一定时间内研究开发的产出和成果，但研究开发的产出和成果并不完全等同于研究开发

---

① 《2007全国科技进步监测报告（一）》，中国科技统计，www.sts. org.cn，2008-03-27；中央政府门户网站，www.gov.cn，2009-02-20。

的绩效。研究开发活动是一种复杂的探索过程和系统，衡量其绩效应综合考虑投入产出的质量和数量，研究开发的方向应与科技进步、社会经济发展的整体战略相匹配。所以，不宜对研究开发产出和成果过于看重，否则，容易诱导研究开发人员倾向于风险小、时间短、见效快、容易出成果的短平快项目，忽视企业的长远利益。同时重产出和成果，轻质量的绩效评价方式也不利于激励研究开发人员从事对企业长远发展有益，但风险大、研究周期长、见效慢的项目。事实上，我国的专利申请和授权数、科技论文数、重大科技成果数等指标已连续多年快速增长，但动辄数以十万计的专利、论文、重大成果中真正原创性、具有较大科学和经济价值的成果并不多，整体质量不高，许多研究领域在国际科技界的相对位次甚至出现了下降趋势。以代表我国技术进步最高水平的国家技术发明奖一等奖为例，该奖 1998 年、2000 年、2002 年连续 6 年空缺。2005 年 3 月颁发了 2004 年国家技术发明奖一等奖两个奖项，但国家最高科学技术奖项又空缺。

由此来看，在进行研究开发的绩效评价时，应当重视研究开发成果的质量评价，注重纵向和国际横向的比较，重视研究开发成果的社会经济运用价值，限制研究开发上的低水平重复，鼓励科学、技术创新。

（四）重财务指标，轻非财务指标

因易接受、指标所需的数据比较容易获得等优点，财务指标一直是企业绩效评价的重要方面。但是，由于必须数据化，所以财务指标不能也无法涵盖全部绩效评价的内容，因此科学的绩效评价指标体系需要非财务指标的配合。

我国在企业研究开发绩效的评价方面，新产品开发的销售百分比、成本节约率等财务指标备受关注，而研究开发的经验的积累、能力的培养和提高等对企业长远发展有利的非财务指标却容易遭到忽视。由于研究开发活动效果的滞后性以及高风险性，过多关注研究开发的财务指标并不能准确反映研究开发的绩效。

要全面、客观地评价企业的研究开发绩效，不能单纯采用某一类指标，由于财务指标与非财务指标各有不同的作用和局限性，如果简单地仅采用其中一类指标，必然影响评价的全面性。

（五）重内部评价而轻外部评价

我国企业研究开发绩效的评价往往只注重研究开发部门内部的评价，而忽视组织其他部门对研究开发活动的反馈和评价。实际上，来自外部的评价和反馈如今正变得越来越重要。

（六）忽视对评价结果的信任与利用

Chester 指出，"今天，研究开发绩效的管理工具或许令发明这些工具的管理咨询者以及决定采用这些工具的管理者感到满意，但是，许多 CEO 和事业部的领导者却对它们心存疑虑"。① 虽然研究开发的绩效评价日益受到重视，但在对待绩效评价的态度上并不如人们想象中的乐观。政府的态度比企业更积极，大公司比小公司积极。由于对评价结果的不信任，许多企业仍不愿意进行研究开发的绩效评价，评价结果也不为今后的决策与管理所用，许多部门没有认识到评价工作对项目管理的促进作用。绩效不是目的，而是手段，不能为评价而评价，而应将评价置于企业管理与决策的大背景中去考虑。

---

① Arthur N. Chester, Measurements and incentives for Central Research, *Research Technology Management*, Vol. 14, No 4, July-August, 1995, pp. 14-22.

四、国内研究开发绩效评价的研究状况

（一）国内理论研究的现状

在绩效评价上，传统决策方法主要包括净现值法、内含报酬率法、项目回收期法、会计收益法等。由于这些方法有些没有考虑到时间价值，有些没有考虑到投资具有实物期权性质，在处理风险问题时只是通过强调眼前利益来避免风险，因而存在着很大的缺陷。为了改变这种缺陷，中止决策模型与方法、实物期权评价方法、综合评价法受到越来越多学者的关注。

曹彦斌、官建成提出确定评价指标权重的一种方法，并据此对研究开发项目中止决策的 Fuzzy 综合评判方法进行实证和应用研究[1]。董景荣、杨秀苔将人工神经网络理论用于研究开发项目中止决策诊断，并探讨了研究开发项目中止决策的神经网络诊断的一般程序和步骤[2]。周鸣争、汪军提出了一种基于支持向量机的研究开发项目的中止决策算法，该算法不存在困扰神经网络算法的局部极小值问题。

沈厚才等提出了用期权定价理论对研究开发项目进行投资决策，该方法基于应用最广泛的 Black-Scholes 期权定价公式[3]。郑德渊等以二叉树无风险套利定价模型与决策树为基础，提出采用以扩张法为基础的离散形式实物期权方法来评价

---

①　曹彦斌，官建成：《R&D 项目中止决策的 Fuzzy 综合评判方法之实证研究》，载《研究与发展管理》，2000（12）。

②　董景荣、杨秀苔：《基于人工神经网络的 R&D 项目中止决策诊断》，载《科研管理》，2001（1）。

③　沈厚才，等：《基于期权定价理论的 R&D 投资决策思想》，载《科研管理》，1998（4）。

企业研究开发项目①。许民利，张子刚运用实物期权评价研究开发投资，将研究开发项目投资的不确定性归纳为三个随机过程，建立了求解研究开发投资机会价值的数学模型②。沈玉志，周效飞根据生命周期理论，分析了研究开发项目在两阶段和多阶段模型中创造实物期权的过程及其复合期权的价值模型，并提出研究开发项目的阶段性实物期权价值弹性③。

由于研究开发活动具有多重产出这一特性，因此对研究开发绩效的全面客观评价归根结底是一个综合评价问题。目前，研究开发绩效的综合评价方法是研究中的一个热点问题，许多学者对此进行了研究。高宏等提出了基于灰色理论和 tiny 方法的黄河系统科技活动绩效评价模型，并应用其得到了有用的评价结果④。朱嬿等提出了模糊集重心法，并将其运用于对我国科研院所绩效和素质的评价中⑤。周卓儒等提出了一种基于标杆管理的 DMA 改进算法，对公共部门进行了绩效考核⑥。秦吉波分析了影响高新技术企业研究开发绩效管理的权变因子以及绩效测度系统的功能需求，提出了研究开发绩效测度系统的设计方法，以及在实施与更新过程中的相关问题和建议，为有

---

① 郑德渊，等：《企业 R&D 项目的实物期权评价方法》，载《研究与发展管理》，2000 (4)。

② 许民利，张子刚：《期权理论在 R&D 投资决策中的应用》，载《电子科技大学学报》，2000 (6)。

③ 沈玉志，周效飞：《R&D 项目多阶段实物期权模型及其弹性分析》，载《研究与发展管理》，2004 (5)。

④ 高宏，等：《灰色理论在黄河系统科技绩效评估中的应用》，载《系统工程理论与实践》，1999 (5)。

⑤ 朱嬿，李章华：《模糊集重心法在评估科研院所绩效素质中的应用》，载《清华大学学报（自然科学版）》，2002 (6)。

⑥ 周卓儒，王谦：《基于标杆管理的 DEA 算法对公共部门的绩效评价》，载《中国管理科学》，2003 (11)。

效的绩效测度系统的管理过程提供了一套方法论。在研究开发绩效测度系统管理的基础上，探讨了高新技术企业研究开发活动的特性，并根据决策的分散程度以及市场化程度的不同，提出了四种研究开发管理控制模式，即专家自主控制模式、组织层次控制模式、完全市场控制模式和不完全市场控制模式，并分析了每一种模式在技术战略管理、研究开发组织管理、绩效的测度与评价三个方面的特点①。

总之，在借鉴国外最新成果的基础上，我国学术界对研究开发绩效的研究基本上与国际同步，研究的方向主要集中在介绍国外先进的研究开发绩效评价方法并加以完善，以及以问卷调查或案例分析的方式研究研究开发绩效评价方法在我国企业中的具体应用，如高杰、孙林岩等②。

（二）国内理论研究的不足

由于国内的研究开发活动还处于改革转型过程中，相关的研究工作也处于对国外理论和方法的学习、应用之中，因此在研究开发绩效评价的研究上还存在着许多不足之处。

单纯注重引进、学习国外的有关理论和方法，对我国研究开发的实际情况不很熟悉，应用研究不成熟，复杂的模型和计算往往只具有理论借鉴意义而缺乏实际意义。

侧重于运用管理学的理论和方法分析研究开发的绩效问题，经济学的分析比较薄弱。从国外看，研究开发自20世纪80年代以来，已经成为新的内生增长理论研究的重要问题，特别是罗默1990年的两篇论文发表后，更成为增长理论的核心

---

① 秦吉波：《高新技术企业 R&D 绩效测度与控制研究》，博士学位论文，湖南大学，2004。

② 高杰，孙林岩，等：《基于 EVA 的激励机制在研发部门的实施框架》，载《科学学与科学技术管理》，2003（4）。

问题。增长理论、企业理论、信息经济学与博弈论等经济学分支对研究开发的性质、过程、效应等做了相当全面、深入的研究工作，这些对于认识与解决企业研究开发中的各种问题具有很大的指导意义。第三、第四章就试图通过对研究开发的性质、过程、研究开发与经济增长关系等方面的分析，为本章和后面几章提供分析上的知识。

研究开发绩效评价与企业的经营战略目标相脱节，缺乏导向性。企业评价研究开发绩效的目的在于考核研究开发部门和人员的工作成果，据此激励研究开发部门和人员，以实现企业的战略目标。而我国现有的研究开发的绩效评价往往是孤立的，只关注研究开发成果数量，缺乏为企业整体经营战略服务的导向性和战略眼光。

在研究开发绩效评价的指标体系研究上，比较重视关键指标的选择和计算，但往往忽视不同层次的指标在经济关系上的内在联系；比较重视财务指标的分析，对反映企业长期盈利能力的非财务指标关注不够。

对研究开发的企业、团队等各种主体的行为机制和绩效评价重视不够。从研究上看，对研究开发项目的事前、事中、事后的绩效评价偏多，对企业、研究开发部门、研究开发团队等研究开发主体的分析较少，较少考虑被评价主体的企业特征和研究开发的行为机制，从而影响到了评价方法的适用性和科学性。

五、研究开发绩效评价的难点分析

由于组织中的信息不完全、不对称性、隐含性等问题在企业研究开发活动中表现得特别突出，同时，由于研究开发中还存在着外部性等性质，使得研究开发的绩效评价困难重重。结合国内外研究开发绩效评价的发展状况，在企业的研究开发绩效评价中至少需要解决以下 6 个关键性难题。

（一）确定企业的目标及其研究开发的目标

教科书上一直将收益最大化定义为经济行为的基本目标，但实践中的经济问题并非如此简单：收益最大化的最终指标是指总收入最大化、利润最大化还是价值最大化？是否还有中间指标？对于研究开发来说，其目标该如何界定和计算？第二章曾经简要地说明了企业目标与企业研究开发目标之间的差异性，如何界定研究开发的目标，是研究开发成果的最大化还是研究开发成果运用收益最大化？研究开发成果收益是指企业收益即私人收益，还是社会收益？即使是指企业的收益，研究开发的投入或成本容易计算，收益如何计算？如何将企业目标和研究开发目标兼容起来？

（二）选择评价指标

评价指标应当与企业目标及企业研究开发目标一致或者正相关。在衡量研究开发绩效上，采用单一指标还是复合指标，财务指标还是非财务指标，在日、周、月、年还是多年的时间尺度上衡量？如果选择多项指标，如何确定各项指标的权重，综合计算评价总分？对于大型企业，投资大，研究开发投资项目多，仅从现象、数据或管理者提供的有限指标，可能根本无法判断企业研究开发的真实情况。对于不同的评价模式，各指标间的权重问题不同。如价值模式一般使用单一的评价指标，不需要考虑不同指标之间的权重问题；财务模式和平衡模式一般要使用几个甚至更多的评价指标，因而无法回避指标的权重确定问题。

（三）确定各项评价指标的标准值

有关企业研究开发的信息本来就不可能完全，而在企业与研究开发团队之间、研究开发团队与研究开发人员之间更存在着严重的信息不对称现象，研究开发团队、研究开发人员出于自身利益的需要，可能提供不充分、不准确、不及时的信息，甚至恶意欺诈，这就导致难以全面、准确地确定各项指标的取值。显然，选择不同的评价基期和指标基数，评价结果可能差异巨大。

（四）获得评价所需要的资料

如何获得评价所需要的资料，特别是各种财务数据和非财务数据？如何保证低成本地获得全面、真实、及时的信息？因外部环境和内部管理不同，研究开发绩效评价的信息质量可能不同。因选取的评价指标不同，不同评价模式的评价数据获取的难易程度也有所不同。如财务模式直接使用会计报表所提供的数据计算评价指标，最为简捷；以经济增加值为代表的价值模式是对财务指标进行了适当的调整，这也保证了评价数据的易获得性。相反，平衡计分卡引入了非财务指标，这就超出了会计信息系统的势力范围，尤其是研究开发成果的质量数据、新产品的市场占有率、顾客满意度等外部数据的获得更对企业的管理信息系统提出了挑战。

（五）区分企业绩效与研究开发绩效

从整体和长期看，企业生产经营的成功或失败可能是许多因素导致的，如发展战略、产权和资本结构、资金、营销、管理、技术创新、政策调整等，这些影响性因素之间可能还有交叉性和冲突性，而研究开发只是因素之一，如何区分研究开发的绩效和企业绩效？如何评价研究开发绩效及其在企业中的贡献份额？这些都是至今没有很好解决的问题。

（六）绩效评价的对象和内容

从什么角度，以什么为对象和内容来评价研究开发绩效？在实践上，研究开发人员能力、研究开发行为、研究开发成果和成果运用都成为评价研究开发绩效的对象和内容，但这三种角度或方法都存在着一系列难以解决的理论和方法上的问题。

第二节　研究开发绩效评价的影响因素与基本原则

从系统的角度分析企业研究开发及其绩效是一个有效的途径。从系统的角度看，研究开发评价过程包括对研究开发相关信息的收集、编辑整理、分析、评价、信息反馈等环节，研究开发绩效评价系统由评价原则与目的、评价对象、评价指标、评价方法、评价标准、评价频率、报告格式等要素组成。研究开发绩效评价系统特别是评价目的、评价对象又受到企业外部环境、企业规模和性质、企业及其研究开发战略等因素的影响。在研究开发绩效评价系统内部，评价目的、评价对象也影响着研究开发绩效评价方法的选择、指标的设计、评价标准的选择、评价的频率时间以及报告的格式。因此，还需要分析研究开发绩效评价系统的各个环节和组成要素。

一、研究开发绩效的影响因素

研究开发绩效评价的影响因素又称为影响因子、权变因子等。在实施研究开发绩效评价的过程中，一系列因素将对其施加影响。因此，有必要探讨和分析影响研究开发绩效评价的主要因素。

国外学者对影响研究开发绩效评价系统设计和选择的因素进行了较多的研究。Szakonyi 给出了研究开发有效性的条件：好的研究开发计划；确定研究开发的市场需求；研究开发人员的竞争性管理；从技术到生产的有效转化；在评价研究开发时使用合适的财务准则；在研究开发中有好的团队合作[1]。

---

[1]　Robert Szakonyi，Measuring R&D Effectiveness，*Research Technology Management*，March-April 1994，pp. 27-32.

Drongelen & Bilderbeek 把影响研究开发绩效评价的因素分为 5 大类：创新策略，战略上的研究开发控制模式，商业和技术的不确定性，研究开发的复杂程度与企业的组织规模①。本书认为，影响研究开发绩效评价的主要有以下 5 个方面的因素：企业研究开发的外部环境、企业的性质和规模、企业的研究开发战略、企业研究开发的类型、研究开发主体的学习能力。

（一）研究开发的外部环境

系统之外与系统相关的因素就是系统的外部环境，企业及其研究开发系统的外部环境包括市场环境、技术环境、政策环境等，它们是企业制定发展和研究战略、开展研究开发活动的约束条件。企业研究开发绩效评价应当从所处的环境出发，最终达到适应企业竞争和发展的目的。

企业的外部环境对开展研究开发活动将产生以下影响：（1）技术、生产、市场、政策等环境因素的不确定性，研究开发成果运用的公共物品性和风险性，知识成果保护和交易制度的完善与否，这些都使得企业研究开发具有高度风险性。（2）规范、竞争的知识、技术交易市场，便于企业采取专业化分工、技术合作的方式实现优势互补，从而提高研究开发的效率。（3）为了避免研究开发活动的市场失灵，相关的研究开发政策，如税收减免、政府资助、合作研究等也将影响企业的研究开发活动。

（二）企业的性质和规模

对于在所有制、行业、组织形式、规模等方面性质不同的企业，其研究开发活动也具有显著区别。从我国来看，国有企

---

① Kerssens-van Drongelen I. C. and Bilderbeek，Performance measurement：more than choosing a set of metrics，*R&D Management*，1999，29（1）.

业或国家控（持）股公司、外资企业在研究开发上更容易享受
政府在财政、税收、产业管制、环境保护等方面的政策优惠。
从行业、组织形式上看，生产技术成熟行业的企业多采取防御
型、传统型研究开发战略，而新兴行业的企业多采取探索型、
模仿型的研究开发战略；个人独资企业、小规模的有限责任公
司人员和资金有限，研究开发投入较少，绩效不显著，股份公
司人员和资金实力较强，研究开发投入较多，而有限合伙制是
最适合创新的企业形式，尽管创新失败的概率较大，一旦成
功，却往往成为行业发展的领导者，经济收益很高。

企业规模（大小）也是影响研究开发绩效的一个重要的因
素，它影响着组织设计（分权决策机制、专业分工、正式化程
度）以及预算程序等。有关研究揭示了一个大致相似的权变关
系：组织规模越大、管理控制过程的正式化程度越高；随着规
模扩大，由于控制系统的刚性带来管理的低效，必将影响研究
开发活动。对于企业而言，企业规模越大，越可能采取系统
的、正式的测度系统进行研究开发的管理；企业的规模越小，
越倾向于对行为的控制，如直接的监督。

（三）研究开发的战略

研究开发战略是指企业关于研究开发的方向、重点、方
法、措施等方面的规划，它是企业整体战略的重要组成部分。
企业研究开发战略的选择恰当与否直接影响企业研究开发的发
展、效益乃至成败。

研究开发战略有不同类型。如克里斯·弗里曼、罗克·苏
特将研究开发战略分为进取型、保守型、依赖型、传统型四
类①。傅家骥等人将技术创新战略分为自主型、模仿型、合作

---

① ［英］克里斯·弗里曼，罗克·苏特：《工业创新经济学》，
340～368 页，华宏勋，等译，北京，北京大学出版社，2004。

型三类①。如本书第二章所分析，由于创新可以分为原始性创新、跟随性创新和集成性创新，独立（自主）创新和合作创新，研究开发战略也可以相应地分为原始性创新、跟随性创新和集成性创新等类型，独立（自主）创新和合作创新等类型。

对于不同行业、不同形式和规模的企业，以及企业的不同发展阶段、不同部门、不同项目，将采取的研究开发战略也将有所不同，而不同的研究开发战略类型，其绩效评价方法和指标也有所不同。这使得企业的研究开发绩效评价和管理非常复杂。根据我国企业研究开发的实际状况，将企业研究开发战略分为探索型、防御型、模仿型以及传统型四种。

1. 探索型战略。探索型战略的目标在于创造和开发快速捕捉新技术、潜在市场机会以及迅速商业化的能力，采取这种战略的企业是研究开发高度密集型的企业，是新技术的领跑者和倡导者。

2. 防御型战略。采取防御型研究开发战略的企业不想带头创新从而冒巨大的技术、市场风险，研究开发的主要任务是提高效率和完善产品线的功能，强调低成本、高性能和具有吸引力的价格。

3. 模仿型战略。采取模仿型研究开发战略的企业一般甘于处于其他较强企业的附属地位，密切关注探索型竞争对手成功投放市场的产品，并通过学习、模仿，有针对性地进行研究开发活动，以较低的研究开发成本紧随竞争对手。传统的内生经济增长模型曾假定，产业领先企业因拥有技术最先进的产品或生产手段，创新收益小于追随者，不参与研究开发竞争；驱动经济增长的研究开发投资全部由该产业中的跟随企业完成。这

---

① 傅家骥，主编：《技术创新学》，13 页，北京，清华大学出版社，1999。

一假定显然与现实情况相悖，许多产业领先企业不仅投资研究开发，而且投资强度远远高于跟随企业。巴罗和萨拉伊马丁将产业领先企业相对于追随企业具有研究开发成本优势这一假设条件引入增长模型，Segestrom 和 Zolnierek（1999）进一步发展了这一模型。

4. 传统型战略。传统型公司仅仅对外来的压力被动、不连贯地作出反应，供应的产品变化很小，缺乏研究开发能力来推行意义深远的技术、产品革新，最有可能的是进行一些外观、款式上的设计变化，很少或没有投入研究开发资金。

比较而言，探索型战略主要关注企业未来的增长潜力，强调创新性，对研究开发绩效的评价多采用 NPV、发明专利的数量、新产品销售收入占产品销售收入的比重等指标；防御型战略和模仿型战略具有一定的相似性，强调研究开发效率和过程的有效性，对研究开发的绩效评价主要以财务指标和学习能力为主，如时间进度、成本节约率、完成的专利数量等。而传统或机会主义型战略很少进行研究开发，所以不作分析。

（四）研究开发的类型

研究开发的类型有基础研究、应用研究、试验开发三种类型，不同类型的研究开发活动的风险、目标、成果等不同，国外一般对不同的阶段采用不同的评价标准。比较而言，基础研究的风险和不确定性较高，研究周期较长，产出形式主要表现为新发现、新概念、新理论和新方法等成果，因此，基础研究和应用研究的绩效评价不应侧重产出和市场成果，绩效评价指标就不能是财务指标，应以定性和主观方法为主，评价也以同行评议为主，重点考察目标完成程度和研究开发人员在实现目标中的努力度。应用研究开发着眼点是确定基础研究成果的可能用途，以及利用这些成果达到预定目标的方法，其主要特征是技术创新，成果产出的形式主要是专利、专有技术等知识产权，因此对应用研究的评价主要考虑知识产权、专利及技术应用等方面以及可能产生的社会和经济效益。试验开发的时间最短，开发的技术风险小，侧重于以产出和市场成果为导向的绩效评价方法，以定量和客观方法为主，重点考虑专利、成果转化以及可能产生的社会和经济效益，考核指标以财务指标为主，如新产品带来的市场份额、销售收入等短期经济效益指标。

（五）研究开发主体的学习能力

研究开发主体的学习能力包括内部的和外部的学习能力。内部学习能力主要指对知识进行获取、共享、集成、传播和创新的能力，随着知识在组织内部的渗透、学习型组织的形成以及聚合效应的存在，组织内知识的集合大于组织内单个成员的知识累加。外部学习能力主要包括两个方面：一是从客户和市场捕捉需求信息和知识，以开发客户真正需要的产品的能力；二是利用各种信息媒体如互联网技术，获取研究开发的前沿知识、技术和新产品的信息的能力。一般来说，组织的学习能力越强，研究开发的能力也就越强。

二、研究开发绩效评价的基本原则

原则是指说话或行事所依据的基础性、普遍性的标准、规则，这些原则规范、约束着行动的方向、过程、方式。由于研究开发是一种相当复杂、充满风险的活动，研究开发及其绩效的评价是一个相对新颖和薄弱的领域，这就要求在对研究开发及其绩效进行评价时要确立正确的指导思想和完善的制度系统。明确了研究开发的绩效评价系统和影响因素，以及研究开发绩效评价中的理论依据和难点问题，就容易确立研究开发绩效评价的原则了。

（一）绩效评价原则的比较

对于研究开发绩效评价中的原则问题，国外学者已经做出了许多探讨。

美国科学家温伯格（Alvin Weinberg）20 世纪 60 年代在科学管理方面提出了大科学（big science）的评选准则。他认为，科学管理不是决定哪一个科研课题如何完成，不是对研究开发过程的监督，而是决定做什么，确定哪一个科研课题更具有价值。在国家层次上，科学管理关心的是科技资源的配置问题，因此他提出了科学选题的优先次序和科学评选的准则（被称为温伯格准则）。温伯格准则指出，科学评选有内部准则和外部准则。内部准则是效率准则，是指所提出的科研项目达到目标的可能性多大与需要花多少时间？内部准则关心的是这些向政府申请资助的项目是否有可能与有力量完成其所提出的目标。由于它完全取决于执行者以及项目的科学人员本身，因此成为内部准则。外部准则是广义的用途准则，包括技术价值、社会价值和科学价值。技术价值是指科学活动的技术相关性或者技术用途，如高温等离子体研究的高技术价值在于通过它能产生对熔化能的控制。社会价值是指科学活动对社会经济的直接影响，如高能物理引导国际合作事业，在国际事务中扮演重要角色。纯科学研究的科学价值是指它对其他的学科的贡献和在阐释其他学科内涵时的作用。通俗地讲，外部准则就是除了从事这一领域的一小批科学家外，还有多少人对它感兴趣，感兴趣的人越多，科学问题就越具有价值。20 世纪 70 年代以来，温伯格准则对以美国为主的工业化国家的科学政策制定产生了很大的影响①。

---

① 陈玉祥：《科学选择和温伯格准则》，载《中国科学基金》，1991 (3)；张九庆：《自牛顿以来的科学家》，第 24 章。

德国在衡量和评价研究所的研究开发的有效性时，主要关注两个尺度：一是成功因素，包括战略方向、技术管理、工业联系、科学联系、交往能力、组织管理、人力资源、科技设施和财政状况 9 条；二是工作效率。如果一个研究所能够很好重视并具备以上的成功因素，那么它就会很容易通过相应的效率准则的考核，被评价为有效的研究组织。

Brown 和 Avension 在对评价系统进行综合研究之后，给出了导致评价系统失灵的几个关键问题：注重内部评价；注重行为；对组织无用或用处值得怀疑的输出进行评价；评价系统太复杂（如果被评价的目标超过 6 个或 8 个，人们往往会忽略其中的大部分，而仅仅集中于 2 个或 3 个目标）；评价系统太主观。在此基础上，他们提出了有效的研究开发绩效评价系统应该具有的特征：（1）内部评价与外部评价相兼顾；（2）评价重点放在产出（研究开发成果）和结果（研究开发成果运用），而不是行为上。可从质量、数量和成本三个方面对产出、结果进行评价，同时要考虑投资的回报；（3）只评价有价值的产出；（4）力求使评价系统简单（评价系统基于 6 个到 8 个关键指标，综合考虑质量、数量和成本因素）；（5）力求使评价系统客观；（6）对研究和开发区别评价。

Drongelen & Cook 提出了研究开发绩效评价系统应遵循的基本原则：在适当的时候，可靠、经济地收集正确的信息，评价系统要动态地变化以适应新的组织和过程；全盘考虑系统的设计，应当考虑所有相关的因素，系统运行的成本，汇报时间，决策者对信息的要求，可利用的高标定位指标；系统必须是可接受的，在成本上是有效率的；考虑到利益相关者和用户的要求。同时指出绩效评价系统的主要设计参数是：评价指标、评价系统的结构、评价标准、评价方法、汇报形式、评价和汇报的时间；常用的指标是：成本、质量、时间、创新性和贡献利润①。

Nixon 提出的研究开发绩效评价原则是：以战略为导向，项目早期更为关注定性的战略绩效评价，中后期更为关注定量的运营绩效评价；指标的设计要反映研究开发成功的关键因素，满足客户需求；简单，体现利益相关者的观点；鼓励变革，使变革阻力最小化；平衡财务评价与非财务评价②。

（二）绩效评价的基本原则

以上是关于研究开发绩效评价原则的代表性观点。本书认为，研究开发绩效评价应遵循以下几项基本原则：

1. 企业目标导向原则。进行研究开发绩效评价的目的在于科学地衡量研究开发团队和人员的工作成果，并以此设计激励机制，从而实现企业的战略目标。因此，企业研究开发的绩效评价应与企业的战略目标紧密结合，评价指标体系的设计要很好地体现出导向性。

2. 结果考核、行为考核和能力考核相结合的原则。对于研究开发绩效，可以从研究开发行为或过程、研究开发人员能力、研究开发的结果即成果和成果运用这三个方面进行评价，即行为绩效、能力绩效、结果绩效。比较而言，研究开发绩效评价应以成果和成果运用评价为主，兼顾行为和能力评价，不能顾此失彼。在对企业研究开发的绩效进行评价时，应采用较为全面的绩效概念，兼顾行为、能力与成果运用等不同方面。

3. 内部评价和外部评价相结合。在企业研究开发的绩效评

① Kerssens-van Drongelen I. C. and A. Cook, Design principles for the development of Measurement systems for research and development processes, *R&D Management*, 1997, 27 (4) pp. 345-359.

② Nixon B., Research and development performance measurement: a case study, *Management Accounting Research*, 1998, 9, pp. 329-355.

价中，上级评价和自我评价等内部评价是必需的，但过分强调内部评价是很危险的，因为内部评价很可能不太关心研究开发对企业的实际价值。为了充分获取有效的绩效评价信息，应强调多重来源的绩效评价信息之间的互补，引入"360度考评"和"用户导向"（customer oriented）观念。

A. N. Chester强调，应当把激励建立在客观的指标或者是来自于研究开发部门之外的评价之上，以保证绩效评价的有效性[①]。这就意味着研究开发的绩效评价不仅仅是对其技术开发活动的内部评价，内部用户和外部用户都应参与其中。这样，才能有效地将市场压力传递到研究开发部门和人员，从而改变研究开发部门过于注重技术推动（technology push）而忽视市场拉动（market pull）的传统倾向。

4. 项目或团队评价为主，兼顾个人评价和企业评价。如前所述，企业的研究开发活动是由研究开发部门、研究开发团队、研究开发项目等子系统组织实施的，而研究开发成员或个人是最基本的组成要素，研究开发项目或团队是基本的组织形式。对研究开发绩效进行评价，研究开发成员个人、项目或团队、研究开发部门、企业都可以成为研究开发绩效的单位。比较而言，企业的研究开发一般以研究开发项目为基本单元，由研究开发团队具体完成，因此研究开发绩效评价的重点是研究开发项目和团队的评价。研究开发项目评价分为立项评价、进展（过程、行为）评价和结果（绩效）评价。选择正确的项目加以支持，是保证项目有可能成功的前提条件。对项目进展过程的评价，可及时中止一些明显无力完成或证明当初选题不当

---

① Arthur N. Chester, Measurements and Incentives for Central Research, *Research Technology Management*, Vol. 14, No. 4, July-August, 1995, pp. 14-22.

的项目，避免更大的损失；对进展正常、按计划顺利进行的项目，可继续执行；对一些有很大潜力、有可能出现当初未曾预料的更多产出的项目，应加大投入，促使其有所突破。对已经结束项目的产出和绩效进行评价，可以了解总体情况，并为今后的选择决策提供参考，这也是对前阶段评价与管理工作是否正确的验证。因此，研究开发绩效评价一般以研究开发项目或团队为绩效评价的基本单位，兼顾个人评价、部门评价或企业评价。

5. 评价系统要尽量客观。在评价企业研究开发绩效时，尽管难以避免主观性，但应尽量保证评价过程的客观、公正。在没有有效的定量方法的情况下，上级或研究开发负责人对研究开发活动和人员的评价是以定性为主的主观评价，自然不可避免地会产生很多人为误差，例如易受"晕轮效应"和以前印象的影响，考评的公正性也往往受考评者素质的影响，结果的不合理容易引起研究开发人员对评价过程的抵触情绪和机会主义行为，从而影响研究开发绩效的考评效果。

6. 评价系统要科学、简单、易用。科学的研究开发绩效评价系统是达到评价目的的必要条件，但是过于复杂的评价系统既不符合成本效益的原则，也会使评价者望而却步、被评价者产生厌烦。

7. 研究开发绩效评价系统应具有动态性。当面临的政策环境、市场环境、技术环境以及组织内部环境发生变化时，或者企业的战略发生变化时，企业研究开发绩效的评价系统应该是动态的，能够适应这种变化。

第三节　研究开发绩效评价的目的、对象和方法

一、研究开发绩效评价的目的

　　研究开发的绩效评价活动是一个完整的过程和系统。从系统的角度看，研究开发评价过程包括对研究开发相关信息的收集、编辑整理、分析、评价、信息反馈等环节，研究开发绩效评价系统由评价原则与目的、评价对象、评价指标、评价方法、评价标准、评价频率、报告格式等要素组成。本节首先分析研究开发绩效评价的目的、对象、方法等要素，第四节着重分析研究开发绩效评价的指标。

　　在研究开发绩效评价系统中，首先需要明确的是绩效评价的目的或功能。Cameron Blair 认为，研究开发绩效评价的目的有二：（1）激发、鼓励研究开发成员及时研究开发更好的产品，并与企业战略保持一致。（2）诊断研究开发组织的活动①。

　　Kerssens-van Drongelen 比较完整地阐述了一般企业研究开发绩效测度系统的主要功能，包括：（1）洞察目标/战略的偏离程度，给管理者提供诊断、纠错支持和决策信息；（2）增强学习机制，改善系统的预测能力；（3）目标的合作和沟通；（4）支持基于报酬的决策；（5）知识、成果、绩效的合理性判定；（6）通过反馈系统激励成员；（7）评价、更新系统本身②。

---

①　Cameron Blair，*Evaluating Research and Development performance*，www. elec. canterburg. ac. nz.

②　Kerssens-van Drongelen I. C. & A. Cook，Design principles for the development of Measurement systems for research and development processes，*R&D Management*，1997，27（4），pp. 345-359.

　　对于研究开发绩效评价的目的，我国的多位学者也从不同的角度进行了阐述。

　　李正风从政府资金的有效应用角度，认为科学研究的绩效评价目的在于优化资金分配，调整科技计划和研究机构的方向，提高管理水平和科学研究的效率。具体地体现在以下几个方面：（1）通过公正、严格的评价，将政府的有限资金集中用在可行的重点研究领域；（2）通过对工作绩效的恰当评价，建立能够充分发挥研究人员创造能力的开放、灵活和竞争的学术环境；（3）从整体上引导科学研究的发展方向、发展模式，塑造科学研究人员的价值观念；（4）改善政府及相关部门的内部管理能力；（5）积极公布评价结果，使公众理解和支持政府研究开发投资，强化对政府能力的信任[①]。

　　杨列勋分析了研究开发项目评价的目的，归纳起来有如下几类：（1）因资源分配、投资分析需求而引起的评价，这是早期评价问题涉及的最普遍的一类评价；（2）为分析项目进展，了解、调整、控制项目的进度；（3）评价项目绩效与项目的整体执行情况，利用评价结果为今后的项目决策服务[②]。

　　综观中外学者的研究，研究开发绩效评价的核心目的即在于通过客观地评价研究开发活动的绩效，并将评价信息及时反馈给管理者和利益相关者，从而在研究开发活动的投资和资助主体、实施机构、应用主体等各种组织之间建立起一种权力责任机制，最终保证有限的研究开发资源得以优化配置。概括而言，研究开发绩效评价的目的应当包括以下两个基本方面：

─────────

　　① 李正风：《基础研究绩效评估的若干问题》，载《科学学研究》，2002（1）。

　　② 杨列勋：《R&D项目评估研究综述》，载《管理过程学报》，2002（2）。

(1) 完整、准确、及时地分析和判断研究开发部门、团队与员工的工作过程和结果，促进研究开发中的沟通、合作和计划执行，为公平合理地确定其报酬系统提供数据支持，从而最终激发、鼓励研究开发部门及其成员有效进行知识生产、技术和产品开发，并与企业发展战略相一致。(2) 在此绩效评价的基础上，分析、诊断研究开发活动，及时评价研究开发活动与企业战略的偏离程度，提供预测、决策信息，给管理者提供纠错和决策的信息，改善预测和决策能力，并采取相应修正措施，以使研究开发活动与企业战略相匹配。

二、研究开发绩效评价的对象

评价对象是指对什么进行评价和管理。那么，反映研究开发绩效的是什么，或者说以什么作为研究开发绩效评价的内容，这是研究开发绩效评价的关键性问题。对研究开发的结果进行评价已经成为共识性原则，但研究开发具有高度的风险性，研究开发预期结果往往只能部分完成甚至不能完成，因此完全的结果评价并不可行。由于研究开发结果与研究开发人员的能力和行为密切相关，因此必须将结果评价与能力和行为评价结合起来，对于经过努力但只能部分完成甚至无法完成的研究开发项目也要宽容和依约激励。

（一）研究开发绩效评价的两个层面

在实践中，实施研究开发职能的有多个层次的研究主体。Ranftl 把研究开发的实施主体分为个体、团队、主要设计、整个项目、更大的组织这 5 个不同的层次。Griffin & Page 针对新产品开发的研究活动，把绩效评价对象分为单个产品、项目、整个公司 3 个层次①。徐笑君、许庆瑞、陈劲提出，研究开发绩效评价系统包括研究开发的组织绩效、部门绩效、项目绩效和人员绩效 4 个层次②。

由于研究开发结果是由具有不同才能的个人分工合作完成，并运用于企业生产经营活动的，根据研究开发的目的，可以将研究开发评价对象分为两个层面：一是企业针对研究开发人员及其组织，对研究开发成果分三个层次的评价。二是针对企业，对研究开发成果和成果运用的评价。

研究开发成果评价可分为研究开发人员、研究开发团队、研究开发部门三个层次的评价。（1）研究开发人员是进行研究开发活动的最小单位，可以对每个成员的能力、行为和成果进行综合评价。（2）研究开发作为一种探索开创性的组织活动，往往是由一些具备不同知识技能与经验的人员针对某一相对独立的项目，组合成一个团队（如项目小组），运用集体的智慧与力量完成的。研究开发团队是开展研究开发活动的基础组织形式，研究开发项目一般也是以研究开发团队为单位开展的，对研究开发团队进行项目进程和项目成果的评价。（3）研究开发部门是指企业从事技术和产品研究开发活动的正式组织，企业一般有一个集中管理各种研究开发活动的职能部门，可以对企业的全部研究开发的投入产出进行年度零基预算评价和跨年度评价。

研究开发项目评价是研究开发成果评价的基础方式。许多企业特别是大企业往往同时开展多方面的研究开发活动，研究

---

① Griffin, A. and Page, A. L., Measuring product development success and failure, *Journal of Innovation Management*, 1993 (10), pp. 291-308.

② 徐笑君，等：《企业 R&D 绩效测度研究》，载《科研管理》，1998 (4)。

开发由几个大的计划（program）和项目群（projects）组成，每个计划或项目群又由许多具体的项目组成。项目是研究开发活动的基本结构与形式，研究开发活动主要通过项目的形式表现出来。研究开发项目评价是针对某一相对独立的研究开发活动的评价，如基础研究项目的评价、企业某一新产品研制项目的评价等，项目评价主要是项目完成进度和成果评价，它是目前研究开发评价中数量最多、最具代表性的评价，是研究开发评价的基础性工作。评价研究开发项目，可以为总体评价研究开发活动提供基本素材和基础数据，比抽象的研究开发活动的评价更加直观、生动，能够充分地发掘、检验、确定研究开发的活动成效，认识研究开发活动的意义和重要性。

由于研究开发项目一般是由研究开发团队完成的，所以也可以把研究开发团队作为绩效评价和内部激励的基础方式。

（二）研究开发绩效评价的内容

研究开发绩效评价的内容包括研究开发人员的能力和行为、研究开发的成果和成果运用结果。

研究开发需要专门的知识或者技能，现代科学技术的发展不断提高了研究开发的专业化程度，只有通过正规的学习获得严格的训练，系统掌握专业知识、方法和实践能力（包括理解能力、判断能力、逻辑思维能力等），才能成为研究开发人员。现在，要在一个大学、研究所或者企业研究开发部门谋求职位，没有硕士及以上学位是不可能的。美国诺贝尔物理学奖获得者中，除第一个获奖人迈克尔孙（A. A. Michelson，1852～1931）没有获得过博士学位外，其余获奖者都获得过博士学位。对研究开发人员能力评价可能是最简单的评价方法。界定或计量研究开发人员能力时通常依据研究开发人员主动传递的信号或研究开发人员的过去行动，如研究开发人员的学历、学位、获奖、档案、职称、职务、年龄等。但这些信号可能不全面、真实、及时，即使信号准确但它与研究开发人员的行动和行动结果之间并不是线性的因果关系，如果激励机制不健全，高能力的人可能更有能力弄虚作假、偷奸耍滑。

对研究开发行为的评价同样存在着严重的缺陷。尽管研究开发人员对核心任务的熟练程度、所表现出的努力程度以及个人纪律的遵守情况是行为评价的主要组成部分，通过考勤和工作监督可以评价一个人的行为表现，但显然难以全面、准确、及时、低成本地考核评价研究开发中的个人努力程度和贡献比例，且可能带来一种错误导向：员工会更关心做事的方式，而不是做事的结果。事实上，研究开发活动与其他的生产活动不同，需要足够的创造性和灵感，其行为是很难准确评价的，所以与其关注"正确做事"不如将更多的精力关注"做正确的事"上。因此在管理和评价上要注意灵活性，并提供宽松、鼓励创新的环境。

比较而言，由于研究开发是根据企业发展目标和战略进行的，研究开发成果最终运用到企业生产经营活动，因此必须评价企业研究开发活动的整体和最终绩效，评价研究开发的投资效益，企业研究开发绩效评价应当以结果考核为主，而不是以研究开发行为和能力考核为主。不过，由于研究开发活动及其成果运用具有风险和不确定性、外部性等特征，研究开发的结果评价原则也需要解决诸如研究开发结果的定义和计量、研究开发结果的风险性、外部性等难题。

对研究开发结果评价，首先要解决的是结果的界定与计量问题。研究开发结果包括两层含义：一是指研究开发的成果（产出）；二是指研究开发的成果运用（结果）。研究开发成果一般用专利（发明、实用新型等）、论文、获奖等成果数进行衡量，单位研究开发成果所耗费的投入就反映了研究开发成果的绩效水平。其次研究开发成果运用的绩效，包括本企业生产运用的收益和成果对外转让的收益，从社会收益的角度看，还应当考虑外部效应。显然，对研究开发评价应当将成果评价与成果运用评价结合起来，这也是所谓的温伯格准则问题。不过，对于研究开发成果运用的收益评价，目前主要采用财务指标和非财务指标方法，还存在许多难题。

对研究开发结果评价，其次要解决的是两个不对应性：一是研究开发成果与研究开发人员的能力、行为之间的不对应性；二是研究开发成果运用即企业的研究开发投资收益与研究开发成果之间的不对应性。由于研究开发成果及其运用并不完全反映研究开发人员的能力和努力程度，特别是成果运用的市场、政策等社会风险是研究开发人员和部门所难以控制的，因此在评价研究开发部门和成员的绩效时，应主要评价研究开发成果的绩效，兼顾成果运用的绩效。当然，如何平衡成果评价与成果运用评价之间的关系，也是一个难题。许多评价系统对研究开发成果运用赋予了过多的权重，致使研究开发人员倾向于研究风险小、时间短、见效快、容易出成果的短平快的开发性项目，但这不一定对企业的长远发展有益。比较而言，基础研究和应用研究风险大、研究周期长、见效慢，但对企业和社会长远发展有益，如果评价方法不科学，过于侧重结果考核，会对基础研究立项和基础研究人员产生负面的激励。

总之，企业研究开发绩效评价应当以研究开发成果和成果运用的结果评价为主，兼顾研究开发人员的能力和行为评价。由于研究开发的高度风险性，对于经过努力但只能部分完成甚至无法完成的研究开发项目也要宽容和依约激励。

三、研究开发绩效评价的方法

由于研究开发的类型、评价对象不同，研究开发绩效的评价方法也不同，研究开发的绩效评价是一项复杂的系统工程。

单一指标或简单的指标组合并不能真实反映企业研究开发的绩效水平，必须采用合理的方法体系，才能达到正确评价研究开发绩效的目的。

研究开发绩效评价的方法可以分为定性方法和定量方法、客观评价方法和主观评价方法等不同类别。在基础性研究的绩效评价，研究开发项目的申请评审、科研成果的评定、对研究开发人员的绩效评价中，定性方法、主观方法应用得十分普遍，定性方法主要有同行评议法、回溯分析法、德尔菲法（Delphi）等。而对市场化的研究开发机构、研究开发团队进行的产品开发的绩效评价则适合采用定量方法、客观方法进行评价，主要有 EVA、净现值、新产品收益率、成本节约率、销售增长率等方法。对于定性方法和定量方法在企业研究开发绩效评价中的运用，Pappas & Remer、Werner & Souder 等都认为有一定的规律可循①，具体如图 5-1、图 5-2 所示。

通过图 5-1、图 5-2，可以发现共同之处，即从整体上看，对基础研究项目的评价侧重定性的质量评价或主观判断方法；对应用研究和试验开发项目的评价，偏重于定量或半定量的客观评价方法。综合集成方法是一种新的趋势，它将定量方法和定性方法有机结合，因此适应性更为广泛，无论对于基础研究、应用研究或试验开发项目，均有其用武之地。本文主要介绍和分析其中的判分法、技术价值金字塔、平衡计分卡等综合评价法。

---

①　Pappas, Richard A., Remer. Donald S., Measuring R&D productivity, *Research Management*, Vol. 38, 1985 (3), pp. 15-22.

Bjorn M. Werner, William E. Souder, Measuring R&D Performance-U. S. and German Practices, *Research Technology Management*, Vol. 40, 1997 (3), pp. 28-32.

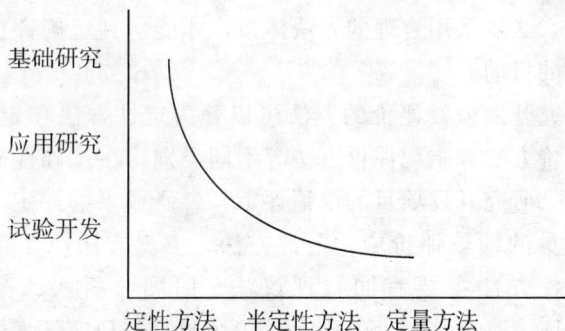

基础研究

应用研究

试验开发

定性方法　半定性方法　定量方法

图 5-1　评价方法和评价对象之间的关系（1）

资料来源：Pappas，Richard A.，Remer. Donald S.，Measuring R&D productivity. *Research Management*，Vol.（38，1985，3），pp.（15-22）。

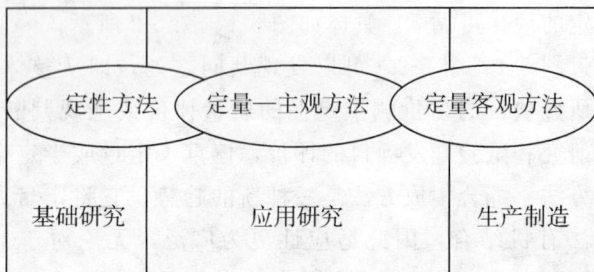

定性方法　定量—主观方法　定量客观方法

基础研究　　　　应用研究　　　　生产制造

图 5-2　评价方法与评价对象之间的关系（2）

（一）研究开发的判分法

Szakonyi 为了确认研究开发部门内部研究开发活动的有效性，在对世界上 300 多家企业进行咨询和研究的基础上，提出了衡量研究开发活动有效性的一种判分方法。首先将与研究开发有关的活动分为 10 项：（1）选择研究开发项目；（2）研究开发项目的计划和管理；（3）产生新的产品构想；（4）保持研究开发研究过程和研究方法的质量；（5）激励研究人员；（6）建立跨学科、跨部门的团队；（7）协调研究开发与营销部门之间的合作；（8）将技术转化为生产能力；（9）研究开发部门与财务部门之间有良好的合作；（10）将研究开发与经营计划紧密相连。对每一项活动分为 6 个层次，以衡量在每一项活动中企业所处的水平：（1）问题没有被识别；（2）开始努力将问题描述清楚；（3）对具体的问题使用了正确的技术手段；（4）使用了合适的方法或程序来管理和辨别问题；（5）责任被明确划分；（6）持续不断地提高各项技术水平和管理技巧。每个层次赋予不同的分值，从 0 分到 5 分，加和后得出总的分值。再与从 60 多家企业调查得出的平均值进行比较，以判断自己企业在每一项活动上所处的水平以及整体的水平①。

（二）技术价值金字塔

Tipping 等人着眼于对研究开发工作的整体价值的评价，构造了一个"技术价值金字塔"（technology value pyramid）的层次化模型②（如图 5-3 所示），确定了描述企业创新能力的 5 个管理要素：（1）价值创造；（2）资产组合的评价；（3）与商业经营的一体化；（4）技术的资产价值；（5）支持创新的研究开发的过程实践。

与各个管理要素相联系的是 33 个具体的标准，组成了一个综合的测量菜单，用于考察研究开发组织在不同层次上对企业创新的贡献，分析研究开发过去和未来的绩效。

（三）平衡计分卡

Kaplan & Norton 提出平衡计分卡，以企业的愿景和战略

---

① Szakonyi, Hobert, Measuring R&D effectiveness-1, *Research Technology Management*, Vol. 37, No. 3, 1994.

② James W. Tipping, Eugene Zeffren and Alan R. Fusfeld, Assessing the Value of Your Technology, *Research Technology Management*, Vol. 38, No. 5, 1995.

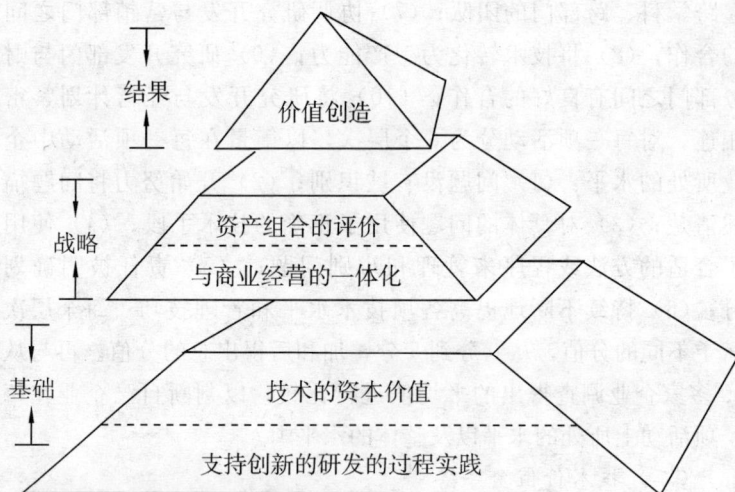

图 5-3   技术价值金字塔

为核心，从财务、客户、内部经营、创新和学习四个角度，综合运用财务指标和非财务指标进行绩效评价，改变了其他绩效评价方法的单一性和片面性。这一方法目前在国内外的企业中被广泛采用，但是评价的对象主要针对的是整个企业，很少应用于单一流程。

Drongelen & Cook 借鉴了 Kaplan & Norton 平衡计分卡的思想，从财务、客户、内部经营、创新和学习四个方面来对研究开发组织进行评价，如图 5-4 所示①。

---

① Kerssens-van Drongelen，Cook，Design principles for the development of Measurement systems for research and development processes，*R&D Management*，1997，pp. 345-359.

财务
生存　R&D成果的现值
成功　新产品占销售的百分比
繁荣　由于研发而获得的市场份额

内部和外部的顾客
如何看待我们?

如何看待我们的财政?
我们必须在哪里胜过他人?

顾客
高的顾客满意　顾客对满意程度的打
　度　　　　分
对内部和外部　顾客驱动的项目所
　顾客需求的　占的百分比
　预期　　　生产的时间 / 生产
生产的高水平　和解决问题的时间
　设计　　　在应用之前终止的
R&D失败率　　项目比重

远景和战略

内部经营
生产率　　　项目所用时间/总的
　　　　　　研发时间
市场化速度　目前的开发时间/参
　　　　　　考的开发时间
技术设计的　重新应用标准设计
　重新使用　或成熟技术的比例
输出的可靠　对项目进行修改的总
　传递　　　持续时间
输出的质量　返工的次数

创新和学习
技术领先　　获得专利的支出占研发支出的
　　　　　　百分比
长期的重点　内部和外部基础研究和应用
　　　　　　研究花费占预算的比重
高的吸引力　与第三者进行合作的项目所
　　　　　　占的比重
学习组织　　项目评估思想在新项目中应
　　　　　　用的比例

我们能持续不断地提高和创造R&D价值吗?

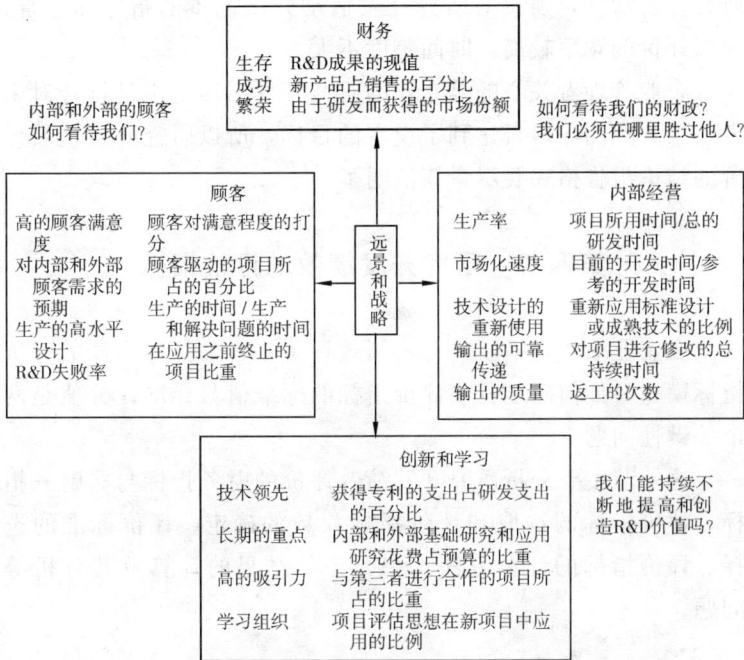

图 5-4　一个研究开发组织的平衡计分卡

四、研究开发绩效评价的频率、时间以及报告格式

不同的研究开发绩效评价对象，其研究开发绩效的评价频率、时间是不同的。以企业整体作为评价对象，时间跨度一般较大，评价频率较低。研究发现，大多数企业编制研究开发绩效评价的计划、评价的时间周期为 2～3 年，少部分企业为每年 1 次①。由于研究开发部门和研究开发团队直接管理和控制

————————

① Bean, A. S., Why some R&D organization are more productive than others, *Research Technology Management*, 1999 (2), pp. 25-29.

研究开发活动，强调对研究开发活动开展同步的指导和监督，所以评价的频率较高，时间跨度不大。

企业管理者关心的是企业的研究开发活动是不是符合对未来前景的预测，是否达到了设定的目标，所以研究开发绩效评价的结论报告格式要尽量简洁明了。

第四节　研究开发绩效的评价指标

在企业绩效包括研究开发绩效评价中，选择什么样的评价指标模式、如何确定各项评价指标的标准值与标准评分值是两个关键性问题。

这一节主要分析研究开发绩效评价的财务指标与非财务指标、评价指标的选取和评价指标权数的确定、评价标准的选择、评价指标的计分方法、综合评价结果的计算及其分析等问题。

一、研究开发绩效评价的财务指标

研究开发绩效指标的选取经历了从单一财务指标到包含非财务指标的综合财务指标，从定性评价指标到定性和定量指标相结合的发展过程。

本文首先分析和比较评价研究开发绩效的财务指标和非财务指标。反映研究开发绩效的财务指标主要有新产品销售率、成本节约率、销售额增长率、净现值等几种。

（一）新产品销售率

新产品销售率（new sales ratio，NSR）是指目前新产品的年销售额与企业年销售额之比。考虑到研究开发的延续效应，新产品销售率应为过去若干年的新产品销售率之和，为了在不同企业之间进行有效对比，可以根据具体行业规定一个统一的时间段。用公式可表示为：

$$NSR = \sum_{i=1}^{n} NS_i / S_i$$

其中，NS_i 代表因增加生产新产品而导致的过去若干年的新增销售额；S_i 代表第 i 年的销售额。

（二）成本节约率

成本节约率（cost save ratio，CSR）是指由于新技术而导致的成本节约与年总利润之比。同样基于研究开发的延续效应，成本节约率应为过去若干年的成本节约率之和，为了在不同企业之间进行有效对比，可以根据具体行业规定一个统一的时间段。用公式可表示为：

$$CSR = \sum_{i=1}^{n} C_i / P_i$$

其中，C_i 代表因运用新技术而导致的第 i 年节约的成本额；P_i 代表第 i 年的利润额。

（三）销售额增长率

有些研究开发费用的投入会影响产品的质量等级，从而会提高产品的价格与销售量，因此可以采用销售额增长率（sales increase ratio，SIR）来评价企业研究开发生产率，即因应用新技术而导致的年销售额增长与总利润之比。在计算该指标时同样要考虑研究开发的延续效应。用公式可表示为：

$$SIR = \sum_{i=1}^{n} S_i / P_i$$

其中，S_i 代表第 i 年因应用新技术而导致的销售增加额；P_i 代表第 i 年的利润额。

（四）净现值

净现值（NPV）的计算步骤如下：预测未来各期期望现金流 $E(CF_t)$；估算与该项目各期现金流相适应的折现率 K_t；以

折现现金流公式求得现值 PV；PV 与初始投资 I_0 之差为净现值。

在实际中应用净现值指标存在着以下限制：（1）时间上的限制。采用净现值指标时，由于需要估计最可能情况下的现金流或现金流的期望值，因此对短期、确定的项目还比较适用，而对于长期的、结果具有高度不可预见性的项目往往难以奏效。（2）难于确定恰当的折现率。折现技术在原理上是可行的，但在操作中要确定真正符合客观实际的折现率却很困难。对于研究开发项目来说，风险随着时间而逐渐明朗，因而在整个项目评价中就不能只图简单而采用单一的折现率；并且，由于研究开发项目的风险可以大幅度地分散，风险的调整不应过度；折现率中通货膨胀的影响也要正确地衡量，否则，财务分析的结果只能是误导。（3）研究开发项目是分阶段进行的，只有研究开发成功才会进行商业化投资，净现值以期望方式计算收益，没有反映研究开发项目动态性及可能提前终止的特征。

（五）经济增加值（EVA）

1991 年，美国纽约的斯特恩·斯图尔特咨询公司，在吸收剩余收益指标的合理内核的基础上，创立了经济增加值（economic added value，EVA）指标。EVA 是指企业资本收益与资本成本之间的差额。这里的资本收益是指经过调整后的营业净利润；资本成本是指全部投入资本（债务资本和权益资本之和）的成本。EVA 的计算公式为：

$$EVA = 资本收益 - 资本成本$$
$$= 营业净利润 - 资本总额 \times 综合资本成本率$$

自创立以来，EVA 受到了管理专家和企业管理实践者的普遍关注，已在包括可口可乐公司在内的一流公司实施并取得了不错的效果。然而 EVA 指标的应用主要集中在对公司管理层的业绩考核与激励上。近年来，采用 EVA 指标对研究开发部门进行绩效评价的研究多了起来，如高杰、孙林岩等提出了在研究开发部门实施基于 EVA 的激励机制的基本框架①。

研究与开发位于企业产品价值链的前端，其市场收益具有时滞性，研究开发上的投入不能立即表现为市场的收入。因此研究开发项目的 EVA 计算不应是从投资的当年开始，而是同成本摊销一样在项目投资后一段时间才开始，研究开发项目 EVA 的计算公式为：

EVA＝研究开发收益－成本摊销－资本成本

由于财务指标的客观性、综合性，财务指标一直被广泛地应用于公司各个层面的业绩评价，但任何事物都不是尽善尽美的，财务指标不能解决所有的问题。就单纯的财务指标而言，其本身存在着一些局限性：鼓励短期行为；缺乏战略考虑；鼓励局部优化，而不是全局的优化；缺乏市场和客户的需求和满意度的信息；无法提供未来绩效发展状况的信息。

二、研究开发绩效评价的非财务指标

鉴于财务指标自身存在的缺陷，非财务指标逐渐被引进研究开发的绩效评价中。目前企业研究开发绩效评价中最常用的非财务指标主要集中在质量、时间和客户满意三个方面②。

（一）质量

Miller 调查了世界上 45 家多国公司的管理者对研究开发质量的认识和管理实践，结果表明：质量在研究开发中的含义不是单一标准，而是多尺度的，多数管理者把它作为"有效性"（effectiveness）的一个代名词，强调"研究开发成果向商业化

---

① 高杰，孙林岩，等：《基于 EVA 的激励机制在研发部门的实施框架》，载《科学学与科学技术管理》，2003（4）。

② 谢强华：《研发绩效的度量与评价——国外相关领域的研究与进展》，载《科研管理》，1998（3）。

应用的转移"。Schumann 等认为：生产中质量概念的重点在于"效率"（efficiency），即"正确地做事"（do things right）。由于研究开发的特殊性，把同样的质量概念移植到研究开发中是不恰当的，研究开发中质量概念的重点应当包括"新颖性"和"有效性"两方面的含义。新颖性是指研究开发项目的选择问题，在研究开发的方向、内容上要实现科学、技术、产品上的突破创新，即"做正确的事"（do the right things）；有效性是指研究开发项目决策后的实施问题，要降低研究开发成本，提高研究开发资源使用效率，即"正确地做事"（do things right）。二者合起来，就是"正确地做正确的事"（do the right things rightly）。

在研究开发的质量评价中，可借鉴全面质量管理（total quality management，TQM）的理念和方法。由于全面质量管理的主要原则与研究开发工作的精神是一致的，TQM 将为研究开发的有效管理提供新思路。当然，由于研究开发活动与工业生产和产品管理具有很大的差异，在研究开发中运用不能够生搬硬套 TQM：（1）研究开发工作的度量缺少客观、可定量化的标准；（2）研究开发的过程通常是不可再现的，难以采用日常生产管理中的统计方法和控制手段来衡量监督研究开发行为；（3）与生产和营销不同，研究开发具有高度不确定性、非营利性以及创造性的特征，基础的、长期的、探索性的研究尤其如此；（4）研究开发的职能多样而复杂，各种客户对研究开发的要求不一致；（5）研究开发的结果具有时滞性。因此，在评价研究开发的绩效时需要重新阐述质量的概念和方法。

（二）时间

1991 年前的文献普遍认为：加速产品开发、缩短产品周期能够提高企业的财务收入。由此，基于时间的竞争就成为指导企业研究开发活动的一项重要战略，开发新产品的速度、进入市场的时间也成了衡量研究开发绩效的重要标准之一。直观地看来，这个结论是毫无疑问的。然而，研究开发的速度和时间并不必然转化为企业业绩的提高。决定企业财务绩效的最重要的因素是开发一个独特的、质量好的、确实对客户有价值的产品，相比之下，其中时间的因素并不是最重要的。近年来的一些实证研究的结果也证实了这一观点：产品周期与企业财务绩效之间的负相关关系并不绝对成立。

　　Ellis & Curtis 通过调查和统计分析，对实践中时间度量的方法和结果进行研究，得出了 10 条经验性的结论①。其中包括：（1）时间的度量是成功管理的前提条件。企业应当正确评价产品的周期，不仅仅是通过研究开发阶段的时间，应该包括从产品原始思想到最终用户的全部时间，尤其应关注研究开发上游和下游的时间段；（2）提醒企业管理者：除非能够确实证明缩短产品周期可以改善长、短期的财务绩效，或者企业有其他的或更强烈的战略意图（例如纯粹由于竞争的原因），否则要谨慎地采用"加速战略"；（3）延长原创产品的生命周期可以增加企业盈利，但同时也伴随着研究开发周期略微延长的负效应；（4）强调了"加速陷阱"（acceleration trap）的存在，即有一个关键的临界点，进一步缩短产品周期，不仅不提高收入，还会破坏已有的财务绩效。为了避免"加速陷阱"，就需要采用一些管理措施，在时间与财务绩效之间权衡。

　　（三）客户满意

　　由于研究开发面对的客户众多，各个客户群体有不同的价值取向，"满意"的概念比较模糊，因此，当在研究开发的绩效评价中采用"客户满意"这一比较笼统的标准时，主要的工

---

① Lynn W. Ellis and Carey C. Curtis, Speedy R&D: How Beneficial? *Research Technology Management*, Vol. 38, No. 4, 1995.

作是对标准的界定和规范，使之明确化和可操作。Ellis &
Curtis 从调查中发现，实践中所采用的客户满意的具体标准有
三种——客户满意的指数、市场占有率和主导客户的满意①。

与财务指标相比，非财务指标具有及时、准确、易于度
量，与公司的战略和目标一致，具有良好的柔性等优点。但
是，非财务指标也有其自身的局限性，这表现在：一是非财务
计量难以用货币来衡量，这使得非财务指标上的改进与业绩提
高的相关性很难把握，而且非财务指标对管理者的努力较不敏
感，很难在指标上立即显示出管理者所做的努力；二是非财务
指标之间的钩稽关系较弱，有些甚至互相冲突，易导致部门间
的矛盾；三是企业在不同发展阶段可能需要采用不同的非财务
评价指标，这容易导致关键的评价指标变化频繁且前后缺乏可
比性。

由此可见，理想的业绩评价体系应是财务指标与非财务指
标的有机结合。若企业过分注重非财务业绩，就很可能会因财
务上缺乏弹性而导致财务失败；反之，若企业只关注财务业
绩，则易导致短期行为而影响企业长期发展。

三、评价指标的选取和评价指标权数的确定

企业研究开发绩效评价指标的选取受影响因素和评价对象
的影响。正如第二节所分析的，企业研究开发的外部环境、企
业的性质和规模、企业的研究开发战略、企业研究开发的类
型、研究开发主体的学习能力 5 个方面的因素影响着研究开发
绩效评价的方法和指标选择。

---

① Lynn W. Ellis and Carey C. Curtis，Speedy R&D：How Benefi-
cial? *Research Technology Management*，Vol. 38，No. 4，1995.

（一）评价对象与评价指标的选择

管理者主要通过客观、定量的指标来评价企业整体层次的研究开发绩效，如新产品销售率、成本节约率、销售增长率等指标，同其他评价对象相比，管理者也更关心市场和客户满意度、企业的创新能力等指标，企业级研究开发绩效评价的频次较慢，时间跨度较大。研究开发部门和研究开发团队由于直接管理和控制研究开发活动，强调指标的及时性、时间跨度不大，关注成本控制、时间进度、部门间的协调。而研究开发人员大多依靠主观判断，更多关注个体行为，如任务的完成情况、及时性等。

另外，为了使较低组织层次的目标与企业目标保持一致，低级组织单位（研究开发部门）的评价指标应当依据上一级的目标来进行选择和设置，这种层次递归原则是指标设计的基本原则。

（二）评价指标权数的确定

指标的权数就是在综合评价时，对指标的重视程度。采用综合评价法评价企业研究开发绩效时，评价指标权数的确定一直是个难点问题。对各指标赋值的合理与否，直接影响绩效评价的相关性。

关于权数的计算方法有数十种之多，根据计算权数时原始数据的来源不同，可以划分为两大类：主观赋权法和客观赋权法。

主观赋权法是指利用专家或个人的知识或经验来确定指标的权数，其原始数据主要由专家根据经验主观判断得到。典型的主观赋权法有德尔菲法、层次分析法等。

德尔菲法（Delphi method）也称专家意见法，是 20 世纪 60 年代美国兰德公司和道格拉斯公司合作研究出的一种通过有控制的反馈有效收集专家意见的方法，该方法的特点是集中专家的经验和意见，确定各指标的权数，并在不断的反馈和修改中得到比较满意的结果。

层次分析法（AHP）。它是 20 世纪 70 年代由美国匹兹堡大学的托马斯·L.萨蒂教授提出的。采用层次分析法确定指标权重，首先是聘请熟悉此方面情况的有关专家，根据评价指标体系的递阶层次结构逐层对各个要素两两之间采用 1～9 标度法，通过专家的定性的经验判断分析，确定因素间两两比较相对重要性的比值，建立比较判断矩阵，通过矩阵运算和一致性检验，即可得到令人信服的各个因素相对于上一层次的其对应要素相对重要性的权值，即层次单排序。当计算出各指标的层次单排序权值后，按照层次结构自上而下逐层与所对应的上层因素权值进行加权，计算出各要素相对于总目标的权值，即层次总排序，进而确定出各个指标的权重。

主观赋权法的共同特点是根据专家的经验和对实际的判断给出各评价指标的权重。这种方法的优点是专家可以根据实际问题，较为合理地确定各指标之间的排序，解释性较强；缺点是主观随意性大，在某些个别情况下应用单一一种主观赋权法得到的权重结果可能会与实际情况存在较大差异。

客观赋权法是运用统计学和计量经济学的方法，根据评价指标的样本实际观测值能够提供的信息量的大小来计算确定各指标的权重。典型的实际赋权法有主成分分析法、均方差法、离差最大化法、代数计数法等。客观赋权法的优点是权数客观性较强，但有时会与实际不符，最重要的指标不一定具有最大的权数，最不重要的指标可能具有最大的权数。

四、评价标准的选择

绩效评价是通过一系列的评价指标进行的，那么，计算出的评价指标的实际值必须与一定的标准值进行对比，才能判断绩效的好坏，因此，评价标准的选择是一个非常重要的问题。

研究开发绩效评价的标准有历史标准、竞争标准、经验标准、行业标准、预算标准等几种类型①。

（一）历史标准

历史标准是企业根据过去的业绩制定的标准。历史标准的具体运用方式有三种：（1）与上年实际比较；（2）与历史同期实际比较；（3）与历史最高水平比较。为合理评价企业研究开发的绩效，在与历史数据进行对比时，要注意剔除因物价变动、会计核算、政策调整等带来的一系列不可比因素。

（二）竞争标准

竞争标准是企业基于竞争战略的需要而制定的评价标准。在企业的实践中，"标杆"成为竞争标准的代名词，标杆管理由施乐公司于20世纪70年代末首创。施乐公司通过对竞争对手进行全方位的比较分析，找出与竞争对手的差距，调整战略、战术，从而重新夺回了失去的市场份额。竞争标准与行业标准有许多相似之处，但它强调的是与同行中最优秀的公司比较，与本公司最优秀的竞争对手比较。值得注意的是，竞争标准不是从企业具体战略目标中衍生出来的，在应用时应注意和企业的具体情况相结合。

（三）经验标准和行业标准

经验标准是在长期的实践中总结出来，被实践证明是比较合理的标准，比如研究开发强度在5％以上的企业才具有竞争力，这就是个经验标准。

行业标准就是以企业所在行业的特定指标数值作为评价的标准。通过与行业评价标准比较，有利于揭示评价对象与同行

---

① 孙薇，刘俊勇：《企业业绩评价：战略的观点》，第四章，北京，中国税务出版社，2006。

业对等对象的差距。在实际工作中，行业标准有以下几种：
（1）行业公认标准；（2）行业的先进水平；（3）行业的平均
水平。

（四）预算标准

预算标准是企业事先制定的目标、计划、定额、标准等。
通过与预算标准对比，可发现实际绩效与目标绩效之间的差
距。由于预算标准能够有效地将历史标准、行业标准和竞争标
准结合起来，具有综合性和全面性的特点，在企业研究开发绩
效评价中，预算标准较之其他类型的标准具有更多的合理性。

五、评价指标的计分方法

在多元指标综合评价体系中，各指标之间，由于其量纲、
经济意义、表现形式以及对总目标的作用趋向彼此不同，不具
有可比性，必须对其进行无量纲处理，消除指标量纲影响后才
能计算综合评价结果。

（一）定量指标的计分

定量指标的无量纲化处理，通常有分等评分、比率评分、
功效系数法等。

分等评分是将各项评价指标的实际数值同评价标准数值相
比较，按其实现程度划分等级，根据每等级规定的分数确定各
项评价指标的分数。

比率评分是按各项评价指标分别规定标准分数，再根据评
价指标实际数值和标准数值对比的实现程度，计算各项评价指
标应得的分数。计算公式如下：

$$某项评价指标分数 = 某项评价指标标准分数 \times \frac{某项评价指标实际值}{某项评价指标标准数值}$$

按比率评分，也可以按评价指标实际值脱离标准数值的差

距程度的大小依一定比率扣分。比如，规定差距在 10% 以内，给标准分数的 70%～90%，差距大于 10% 的，给标准分数 70% 以下的分数。

功效系数法是根据多目标规划的原理，将所要考核的各项指标按照多档次标准，通过功效函数转化为可以度量的评价分数，然后将各项指标的评价分数予以加总，据此对评价对象总体进行评价计分的一种方法。功效系数法的基本计算公式为：

$$单项指标评价分数 = 60 + \frac{该指标实际值 - 该指标不允许值}{该指标满意值 - 该指标不允许值} \times 40$$

企业实际应用功效系数法对定量指标进行评分时，可以根据实际情况做出调整，一是调整评价标准的档次，可以由基本公式中的满意值和不允许值两个档次增加到更多标准的档次，如优秀、良好、平均、较差等；二是调整上述公式中的基础分 60 分和调整分 40 分的固定比重，发展为变动的分配比重，从整体上提高评价的灵敏度和准确性。其计算公式为：

$$单项指标评价分数 = 本档基础分 + \frac{该指标实际值 - 该指标不允许值}{该指标满意值 - 该指标不允许值} \times (上$$

档基础分 - 本档基础分)

需注意的是，根据定量指标和评价标准的关系，定量指标存在正指标、逆指标和适度指标三种情况。正指标是指数值越大越好的指标，反之为逆指标，适度指标是指距离评价标准值的偏差越小越好的指标。通常情况下，在评价时要将逆指标和适度指标转化为正指标后再予以评价。

逆指标转化为正指标，可选用简单转化方法如下：

设逆指标为 x，其 n 个样本值为 x_1，x_2，…，x_n；另设 x'_i 为转换后的指标。对 $i = 1$，2，…，n，取 $x'_i = \frac{1}{x_i}$（假定 $x_i > 0$，

$i=1，2，\cdots，n$）或 $x'_i=\dfrac{1}{k+\max\limits_{1\leqslant i\leqslant n}|x_i|+x_i}$ （x_i 可以是负值，

$i=1，2，\cdots，n$）。

对适度指标 x_1，x_2，$\cdots$，x_n，假定标准值为 a，与 a 的偏差越小越好，因而 $|a-x_i|$ 就反映了 x_i 不好的程度，它就相当于逆指标，于是 $x'_i=\dfrac{1}{1+|a-x_i|}$ （$i=1，2，\cdots，n$）就是一个正指标。

如果适度指标的偏差在正负方向的作用是不对称的，那么用 $|a-x_i|$ 来衡量就不合适，这时可以用 $(a-x_i)$ 或 $|a-x_i|$ 乘以适当的系数予以调整，如 $2(a-x_i)+3|a-x_i|$，在 $x_i<a$ 时，计算结果为 $5|a-x_i|$；当 $x_i>a$ 时，计算结果为 $|a-x_i|$。这个结果说明适度指标大于标准时影响比较小，而适度指标小于标准时影响要大得多。

（二）定性指标的评价方法

综合分析判断法也称隶属因子赋值法，是典型的定性指标的评价方法。该方法综合考虑影响评价客体的各种潜在因素或非计量因素，参照评价参考标准，由评价人员按照独立、客观、公正的原则，利用已有的知识、经验和分析判断能力，对评价指标所反映的内容及其他相关因素进行深入、广泛的研究和分析，并以此形成评判意见，然后对评价人员的意见进行综合，形成评价对象全部情况的总体判断。

六、综合评价结果的计算及其分析

在多指标综合评价方法中，最终应计算出综合评分，并据此进行绩效的分析。计算的方法主要有综合评分法和综合指数法。

（一）综合评分法

综合评分法是在计算出各单项指标的评价分数的基础上，

对各项评价指标得分进行综合，得到评价总分。评价总分越高，评价结果越好。通常的计算方法有：（1）加法评分法，它是将各项评价指标所得分数累积相加，根据总得分的多少综合评价。（2）连乘评分法。它是将各项评价指标所得分数相乘，根据乘积的多少综合评价。（3）简单平均评分法。它是将各项评价指标所得分数，应用简单算术平均法计算平均分数，根据平均分数的多少综合评价。（4）加权平均评分法。它是按照各项评价指标在评价总体中的重要程度给予权数，应用加权算术平均法计算平均分数，根据加权平均分数的多少综合评价。加权平均法对重要的指标给予的权数较高，可以突出评价重点，优化对绩效的评价，因而应用非常普遍。

（二）综合指数法

综合指数法是将各单项指标的实际值与标准值进行比较，计算出指标的单项指数，然后根据各项指标的权重进行加权汇总，得出唯一的综合指数，最后根据综合指数的高低判断企业的业绩水平。

$$s = \sum_{i=1}^{n} w_i s_i$$

式中：s—综合评价指数；

s_i—某项评价指标指数；

w_i—某项评价指标的权数。

第五节　研究开发团队的绩效评价

如前文所述，在企业等组织中，研究开发部门可能组织开展多方面、多项目的研究开发活动，研究开发活动通常以项目为基本实施单元，以团队为基础组织形式。因此，本节以研究开发团队为例，论述企业研究开发绩效评价中存在的问题以及改进研究开发绩效评价的方法。

一、研究开发团队的工作特征

研究开发团队是存在于一个组织内部的，由两个或两个以上具有共同目标、互补技能、彼此合作的成员构成的，从事研究开发项目的相对稳定的群体。和企业中的其他团队相比，研究开发团队的工作具有自己的特殊性。

（一）团队工作的创造性和协作性

研究开发活动是一种创造性的智力活动，需要研究开发人员利用专业知识、智能不断地进行创新，以求得团队和企业的共同发展。正是由于研究开发是由具有目标、知识、才能和主观能动性的个人完成的，研究开发工作具有自主性和创造性，使得研究开发过程复杂多变，风险很高，仅凭一人之力往往无法完成研究开发工作，团队成员只有通过分工和协作，才能达到特定、共同和有价值的目标。

（二）团队工作中的信息不对称性

研究开发项目团队的成员来自不同的专业领域，他们的价值在于他们是某一领域的专家，有可能比团队管理者知道得更多，导致团队管理者与团队成员在知识方面存在信息不对称性。在研究开发过程中，研究开发人员具有的能力、工作认真程度、潜力是否发挥等往往难以从工作过程或者工作表现中体现出来，团队在管理他们时存在行动上的信息不对称性。由于信息的不对称，致使难以准确观察和计量研究开发人员的人力资本的支出过程与效率水平，难以监督控制研究开发团队的工作过程。

（三）研究开发考核的多目标性

研究开发活动是创新性、多样性的智力活动，难以通过单一目标和指标进行有效监督和考核。对研究开发团队来说，虽然研究开发方向可能是明确的，但研究开发过程是复杂多变的，研究开发能否获得成果还存在着不确定性，个人的研究开发成果可能表现为某种思想、创意、技术发明、产品更新等多种形式。因此，团队和成员的研究开发工作成果都难以直接、简单地评价，一般主要评价团队的最终研究成果。

由于研究开发团队的上述特性，就要求对研究开发团队的绩效评价要综合考虑财务和非财务、内部和外部、有形和无形等各方面的因素，要涵盖研究开发的全部活动，既保护和调动研究开发人员的工作自主性、积极性和创造性，又保证他们的研究开发活动服从团队和组织的目标，使个人收益最大化与组织收益最大化协调统一起来。

二、团队绩效评价的动态平衡计分卡方法

（一）团队绩效评价与动态平衡计分卡

基于研究开发团队的上述特征，综观国内外学者的研究成果，对团队绩效的评价应综合考虑财务和非财务、内部和外部、有形和无形等各方面的因素，采取科学有效的团队研究开发绩效的评价方法。比较而言，平衡计分卡正是这种整合的绩效评价系统，它以愿景和战略为核心，从财务维度、客户维度、内部流程维度以及学习和成长维度对研究开发绩效进行衡量。它克服了传统评价体系存在的缺陷，融合了财务和非财务指标，内部和外部评价指标，将企业的长远战略和短期行动联系在一起，是一种比较适宜的研究开发团队的绩效评价方法。由于企业的内、外部环境处于不断的发展和变化之中，研究开发团队的绩效评价系统的动态更新就很重要，因此，应当采用动态的平衡计分卡评价研究开发团队的绩效。

根据 Scott 建立的管理团队绩效指标体系，指标体系包括财务指标（如成本、收入、收益等）和非财务指标（如生产

率、质量、服务、创新、人事指标等)①。Sarin 从内、外部两个维度建立了新产品开发团队绩效指标体系,内部维度的指标为团队自我评价绩效和成员满意度,外部维度的指标为产品上市速度、创新性、达成预定预算和工期、质量、市场绩效等②。

应用动态的平衡计分卡评价研究开发团队的绩效,具体程序如下:首先应对企业战略目标进行分解,从团队和个人两个层面上用绩效词汇表达出具体要达到的绩效目标。然后制订绩效计划,其中包括达到的结果、评价方法和标准。接下来是在绩效实施过程中通过持续地绩效沟通,对绩效进展情况进行追踪,消除影响绩效的障碍。绩效数据收集是为下一步的绩效评价提供依据。在评价结束后,要对结果进行分析,并把结果反馈给团队,对成员进行培训辅导,制定绩效改进方案并导入绩效,应用绩效结果,进行薪酬管理、职务调整、人力资源规划和开发等,到此完成一个绩效循环。研究开发团队绩效评价的动态平衡计分卡如图 5-5 所示。

(二) 团队的愿景设计

企业应根据所处的市场、技术、政策环境制定战略和愿景,并让研究开发团队了解企业的战略和愿景。传统上企业的战略和愿景都是通过预算的方法传达给研究开发组织的,然而,预算是以财务规划来拟定的,不考虑业绩评价和运行过程的控制,因此具有一定的局限性。而使用平衡计分卡,企业的

---

①　Scott T. W. , Tiessen P. , Performance Measurement and Managerial Teams, *Accounting, Organizations and Society*, 1999 (24), pp. 263-265.

②　Sarin, S. , The effect of task uncertainty and decentralization on project team performance, *Computational & Mathematical organization theory*, 2002, 8 (4), pp. 365-384.

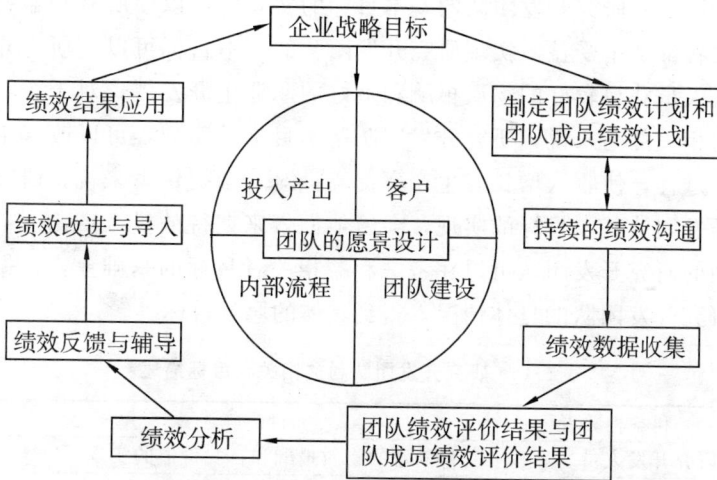

图 5-5　研究开发团队绩效评价的动态平衡计分卡

战略目标可以在建立研究开发团队平衡计分卡过程中和选择关键业绩指标的过程中得以诠释。

　　平衡计分卡曾因没有将所有的利益相关者纳入理论框架而受到批评，有鉴于此，卡普兰和诺顿在 2001 年的一篇文章中已将政府、社区等外部利益相关者纳入了平衡计分卡的模型中，将其作为内部经营的子过程[1]。研究开发团队的利益相关者有直接从事研究开发的人员、企业的其他相关部门、资金提供者等，这些利益相关者在帮助研究开发团队实现目标的同时，也要求得到回报，因此，研究开发团队的使命和愿景就是研究开发团队全体利益相关者利益的满足。虽然不同的利益相关者追求的目标不同，如表 5-1 所示，但是他们所追求的共同

---

　　① 　Robert S. KaPlan and David P. Norton, Transforming the balanced score card from Performance measurement to strategic management, *American Accounting Horizons*, Vol. 15.1, March 2001, pp. 87-103.

目标——研究开发团队的基本目标的实现,可以使所有利益相关者都从中受益。实现研究开发团队的基本目标可以使研究开发人员获得较好的物质报酬和良好的职业生涯发展;对于企业的相关部门来说,研究开发团队基本目标的实现,可以改善生产过程,使收入增长、生产率提高;对资金提供者来说,研究开发团队基本目标的实现,会给他们带来期待的投入产出。不同的研究开发团队可以在考虑利益相关者目标的基础上,根据研究开发团队的具体情况,得到具体的愿景目标。

表 5-1   研究开发团队利益相关者目标描述

利益相关者	目标陈述
研究开发人员	获得满意的物质报酬和自我价值的实现
相关部门	改进生产过程,使收入增长、生产率提升
资金提供者	获得最大的投入产出比

在明确研究开发团队愿景的前提下,以研究开发团队的投入产出、客户、内部流程、团队建设四个方面为桥梁,将研究开发团队的愿景和战略进行阐明,具体化为四个层面上的战略目标。

(三)四个层面的战略目标

1. 投入产出层面。由于研究开发团队一般没有明确的财务指标,所以在对研究开发团队设计平衡计分卡时,可以把财务角度换为"投入产出"层面。投入产出层面显示了研究开发团队的战略是否有利于利益相关者价值的增加。研究开发团队的类型不同,其投入产出的成果不同。Macintosh 和 Whittington 把研究开发控制的管理模式分为专家控制、分层控制和市场控制 3 类[①]。专家控制的研究开发团队通常由企业级的研究开发

---

① 张运生,等:《高新技术企业 R&D 管理控制模式研究》,载《研究与发展管理》,2004(10)。

部门组成，是企业的随机费用中心，主要开展前瞻性技术、基础技术和共性技术的研究，风险大，周期长，其投入产出的成果主要是研究开发项目立项成功的数量、授权的专利数、权威论文发表数量、研究开发项目的期权值等。分层控制的研究开发团队是各业务部门的随机费用中心，主要进行产品开发的研究，项目的开发周期一般不长，研究开发风险主要是市场风险，与市场部门联系密切，主要的投入产出成果为新产品带来的销售增长、成本节约等。市场控制的研究开发团队是企业的利润中心，研究开发部门与业务部门相互独立，主要承担业务部门外包的研究开发项目，然后通过内部技术转让的方式转让给业务部门，研究开发项目大多是利用成熟的新技术开发企业创新产品和改进现有产品，无论是技术风险还是市场风险都很小，投入产出的成果主要是为盈利、增值和股东价值的增加。综上所述，研究开发团队的投入产出层面的目标可以表述为：立项成功、技术领先、新产品成功、盈利的增加等。

2. 客户层面。市场和客户需求决定研究开发的目标和发展方向。研究开发团队的客户大致可以分为内部和外部两种类型。内部客户是指本企业的生产、制造、营销等部门，研究开发工作离不开这些部门的支持及协助。外部客户是指消费者、资金提供者等。无论是内部客户还是外部客户都关心研究开发成果的质量、数量、时间和成本。研究开发团队客户层面的目标可以描述为：对客户需求的研究开发项目的良好预期、高水平的研究开发项目的设计、减少研究开发项目的失败率、客户（包括外部和内部的）满意程度等。

3. 内部流程层面。投入产出层面和客户层面分别从最初投入、最终结果两端描述了战略所期望的成果。两个层面包括许多滞后指标。这些期望的成果的实现取决于研究开发团队内部的决策和行为。研究开发的内部流程层面目标应来自于对客户满意度有最大影响的业务程序，包括影响研究开发的质量、数量、时间、成本的各种因素。因此，研究开发团队的内部流程目标可以描述为确保研究开发项目质量、提高研究开发项目开发效率、提高研究开发效率的管理水平等。

4.团队建设层面。客户层面和内部流程层面，确立了目标实现和未来组织成功的关键因素，但要想取得长远发展，必须完善研究开发团队的成长机制和协作能力，研究开发团队的竞争力主要表现在知识的持续创新与学习以及团队的良好合作上。因此，本文设定团队建设的目标为：提高研究开发人员士气、提高研究开发团队的协作能力、研究开发人员的满意度、学习氛围等。

（四）平衡计分卡业绩指标设计

从投入产出、客户、内部流程、学习和成长四个层面对研究开发团队的绩效进行评价，可以得到研究开发团队的平衡计分卡，如表5-2①。应根据研究开发团队的类型确定评价指标的选择和指标所占的权重，并在实践中不断调整。

表 5-2 研究开发团队平衡计分卡

投入产出层面	投标成功率	立项成功数量/立项总数量
	技术领先率	授权专利数量/每单位项目投入
		科技论文数量/每单位投入
	新产品成功率	新产品销售率
		每年完成的新产品数
		产出利润/技术开发费用
		每年浪费的投资或取消的项目
	战略投入	长期重点的投入/总投入

① 金鸿博，吕本富：《R&D绩效评价与平衡计分卡》，载《管理评论》，2004（5）。

续表

客户层面	内部客户的满意度	内部部门（生产部门、营销部门）对满意程度的打分
		满足客户需求的研究开发项目所占的百分比
	外部客户的满意度	研究开发资金提供者对满意程度的打分
		由新产品带来的新增客户数量
		客户保持率
		满足客户的研究开发项目所占的百分比
	设计的可操作性	生产时间/生产和解决设计问题的时间
	研究开发失败率	在应用前终止的项目比重
内部流程层面	研究开发项目时间跨度	目前的开发时间/参考的开发时间
		新产品研制的时间比计划时间缩短的比例
	研究开发项目管理规范度	研究开发项目职责的设计
		研究开发人员的选拔和发展
		新产品开发的奖励和认可标准
	成果的可靠性	重新应用标准设计或成熟技术的比率
	市场化速度	开发下一代新产品的时间
		从研究到上市的时间
		新产品销售份额
团队建设	研究开发人员士气	研究开发人员接受培训时数
		研究开发人员知识增长度
		研究开发人员授权程度
	研究开发人员保持率	核心技术人员流失率
		研究开发人员的总数增长（减少）百分比
	团队合作度	与第三者进行合作的项目所占的比例
	团队协作	组织协调情况
		成员满意度
		管理冲突的水平
	学习氛围	原有技能的提高程度
		新技术的学习和应用

三、研究开发团队成员的绩效评价

企业不仅要衡量研究开发团队作为一个整体对企业做出的贡献，也要衡量研究开发团队成员对团队和企业做出的贡献。如果只关注个人而不关心团队绩效将会导致团队成员间的激烈竞争，甚至以牺牲团队利益为代价；如果只关心团队绩效而忽视研究开发团队成员的绩效，则可能产生偷懒、搭便车的行为，因此必须将团队的绩效评价和成员的绩效评价有机地结合起来，同时制订两个层面的绩效计划，对两者进行评价。

在研究开发团队中，某个新产品的开发设计是团队中所有成员共同努力的结果，团队整体产出不易分解到个人，绩效测量指标不易量化，同时由于研究开发工作的性质和特点决定了对研究开发人员绩效测评的周期宜长不宜短，因此研究开发团队中绩效评价难度较大。

（一）团队成员的绩效内涵

对于研究开发人员的绩效内涵，目前有三种观点，即能力绩效、行为绩效和结果绩效。显然，正如前面关于研究开发绩效评价原则部分所分析的，基于这三种观点的评价方法各有其优缺点。

行为绩效的观点认为员工对核心任务的熟练程度、所表现出的努力程度以及个人纪律的遵守情况是绩效评价的主要组成部分。但是，行为很难准确评价，评价成本也太高，如果过于强调对行为的考核，可能会带来一系列的错误导向和后果，研究人员更关心做事的方式，而不是做事的效率和结果。

结果绩效的观点认为注重目标和结果的差异是绩效评价管理的一个好办法。但很多研究表明，目标在实践中很难明确、合理设定，预先设定的目标也必须随着研究开发进程和外部条件的变化而不断地调整和修正。同时，工作结果也并不能完全反映工作能力和努力程度，对研究开发产出和成果赋予过多的权重可能致使研究开发人员倾向于研究风险小、时间短、见效快、容易出成果的短平快项目，但这不一定对企业的长远发展有益，过于侧重结果考核会对从事基础研究的研究人员产生负面的激励。

随着人们对前两种观点缺陷的认识，以能力作为绩效的观点又得到了广泛的使用。能力观点强调能力是个体的潜在特征，存在于个体性格中较深层部分，具有持久性，可以通过它预测个体在各种条件下和工作任务中的行为，如研究开发人员的品质、知识、技能、动机等。但是，个人的潜在能力与能力的发挥、工作的结果之间存在着一系列环节，过于强调能力可能导致研究开发人员之间的论资排辈、出工不出力等道德风险。

在进行研究开发人员绩效考评时，应综合考虑这三种观点，以结果评价为主，兼顾能力和行为评价，不能顾此失彼。

（二）团队成员绩效评价的方式

对研究开发人员的考核评价一般可由人力资源部来组织，评价方式包括自评和他评，而角色——绩效矩阵是团队成员绩效评价的一个有效工具。

角色——绩效矩阵是用来确定团队成员为了确保团队目标的实现所必须做出业绩的一个表格。同时，它明确了团队成员在为团队做贡献时所扮演的角色。团队各项绩效维度列于表格横轴，团队成员则列在表格的纵轴。中间的各个方格内是团队成员必须创造的个人业绩。结合平衡计分卡的四个维度，研究开发团队成员的角色——绩效矩阵如表5-3所示[1]。

---

[1] 徐芳：《团队绩效与测评技术》，北京，中国人民大学出版社，2002。

表 5-3 研究开发团队成员的角色——绩效矩阵

团队成员＼团队绩效	投入产出	客户	内部流程	团队建设
项目经理	项目费用控制 研究开发项目的 EVA、利润	技术评审合格率 客户满意度	新产品研制周期 项目计划完成率	对团队的领导能力 项目的文档管理 团队氛围
研究人员	个人完成项目的数量 发表的论文数	客户满意度	项目计划完成率 研究开发失败率	团队协作 个人能力（知识）的增长度
开发人员	设计成本降低率 取得的专利数	设计的可生产性	项目计划完成率 项目流程、规范符合度	团队协作 个人能力（知识）的增长度
测试人员		测试问题解决率 运行质量 服务质量	开发计划完成率 开发过程规范符合度	团队协作 个人能力（知识）的增长度
系统工程师	设计成本控制	产品工程技术问题解决率 内部客户满意度	产品规划符合度 规格符合度	团队协作 个人能力（知识）的增长度

　　自评，就年初和年中设定的各项能力目标进行自评，由研究开发人员对过去一定时间内能力实现的程度进行评价。自我考评是与自我管理和充分授权等组织方式相伴而生的。由于员工对自身能力、工作行为和业绩都会有比别人更多的了解和把握，因此，自我考评具有作出较准确评价的基础。另外，自我考评结果能够被员工自身积极地接受，从而有利于根据评价结果制订自身发展计划和努力方向。但是，自我考评容易导致过

高的"宽厚性错误"（lenient error），影响了它在实务中的应用。归因理论、自我提升理论以及社会比较理论三者从不同的角度对自我考评的宽厚性错误产生的根源进行了分析。归因理论认为，在认知过程中，个体往往将成功归因于自己，将失败归因于环境或他人；自我提升理论认为，个体为维持一个较好的自我感觉，收集、存储和回忆业绩信息的过程都会不同程度地被有意或无意扭曲，以证明自己是一个有能力的个体。社会比较理论认为，在缺乏绝对评价标准时，个体往往是通过将自身同其他个体对比来进行自我评价的，而在选择参考系时，个体往往选择业绩较差的员工。在实际应用自我考评形式时，可以通过强化考评责任，限制考评结果的使用范围，设计非对称的评价刻度（rating scale）来减少宽厚性错误。大量研究表明，当评价的目的是制订雇员发展计划而非用于行政决策时，自我考评的效度相对较好。所以，自我考评较适用于发展而非行政目的评价。

他评，包括上级考评和第三方评价，主要是对该研究开发人员在过去一定时期内所从事的一定任务，按照绩效标准对绩效考核的各项指标进行考评。对员工进行考评，是上级领导一项重要的职能。通过考评，上级可获得组织所赋予的指导、控制和激励员工的权力，从而为组织员工完成共同任务提供可能和便利。通常认为作为考评者的上级，由于个人利益并不直接同员工考评结果相连，一般而言能够较公正和客观地对下级员工进行考评，但是，这并不说明上级考评完全公正无偏。许多研究表明，为了某些特定事实上的目的（如避免冲突，培养忠诚的下属，解雇某位员工），故意扭曲评价结果的行为常有发生。另外，晕轮效应（halo）和宽厚性错误是上级考评认知过程中常见的两项影响评价效度的重要因素。研究开发人员绩效的上级考评一般是由该员工的部门经理进行的。

为了充分获取有效的绩效评价信息，"第三方评价"（third-party appraisal）是一个重要的数据来源，由一些掌握更多绩效信息的部门和人员来从第三方的角度客观而公正地作出评价。具体而言也就是在研究开发部门的绩效评价当中引入"用户满意度"，这里的用户不仅仅是指通常意义上的产品用户，还包括公司内部彼此之间存在业务流程关联性的部门和人员。例如对于研究开发部门的评价而言，各个事业部、制造部门和营销部门都是它的内部用户，由他们来作出评价将更具有客观性。

根据以上研究开发人员自评和他评两项得分进行加权，最终得出该研究开发人员绩效评分，这可以较为客观地反映该员工本年度内的绩效。

（三）研究开发人员绩效评价的支持性体系

绩效评价体系还必须建立相关的制度体系作为支持，例如员工申诉制度、技术等级制度、内部创业机制。缺乏这些相关的支持体系，员工绩效评价在实施过程中较易产生偏差，进而导致达不到管理层的预期目的。

1. 建立与员工绩效评价相联系的技术等级制度。美国微软公司、波音公司、西部电子公司等技术型企业都普遍建立了技术等级制度。这种技术等级与管理等级"双轨制"（dual ladder system）产生的原因在于为员工设定明确的个人职业发展路径，避免有才能的技术核心人员过度地偏向管理阶梯进行发展，从而充分利用技术人员所积累的专业知识和技能，保护公司在以往技术和培训上的投资（Allen and Katz, 1986）。因为人们在管理实践中经常发现，由于在大多数企业当中只为员工设立了管理等级制度，因此员工们如果希望不断提升自己在组织中的地位和价值，就不得不进入管理阶梯，通过拥有一定的权力和地位来获得组织的认知。这导致一些很有才华的技术人才为了追求个人发展而放弃了自己的技术专长，成为一名管理阶层人员。因此，越来越多的大公司尤其是技术型公司普遍设立了技术等级体制以作为管理等级体制的补充。例如 1983～1984 年，微软公司为程序开发员建立技术等级晋级制度。国内如深圳华为公司也设立了类似的技术等级体制。这将使得公司员工可以根据自己的职业发展取向来选择相应的事业发展路径，从而在推动公司发展的同时实现自己的个人事业发展。

2. 完善绩效评价基础信息与数据的获取。在传统的员工绩效考评方式中，大多数企业都是在考评周期末采用问卷形式进行员工考评，但是，这种做法存在工作量大、难以避免对业绩的主观评价（如临近效应以及晕轮效应）等问题。因此，除了来自于考评问卷的信息，还应有其他的绩效评价基础信息与数据的获取渠道。企业研究开发部门应建立项目管理系统和目标管理体系（MBO）。包括微软公司在内的许多高技术企业都建立了较为完善的项目管理体系，在对研究开发项目的分类管理基础上（典型地，研究开发项目被划分为平台项目、改进项目、应急项目、潜力项目等类型），通过标准化的项目管理文档实时地记录了研究开发活动进行中的许多信息。这些信息除了一些项目相关的技术信息，还包括了项目价值（货币化价值与潜在价值、技术价值与市场价值）、成本、难度、质量、进度的相关信息和数据，以及这些绩效数据在员工个体上的分配。通过目标管理体系来获取考评信息也是一种常见的做法，例如通信系统制造商北电网络（Nortel）公司的员工考核主要分为员工的行为（behaviors）和绩效目标（performance/out-come）两个方面，通过每位员工在年初时与主管确定的当年主要工作目标来进行持续性业绩评价。

3. 建立员工沟通制度。沟通贯穿整个绩效考核的全过程，而不只是在某个时点、某个环节交换信息，首先，在绩效目标的设定过程中，研究开发部门主管要与研究开发人员进行沟通，让员工明确部门目标，帮助他们根据部门目标确立自身目标。其次，对研究开发人员的考核指标和标准的确定，应该和研究开发部门的主管以及研究开发人员进行共同讨论，获取考评人与被考评人的认同。再次，在绩效评价结束后，上级要把考核结果及时反馈给下级，并与下级进行沟通，以避免暗箱操作，同时有利于下级改进工作。

4. 建立货币化与非货币化激励、物质激励与事业激励相结合的激励体系。绩效评价应为员工及团队的行为提供导向性激励。如果员工能够在激励与绩效评价之间建立清晰的逻辑认识，那么绩效评价体系将对员工产生行为诱导，并使之朝公司所希望的方向发展。它可以帮助公司管理层实现两类重要的目的：使员工在导向性激励作用下不断地进行自我改进，从而实现员工个人技能与价值的提升；通过导向性激励来推动技术资源的共享和加速团队精神的形成，而这对于提升公司知识管理的效率是至关重要的。

为了实现这一目标，多层次的货币化与非货币化激励、物质激励与事业激励相结合的激励体系就成为一种必然的选择。

显然，由于管理者的才能、努力、贡献往往是无形且难以测量的，股东与管理者之间存在着严重的信息不对称性，对企业管理者选择、聘用、考核、约束一直是公司治理上难以解决的问题。在选择聘用管理者之前，股东无法全面了解管理者的才能，管理者过去的绩效也不能说明今后的成功，夸夸其谈、善于作秀者甚至更易于获得聘任，存在着所谓的逆向选择。在聘用管理者的过程中，企业无法有效监督和考核管理者的经营管理工作，存在着所谓的道德风险或败德行为。因此，这就需要采取相对客观有效的方法，建立企业绩效及其管理者绩效的评价体系，全面、准确、及时地观察和评价管理者的能力、行为和绩效，以有效激励约束企业及其管理者。

　　企业、管理者的绩效评价一般采取指标方法。从理论上说，应用指标方法评价企业、管理者的绩效一般包括以下几个方面的内容或几个步骤：确定评价的对象和目标；选择具有代表性的评价指标；确定各项评价指标的标准值与标准评分值；计算各项评价指标的得分；根据各指标的权重，综合计算评价总分；得出具体的评价结论。从历史上看，自 20 世纪初美国杜邦公司运用投资报酬率指标考评经营绩效以来，企业管理的实践日新月异，奈特、科斯、伯利和米恩斯等经济学家，拉尔夫·C. 戴维斯、哈里·A. 霍普夫、德鲁克等管理学家提出了各种各样的企业理论，有关企业及其管理者的绩效评价就一直成为经济学和管理学研究的重点问题。

第六章
企业研究开发的内部激励

　　由于技术和产品变化迅速，市场竞争激烈，通过研究开发能够获得新的发现、发明，运用研究开发的这些成果能够带来收益甚至超额收益，因此越来越多的企业投资于研究开发特别是应用研究和试验开发。企业投资于研究开发后，如何促使研究开发人员创造出尽可能多的成果，实现研究开发收益的最大化，这就成为研究开发管理中的关键性问题。基于研究开发的特性，对研究开发的激励包括企业内部的激励和企业外部的市场和社会激励、政府激励。本章在前面分析的基础上，主要分析企业和研究开发的目标、信息与激励，研究开发人员的人力资本和生产特征，由此提出研究开发的激励体系，特别是股权激励、职务发明等方面的产权激励问题，以不断提高研究开发的效率。

第一节　研究开发中的目标、信息与激励

一、激励问题的提出

　　在资源稀缺（scarcity）的经济世界中，没有

免费的午餐或天上掉下来的馅饼。个人、企业、政府等经济主体由于不可能占有全部资源，都面临着如何在竞争性、排他性的稀缺资源上占有和使用的问题，即资源配置的方式及其效率问题。资源配置有多种方法，不同方法有不同的得失、利弊结果，这就需要选择（choices）和取舍（trade-off），非此即彼或者此多彼少，不能兼得。为什么做出这种选择而不是那种选择，就在于对激励（incentive）的反应，激励的本质就是在一定条件下的成本收益的制度安排，即如何以最小成本获得最大收益。具体地说，就是投资者或企业的利润最大化、劳动者收入最大化、消费者效用最大化的制度安排和收益实现问题。

对于企业，经济学、管理学都假定利润最大化是企业经济行为的目标，企业在约束条件下追求利润最大化的目标。显然，完全符合这一假设的只有一个自然人投资经营的古典企业，尤其符合孤岛上的鲁宾孙。在自然人的独资企业（业主制企业）中，个人既是投资者，又是劳动者和管理者，自主经营，自负盈亏，企业的生产经营完全取决于个人的努力，企业盈利了，收益全部属于自己，企业亏损了，亏损由自己完全承担。因此，独资企业尽管面临着资金、技术、管理等方面的生产要素问题，但利润或收益最大化是其唯一的目标，激励约束不是问题。

不过，经济活动只要不是个人独力完成的，个人与他人之间通过市场或者公司参与生产活动和利益分配，人与人之间的利益交换或分配必须以准确地了解各自的投入、贡献等为依据，这就要求信息是完全、准确、对称的。由于人与人之间有着目标上的差异和利益上的冲突，自利的个人在采取交易、合作、雇用等行为都将追求其利益最大化，如果信息不对称，具有较多信息的个人就可能采取损人利己的逆向选择、道德风险等行为。这时就提出了确立好的激励机制的问题。

正如下面将要分析的，企业研究开发具有两个特点：（1）企业的研究开发主要由众多股东出资设立的公司制企业承担，由不同的人员分工合作完成。这样，在企业内部，不仅股东与股东之间、股东与管理者之间存在着权力、利益上的分配和冲突问题，在企业的研究开发中，研究开发人员之间，研究开发人员与企业研究开发组织、与企业之间，研究开发组织与企业之间也存在目标、利益上的分配和冲突问题。解决利益分配和冲突问题就需要建立激励约束机制，对于员工，激励的基本形式就是工资报酬，是如何获得最大化的工资；对于企业主，激励就是如何使用手中的胡萝卜和大棒。（2）企业研究开发中存在着能力、行为、结果等方面的信息不对称性等问题，企业对于研究开发组织、研究开发人员的能力、行为、结果难以全面、及时、准确地观察、评价，从而难以有效采取激励手段，研究开发人员也可能因信息不对称而采取损害同事和企业的行为。

对企业研究开发进行激励的目的在于为企业研究开发提供持久的动力支持，因此，分析企业的研究开发激励机制，必须首先分析影响企业研究开发的主要因素。由于组织形式、动机和目标、信息、市场竞争等是影响生产和激励的主要因素，对企业研究开发的激励分析就从组织形式、动机和目标、信息等问题开始。

二、研究开发的组织和目标

（一）公司的组织结构

从研究开发的组织形式上看，研究开发的企业形式主要是公司，特别是大中型的公司。分析公司的组织结构和公司研究开发的组织结构，是为了认识公司、公司研究开发组织、研究开发人员的目标、利益、信息等因素特性，这些因素特性影响着研究开发的激励机制和激励效率。

现代社会中的企业主要形式已不再是独资企业及合伙企业，而是公司制企业。公司制企业与自然人企业的一大区别就是公司具有集合性，公司的集合性又称社团性、联合性，它是指公司作为社团法人应当是人与人的结合和合作，以及资本的结合，公司应当由两个或两个以上的人（自然人或法人）投资设立。绝大多数国家的公司法对公司设立的最低股东人数及最低资本数有限制性规定，一般要求有限公司股东至少有两人，股份公司的股东和资本数更高。事实上，公司制度出现的原因之一就是为了解决独资企业在人员和资本上的不足，尽管少数国家已经允许成立一人公司，但公司的本质特征并不是单人独资企业，独资企业从整体上也不适应现代经济发展的客观需要，许多公司特别是股份公司已经成为拥资亿万、雇员上万的跨行业、跨国家的大型、超大型企业，年销售收入以千亿美元计。从投资于研究开发的企业看，主要也是公司企业特别是大中型的公司企业。

在自然人企业中，由于产权和生产单一稳定，投资者面临的主要是融资、生产、销售等少数程式化的事务，几乎没有外部经济和规模经济，因此决策、执行、监督三权合一，企业一般只有简单的横向（水平）职能部门，往往没有纵向（垂直）层级结构，投资者集权甚至个人独裁式的直接管理具有其经济合理性，自我雇用的独资企业甚至没有内部组织体制。钱德勒在考察美国管理变革时发现，直到 19 世纪 40 年代前，美国最大的企业一般也只需要业主和一两名助手管理就足够了。

对于公司企业，公司组织制度主要包括三层内涵：首先是一种组织机构；同时还是股东、公司的权力、利益、职责的分配以及公司组织运行规则或一种治理结构、制度结构；而决定和形成公司的组织机构和制度结构的是以产权为核心的资源和利益分配方式。这三个方面的内容构成了公司组织的完整结构。

从各国公司的实践和立法上看，公司组织机构是为实现公司的设立宗旨和发展目标而建立的决策、组织执行、监督检查等各种组织机构。公司的权力和决策结构已经经历了从股东会中心主义到董事会中心主义两个发展阶段，而董事会中心主义正在受到利益相关者、机构投资者等因素的新的挑战。对于规模较小的公司，公司只要设置股东会、董事会或执行董事、监事会或监事等法定的公司机关就可以保证公司的正常经营管理工作。对于规模较大的公司，仅有结构相对简单的公司机关可能不能够完成公司的业务。这时，公司需要按生产和管理流程，在公司组织的最高层上设置权力和决策机构，以表达公司的意志和目标，并决定和支配法人的活动；设置公司日常管理机构董事会，作为对外代表公司、对内主管业务的机构，还要设置关于生产、营销、劳动工资人事或人力资源、研究开发、统计、财务管理等方面业务的具体管理和实施工作的经理机构；设置内部监督机构，以监察公司的经济活动，保护股东、职工等人的合法权益。公司还需要按地区分工和产品业务分工，设置贯彻执行公司机关决策业务的各地方、各业务分工、各层级的具体执行机构。公司的上述这些组织机构和人员就构成了一个公司完整的组织机构系统，这些组织机构之间权力分立、业务分工、相互协作、相互制衡，共同完成公司法人的发展目标。

根据公司权力、职能在垂直和水平方向的具体分配和制衡状况，威廉姆森把公司的组织体制分为 U 型、H 型和 M 型三种基本类型。

U（unitary structure）型组织又称一元结构、功能垂直型结构、直线职能制的组织体制，是指在权力集中的原则下，按经济职能如营销、制造、财务等进行组织结构划分，每个组织单元均不能独立完成商业活动，而需要得到其他组织单元的配合。各单元的职能需要得到公司最高层如董事长或总经理的协调和集中控制，这意味着总经理要接受并处理来自各个组织单元的信息。它脱胎于结构最简单的直线制、纯等级制，直线制是严格的金字塔形权力结构，每个人只对其上级负责，权力集中到公司最高领导者。U 型组织是在吸收由铁路发展起来的高阶层管理方法和家族企业发展起来的一种阶层管理方法的基础上发展而成，到 1917 年，U 型组织成为美国最流行的企业组织体制，当时最大的 236 家公司中有 4/5 以上采用这种组织结构。U 型组织一般适用早期的公司，那时公司规模一般不大，产品和业务比较单一，U 型组织不仅实现了内部的分工和专业化，而且便于决策、管理上的集中控制和财务、资源上的统一计划和重点管理。职能制解决了职责、权力的分工、分配问题，但这种组织体制不适应市场竞争、技术创新、业务多样的需要，现在主要为业务单一、技术成熟的企业采用。

　　M（multidivisional structure）型组织又被称为事业部制、多部门制或多分支公司结构，它介于 U 型公司和 H 型公司之间，其权力和职能的分散程度高于 U 型组织而低于 H 型组织。M 型组织自 20 世纪 20 年代在通用、杜邦等公司出现以来，在 50 年代以后已经成为大中型多元化经营公司特别是跨国公司的一种标准的组织结构。M 型组织实际上包含了 U 型组织，是在总部协调下的多个 U 型组织的联合，一般按产品或区域来设置事业部或分公司，各事业部是半自主的利润中心。M 型组织将公司的决策和战略管理与不同产品、不同地区的运营管理分层安排和管理，总公司高层经营者专职战略管理，主要负责制订中长期计划、控制和协调各部门的活动、统一决定各部门的资源配置，而将日常运营决策和管理授予各分部管理者，总公司管理者还可以通过评价、奖惩、升迁等手段有效控制部门管理者。当然，M型组织结构的有效性必须建立在公司治理结构的有效性的基础之上。比较而言，日本、德国等公司的中层经营管理人员在公司内部能够获得更多的提升和待遇，市场流动性较弱，其M型组织的效率往往要高于美国公司。

H（holding company，holding-form）型组织又称为控股公司或母子公司结构，是按照分权原则，由一家核心公司通过持股或合同的方式，拥有很多生产上不一定关联的单元，每个单元都是一个投资中心或利润中心。与U型组织的不同之处在于，H型组织中的单元一般是子公司或分公司，作为独立法人的子公司在经济上具有独立性，子公司或分公司可以分布在不同行业和地区，母公司对子公司以其出资为限承担责任，这就大大分散了核心公司在投资、经营、管理等方面的风险。在总公司与分公司之间，总公司的功能在于领导整个公司的经营，评价每个分公司的经营业绩，统一采购、配置资金和优化资产组合，实行多元化发展战略，公司内部实际上是个统一协调的资本市场、产品市场和经理市场。自20世纪60年代，在多元化、国际化的战略下，美国也出现了大量采用H型组织结构的混合型公司，但这些公司后来在经营上往往并不成功，许多公司集团纷纷卖掉不相关的资产或公司，只有通用电气公司（GE）等个别公司在多元化经营中取得了成功。

进入20世纪90年代，信息产业的发展和信息技术在公司生产和管理中的广泛应用，对公司组织体制产生了重大的冲击，以前需要众多的中间结构来传递信息，而利用信息技术就可以直接高效地领导和管理众多的下属，传统的公司治理结构和组织体制必须适应生产和管理技术、外部市场环境的变化的需要。例如，层次繁多、部门林立的传统层级结构就将逐渐让位给扁平化（flatten）、灵活弹性的组织结构，建立在分工、专业化和交易基础上的合作关系将更为重要，公司治理中将更强调人的主体性和创新性。又如，在 U 型组织的基础上，通过建立一套横向的目标系统来解决多产品、大规模生产问题，这样就发展出了矩阵组织（the matrix structure）。在矩阵组织中，既包括纵向的职能系统，进行专业化的职能管理，又包括横向的目标系统，按项目划分相应的小组进行专项管理。通过两套系统，当事人就既能与原来的职能部门保持职务和业务上的垂直关系，又能接受项目小组的统一领导和协调，以保持项目的完整性。此外，还发展了模拟分散管理（模拟 M 型结构）、超事业部组织、学习型组织等新的组织模式①。

投资者与管理者、生产者在公司中的分离和分工，公司组织结构的多元化和层级化，导致了公司的权力、利益不再全部属于股东，而是分配到了不同机构、不同人员上，公司股东、管理者、生产者都有其动机和目标，都在追求各自最大化的利益，利润最大化只是一种理论上的抽象假定。

（二）公司研究开发的组织结构

从研究开发的人员看，现代社会的研究开发一般是多人分工合作完成的，某些重大的研究开发项目可能需要成千上万人共同完成，如美国研究开发原子弹的"曼哈顿"工程、登月工程，如我国的"两弹一星"计划。在企业内部，研究开发一般也是通过组织形式开展，研究开发的组织性是由第三章中分析的知识、信息的互补性、不完全性所限制和分工、专业化的优势所决定的。从实践上看，企业内部的研究开发组织体制有内企业、创新小组、新事业发展部、企业技术中心、跨企业研究

---

① 李由：《公司制度论》，529～534 页，北京，北京师范大学出版社，2003。

开发联盟、虚拟创新组织等不同形式①。

1. 内企业与内企业家。企业为了鼓励创新，允许自己的员工在一定限度的时间内，在本岗位工作以外，从事感兴趣的创新活动，而且可以利用企业现有的条件，如资金、设备等，由于这些员工的创新行为颇具企业家特征，但是创新的风险和收益均在所在企业内部，因此称这些从事创新活动的员工为内企业家，由内企业家创建的企业称为内企业。内企业一般只有几人，属于非正式组织，适合于技术简单、规模较小的研究开发活动。20世纪七八十年代，美国硅谷地区许多新兴的科技创新型企业就开始采用这种组织方式。

2. 创新小组，也称为研究开发小组、项目小组。如果研究开发任务比较繁重，规模较大，就需要人数较多、活动范围较大的组织，这种公司充分授权成立的研究开发组织一般称为创新小组。创新小组是指为完成公司某一创新项目而成立的一种创新组织，它可以是常设的，也可以是临时的，小组成员可以专职也可以兼职，是一种相对灵活开放的半正式的组织。对于一些重大创新项目，小组成员要经过严格挑选，创新小组有明确的创新目标和任务，企业高层主管对创新小组充分授权，完全由创新小组成员自主决定工作方式。

3. 新事业发展部。新事业发展部是大企业为了开创全新事业而单独设立的正式组织和职能部门，全新事业涉及重大的产品创新或工艺创新，开创全新事业在管理方式和组织结构上可能与原有事业的运行有本质区别，由于重大创新常伴有很大的风险，因此这种创新组织又称为风险事业部。新事业发展部拥有很大的决策权，只接受企业最高管理着的领导，它为难以纳入企业现有组织体系的重大创新提供了适宜的组织形式。如美

---

① 傅家骥：《技术创新学》，第十章，北京，清华大学出版社，1998。

国 IBM 公司针对新兴的个人计算机市场，1980 年成立了一个独立的分部，负责个人计算机从研究到销售的全部过程。事业部制的研究开发机构除了从事研究开发活动外，有时也承担产品生产和销售职能，如 IBM 的事业部。

4. 企业技术中心，也称为研究开发中心。技术中心是大企业集团中从事重大关键技术和新一代产品研究开发活动的专门机构，通常有较完备的研究开发条件，有知识结构合理、素质较高的技术力量。企业技术中心一般采取矩阵式组织结构，技术中心的大部分项目实行项目经理负责制，组织由不同专业技术人员组成跨部门的课题组，根据项目的进展情况，课题组成员可以根据需要进行调整。现在，国内外许多大型企业设立了名为技术中心或研究开发中心的专门性研究开发机构。技术中心一般专门承担研究开发工作。

当然，企业研究开发还可以采取跨企业的虚拟创新组织形式。虚拟技术创新组织是某些相关企业基于某种共同目标而组建的一种灵活性的联盟，其构成成员具有互补的资源和核心能力。当某个新的市场机会出现时，由最早意识到这一市场机会或者掌握某一关键技术的企业牵头，联合其他企业，迅速动员各自的资源和能力，对市场机会做出敏捷的反应，共同完成新技术开发和新市场开拓，共担风险并按贡献分享利益。法国农业基因公司 Agrogene 从 1995 年起意识到，单独研究小麦的基因标记既费时又费钱，而且正在进行同类工作的竞争对手也面临同样的困难。因此 Agrogene 公司的合作倡议立即吸引了法国该专业领域内几乎所有的研究部门和企业，包括一些国际性大种子公司，如 Limagrain 和 Monsant 等。目前已有 35 家私有企业和公共实验室参加了该合作项目，其中也有美国和欧洲在法国的子公司。这项合作的具体成果是不到 3 年时间开发了400 个小麦基因标记，每个参加者都拥有自己所开发成果的知识产权，并可分享其他合作伙伴的成果。

团队是一个目前广泛使用但还没有规范定义的概念，有多少人就可能提出关于团队的多少个定义。可以把团队理解为：团队是存在于一个组织内部的，由一定量的具有共同目标、互补技能、彼此合作的人组成的相对稳定的群体。广义的团队包括企业、新事业发展部、技术中心、研究开发小组等正式的和非正式的组织形式。狭义的团队一般是指为了解决某一研究开发项目或某一系统研究开发项目而成立的组织，大致等于创新小组和项目小组。

对于团队的生产和管理问题，阿尔钦和德姆塞茨（A. Alchian and H. Demsets）在 1972 年将企业研究重点从使用市场的交易费用转移到解释企业内部结构的激励问题（监督成本）上①。他们提出，企业是一个由多人联合生产的团队，企业内部的劳动合同与企业之间的物品交易合同并无二致。在联合生产的条件下，在团队生产中，一种产品是由若干个集体内成员协同生产出来的，而且任何一个成员的行为都将影响其他成员的生产率。由于最终产出物是一种共同努力的结果，每个成员的个人贡献不可能精确地进行分解和评价，因此不可能按照每个人的真实贡献去支付报酬。团队性的人力资本可以通过组织形式维护自己的权利，比如管理层持股和建立工会，比如人力资本所有者集体与资本所有者谈判和订立合同，参与公司收入的分配（剩余索取权）甚至参与公司的决策（剩余控制权）。不过，从经济人假设出发，团队每个成员都试图免费搭车，采取机会主义和偷懒行为，缺乏努力工作的积极性。

---

① Alchian, A. and Demsets, Harold, Production, Information Costs and Economic Organization, *J. A. E. R.*, Vol. 62, 1972, pp. 777-795.

比较而言，技术中心、新事业发展部属于企业内部比较正式、综合性的研究开发部门，内企业属于小规模、临时性的研究开发组织，研究开发（创新）小组或团队属于介乎正式、综合性组织和非正式组织之间的研究开发组织形式。对企业研究开发的考核评价大致可以分为企业研究开发部门（技术中心、事业部）、研究开发团队、研究开发成员三个层次。

（三）企业及企业研究开发的目标

目的一般指个人、组织追求的最终结果，是比较抽象的概念。目标有时指个人、组织追求的最终结果（即目的），目标有时又分解为最终目标和中间目标、总目标和分目标、主要目标（基本目标）和次要目标。

企业目标是指企业主要的、基本的、最终的所追求的目标，企业是营利性组织，利润最大化是企业的目标。显然，完全符合这一假设的只有一个自然人投资经营的古典企业。在合伙企业中，合伙人之间已经存在着利益冲突，一些国家甚至把合伙只视为一种合同行为而不视为企业。在公司企业中，现实中的企业目标就更复杂了：（1）由于公司由多个投资者出资设立，假设其他条件相同，股东的最终目标都是投资收益最大化，但股东之间事实上存在着一系列差别，异质股东的投资目标存在差异甚至冲突，典型的如我国的国有股与非国有股、流通股与非流通股、普通股与优先股、原始股与非原始股、大股与小股等不同性质的股东之间就存在着目标、利益上的差别。（2）由于公司有有限公司与股份公司、上市公司与非上市公司的区分，上市公司的目标又被表述为价值最大化。（3）股东与管理者、股东与员工、管理者与一般员工之间也存在着目标、利益上的差别，股东与管理者、所有权与控制权之间的分离已经成为理论研究和企业治理上的永恒问题。（4）对于企业的不同部门，还存在着企业目标与部门目标之间的分解和协调问题。

对于企业目标问题，斯密等经济学家在公司产生之初就已经提出，伯利和米恩斯 1932 年《现代公司与私有财产》中全面探讨了公司股东与管理者之间在目标、权力、利益等方面的分离和冲突①。鲍莫尔（W. J. Baumol）1959 年提出，管理者的工资和其他收入与销售额比利润额的关系更为密切；银行与其他金融机构关注着企业的销售额，并将它作为贷款的指标；销售额增加时，各级雇员的收入都可不同程度地增加，内部人事关系易于处理；足够的市场份额可使企业处于有利的竞争地位，在讨价还价中掌握主动权；管理者并不一定追求最大化利润，但必须保证最低限度的利润②。总之，企业追求的是最低利润约束下的销售收入最大化。另一些经济学家也认为，企业管理者遵循的是企业增长最大化目标。如威廉姆森（O. E. Williamson）在 1964 年提出，管理者的效用函数包括诸如薪金、权力、安全、地位、威望、职业优越性等方面的内容；由于利润最大化与效用最大化之间存在着冲突，管理者可能根据自主的支出偏好，将企业资源用于没有多少生产性的活动中，如增加企业管理费用、过多雇用下属、在职消费等；管理者可以利用信息等方面的优势，控制着企业的决策和管理活动，但为了职位的安全，仍必须保证最低限度的利润。

企业研究开发的目标是什么？第二章曾经简要地说明了企业目标与企业研究开发目标之间的差异性。如果研究开发是一种有投入、有目的的行为，那么如何界定研究开发的目标，是

---

① ［美］阿道夫·A. 伯利，加德纳·C. 米恩斯：《现代公司与私有财产》，甘华鸣，等译，北京，中国社会科学出版社，2005。

② W. J. Baumol，*Business Behavior Value and Growth*，New York：Macmilan Publishing Co.，1959.

研究开发成果的最大化还是研究开发成果运用收益最大化？对于研究开发的目标问题，可以从研究开发活动的投资者和承担者的角度加以分析。

从企业内部的研究开发角度上看，研究开发一般只是企业投资的一部分，承担研究开发任务的研究开发组织只是企业的一个职能部门，研究开发虽然要服从于企业的发展目标，但企业与研究开发组织之间存在着目标的分解和协调问题，研究开发组织自身具有相对独立的目标，它是为了生产知识而不是成果运用和利润创造，研究开发组织所能够直接完成和控制的是研究开发成果，研究开发成果最大化是研究开发组织的直接目标。

从企业的角度上看，企业投入大量资源于研究开发活动，最终目的不是仅仅获得束之高阁的成果或技术，而是为了将成果运用于企业的生产经营活动，调整或改变生产技术方式，提高生产率，以获得生产上的收益，或者将成果有偿转让给其他主体以获得资产转让的收益，总之是为了获得投资收益。获得研究开发成果只是企业的中间目标，研究开发成果运用及其经济收益才是企业的目标。

但是，研究开发成果运用中因知识、市场的外溢而导致收益溢出，那么研究开发的收益是指企业收益即私人收益，还是社会收益？即使是指企业的收益，研究开发的投入或成本容易计算，收益如何计算？如果大型企业的研究开发中存在着研究开发部门、研究开发团队、研究开发人员等不同的组织层次，如果不同层次之间存在着目标和利益的差异，如何将企业目标和研究开发目标兼容起来，如何协调企业和内部研究开发组织之间的行动和利益？

三、研究开发成员的性质、动机和目标

（一）研究开发人员的性质

传统意义上的资本只包括货币、实物资产以及知识资产等资本形式，企业被视为由资本所有者以其资本为主要物质技术基础而建立起来的资合性经济组织，股东是公司的主人，资本雇用劳动，股东不仅享有对公司剩余收益的索取权，而且享有对公司经营的控制权。不过，这种理论近几十年来正在受到挑战，当代经济理论认为资本既包括传统的资本形式，还应当包括存在于人本身的信息、知识、技能、劳动力等人力资源或人力资本，人力资本是一种生产要素。在分工和专业化生产、自由合同和交易的经济活动中，人力因其本身的特性从被雇用、被支配的消极资源开始转变为影响甚至支配企业经济活动的资本，人力资本在研究开发、技术和制度创新型的企业中甚至开始支配有形资本，即劳动支配资本。这样，人力资本在企业经营、经济增长中的独特地位和权利就显现出来了。

对于研究开发人员，可以从人力资本的资产特性和这种资产的使用特性的角度加以分析。

人力资本具有独特的资本或资产性质①。（1）尽管在政治上不谈人力资本问题，但人力或劳动力事实上已经进入市场而资产化，甚至成为公司出资或资本的构成部分。公司虽然首先还是非人力资本所有者之间的合同，但由于人本身的知识、技能、发明等也可以资产化而作为公司出资，公司还被视为非人力资本与人力资本的所有者之间的一种特殊的合同，是在非人力资本与人力资本的所有者之间进行资源配置和权利交换的一

---

① 周其仁：《市场中的企业：一个人力资本与非人力资本的特别契约》，载《经济研究》，1996（6）。

种制度形式。各国公司法不仅规定知识资产或知识产权可以占公司资本的 20% 甚至更多，某些国家而且允许公司管理者、技术骨干以其人力资本而在公司股本中占有一定份额。（2）人力资本是其所有者的内在资源，与所有者人身不可分离（当然，资产化的知识资产可以与其所有者相对分离，但人力资本一旦资产化，它已经转化为非人力的知识资产，投资者可以用知识资产出资而成为公司股东），而非人力资本可以与其所有者分离，人力资本的所有权只能归属于蕴涵人力资本的活生生的人。因此，人在经济活动中一旦失去了自主性、积极性，就难以有效发挥出其人力资本的效用，公司就难以有效使用人力资本所有者。（3）蕴涵在人本身的知识、技能、管理等人力资本具有一定的稀缺性、专用性、创造性的才能更是极其稀缺的人力资源。稀缺、有用虽然是人力资本和非人力资本共有的特征，但它在研究开发人员的人力资本上表现得更为显著，高水平的研究开发人员永远都处于供不应求状态。

人力资本在资产的配置使用上也具有独特性质。（1）人力资本在使用上具有团队性。团队性或集体性是指公司还是人的劳动的联合或集合，公司生产是一种团队联合生产，这在研究开发过程中尤其明显。（2）人力资本及其运用的效用和价值难以评估和验证，人力资本的这一特性与团队生产的监督问题反映的实际上是同一个问题。（3）公司还被视为人力资本与非人力资本的特别合同或雇用合同。在公司成立后的经营管理中，由于人力资本具有资源的稀缺性、信息的不对称性，这种合同是一种不完全的合同，面对信息的不对称性、合同的不完全性和合同执行中的不确定性，公司只好通过权力、利益的让渡和激励约束机制加以调节，人力资本所有者应当分享公司所有者的部分权利，这是分析公司治理结构的基本思路。（4）人除了追求经济上的利益外，他还是生活在复杂多变的社会中的人，具有多样的需要和目标。可以说，人是经济活动、企业管理中最活跃、最关键的因素，隐含在公司和制度后的人和人的行为决定了公司的发展和未来。

（二）研究开发人员的动机和目标

在承认企业目标的同时，也要承认研究开发人员的目标。

从历史上看，虽然每个研究开发人员的嗜好、气质以及对科学的态度千差万别，每个研究开发人员的动机不必相同，虽然也有少数不计得失、不计名利，出于好奇心或其他原因而献身科学技术研究的人，典型的如英国的卡文迪什（1731－1810）和法国的居里夫妇，但研究开发毕竟需要人力、物力的投入，现代社会的研究开发活动需要稳定持续的资源投入。个人进入企业，从事研究开发活动，必定具有一定的动机，追求一定的目标。人的动机是为实现一定目标而行动的内在原因，是激发和维持个体活动的内在心理过程或内部动力，具有激活、指向、维持和调整功能。一般认为，引起动机的内在因素是需要，引起动机的外在因素是诱因。凡是个体趋向诱因而得到满足时，这种诱因称为正诱因；凡是个体因逃离或躲避诱因而得到满足时，这种诱因称为负诱因。动机是一种内部心理过程，不能直接观察，但是可以通过任务选择、努力程度、活动的坚持性和言语表达等行为进行推断。动机要求行动，当人有了动机后，就会导致一系列寻找、选择、接近和达到目标的行为，行动促使个体达到他们的目标，行动是这种内在过程的表现。如果人的行动达到了目标，就会产生心理上和生理上的满足。

人的动机是人性假设的核心部分。人性假设是人类行为研究的一个基础概念，对人性的不同假定形成了对人的行为的不同解释，也形成了管理上的不同方式方法。社会科学对人性提出了各种各样的理论：（1）经济人是自斯密以来西方主流经济学对人的假设，人是自利的，人在经济活动中最大化地追求其经济利益，如就业的动机是工资报酬最大化，消费的动机是满足或效用最大化。(2) 受雇人（机械人、工具人）假设，每一个人都是被某一组织雇用的机器或者工具，他的职能只是接受组织管理，完成组织交于的任务，工作是他迫不得已的生活手段。人是典型的被动行为者、天生的偷懒者，离开了管理就会逃避工作。(3) 社会人假设，人具有社会性的需求，人与人之间的关系和组织的归属感比经济报酬更能激励人的行为。(4) 自我实现人假设，每个人都有实现自我价值的需要，个人成就感是自我发展的动力。(5) 复杂人假设，人具有个性差异，不存在普遍的人性。

那么，个人从事研究开发的动机是什么？显然，对研究开发人员的人性假设不同，采取的管理、激励措施也就不同，效果也有差异。例如，从经济人假设出发，就要实行物质刺激的经济奖惩办法。从社会人假设出发，就需要尊重人的各种社会性需要，让研究开发人员在一个关系融洽的组织里工作。其实，研究开发人员一般具有高学历、高智力，从事的是复杂性、冒险性、创造性的活动，不是按部就班、循规蹈矩地在生产线上操作的工人，在一定意义上可以称他们为"创新人"。爱因斯坦在纪念普朗克 60 岁生日曾谈到探索的动机：一是叔本华所说的，把人们引向艺术和科学的最强烈动机之一，是要逃避日常生活中令人厌恶的粗俗和使人绝望的沉闷，是要摆脱人们自己反复无常的欲望的桎梏。二是人们总想以最适当的方式来画出一幅简化的和易领悟的世界图像，于是他就试图用他的这种世界来代替经验的世界，并来制伏它①。卡文迪什也正

---

① ［美］爱因斯坦：《爱因斯坦文集》第 1 卷，许良英，等译，101页，北京，商务印书馆，1976。

是继承了大笔财产，才能够长期从事"无用之用"的科学研究。

可以把研究开发人员的动机大致分为经济动机和非经济动机。通过经济活动获得各种物质产品或收入毕竟是人类一切活动的基本目的，个人受雇于企业，研究开发成为工作或职业的基础动因也是为了获得相应的收入。像其他很多工作一样，研究开发人员只有获得与其教育和贡献相应的较高的收入，生活条件和社会地位相对安定甚至优越，才能高效率地工作，才能吸引更多的人进入研究开发领域。在长期的平均收入上，如果研究导弹的不如卖茶叶蛋的，那么科学研究肯定走向衰落。同时，研究开发人员还具有非经济动机。李克特认为，一个科学家可能会寻求或接受三种奖励中的任何一种：科学活动中固有的奖励，如对科学做出贡献的满足感；并非科学活动固有的，但是在科学共同体内部并由科学共同体分配的奖励，例如，由其他科学家给予的职业上的承认；主要由科学以外的来源获得的奖励，例如金钱和公众的承认①。第一种奖励对应于非功利的纯粹动机，后两种奖励是通过社会报酬制度和激励机制的诱导来实现的。马斯洛将个人的需要分成生理需要、安全需要、社交需要、尊重需要和自我实现需要五类，依次由较低层次到较高层次。其中，前两层需要必须通过经济收入加以满足，后三层需要也是建立在物质基础之上的。

由于人的动机和目标多样化，研究开发人员的动机和目标更是如此，这就需要企业因人、因事而采取多样化的激励手段。企业应把研究开发人员视为有追求、有判断、有知识的人，从物质和非物质两个方面采取平衡高效的组合激励措施来

---

① ［美］李克特：《科学是一种文化过程》，顾昕，张小天，译，156～157 页，北京，三联书店，1989。

调动员工的积极性，鼓励隐性知识的流动、转化、共享和创新等。具体地，既可采用计时、计件、岗位、学历、职称、知识股权等激励方式，又可从精神激励上满足员工的成就欲和尊重欲，推动员工隐性知识交流与共享。

由于研究开发人员是在一定的组织中工作的，企业的研究开发组织大致可以分为研究开发部门和研究开发团队两个层次，企业的目标、利益既是通过各个层级的目标、利益累积加总而成的，企业的目标、利益又要分解为各个层级的目标、利益。显然，三个层次的研究开发目标虽然都要服从企业的目标，但研究开发组织和人员也有相对独立、相互有别的目标和利益，处于低层的研究开发人员之间、研究开发人员与企业之间在行为动机、目标、利益上存在着差异和冲突，这就需要企业设计有效的激励机制，使得个人、层级在追求各自利益的同时增进了企业和投资者的利益。

四、研究开发中的信息与激励问题

（一）信息与信息不对称

任何一项制度，都包含着对信息、激励问题的解决方法。好的激励制度要求使用尽可能少的的信息，设计好的动力机制，充分调动人的积极性，换言之，好的经济机制的标准是尽可能低的信息成本，尽可能大的经济收益，尽可能高的经济效率。

信息是关于事物的状态、特征和变化的反映和描述，是对相关的个人、组织有用的一切知识。从本质上说，信息是对事物可辨别的状态即事物差异度的衡量，信息能够使人们对事物状态变化的认识从不知到知、从不确定到确定。信息概念的广泛使用是20世纪后半叶的事情，哈耶克当年在进行经济机制分析时，用的是知识而不是信息的概念。知识是关于事实和原理的知识，是一种有价值的智能结晶，应当可以交流、共享。根据知识能否清晰表述和有效转移，可把知识资源分为显性知识和隐性知识。隐性知识与显性知识的概念与理论最初是由匈牙利裔的英国哲学家波兰尼（Michael Polanyi）于 1958 年在《个体知识》一书中从哲学领域提出的。波兰尼本是一个卓有建树的化学家，后来转向哲学、社会科学的研究。波兰尼在对人类知识的哪些方面依赖于信仰的考察中，偶然地发现这样一个事实，即这种信仰的因素是知识的隐性部分所固有的。波兰尼认为：人类的知识有两种。通常被描述为知识的，即以书面文字、图表和数学公式加以表述的，只是一种类型的知识。而未被表述的知识，像我们在做某事的行动中所拥有的知识，是另一种知识。他把前者称为显性知识，而将后者称为隐性知识。按照波兰尼的理解，在一个人所知道的、所意识到的东西与他所表达的东西之间存在着隐含的未编码的知识，隐性知识是我们知道但难以言述的知识。显性知识和隐性知识相对，显性知识是能够被人类以一定符号编码系统（最典型的是语言，也包括数学公式、各类图表、盲文、手势语、旗语等诸种符号形式）加以完整表述的知识。波兰尼知识分类理论的核心观点是：我们所知道的多于我们能够言说的。这一观点与"凡是知道的就一定能言说"的理念正好相对，它肯定了隐性知识相对于明确知识的独立性与合法性，挑战了 17 世纪科学革命以来所形成的"完全明确的知识理想"（真正的知识应是明确的、客观的、超然的、非个体的）。

波兰尼对隐性知识和显性知识的区分为后来的相关研究奠定了基础。随着计算机、网络技术的不断发展，人类社会进入数字化、信息化时代，信息的方式成为人们认识世界和改造世界的重要方式。因此，人们也开始用信息这一概念来诠释知识，从知识与信息的关系入手思考知识的生产与运用，任何可以被数字化——即编码成一段字节——的事物都是信息，信息因而成为引出和构造知识的一个必要的中介或素材。无疑，世界的信息化和信息的数字化，会使我们的生存在一定程度上演变为数字化生存。简单地讲，如果将由这些数字组成的信息视为一种客观对象，事物与过程蕴涵的信息一旦被抽取，就可能成为一种独立存在的客观的信息和信息流，世界的信息化就意味着用客观的可观察量描述我们所生活的世界。由此，那些能够信息编码化的知识即显性知识或客观知识得到存储、处理和传播，知识外在化成为大势所趋，整个世界被计算机隐喻所替代，从 DNA 复制到产品信息联机数据库，几乎世界的每一个过程都伴随着信息的存储、加工和传播。相反，那些无法信息编码化的知识即隐性知识则较少受益于网络空间，简言之，能否编码和传递成了知识合法化的条件。这样，以前那种知识的产生、获取与精神，甚至与个人本身的形成密不可分的原则似乎已经过时，而且将更加过时。对传递确定的知识而言，教师并不一定比存储网络更有能力。

什么是隐性知识？在第二章曾经提出的，隐性知识（tacit knowledge）主要是相对于显性知识而言的，是一种隐含于人身、能够运用并被证明存在的，但又难以通过语言文字符号予以清晰表达或直接传递的知识，是高度个人化的知识。隐性知识隐含于每个人的头脑，与人的身体不可分离，与人的信仰、价值观等相关。隐性知识只能通过人的行动来显示和运用，人的行动又受到个人的特性、情感、信念、目标、外部环境与激励等因素的影响。人们在做某事的行动中所拥有和显示的知识就是所谓的"行动中的知识"（knowledge in action），或者"内在于行动中的知识"（action-inherent knowledge）。对知识的表达而言，行动是和语言同样根本的表达方式，可以在行动中获得隐性知识（干中学）。进一步地，还可以把一个组织所隐含的、个性化的、难以复制或模仿的知识也称为隐性知识，如企业的商业秘密、企业文化的某些部分，隐性知识成为个人或组织核心竞争力的核心构成部分。

隐性知识具有以下特点：（1）隐性知识是人的能力和人力资本的核心组成部分。隐性知识存在于人身体，镶嵌于实践活动之中，非命题和语言所能规范和表达，并且常常具有浓厚的个人色彩，与个体的个性、经历、经验以及所处的情境交织在一起，更多地需要用诀窍、技能、习惯、信念等形式呈现，只能在行动中展现、被觉察、被意会。（2）隐性知识零星、分散，含混不清，难以捉摸，没有定型，尚未编码和格式化，不宜大规模积累、储藏、传播、掌握和分享，难以通过正规的、确定的形式加以传递。隐性知识一般通过长期的学徒制传递，通过观察、对话、合作、练习和领悟来掌握。（3）隐性知识相对于显性知识具有逻辑上的在先性与根源性，是知识的主要组成部分。隐性知识是显性知识的基础，一切显性知识都有隐性知识的根源。隐性知识是智力资本，是给大树提供营养的树根，显性知识不过是树上的果实。隐性知识是自足的，而显性知识必须依赖于被默会地理解和运用。因此，所有的知识不是默会的隐性知识就是植根于隐性知识。显性知识可以说只是冰山的一角，而隐性知识则是隐藏在冰山底部的大部分。根据专家估计，人类全部知识的90％是隐性知识，而表现为文本、报告等外显形式的显性知识只不过10％。因此，隐性知识是不规范的、不系统的、私人的知识，是人力资本的核心组成。

如果明确了隐性知识的概念和特征，那么与之相应的显性知识就容易定义和理解了。显性知识（explicit knowledge，又译为明晰知识、明确知识等，也称为编码知识）。比较而言，显性知识是稳定的、明确的，能够用语言、数学方法或计算机所表达和重复，通常已经经过编码或者格式化、结构化，具有单一的含义和内容，因此，可以用公式、定理、制度、图表、书籍、软件程序、数据库等方式来表达，可以用正式的、系统化的语言和方法传播，容易被储存、理解、传递和分享，是规范的、系统的、公共的知识。进而，也可以把一个组织所具有的易于编码、传递、学习的知识称为组织的显性知识；如专利、商标。

知识（或信息）从存在的形式上看，还可以分为：（1）有形式、有载体的信息，如文字、图像、声音、数学符号，这些一般是显性知识，可以编码，易传递、学习和掌握，具有外部性，既有私人信息也有公共信息。（2）存在于个人和组织之间的知识，如个人大脑中的情感和知识，组织文化。（3）表现在行动上的知识，如个人的操作技能，组织的工作规程等。后两类信息多属于隐含、意会的隐性知识和私人信息，难以编码，不易传递、学习和掌握。传统的经济学、管理学大多假设信息是完全及对称的，并在此基础上进行各种活动。

国际经济合作与发展组织（OECD）把知识分为四种类型：（1）知道是什么的知识（know-what），即关于事实的知识。（2）知道为什么的知识（know-why），如有关自然法则与原理方面的科学理论。（3）知道怎样做的知识（know-how），指做某些事情、完成某种活动的技艺与能力。（4）知道是谁的知识（know-who），涉及谁知道某些事的信息。在这里，前两类知识主要通过书籍、报刊、光盘、数据库等载体，能够用语言、文字、数字和图表清楚地表达，属显性知识，后两类往往难以编码和度量，是存储于人们头脑中的属于个人经验、诀窍、灵感的那部分知识，常隐含于人的行动之中，属难以量化处理的隐性知识。

从信息或知识的角度看，只要委托人事前、事中、事后对代理人的各种信息都完全、及时、真实、低成本地掌握了，那么就可以通过签订完全合同的方式，选择、激励和控制代理人的行为；即使代理人出现了违约行为，如代理人的逆向选择、道德风险、搭车偷懒、越权侵权等，委托人也可以采取有效的行动避免损失。然而，在现实的经济活动当中，人们经常面临的是知识、信息不完全、不对称现象。信息的不对称是对参与同一活动的不同主体之间的信息拥有状态而言的。关于同一件事情或活动的信息，一人拥有多而另一人拥有少，或者一人拥有早而另一人拥有晚，这就形成了信息不对称现象。这样，可以从两个角度分析信息不对称现象：一是不同主体之间因掌握信息的时间先后有别，时间不一致，导致了信息不对称；二是不同主体之间因掌握的内容不一致而导致了信息不对称。

在信息不对称的情况下，如果双方之间需要交易或合作，签订合同，那么在合同签订前因信息不对称而产生的是逆向选择问题，换言之，信息不对称导致逆向选择，签订的不是最优合同或完全合同，拥有信息较少的一方利益受到了损害。为了避免或降低逆向选择，就需要采取信息筛选（甄别）、信号传递行动，也可以说，信息筛选、信号传递是逆向选择的特例。在合同签订后，如果存在信息不对称，信息不对称影响了合同的执行，拥有信息较少的一方利益受到了损害，这是道德风险问题。如果把个人的有形信息和内心信息都称为信息，把行动信息称为行动，道德风险又可以分为不对称信息、隐藏信息的道德风险和隐藏行动的道德风险。当然，逆向选择和道德风险都是相对定义，事后的隐藏信息的道德风险也可以看作新一轮的逆向选择。所以，因信息不对称而引起的各种现象实际上就是两种基本类型：逆向选择和道德风险。

由于相互关系的双方之间拥有信息不对称，现代经济学一般用委托—代理（委托人—代理人）模型来描述和分析这类经济现象，拥有信息优势的被称为代理人，另一方被称为委托人，这一模型隐含的假定是：委托人期待代理人能够很好地完成他预定的目标，但拥有更多信息的知情者、代理人为了自己的利益而可能损害不知情的委托人的利益，换言之，不知情者不得不为知情者承担着风险。在法律上，当一方（委托人）授权另一方（代理人）从事某种活动时，委托—代理关系就产生了。不难推知，法律上的委托—代理关系实际上也暗含着类似的假设：一方之所以寻求代理人，一般原因也是代理人拥有更多信息或具有更强能力，在同一时间、同样成本的条件下代理人做得更好。

（二）道德风险

本章分析的是企业中的研究开发活动，这时研究开发人员已经被企业聘用或雇用，成为组织中的人，经济活动和激励管理中面对的主要是已经签订劳动合同、事后的道德风险而不是未签订劳动合同、事前的逆向选择，所以本章重点分析的是道德风险。

传统的经济学、管理学大多假设信息是完全及对称的，并在此基础上进行各种活动。然而，在现实的经济活动当中，人们面临的更多是信息不对称状态，受信息的限制，发生在合同签订前的是逆向选择（adverse choice），在合同签订后的是道德风险。科学管理之父泰罗就提出，熟练工人尽管以很慢的速度工作，但他仍要使其雇主相信他在努力工作。不过，最早对道德风险进行学术上的严格分析是获 2001 年度诺贝尔经济学奖的斯蒂格利茨①。斯蒂格利茨在研究保险市场时发现了一个经典的例子：美国一所大学学生自行车被盗比率约为 10%，有几个有经营头脑的学生发起了一个对自行车的保险，保费为保

---

① J. Stiglitz, Incentives and Risk Sharing in Sharecropping, *Review of Economic Studies*, April 1974, 41 (2), pp. 219-255.

险标的 15％。按常理，这几个有经营头脑的学生应获得 5％左右的利润。但该保险运作一段时间后，这几个学生发现自行车被盗比率迅速提高到 15％以上。何以至此？这是因为自行车投保后，投保的学生由于不完全承担自行车被盗的风险后果，对自行车安全防范措施明显减少，学生由此采取的这种疏忽防范，甚至不作为的行为就是道德风险。道德风险最初用来描绘个人在与保险公司确定保险合同以后，减少预防风险的措施，甚至不采取措施，导致发生风险的概率增大的现象，换言之，风险概率大的人更愿意投保。

在一般意义上，道德风险是一种广泛存在于市场交易和组织管理中的现象，市场和组织中的许多制度安排都是试图解决道德风险的。道德风险可以用委托代理关系来概括。一方（代理人）代表另一方（委托人）采取行动，委托人期待代理人能够很好地完成预定的目标。当代理人与委托人具有不同的目标，而委托人又难以确定代理人的报告和行动是为了追求委托人的目标还是追求私人目标，由于信息不对称，在合同签订之后，合同的一方通过采取对自己有利又不至于被发现的行动，使得合同的另一方蒙受损失时，道德风险就产生了。其实，不仅委托代理关系中存在道德风险，平等的信任的关系中也存在道德风险，如合伙人之间、夫妻之间同样会产生道德风险。

那么，道德风险产生的条件是什么？这包括三个条件：(1) 人与人之间必须存在某种潜在的利益上的分歧。只要在一定条件下可供分配的资源是一定且稀缺的，一个人得到意味着其他人得不到，一个人多得意味着其他人少得，那么就会经常存在利益上的冲突。对于企业或企业中的组织，可供分配的利益显然是一定的，且参与分配的企业与企业内部组织及其成员之间、人与人之间存在着利益上的冲突。(2) 在具有不同利益的人已经签订了合同（当然是不完全合同）、已经开始合作且合同或合作不能轻易结束，他们已经受到既定的组织和利益约束，他们之间利益关联，存在进行有利可图的交易或者进行其他合作的基础。（3）对于已经签订了合同的人，或者已经被组织聘用、在组织中工作的人，个人如果拥有比对方或组织更多的信息，而且这些信息主要是私人的隐性的信息，是包括存在于人身或者体现在行动中的信息，对这些信息进行证实或者对这些行动进行监督代价过大，甚至根本就不可能，这就不能确定他是否遵照执行了合同或者付出了有效的行动。退一步说，即使从行动或结果上能够发现一方或双方违约，但这一事实无法被拥有审判权和强制执行权的第三方证实。在这种情况下，个人就可能提供打了折扣的、扭曲的信息，或者采取低于约定的无效、低效的行动，道德风险就产生了①。

显然，在以组织或团队形式开展的研究开发活动中，特别是企业所组织的研究开发中，普遍地、显著地存在着道德风险发生的条件：（1）研究开发成员之间、研究开发成员与研究开发团队之间和企业之间、研究开发团队与企业之间，普遍存在着利益上的差异和冲突。（2）研究开发人员都是企业的员工，这些人相互之间是同事，特别是同一个项目组或团队的人员更是利益攸关的同事，员工与团队和企业之间、团队与企业之间也存在着利益上的关联，这就意味着相互之间可能发生损人利己的事情。（3）很难对研究开发人员的能力、行动、结果进行有效的评价、监督。

每个理性经济人都会有自利的一面，个人都会在一定的约束条件下追求最大化的个人利益。在委托—代理模型中，由于信息不对称，存在道德风险，委托人的目标实现情况依赖于代

---

① ［美］保罗·米尔格罗姆，约翰·罗伯茨：《经济学、组织与管理》，196 页，费方域，等译，北京，经济科学出版社，2004。

理人的私人信息和行动,如何保证拥有信息优势的一方(代理人)按照委托人(如企业、上司)的意愿行动,从而使双方都能趋向于效用最大化?通俗地说,就是如何实现双赢,利己也利人(至少不损人),"人人为我,我为人人","主观为自己,客观为他人",个人与组织共同成长。最简单的想法,当然是代理人对委托人实言相告,完全披露自己的信息,尽最大努力工作,但靠什么激励代理人不说谎、不偷懒呢?这就需要制定并实施一套好的管理制度。

在企业中,还有着所谓的内部人控制(insider control)。按照青木昌彦等人的解释,内部人包括企业的管理者及员工。内部人控制是指管理者事实上或者依法掌握了公司控制权,他们通常通过与职工的共谋(collusion)等方式,而使其利益在公司战略决策中得到充分的体现。而产生内部人控制现象的原因,直观上看是由于公司股权分散,股东与管理者之间的权力分离,深层原因还是信息不完全、不对称而导致的不完全合同、不合理制度上的问题。在研究开发中,研究开发的管理者及员工也可能联合起来,形成内部人控制。

(三)管理学的激励理论

在激励问题上,经济学和管理学、组织行为学之间似乎存在着两个不同的研究思路和体系。一是在经验总结和科学归纳的基础上形成的管理学激励理论;二是在人的理性假设基础上,通过严密的逻辑推理和数学模型获得的经济学激励理论。

20世纪初,管理学家、心理学家和社会学家就从不同的角度研究了怎样激励人的问题,并提出了相应的激励理论。这些激励理论侧重于对人性的分析,服务于管理者调动生产者积极性的需要,以克服泰勒首创的科学主义管理在人的激励方面存在的严重不足。自20世纪初以来,激励理论经历了由单一的金钱刺激到满足多种需要、由激励条件泛化到激励因素明晰、由激励基础**研究**到激励过程探索的历史演变过程。从管理学、心理学等学科看，主要有以下几种关于激励的理论：

在早期管理学理论中，巴纳德的社会系统理论影响巨大。在 1938 年《经理人员的职能》中，巴纳德提出了社会系统理论，这一理论的核心是组织平衡论，组织就是一个有意识地对人的活动或力量进行协调的体系。一个组织的成立需要具有三个条件：能够互相进行信息交流的人们；这些人们愿意做出贡献；实现一个共同目的。这意味着构成一个组织有三大要素，即协作意愿、共同目的和信息交流。从根本上来看，组织内部平衡是指组织为人们提供的诱因与人们为组织做出的牺牲保持平衡，而组织的平衡是组织得以维持和发展的基本要求。巴纳德认为，自我保存和自我满足的利己动机是激发个人协作意愿的重要力量，而诱因正是满足这些动机的最基本要素，诱因不恰当会导致组织解体、目的异化或协作失败。巴纳德将诱因分为客观诱因和主观诱因两个方面。客观诱因就是指那些客观存在、能够直接观察到的因素。主观诱因就是指那些改变人们的思想状况以获得所需努力的吸引因素。

客观诱因分为两类：一类是特殊的并能特定地给予某个人的特殊诱因，包括物质诱因、个人的非物质机会、良好的物质条件和理想方面的恩惠 4 种特殊诱因。物质诱因就是指作为接受雇用的诱因，如服务的报酬、牺牲的补偿、提供给个人的金钱、物品或物质条件。个人的非物质机会包括显示优越、威信、个人权力、获得支配地位等，这些往往比物质报酬要有效得多。工作时良好的物质条件众人皆知，势必会对相关人员产生强大的吸引力。理想方面的恩惠包括组织满足个人有关理想（通常是非物质方面的）、未来或利他主义方面的动机的能力。这些理想包括：对自己技艺的自豪感、对自己适宜性的感觉、对家族和别人的利他主义的服务、对爱国主义组织的忠诚、美感和宗教感情等。它甚至还包括满足有关憎恨和复仇的动机与机会。另一类是一般的、非个人的，不能特定地给予某个人的一般诱因，包括社会协调、习惯的工作条件以及符合于习惯的工作方法和态度、更大的参与机会、思想感情交流的条件 4 种一般诱因。

客观诱因能够对人们提供足够的吸引力，但组织未必都能够提供出足够的客观诱因，这时它们就只能采取说服的方法，即主观诱因，以尽可能地改变人们的欲望和态度，否则组织就难以生存和维持。说服的方法分为三种：（1）造成一种强制的状态。强制就是指解雇、开除之类的排斥手段。组织采取强制手段，既能够排斥不符合组织要求的有关成员，也可获得其他人对组织做出牺牲。这或许就是人们通常所说的"杀鸡儆猴"，从而使猴子重新估价自己的净收益。（2）合理化的机会。这种方法实际上就是把组织为其成员提供的条件或要求成员完成的任务加以合理的解释，从而要求成员满足于既定的条件并完成组织交给的任务。它通常采用宣传的手段。从其范围来看，它可以分为两种类别：一是一般合理化，即把整个组织加以社会合理化，宗教组织和政治组织往往如此；二是特殊合理化，即试图说服个人或集团顺从组织的要求，让人们觉得"应该"为组织做出牺牲。（3）动机的灌输。这种方式实际上是从根本上说服人们去为组织做出牺牲，巴纳德认为这是最重要的说服方式之一。灌输动机的诱因在实际生活中也是很常见的。其具体方式可分为正式的和非正式的两种。正式的方式是对组织认可的价值观念进行各种教育和宣传，如爱国主义教育、宗教教育等；非正式的方式是对某种精神用一种不经意的方式去倡导和引诱，主要有格言、暗示、模仿、竞赛等形式，它主要对个人的动机起着影响和调节的作用。巴纳德还对诱因的"经济"进行了研究。这里的"经济"是广义概念上的经济，是指一项行为的净所得，它是类似于"净利润"的一个概念。诱因的经济就是指组织提供诱因所获得的贡献与其提供诱因的付出之差。很明显，对组织来说，诱因的经济越大越好。

按照研究激励的角度、内容的不同，以及激励与行为关系的不同，可以把各种管理激励理论归纳和划分为以下不同类型①。

1. 多因素激励理论。多因素激励理论是从研究人的心理需要形成激励的基础理论，它着重对激励诱因与激励因素的具体内容进行研究。代表性的理论有：马斯洛的需要层次理论、奥尔德弗的 ERG 理论、梅奥的社会人理论，赫茨伯格的激励—保健双因素激励理论、麦克利兰的成就需要理论。（1）马斯洛的需要层次理论认为人的需要有五个层次：生理、安全、社交、尊重和自我实现。这五个层次像阶梯一样从低向高，一个层次的需要满足了，就会转向另一个层次的需要。马斯洛的需要层次理论表明，针对人的需要实施相应激励是可能的。但激励人们努力的方式不应是单一的，当物质激励提供的激励效果下降时，就应增加精神激励的内容。要根据人的不同需要和不同的社会环境，设计相应的激励方案。（2）马斯洛的需要层次理论被奥尔德弗（Clayton Alderfer）概括成 ERG 理论，即生存、关系和成长理论。奥尔德弗认为，人们共存在三种核心的需要，即生存（existence）的需要、相互关系（relatedness）的需要和成长发展（growth）的需要，因而这一理论被称为"ERG"理论。马斯洛的需要层次理论是一种刚性的阶梯式上升结构，但奥尔德弗表明：人在同一时间可能有不止一种需要起作用，多种需要可以同时作为激励因素而起作用；如果较高层次需要的满足受到抑制的话，那么人们对较低层次的需要的渴望会变得更加强烈。因此，管理措施应该随着人的需要结构的变化而做出相应的改变，并根据每个人不同的需要制定出相应的管理策略。（3）随后，赫茨伯格对满足职工需要的效果提出了激励—保健双因素激励理论。赫茨伯格调查研究两个问题：在工作中，哪些事项是让他们感到满意的，并估计这种积极情绪持续多长时间；又有哪些事项是让他们感到不满意的，并估计这种消极情绪持续多长时间。结果发现，使职工感到满意的都是属于工作本身或工作内容方面的，叫做激励因素，激励因素包括成就、赏识、挑战性的工作、增加的工作责任，以及成长和发展的机会，它能使人们有更好的工作成绩。使职工感到不满的，都是属于工作环境或工作关系方面的，叫做保健因素，保健因素是必需的，保健因素的满足对职工产生的效果类似于卫生保健对身体健康所起的预防性作用。当然，赫茨伯格的双因素理论受到一些人的怀疑，但是它促使企业管理人员注意工作内容方面因素的重要性。（4）麦克利兰提出的成就需要理论对研究经营者的激励方式具有更为直接的作用。他认为人的基本需要有三种：成就需要、权力需要和情谊需要，具有强烈成就需要的人，把个人的成就看得比金钱更重要。麦克利兰的成就需要理论对具有高目标值的企业家或经理人员的激励具有重要的指导意义。

2. 行为改造理论。这一理论被认为是激励目的理论，激励的目的是要改造和修正人们的行为方式。这种理论主要有挫折论、操作型条件反射论和归因论。斯金纳提出的操作条件反射理论，认为人的行为是对外部环境刺激所作的反应，只要创造和改变外部的操作条件，人的行为就会随之改变。这种理论的意义在于用改造环境的办法来保持和发挥那些积极的、愉快结果的行为，减少或消除消极的、不愉快结果的行为。20 世纪

80年代以来，不少学者对行为改造理论提出新的要求，希望将环境设计技术与道德抑制结合起来，使激励的方式多样。

3. 过程激励理论。过程激励理论着重研究人的动机形成和行为目标的选择。最有代表性的是弗鲁姆的期望效价理论、亚当斯的公平理论以及彼特和劳勒的综合激励理论等。这些理论研究表明：根据人们的行为动机以及目标设置，将个人需要、期望与工作目标结合起来，能够充分调动和发挥生产者的主动性和创造性。（1）弗鲁姆深入研究了组织中个人的激励和动机，率先提出了形态比较完备的期望理论模式。他认为，激励力量（M）的大小取决于该行动所能达成的目标并能导致某种结果的全部预期价值（V）乘他认为达成该目标并得到某种结果的期望概率（E），用公式可以表示为：$M = V \times E$。这个理论的基本观点是：人们只有在预期其行动有助于达到某种目标的情况下，才会被充分激发起来，从而采取行动以达到这一预期目标。在此基础上，美国的波特和劳勒在20世纪60年代末建立了期望论模型。期望论认为激励力量的大小取决于多方面的变化因素，涉及当事人对该项工作的成功、所获报酬以及相关影响的认识和评价。这一理论工作中所包含的内在激励的重要性，在其他条件相同的情况下，把一项工作交给内在激励价值高的人会比交给内在激励价值低的人产生更大的激励效果。（2）亚当斯等人在1962年《工人关于工资不公平的内心冲突同其生产率的关系》、1964年《工资不公平对工作质量的影响》、1965年《社会交换中的不公平》等著作中提出来的一种激励理论。该理论侧重于研究工资报酬（包括金钱、工作安排以及获得的赏识等）分配的合理性、公平性及其对职工生产积极性的影响。个人关于工资报酬的比较包括自己与他人之间的横向比较、过去与现在的纵向比较，影响激励效果的关键是激励的公平性。比如，在同一单位工作的人，如果偷懒的人与勤奋的人具有相同的工资报酬，其结果只能是大家都偷懒。为了避免员工产生不公平感，企业往往采取各种手段，如保密工资法、团队建设法等，在企业中造成一种公平合理的气氛，使职工产生一种主观上的公平感。（3）波特和劳勒的期望激励理论特点是：工作的实际绩效取决于能力的大小、努力程度以及对所需完成任务理解的深度；奖励要以绩效为前提；奖惩措施是否会产生满意，取决于被激励者认为获得的报偿是否公正。奖励包括两类报酬：外在报酬，包括工资、地位、提升、安全感等；内在报酬，即一个人由于工作成绩良好而给予自己的评价、肯定等。个人如果感到他的报酬是公平的，就会产生激励效果。

4. 综合激励模式理论。综合激励模式理论是由豪斯提出的，主要是将上述几类激励理论综合起来，把内外激励因素都考虑进去。内在的激励因素包括：对任务本身所提供的报酬效价；对任务能否完成的期望值以及对完成任务的效价。外在的激励因素包括：完成任务所带来的外在报酬的效价，如加薪、提级的可能性。综合激励模式表明，激励力量的大小取决于诸多激励因素共同作用的状况。

显然，管理学、组织行为学学科的学者通过观察、实验等提出的激励理论，多是一些规范性的观念和操作方法，不同理论之间有交叉也有冲突，没有形成统一的严格的激励理论。但是，管理学的激励理论比较全面地分析了影响人的行为的各种因素，包括经济利益的和经济利益之外的因素，即货币收入和岗位、职务、人际关系、工作环境等多方面的因素，从而全面、动态地激励员工。

（四）经济学的激励理论

传统的企业理论把利润最大化作为企业唯一目标，而现代企业由于所有权与控制权的分离，企业管理者目标与利润最大化目标并不一致，所有者对管理者的控制也往往因信息不对称而难以奏效。现代经济学对激励问题的研究始于 20 世纪 30 年代，经济学家开始关注被传统经济理论所忽视的企业内部管理效率问题，认识到激励的重要性。与管理学通过对人的多种需求研究激励不同，经济学对激励的研究是以经济人为出发点，以利润最大化或效用最大化为目的。

1932 年，美国经济学家伯利和米恩斯出版《现代公司与私有财产》，提出"所有权与控制权相分离"的命题，使传统的以利润最大化为目标的企业理论受到严峻挑战。20 世纪 50 年代后期和 60 年代，企业管理者的多目标模型开始流行，鲍莫尔、玛利斯（Marris）和威廉姆森分别提出了企业最小利润约束下的销售收入最大化模型、最小股票价值约束下的企业增长最大化模型和最小利润约束下的管理者效用最大化模型。这些模型从不同的角度表达了掌握控制权的管理者与拥有所有权的股东之间的利益目标差异，并提出了代理制企业中如何激励管理者以符合股东利益目标的新问题。

经济学研究激励问题的突破性进展是最近 30 多年的事。进入 20 世纪 70 年代以后，威廉姆森等人发展了交易费用理论，微观经济学领域的信息经济学、合同理论或委托代理理论取得突破，始于科斯、伯利和米恩斯的现代企业理论开始获得了迅速的发展，激励问题成为其中非常重要的研究课题。

1972 年，阿尔钦和德姆塞茨将企业研究的重点从使用市场的交易费用转移到解释企业内部结构的激励问题（监督成本）上，提出团队生产理论，认为企业实质上是一种团队生产方式，产品是由集体内若干成员协同生产出来的，每一个成员的真实贡献不可能精确度量，从而不能根据每一个成员的贡献去支付其真实努力的报酬，这就给偷懒者提供了机会。为解决这一问题，就需要监督者进行监督，并相应对监督者进行激励。

由此提供的激励模式，强调了剩余索取权在激励监督者中的重要性。

1976 年，詹森和麦克林在《公司理论：管理行为、代理成本和资本结构》一文中，使用代理成本概念，提出了与上述交易费用理论相类似的观点，认为代理成本是企业所有权结构的决定因素，让管理者成为完全剩余权益的拥有者，可以降低甚至消除代理成本。

1989 年，霍姆斯特姆和泰勒尔在《企业理论》中进一步强调了所有权在解决企业激励问题上的重要性。为解决代理问题，经济学提供了三种激励措施。（1）委托人对代理人的直接监督。这种做法一方面因客观存在委托人与代理人之间的信息不对称，直接监督尽管能减少代理人行为上的偏差，但不能消除代理人思想上的消极因素，从而不可能完全消除代理成本。另一方面可能因监督的成本太高而损害了委托人监督的绩效。通常这种激励措施只能应用于代理人行为结果易于判断的情况。（2）代理人承担全部风险，并享有全部剩余索取权，委托人的利益为零。在委托人追求利润最大化的假定下，这种情况是不可能存在，除非资本的利率为负。（3）在委托人与代理人之间按一定的合同进行剩余索取权的分配，将剩余分配与经营绩效挂钩。这是目前绝大多数两极分离的公司实行的激励经理努力的方法，不同的只是剩余索取权的分配比例。

20 世纪 80 年代以来，经济学将动态博弈理论引入委托—代理关系的研究中，论证了在多次重复代理关系情况下，竞争、声誉等隐性激励机制能够发挥激励代理人的作用，充实了长期委托—代理关系中激励理论的内容。由克瑞普斯等人（Kreps & Wilson，Milgrom & Roberts，1982）提出的声誉模型，解释了静态博弈中难以解释的囚徒困境问题。当参与人之间只进行一次性交易时，理性的参与人往往会采取机会主义行为，通过欺骗等手段追求自身效用最大化目标，其结果只能是非合作均衡。但当参与人之间重复多次交易时，为了获取长期利益，参与人通常需要建立自己的声誉，一定时期内的合作均衡能够实现。

法玛（Fama，1980）的研究表明，在竞争性经理市场上，经理的市场价值决定于其过去的经营业绩，从长期来看，经理必须对自己的行为负完全的责任，因此，即使没有显性激励的合同，经理也会有积极性努力工作，因为这样做可以改进自己在经理市场上的声誉，从而提高未来的收入。霍姆斯特姆（Holmstrom，1982）将上述思想模型化，形成代理人—声誉模型。这一机制的作用在于，经理工作的质量是其努力和能力的一种信号，表现差的经理难以得到人们对他的良好预期，不仅内部提升的可能性下降，而且被其他企业重用的几率也很弱。因此，由于外部压力的存在，该经理意识到偷懒可能有害于他未来事业的发展。同时这一机制也反映出有限的职业生涯限制了过去的业绩对未来持续影响的程度，随着声誉的未来贴现减少，其影响力也就随之下降。国有企业出现的"59现象"恰恰表明，声誉对即将退休的经理的激励效果下降，因为经理的努力在退休后获得的补偿很少。为发挥声誉的激励作用，应该使具有良好声誉的经理能终身从中获益，不一定要对有能力的经理实行强制退休制度。

20世纪80年代末，在格罗斯曼和哈特（1988）、哈里斯和雷维夫（Harris & Raviv，1988）的工作基础上发展的证券设计理论，建立了有关投票与剩余索取权相匹配的模型，认为证券是一种有效的公司控制手段。其主要观点是，投票权应该与剩余索取权正相关，而无风险的廉价选票从不应该发行。即通过投票来选择管理者的权力必须由那些承受经营风险的人掌握。20世纪90年代的研究主要集中于研究经理报酬对经营绩效的敏感性，研究企业股本价值变动与总经理报酬变动之间的统计关系，并用前者衡量总经理生产率。

以上分析了信息不对称等因素如何影响了有效激励问题。20 世纪 70 年代以来，赫维茨等人分析了如何建立一个有效的激励机制。从理论上说，作为代理人的研究开发人员有其自身的信息和偏好或目标，但由于参与双方之间、进而企业所有者与管理者之间、企业与研究开发人员之间都存在着信息不对称现象，研究开发人员出于自利的动机而可能利用信息优势损害他人和企业的利益，这就需要设计一套好的机制或制度，通过激励和约束手段，使代理人拥有的信息显示给委托人，使代理人追求的目标与公司目标相一致或者不冲突，避免或者减少道德风险、内部人控制等问题。

如何设计好的激励机制，比如如何促使代理人公布其私人信息，可采取的方法大致有两种：一是委托人设计一种机制，促使代理人将其信息完全公开显示出来；二是委托人设计一种合同，把代理人可能隐蔽或撒谎所导致的后果事先加以防范和禁止，并保证代理人一旦显示完全信息和追求公司利益就将得到最优报酬。不论如何，赫维茨等人提出，委托人作为激励机制的设计者，为了实现收益最大化，需要设计一套满足一些基本约束条件的最优激励约束机制。

好的制度必须满足参与约束与激励相容约束这两个最基本的条件。（1）参与约束又称个人理性约束，是指对代理人的行为提出一种理性化的假设，代理人执行此合同（或机制）的效用必须不小于不执行的最大效用，这就保证了代理人参与机制的利益动机。（2）激励相容约束又称激励一致性约束，是基于代理人是合同（或机制）的接受者，委托人在不完全了解代理人的情况下，代理人执行此合同的收益不但大于其采取其他行动的收益，而且委托人的收益也可得到有效保证，会符合其收益最大化的预期目标，换言之，激励机制所提供的刺激必须能够诱使代理人自愿选择根据其类型而设计的合同。只有满足这两个条件的激励制度才会被有效地实施。满足第一个约束的机制称为有效可行的机制，满足第二个约束的机制称为可操作实施的机制，两个都同时满足的机制称为可行的可实施机制，这样就可以使管理者在追求个人效用最大化时，也保证公司利润最大化目标的实现。

第二节　研究开发的激励约束机制

企业如何有效激励研究开发人员，管理研究开发活动，实现研究开发效益的最大化？下面依次分析激励机制的原则、对象、手段、约束机制、外部环境、人员招聘中的逆向选择、人员的薪酬体系、组织创新等问题。

一、激励机制的原则、对象和手段

首先分析激励的原则即根据什么标准规则进行激励、激励的对象即对什么进行激励、激励的手段即用什么进行激励等激励机制问题。

（一）激励原则

原则是指说话或行事所依据的基础性、普遍性的标准、规则，这些原则规范、约束着行动的方向、过程、方式。德国社会心理学家勒温认为，任何行为的产生都是研究开发主体的内在因素与环境因素相互影响与作用的结果。他用以下公式表示行为的一般规律：$B=f(P,E)$。其中 B 表示行为，P 表示主体变量，是内生变量，E 表示环境变量，是外生变量。这说明，行为是主体变量和环境变量相互作用而形成的，企业的研究开发行为受到主体变量和环境变量双重因素影响，受到研究开发人员的内在动力和外在条件的双重因素的共同影响。在研究开发管理中，要了解、分析研究开发人员的动机、目标和能力，知道他们需要什么，能做什么，又要设计相应的激励手段，提供良好的工作和发展环境条件。好的激励机制就是组织通过设计适当的信息机制、行为规范、报酬形式和工作环境，激发、引导、保持和规范组织成员的行为，协调研究开发组织及其成员目标与企业目标之间的关系，全面、持续激励研究开发人员的工作积极性、创造性和合作性，最终提高研究开发的绩效。

那么，一个有效的激励机制的原则是什么？

1. 目标一致、协调原则。激励的出发点是满足组织成员的需要，即通过奖酬形式和工作环境，满足企业员工的各种需要，这就需要设计系统、合理的激励目标、激励手段。无论是企业股东与管理者之间，企业与研究开发组织及其人员之间，还是合同双方之间，不同的经济主体都有其追求的目标，委托人设置目标是一个关键事项。目标设置必须同时体现并协调企业目标、研究开发组织目标和员工需要的要求，目标必须可分解和可加总。激励的最终目的是在实现组织预期目标的同时，也能让组织成员实现其个人目标，即达到组织目标和员工个人目标在客观上的统一。

2. 物质激励和非物质激励（包括精神激励）相结合原则。物质激励是基础性手段，非物质激励是必要补充和支持，两者必须有机结合，共同满足被激励者的需要，全面、持续、有效调动他们的积极性和创造性。

3. 公开、明确原则。这也包括两层含义：激励的范围、对象、目标、手段等都要明确清晰，不能产生分歧或误解；有关激励的各种信息要公开，包括成果、工资、奖金、福利、提升等各方面的信息要尽可能公开。信息的公开和沟通要始终贯穿于激励全过程，从对激励制度的宣传、企业员工个人的了解，到对员工行为过程的控制和对员工行为结果的评价等，都依赖于一定的信息公开和沟通。

4. 全面、及时原则。激励要贯穿于企业员工工作的全部环节和过程，包括对员工个人需要的了解、个性和能力的把握、行为过程的控制和行为结果的评价等。同时，要把握激励的时间和地点，要锦上添花，更要雪中送炭，激励越及时越准确，越有利于调动人们工作的积极性和创造性，保障他们连续有效地投入工作。

5. 奖励与处罚相结合。事实上，激励本身就包含着奖惩两方面的含义：员工工作有效，符合组织目标，就要奖励；员工工作不力，甚至损害他人和企业利益，违背组织目标，就要惩罚。

6. 公平、合理原则。激励要公平，公平不仅是指是否按照同一标准进行奖惩，而且意味着通过比较而体现的相对公平，包括不同组织之间、不同人之间的横向公平，过去、现在和将来预期之间的纵向公平。激励要合理，合理是指激励手段、激励程度的适度，要根据所实现目标、所达到效果来确定适当的激励量。

7. 权力、收益、风险与责任相匹配原则。拥有权力、获得收益，就要承担决策、行动的风险和责任；研究开发人员可能高收益，但同时也承担着高风险。例如，剩余控制权与剩余索取权相对应是激励机制的基本原则。一方面，企业与研究开发人员之间的最优合同应当能够最大化利润或剩余。不过，如果利润全部归股东所有而研究开发人员不能分享，研究开发人员只能得到固定收入，那么就可能无法激励研究开发人员自觉、创新地实现最大化收入，因此，企业股东与研究开发人员之间应当合理分享剩余索取权。另一方面，代理合同的不完全还产生了剩余控制权，如果剩余控制权完全属于股东，同样不利于研究开发人员灵活有效地进行研究开发工作，企业只有充分地授权，才能保证研究开发人员根据内部管理和外部竞争的需要，采取最有效的行动。而且，拥有了一定的剩余控制权，也能够为研究开发人员带来正式报酬之外的非货币效用，如权威感、优越的办公条件等。

（二）激励对象

从广义上说，企业非人力资本的投资者（股东）和人力资本所有者（包括从最高层的职业管理者到最底层的普通职工）等权利主体，以及债权人、供货和销售上的各种客户、临近居民（社区）和组织、政府部门等各种利益相关者都可纳入激励的范围，成为激励的对象。不过，激励对象主要是指企业所聘用的各种人员。企业聘用的人员包括承担管理、生产、市场营销、研究开发等各种职能的人员。

在研究开发活动中，激励对象既包括直接从事研究开发工作的科技人员，也包括担任或兼任研究开发管理的人员，还包括由研究开发组成的研究开发团队。现有的研究开发激励文献分析的主要是研究开发人员，相对忽略了对研究开发管理者和团队的研究。由于企业研究开发项目确定、研究开发投资、研究开发人员的报酬等都是由企业的决策管理者研究、决定和执行的，研究开发的决策管理者的工作状况直接影响着研究开发的效率，所以管理层理应成为研究开发激励的重点。美国休斯公司的研究开发调查报告证明：一个研究开发组织的决策管理人员以及技术人员中占5％的上层人员，对研究开发的成功起到了关键性的作用。经济学家帕累托发现的一项量化成功与财富的20/80法则也说明，大约20％人或资源与80％的行动或成果。或许，企业20％的研究开发人员创造了80％的成果，这说明少数骨干人员的杰出作用；企业20％的投入产生了80％的利润，这说明了研究开发的高风险性。尽管这一比例不尽准确，但重奖做出重大贡献的少数研究开发，这已经成为成功管理的惯例。

（三）激励手段

激励手段多种多样，大致由内部激励手段和外部激励手段组成。

1. 内部激励手段是指企业可以采用的各种激励手段和方法，企业可以通过制度建设、日常管理来对研究开发活动进行激励。具体来说，由于员工有各自特点和各种需要，由于各种激励手段各有长处和不足，这就要求企业从物质报酬激励、职位选聘升降、声誉激励、企业文化等多个方面设计激励手段，并恰当运用各种激励手段。

物质报酬激励手段包括工资、奖金、利润分成、股票、股票期权、年金等不同形式。每一种形式的报酬各有其优缺点：固定的工资及年薪制可以提供可靠的收入，起到保险的作用，但没有足够的激励性；奖金、利润分成、股票等一般与当年的经营成绩等相联系，具有一定的刺激作用，但容易驱使员工的短期行为；年金、员工持股、股票期权等能够反映公司的长期业绩，又最具有激励性，但时间太长，风险太大。

非物质报酬激励手段。内部激励不仅是按劳或按要素分配的物质报酬激励，也包括在工作状况、住房条件、身体情况、学习情况、思想品德、家庭成员、兴趣爱好、社会交往等方面关心和帮助团队成员，非物质报酬激励也是非常有效的激励手段。例如，对有贡献、有职位要求的研究开发人员，可进行职务提拔，这也是一种激励方式。国外许多企业实行了管理轨道与科技轨道的双轨制职务提升制度，如美国3M公司和惠普公司是成功地实行双轨制提升制度的公司，两条轨道在报酬、地位及影响等方面对等，这就满足了一部分研究开发人员对职位的追求。再如，某些研究开发人员除了追求物质利益外，还非常注意其在社会、市场上的声誉或精神激励。声誉不仅是实现其自我尊严、社会成就和地位的重要内容，也意味着未来更高的货币收入。当然，企业还应当加强研究开发人员选择聘任的激励机制，把好研究开发人员的进入关口。

2. 外部激励手段。包括市场机制、政府政策、道德规范、新闻媒体等途径，从企业外部激励和推动企业研究开发。

（四）约束机制

公司激励必须与约束匹配，否则公司内部人员就倾向于采取各种手段牟取私人利益。随着近年来公司治理结构上暴露出了一系列问题，许多国家在立法和政府监管方面加强了对公司管理者等的监督控制。2002 年 7 月，美国布什总统签署了《萨班斯—奥克斯利法案》，该法案在公司高级管理人员的激励机制方面做出了不少新的规定。2002 年 4 月，世界通信公司财务作假丑闻败露，涉及金额达 110 亿美元，构成美国历史上最大的公司欺诈案。世界通信公司申请破产保护后，获得重组，并更名为美国微波通信公司。2003 年 8 月，美国俄克拉何马州司法部门首次对埃贝斯起诉，纽约曼哈顿联邦地方法院 2005 年 3 月裁定其面临的证券欺诈等 9 大指控全部成立，并于 2005 年 7 月判处埃贝斯 25 年监禁。2006 年 5 月，美国休斯敦联邦地方法院宣判对安然公司创始人肯尼斯·莱包括欺诈在内的 6 项指控全部成立，对前 CEO 杰弗里·斯基林包括欺诈、内幕交易等 19 项指控成立。

约束机制是指公司对管理者等的决策、行为或经营成果所进行的一系列客观而及时的检查、评价、监察、控制、督导和惩罚的行动，包括公司的内部约束机制和外部约束机制。内部约束机制是指公司股东会、董事会、监事会等组织机构对管理者的表现是否称职、业绩是否良好所进行的监察、评价、考核和奖惩。

激励机制与约束机制实际上是一枚硬币的两面。从广义上说，员工的选择聘用和激励机制也是一种约束和监督机制，激励与约束是公司治理的同一制度的两个方面。

（五）外部激励约束机制

企业是在市场竞争、政府管理、道德约束下从事经济活动的，市场机制、政府政策、道德规范等构成企业研究开发的外部激励约束机制。

市场是一种自动实施、效率较高的激励约束机制。市场对企业的激励主要利用市场配置资源的基础作用，从企业外部来激励和促进企业的研究开发活动。企业所处的市场，既有竞争，也存在着垄断。竞争和垄断都是企业研究开发的动力。市场中的激烈竞争将为企业创造两种结局，要么生存发展，要么淘汰死亡，而企业在市场上要生存和发展，必须具有自己的竞争优势。为了生存，尽管创新有很大的不确定性，许多企业还是不得不大量投资于研究开发。因此，竞争是企业创新的不竭的动力源，竞争对企业产生的紧迫感、压力感会把企业的积极性、创造性呼唤出来，激发企业研究开发行为。

垄断也是企业研究开发的推动力。由于垄断企业具有更雄厚的资金与人力，它们有足够的能力来抵御创新的风险，因而它们就更有可能和条件从事产品和工艺的研究开发，垄断企业为了保持垄断的优势地位和超额利润，也会投资于研究开发。同时，由于垄断企业的存在，非垄断企业在市场中处于劣势，生存的压力也刺激着它们进行研究开发。当前世界各国众多的中小企业正是依靠研究开发，创造出了不同于大企业的独特个性，从而将劣势变为优势，活跃在世界经济舞台上。

市场机制是以私有产权为前提，通过价格传递信息，借助竞争机制来调节经济活动的。价格机制和竞争机制是市场制度的最本质特征，市场是迫使企业研究开发并实现研究开发收益的基本方式。首先，如果没有私有产权制度，企业和创新者无法从创新中获得应有的收益，因而就不会有积极性从事研究开发活动。其次，如果没有市场价格机制，企业无法通过价格及其变动获得市场需求信息，无法通过价格为创新者索要溢价，企业的研究开发行为就会失去方向。再次，企业研究开发的最直接的目的是在市场竞争中战胜竞争者，获得更多的市场份额，取得超额利润，获得长久的生存和发展，若不存在竞争，创新和不创新对企业来说都一样，企业就不会有动力投资于研究开发，承担研究开发的风险。

在市场体系中，激励、约束研究开发人员的市场至少包括劳动力市场、技术市场、产品市场和资本市场。其中，劳动力市场的竞争对企业研究开发人员施加了有效的压力，只有努力工作、业绩良好的研究开发人员才能在企业中获得优厚的报酬，也才能在市场上显示其能力和未来报酬。技术市场是提供研究开发成果定价和转让的场所，它能够直接表现研究开发人员及其成果的市场价值。产品市场如果是竞争性的，或者说企业处于完全竞争的市场结构，那么研究开发人员只有通过加快研究开发速度、提高研究开发水平、降低研究开发成本、增强企业竞争能力的方式，才能在产品市场上获胜，并显示其研究开发才能和绩效。资本市场的作用至少表现在两个方面：一是股票价格的高低是判断企业竞争能力、经营状况的灵敏指标；二是如果企业股票价格下跌，就会发生股东用脚投票和收购接管行为，一旦收购成功，就可能影响在任的研究开发人员的职位和报酬。

二、物质报酬激励手段

基本工资、奖金、利润分成、股票、股票期权、年金等物质报酬是企业激励的基础性手段。在企业研究开发中，最优的物质激励制度应当根据公司的生产技术性质、规模、市场、发展目标以及研究开发的项目、人员的情况，设计出不同形式报酬的组合，既保证研究开发人员因提供经营管理服务而获得基本的收入，又将研究开发人员的风险性收入与公司的长期、整体发展水平相联系。

研究开发人员的物质报酬制度应当符合以下几个具体标准：一是研究开发人员报酬形式必须多元化。基本（基础）收入与研究开发人员提供的经营管理服务相关，研究开发人员只要尽力尽责地提供了服务，就应当获得高于一般管理人员的固定工资；风险收入与研究开发人员的短期（年度）业绩和中长期业绩相关，由年度奖金或利润分成、研究开发人员持股、年金、股票期权等方式构成。二是一致性，研究开发人员只有按公司合同提供了最大化的经营管理服务，就可以得到最大化的收入。三是独立性，研究开发人员的收入与职工的工资分配相分离，只与其经营管理服务和公司效益相关。按照这些标准，就可以具体分析和设计研究开发人员的报酬计划了。

（一）工资和奖金

企业应考虑企业战略发展和市场竞争，结合市场薪酬调查，决定研究开发人员的职位、技能、工龄、津贴、奖金等工资结构，以及工资水平、工资增长幅度、奖金和福利状况、长期激励措施等，实现薪酬的对内激励、对外竞争的作用，以吸引和激励研究开发人员。

在工资结构上，一般员工采用的是职位工资、技能工资和绩效工资，或基本工资、浮动工资加奖金的工资结构，对研究开发人员应充分考虑行业和企业特征、职位差异、工作绩效等因素，还应包括收益提成、利润分享和企业股票认购。

（二）年薪与利润分享

工资一般按月设计、按小时计算和按月发放，年薪一般按年设计、计算和发放，研究开发人员也可以实行年薪制。

年薪制是我国从 1997 年正式推行的企业管理人员的报酬制度，而深圳市早在 1994 年就试行了年薪制。针对以前的固定月薪加年终奖金的分配方式，我国出台了《国有企业经营者年薪制试点方案》，其基本做法是基本收入加效益（风险）收入，其中基本收入由企业的经济效益和生产规模等确定，按本省和本企业职工综合平均工资的一定倍数确定；风险收入主要与经营业绩及企业本年度的经济效益挂钩。不过，年薪制只与企业当年经营水平挂钩，在实际执行时往往下保底而上封顶，并不能很好地激励研究开发人员追求企业的长期和整体效益，造成研究开发人员的短期行为，其后果类似于以前盛行的承包制。以上市公司为例，公司的董（监）事年度收入实行年薪制，薪酬由基本年薪和绩效年薪两部分组成，其公式为：董（监）事年度考核收入＝基本年薪＋绩效年薪。2004 年，我国上市公司高层管理人员年薪平均值为 23.6 万元，同比增长 18%。其中，科龙电器薪酬蝉联第一，最高年薪 450 万元，而其净利润由 2.02 亿元变为亏损 6416 万元。

利润分享制又称利润分红或劳动分红制，是指企业每年年终时，首先按比例提取一部分企业总利润构成分红基金，然后根据员工的业绩状况确定分配数额，最后以红利形式发放的劳动收入的整体激励方式。传统的利润分享制度是年终企业给员工分红，现代分享制度除了分红之外，还包括员工的股权和股票期权计划，其目的是为了激励员工创造最佳工作业绩。利润分享有多种具体做法，有些企业按照员工绩效评价的结果来分配年度总利润，有些企业每隔一定时期向员工发放固定数额的反映企业利润的奖金，还有些企业按预先规定的比例和条件把一部分利润存入员工账户，员工退休后可以领取这部分收入。

（三）持股、期股与股票期权

长期以来，企业中存在着投资者（股东、资方、企业业主、资本家等）与劳动者（员工、职工、工人、雇员等）之间的矛盾冲突，马克思主义经济学和西方经济学都将劳动、资本作为分析企业和国家的经济活动的方法之一。

公司股东投入和持有的资本或股本是一个特定含义的概念，专指公司在设立和存续时为公司章程所确定的、由出资人认缴的出资构成的公司资产，即投资者或股东对公司的出资或投资。有限公司的资本一般称为公司资本或股单，股份公司的资本一般称为股份，股份一般采取股票形式，所以股票也就是指股份公司的资本或股本。投资者的出资可以包括不同性质的资产或经济资源，如现金、实物、知识资产、非专利技术、土地或土地使用权、股权、劳务、信用等。我国1993年《公司法》规定：公司资本由货币、实物、工业产权、非专利技术、土地使用权构成。2005年《公司法》修订为：股东可以用货币出资，也可以用实物、知识产权、土地使用权等可以用货币估价并可以依法转让的非货币财产作价出资；但是，法律、行政法规规定不得作为出资的财产除外。这就大大扩展了股东出资形式的范围。投资者向公司出资、成为公司股东后，就享有了公司的出资转让权、投资受益权、出席股东会与投票权、公司经营的建议和质询权、选举权、知情和检查权、分配剩余财产权、诉讼权等方面的权利。

随着经济发展和经济民主推进，许多国家和企业通过各种方式扩大企业的股东范围，越来越多的人成为企业的出资者，以调和劳资关系。在现代市场经济中，对包括公司管理者、研究开发（技术）人员、营销人员、一般工人等在内的公司员工的股权激励形式有持有现股、期股和股票期权等。如在股权激励最为发达的美国，股权型报酬主要有员工持股计划

（ESOP）、股票期权、股票奖励、员工直接购股、红股、401（K）和其他法定退休计划、员工股票购买计划（ESPP）、模拟股票（影子股票）等形式。

现股是指员工以种种形式持有本公司现在已经发行的股票，包括公司发行股票时出资入股、通过受让股票而持股、按照与公司约定的价格而受让公司股票等，持有的股票一般可以随时转让变现。

期股是指企业出资者同员工协商确定股票价格，在任期内由员工以各种方式（个人出资、贷款、奖励部分转化等）获取适当比例的本企业股份。在兑现前，期股有分红等部分权利，股票收益可以是任期届满后若干年一次性兑现，也可以是每年按一定比例匀速或加速兑现。期股的最大优点是员工的股票收益难以在短期内兑现，股票的增值与企业资产的增值和效益的提高紧密联系起来，这就促使员工将会更多地关注企业的长远发展和长期利益，从而在一定程度上解决了员工的短期行为。

年薪制加期股这一新的激励模式已越来越被许多企业认可，并逐渐成为继年薪制之后对员工实施长期激励的有效措施。期股的另一大优点是员工的股票收益中长期化，使员工的利益获得也成为渐进的、分散的，这在一定程度上克服了由于一次性重奖使员工与员工之间收入差距过大所带来的矛盾，有利于稳定。期股的第三个优点是可有效解决员工购买股票的融资问题。

股票期权是由公司赋予员工的一种权利，员工在规定的年限，以某个事先规定的价格购买一定数量的公司股票（行权），并在他们认为合适的价位上抛出。公司通常还规定只有达到股票增值目标时，员工才有权利用低价购买，达不到增值目标则失去了这种选择权。行权后，员工收益为行权价与行权日市场价之间的差价。股票期权可以视为一种认股权，当然它不同于公司发行的、投资者能够按照特定价格在未来特定期限内购买公司一定数量普通股股票的选择权凭证即认股权证（war-rents）。期权也称选择权，是一种可在一定日期，按买卖双方所约定的价格，取得买进或卖出一定数量的某种金融资产或商品的权利。管理者股票期权在本质上是将股东的一部分权益让渡给管理者，直接影响到股东的利益，所以它必须得到股东会的批准，如美国、日本、法国等国家都是如此规定。

现实中，人们常常将期股与期权混淆，其实两者有很大的区别，第一，期股是当期（签约时或在任期初始）的购买行为，股票权益在未来兑现；期权则是将来的购买行为，购买之时也是权益兑现之时。第二，期股既可以出资购买，也可通过奖励、赠与等方式获得；期权在行权时则必须要出资购买方可得到。第三，员工在被授予期股后，个人已支付了一定数量的资金，该股票在到期前是不能转让和变现的，因此期股既有激励作用，也有约束作用；而员工在被授予期权后只是获得一种权利，并未有任何资金支付，如果行权时股价下跌，员工只需放弃行权即可，个人利益并未受损，因此期权只是重在激励，约束作用不大。

（四）年金

企业年金源自自由市场经济比较发达的国家，是指在政府强制实施的公共养老金或国家养老金之外，属于企业自愿建立的员工福利计划，为本企业职工提供一定程度退休收入保障的补充性养老金，又称为企业退休金计划或职业养老金计划。经过一百多年的发展，已经成为发达国家养老保险体系中的一个重要支柱。企业年金是由企业退休金计划提供的养老金，其实质是以延期支付方式存在的职工劳动报酬的一部分或者是职工分享企业利润的一部分。

我国正在完善的城镇职工养老保险体系是由基本养老保

险、企业年金和个人储蓄性养老保险三个部分组成。1991 年《国务院关于企业职工养老保险制度改革的决定》提出，国家提倡、鼓励企业实行补充养老保险。2000 年《关于印发完善城镇社会保障体系试点方案的通知》确定将补充养老保险名称规范为企业年金。2004 年《企业年金试行办法》《企业年金基金管理机构资格认定暂行办法》等相继颁布。

企业年金的主要作用和功能至少可以概括为三个方面：（1）分配功能。企业年金既具有国民收入初次分配性质，也具有国民收入再分配性质。因此，企业年金形式的补充养老金计划又被视为对职工的一种延迟支付的工资收入分配。（2）激励功能。企业年金计划根据企业的赢利和职工的绩效为职工年金个人账户供款，对于企业吸引高素质人才，稳定职工队伍，保障职工利益，最大限度地调动职工的劳动积极性和创造力，提高职工为企业服务的自豪感和责任感，从而增强企业的凝聚力和市场竞争力，获取最大经济效益，又是一种积极而有效的手段。（3）保障功能。建立企业年金可以在相当程度上提高职工退休后的养老金待遇水平，解决由于基本养老金替代率逐年下降而造成的职工退休前后的较大收入差距，弥补基本养老金保障水平的不足，满足退休人员享受较高生活质量的客观需求，发挥其补充和保障的作用。

按照《企业年金试行办法》规定，职工在达到国家规定的退休年龄时，可以从本人企业年金个人账户中一次或定期领取企业年金；职工变动工作单位时，企业年金个人账户资金可以随同转移。职工升学、参军、失业期间或新就业单位没有实行企业年金制度的，其企业年金个人账户可由原管理机构继续管理。

三、组织创新与企业文化

对研究开发的激励是在企业内部通过依靠一定的制度和组织进行的，属于企业组织和管理体制的组成部分，因此企业应根据实际情况，改革并形成激励创新、增进效率的组织和管理体制，加强企业文化建设。

（一）组织创新

企业组织体制是有关企业内部分工、权责分配、机构设立、组织运行的制度。通过合理的研究开发组织制度安排，在企业内部形成良好的组织结构，协调各部门行动，可以激励研究开发部门、设计部门、生产制造部门、市场营销部门等内部机构通力合作，达到激励研究开发活动的效果。如上所述，企业研究开发的组织形式有创新小组、事业部、技术中心、跨企业研究开发联盟、虚拟创新组织等①。

我国的许多企业还存在着传统的层级制组织结构，具有高度集权化、格式化和程序化的特点，实行自上而下的控制体系，适宜处理大量的例行事务，但十分不利于企业内知识的生产、获取、共享和传递，严重阻碍着个人发挥创造力。层级制组织结构对外部环境变化的反应速度太慢，可能导致企业在急剧变化的竞争中失利。因此，必须对传统的官僚层级制组织结构进行变革，根据企业实际情况，通过适当的制度安排，进行组织模式创新，使企业具备在动态过程中利用、积累、分享、创造新知识和不断进行技术创新的战略能力。

为了适应技术变革、全球竞争的需要，我国企业必须不断进行组织制度创新，建立新型的组织结构。争取实现：（1）企

---

①　［美］休斯公司：《研究与发展的生产率》，复旦大学管理科学系科技管理组，译，上海，复旦大学出版社，1981。

业研究开发组织形式与企业战略的一致性。这样，研究开发活动的重要性才能得到强调和肯定，在研究开发和其他部门之间才能形成战略性合作伙伴关系，研究开发部门与其他部门之间才能形成协同效应。（2）企业研究开发组织结构趋于弹性（柔性）化。组织结构应向适应竞争、创新和变革的柔性而敏捷的组织形式转变。如麻省理工学院代管的林肯实验室，一旦有了新的课题，就可以打破高校与高校的界限，打破系与系的壁垒，迅速组织新的科研中心，从事交叉学科的探索研究。（3）企业应改革组织体制，设立专门的研究开发部门。注意组织扁平化，有利于技术创新的信息沟通；根据技术创新和创新人才的特点，进行适度的分权与授权，可以有效地调动技术创新人员的积极性和创新性，从而缩短技术创新从提出到实施的周期。（4）企业研究开发组织设置布局趋于全球网络化。进入 20 世纪 90 年代以后，世界发达国家的技术研究开发组织越来越全球网络化。如 Motorola 拥有位于 7 个国家的 14 个研究所，Bristiol-Myerssqibb 在 6 个国家有 12 个研究所，它们组成网络化研究开发组织，目的是使技术核心研究所开发的基础性、通用性产品和工艺技术，传递给分散在各地的网络中的研究开发组织，使之在监测当地技术进展和监测当地市场状况的基础上，开发出适合当地的技术与产品，从而占领全球市场。

随着企业的成长和目标的调整，企业的研究开发组织、研究开发战略也经历了不同的发展阶段，如表 6-1 所示。从企业内看，出现了内企业家、技术创新小组、新事业发展部、技术中心、虚拟创新组织等研究开发的组织创新。

表 6-1　研究开发组织的进化

企业管理目标	研究开发组织	研究开发战略
第一个时期 以成本为中心	事业部制组织	纯粹的科学技术
第二个时期 以项目为中心	矩阵制组织	以项目为单位的战略框架
第三个时期 以发展目标为中心	跨部门一体化组织	科技、研究开发活动与公司整体战略一致性

（二）企业文化与创新

企业文化是组织文化（corporate culture 或 organisational culture）的主要形式。关于企业文化，国内外学术界有许多不同的认识和表达。一般认为，企业文化是企业在生产经营实践中逐步形成的，为全体员工所认同并遵守的、带有本组织特点的使命、愿景、宗旨、精神、价值观和经营理念，以及这些理念在生产经营实践、管理制度、员工行为方式与企业对外形象上的体现的总和，企业文化是由企业的价值观、信念、仪式、符号、处事方式等组成的其特有的文化形象。迪尔和肯尼迪在1981 年出版的《企业文化——企业生存的习俗和礼仪》中，把企业文化整个理论系统概述为 5 个要素，即企业环境、价值观、英雄人物、文化仪式和文化网络。

良好的企业文化能不断地吸引优秀的员工加盟，激发员工的创造力，形成鼓励创新的氛围和环境。企业文化在企业的生产经营中具有以下功能或作用：（1）导向功能。企业文化的导向功能主要体现在以下两个方面：一是经营哲学和价值观念的指导；二是企业目标的指引。（2）约束功能。主要是通过完善管理制度和道德规范来实现。（3）凝聚功能。企业文化以人为本，尊重人的感情，从而在企业中造成了一种团结友爱、相互信任的和睦气氛，强化了团体意识，使企业职工之间形成强大的凝聚力和向心力，整个企业步调一致，形成统一的整体。（4）激励功能。共同的价值观念使每个职工都感到自己存在和行为的价值，产生强烈的荣誉感和自豪感，自我价值的实现是人的最高精神需求的一种满足，这种满足必将形成强大的激励，职工会加倍努力，用自己的实际行动去维护企业的荣誉和形象。（5）调适功能。调适就是调整和适应，企业各部门之间、职工之间，以及企业与外部之间，由于各种原因难免会产生一些矛盾，解决这些矛盾需要各自进行自我调节。企业哲学和企业道德规范使经营者和普通员工能科学地处理这些矛盾，自觉地约束自己。

对企业研究开发活动而言，还应该通过企业文化建设，形成鼓励创新、宽容失败的文化氛围，充分发挥创新型企业文化的激励效应。由于研究开发是高风险的活动，应当建立研究开发失败、研究开发成果延迟效益的宽容制度，给予自由、自主研究的权利，鼓励竞争，容忍失败。研究开发人员作为典型的自我激励型人才，要给予他们自由创造的空间和时间。美国一些企业规定：研究开发人员有在一定程度内从事研究开发活动、展示自己成果及提出创新思想的自由。特别是企业的技术专家和技术骨干，是进行研究开发的支柱，企业对他们的研究工作不应进行过多的干预。一些世界知名的大公司往往允许其员工有一定的自由时间从事自己的研究课题。比如 3M 公司就允许员工可以用 15％的时间进行个人项目的研究开发。惠普公司允许研究人员用 10％的时间从事自己的研究，而且全公司实验室 14 小时开放，对于取得了重大创新成果的人员，则在更大范围内鼓励他们继续自己感兴趣的研究。IBM 公司设有新人奖，获得者在 5 年之内可以自由选择研究计划，并终身保持这个头衔。一些企业除了在时间上提供的自由以外，还提供一定的经费资助，来保证创新思想得以顺利实现。再如，要使企业管理者认识到研究开发具有高风险性，失败是研究开发不可避免的正常代价，允许研究开发人员在一定程度内保持失败的自由。海信集团允许技术人员有30％的项目下马、失败，激励他们失败后继续大胆创新。

四、人员选聘中的逆向选择

从广义上说，员工的选择聘用也是一种约束和监督机制。一般而言，在信息对称情况下，级别不同的企业会选择聘用到能力不同的人才，优秀的企业容易选聘到能力高的人才；同样，能力不同的人才会落户到不同级别的企业，高能力人才容易受聘到优秀企业。

由于信息的不对称，最终可能导致逆向选择。在研究开发人员的选聘过程中，企业一般通过个人递交的证书、简历表和对人才进行笔试、面试等方法，获取对方的相关信息。对其实际工作能力、工作热情和长期打算，企业难以了解，而且已获取信息还面临着虚假、错误、过时等成分。企业并不知道应聘人才的真实能力，只知道应聘人才的平均能力及其分布。相对而言，个人对自己的学历、业务水平、偏好、信用等信息更为清楚，对所应聘企业及其职位、收入等也比较了解。

假设一批能力不同的人员到企业应聘。如果信息是对称的，各个人的能力是共同信息，企业和个人都会根据个人的能力高低提出自己的要求，从而各种受聘都可以实现，达到均衡。但在现实社会中，信息是不对称的，招聘企业并不知道应聘人员的真实能力。在这种情况下，招聘企业只能根据应聘人员的平均能力来确定聘用的人员并给予其待遇。假定人员有两种类型：$Q=100$（高能力）和 $Q=40$（低能力），企业遇到两类人员的概率为 1/2。如果信息是对称的，企业会在不同的工资水平上雇用到相应的人员。由于信息不对称，企业就只能按照平均能力 EQ＝70 给予其待遇，并希望能雇到高能力的人员。但在此待遇下，高能力的人将退出应聘过程，招聘市场上只留下能力程度较低的人。这样，人员的平均能力就会下降，理性的招聘企业知道这一情况以后，便会降低给予应聘人员的待遇。结果造成更多的较高能力的应聘人员退出招聘市场，如此循环下去，形成"劣币驱逐良币"的现象，即低能力的人员对高能力人员的驱逐，这便是劳动力市场上的逆向选择。逆向选择的结果，一方面是低能力人员获得了较高待遇；另一方面是招聘企业承担了较高招聘成本而无法获得高能力人员，最终导致风险和收益在分担与分配上的不对称。

如何解决研究开发人员选聘中的逆向选择问题？可以采取人员甄别、人员信息库等多种方法。

1. 建立人员甄别机制。根据约瑟夫·斯蒂格利茨的分离均衡理论，要解决人才选聘过程中的逆向选择问题，关键是要建立一套健全的人员甄别机制，将不同能力的人员区分开来。斯蒂格利茨认为，不能用提高保费的方法去消除保险市场的逆向选择。保险公司可以通过提供不同类型的合同，将不同风险投保人分开，让买保险者在高自赔率加低保费和低自赔率加高保费之间选择，即不是使保险处于混同均衡，而是出现分离的均衡。按照这一分析，在人员招聘过程中，一味地提高招聘标准或压低工资都是低效的方法，这样或者提高企业成本和造成人才浪费，或者加剧高能力人才流失。根据分离均衡理论，企业在进行人员招聘时，应建立一个反映人的能力与企业职位要求吻合程度的综合认知体系。该体系应包括应聘人员的自然情况、受教育程度、以往职位和工作业绩、诚信、人际关系等一系列因素，并根据职位要求分别设定不同的权重，综合评分。

把综合评分分成相应的档次，对每一档次的应聘者作进一步的甄别和筛选，尽可能地搜集、过滤相关信息，最终研究聘用人选。

2. 建立人才信息库。根据迈克·斯宾塞的信号传递理论，如果把引起逆向选择的非对称信息由私人信息转变成共同知识，即拥有信息优势的一方将其信息传递给信息劣势的一方，交易就可以得到改善。因此，把人才的私人信息通过信息传递转变为共同信息，将有助于消除人才招聘过程中应聘人才的逆向选择。为此，政府、企业和人才市场联手，对人才建立全面的资料库，及时记录人才的学历、业务水平、信用等情况，甚至可以将人才的相关信息上网，将人才的私人信息转变为共同信息。从而，企业在选聘人才时既可以节省选聘成本，又可以降低选聘风险，有效地防止人才在应聘过程中的逆向选择。

第三节　研究开发的产权激励

一、产权的作用

产权是关于人们如何占有、使用、处置经济资源并从中获取收益的权利安排，是基础性的激励方式。

在市场经济条件下，保证资源最优配置、促进研究开发的产权制度至少应包含以下内容：（1）产权是排他性的权利安排。清晰合理的产权制度能够形成和保护人们的交易和合作，全面促进研究开发投资，持续提高研究开发效率，是一种最有效、持久的创新激励手段。（2）在产权制度基础上确立企业形式和治理结构。人类已经创造出了独资企业、合伙企业、公司企业等企业基本形式。在公司中，为了克服各种要素所有者之间在团队生产中的偷懒和搭便车行为，需要明确界定企业的出资人、管理者与生产者之间的权利和义务关系，形成一套能提高企业产权结构效率的激励约束规则，完善企业的内部治理结构，以降低交易费用。(3) 有效的产权保护。这包括交易、合作各方可通过行使投票和决策权、经营权、资产转让和退出权保护自己的权益，以及法律制度能通过强制惩罚一切破坏现有产权关系的行为和由此产生的威慑力量来实现对产权的保护。

根据现代产权理论，产权模糊总是与外部效应及不确定性相联系，它一般发生在以下两种场合：一是如果产权的归属是不清晰的，则意味着没有人对该项财产具有排他性的所有权，从而必然使搭便车行为盛行，即行为人力图避免付费来享受外部正效应；二是如果产权的归属是清晰的，但产权的保护是低效或无效的，即行政、司法机构不能充分保护权利人对资产的占有、使用、处分、收益等各项权能，不能有效组织经济活动。

在企业研究开发中，有效的产权制度的激励作用具体表现在以下几个方面：(1) 明确界定各利益主体的权利和责任，形成稳定的预期，个人和组织放心大胆地进行各种经济活动，包括投资于研究开发活动和参与研究开发活动。物权制度、知识产权、合同制度等已经成为经济有效运行的基础制度。(2) 降低甚至消除研究开发中的外部性，或者使外部性内在化，降低企业研究开发收益预期上的风险，使企业投资者和研究开发人员充分享有研究开发收益，进而使企业持久性地保持创新动力。科斯认为，如果交易成本为零或很低，当事人就可以通过谈判和交易，实现资源的有效配置，就没有什么外部性问题了。当然，如果谈判、交易有显著的成本，可交易权利的初始安排将影响到权利的最终配置，清晰合理的初始产权制度还是有利于提高最终的资源配置效率。(3) 能够在企业中明确界定不同的个体之间的权利和义务关系，形成一套有效的激励约束规则，调动和保护企业管理层和研究开发人员积极性，把研究开发人员的个人利益同企业发展的整体利益结合起来，克服企业内部各种要素所有者之间在团队生产中的偷懒和搭便车行为，提高研究开发效率。

在一定意义上，对于包括研究开发在内的经济活动都可以从产权的角度加以分析，本章主要从激励的角度，分析研究开发人员的股权安排和职务发明问题。

二、研究开发的股权激励

对于企业研究开发人员，基本工资和年度奖金不是有效的激励机制，因为它不能激励企业员工面向未来。从长期激励研究开发人员、维护公司利益的角度看，就有必要赋予研究开发人员一定的股权，包括实物股权和股票期权，从而使代理人和委托人之间形成利益共享、风险共担的机制，而研究开发人员的持有现股、期股、股票期权等属于可供公司选择的制度设计。

（一）员工持股

员工持股是指公司内部员工认购本公司的股份，委托某一法人机构托管运作，该法人机构代表员工进入董事会参与公司治理，并按所持股份享受公司利润分配。其主要内容包括：公司确定向员工出售股份的数额和价格；员工的股份由法人机构托管管理；法人机构代表员工参与公司治理，并形成公司利润—法人机构—购股员工的二次利润分配模式；符合规定的时间和条件要求后，员工有权向公司出售股份。

员工持股计划概念是 20 世纪 50 年代由身为律师兼投资银行家的路易斯·凯尔索（Louis Kelso）提出的，他在《资本家宣言》和《民主与经济的力量——通过双因素经济开展员工持股》阐述了员工持股理论，指出应使一般劳动者成为资本工人，通过实行员工持股，使员工具有公司雇员和公司股东双重身份，并以所持有的公司内部股份，参与公司财富的分配，与资本所有者共享公司的成功。1974 年，美国国会通过了《雇员退休收入保证法案》，该法案明确提出了公司实行 ESOP 的问题，并就各类税收优惠政策做了法律规定。员工持股取得了合法地位。之后，美国国会和政府又相继颁布了 20 多个法律，对员工持股计划采取针对性的税收优惠，促进了员工持股计划的快速发展。

员工持股计划并不对员工保证向其提供固定收益或福利待遇，而是将员工的收益与其对公司本身的股票投资相联系，因此实际上是将员工收益与企业效益、企业管理及员工本身的努力和贡献联系了起来，带有明显的激励成分。因此，员工持股制最大的作用还是体现在它对企业治理结构的创新、对企业人力资源的激励和约束上。通过员工持股制，让广大员工持有股份，成为企业的剩余索取者，可以提高员工的责任感、归属感、凝聚力和对企业的关心程度。正是具有如此效用，员工持股制度的发展越来越趋于国际化。目前，美国已有 9000 多家员工持股的企业，日本上市公司中的绝大部分、英国 90％以上的非国有企业也实行了员工持股制度。

（二）股票期权

股票期权是一种对人力资本价格的延期支付方式，它在性质上介乎所有权激励和奖金激励之间。由于股东会在短期内对员工的行为绩效往往难以确定，就必须对其报酬采取延期支付的方式，如奖金、年金、持股或实物股票等方式，而股票期权显然是一种较好的激励与约束机制设计。对员工实行股票期权计划，目的还是解决员工的激励约束问题，协调员工效用与公司目标之间的利益冲突，克服以基本工资和年度奖金为主的传统薪酬制度下员工的行为短期化倾向。美国早在 1913 年实行个人所得税制度后，就产生了股票期权。美国股票期权依据国内税收法则有关特殊税收处理的规定，大致可以分为激励股票期权（incentive stock options）和非法定股票期权（nonstatutory stock options）。1952 年，美国菲泽尔公司首先在管理者中推出了股票期权计划。不过在当时，美国公司高层管理者还普遍接受现金作为报酬，不太愿意接受高风险的股票或股票期权。然而，硅谷的高科技公司彻底打破了传统的报酬模式，因为这些小公司本身在创业之初就没有多少现金，股票期权就成为激励管理者的重要手段。在公司发展起来之后，其股票价格可能一夜之间升值几倍、几十倍甚至更多，股票期权突然变得热门起来。到 1986 年，有 89％的公司对其高级管理者实行了股票期权制度。美国约 4/5 的大公司也对公司高级管理者更多地实行了红利、个人奖励和股票期权等激励计划，如 2002 年，可口可乐公司批准占公司总股本 4.8％、总计 1.2 亿股的股票期权计划。德国公司对管理者一贯实行固定性报酬计划，但奔驰汽车公司自 1997 年开始实行期权计划。

　　国外的股票期权计划通常规定，给予公司内以首席执行官为首的某些人员在某一期限内，以一个约定的执行价格，分期分批购买公司普通股的权利。在执行期内，期权持有者根据自己的需要，可以购买公司的股票，也可以放弃购买公司股票；如果在计划期限内自愿离开公司，也就丧失了部分尚未行使的剩余期权，这就增加了员工偷懒或离职的机会成本。如果公司经营管理良好，股票升值，该股票期权持有人到期就将获得差价收益，从而在一定程度上解决公司管理者长期激励不足的问题。在实行股票期权计划的公司，管理者等人的主要收入已经开始由工资、奖金转换为股票期权收入，股票期权被喻为激励、约束与稳定的"金手铐"。例如，1997 年标准普尔 500 家总裁名下的既得期权价值中位数为 420 万美元，标准普尔中型的总裁持有的既得期权中位数为 200 万美元，已经实现期权收益的前 10 名总裁中英特尔总裁葛罗夫（A. S. Grove）收益为 9458 万美元，最后一名的收益也达 1850 万美元。1999 年，美国通用汽车、可口可乐和英特尔三家公司的 CEO 的股票期权收入分别达 0.32 亿美元、1.08 亿美元和 0.49 亿美元，分别为工资和现金奖励的 4 倍、27 倍和 16 倍。美国前 50 家大型公司首席执行官 2004 年的收入达到 1070 万美元，但其平均薪金不过是 120 万美元，而不包括薪金和红利的长期报酬占其全部报酬的 63%①。

为了保证股票期权计划的有效性，员工行使权利的期限一般限定在 10 年左右，公司授予数额一般不超过公司已发行股票的 20%。如香港的做法是：授出股权可认购股份数不得超过该公司已发行股份的 10%；个人参与期权计划不得超过该计划所设计证券的 25%。美国经济学家奥德雷研究发现，当员工拥有公司股票的比例在 5%～20% 时，公司的赢利能力最强，而过低的持股比例会导致激励不足，过高的持股比例会削弱股东的利益和股东对员工的控制和监督。在很长时期，我国上市公司大约 2/3 的股份不能流通，可以将股票期权数额限定在公司总股份的 5% 或流通股的 15%，个人参与期权计划不得超过股票期权数额的 20%；任何已经持有公司股份 5% 以上的员工，原则上不再享有认股权。

我国企业过去普遍实行工资加奖金的激励模式，对管理者等员工实行股权激励等激励手段还是新近的事情。如 1996 年通过的《促进科技成果转化法》第 30 条规定：企业、事业单位独立研究开发或者与其他单位合作研究开发的科技成果实施

①　郝玉峰：《美国大企业科技创新的动力和机制》，载《世界之窗》，2006（5）。

转化成功投产后，单位应当连续三年至五年从实施该科技成果新增留利中提取不低于百分之五的比例，对完成该项科技成果及其转化做出重要贡献的人员给予奖励。采用股份形式的公司，可以对在科技成果的研究开发、实施转化中做出重要贡献的有关人员的报酬或者奖励，按照国家有关规定将其折算为股份或者出资比例。该持股人依据其所持股份或者出资比例分享收益。上海市政府 1999 年年初专门出台了《关于对本市国有企业经营者实施期权激励的若干意见》（试行）；1999 年《中共中央、国务院关于加强技术创新、发展高科技、实现产业化的决定》明确指出了允许民营公司采取股份期权等形式，调动有创新能力的科技人才或经营管理人才的积极性；1999 年 9 月通过的《中共中央关于国有企业改革和发展若干重大问题的决定》提出"少数企业试行经理（厂长）年薪制、持有股权等分配方式"。1999 年开始实行的武汉模式等则是国家控股公司实行股票期权的早期典型案例。金蝶软件股份有限公司 2001 年在香港上市前，就已经授予 2 名公司高层员工股票期权，上市后又授予 33 名员工 172 万股股票期权，2002 年 5 月再次授予22 名员工 562 万股股票期权。经过香港证监会和联合交易所的特许和豁免，金蝶软件准许在未来 10 年内拿出总股本的 30%、总计 1.2 亿股发放股票期权。

在 2005 年全面推进的股权分置改革过程中，我国又提出了股权激励问题。财政部、国家税务总局颁布、2005 年 7 月 1日开始实施的《关于个人股票期权所得征收个人所得税问题的通知》，首次明确承认了公司中的股票期权。2005 年最后一天，中国证监会发布《上市公司股权激励管理办法》（试行），提出已完成股权分置改革的上市公司，可遵照本办法的要求实施股权激励，即上市公司以本公司股票为标的，对其董事、监事、高级管理人员及其他员工进行的长期性激励，包括股票期权激励。股权激励计划的激励对象可以包括上市公司的董事、监事、高级管理人员、核心技术（业务）人员，以及公司认为应当激励的其他员工，但不应当包括独立董事。2005 年 9 月 3 日，金发科技（600143）根据改革方案，授予公司核心管理层、技术人员及业务员计 118 人支付股份对价后剩余的 1514.5 万股，并办理了过户手续。

为规范公司治理中的股权激励改革，2005 年 10 月《公司法》第 143 条规定：公司可以因"将股份奖励给本公司职工"而收购本公司股份；公司收购的本公司股份不得超过本公司已发行股份总额的 5％；用于收购的资金应当从公司的税后利润中支出；所收购的股份应当在 1 年内转让给职工。这一条款为公司实施股权激励计划打开了空间，当然这里的职工显然主要指公司的管理者等关键员工。依据中国证监会 2005 年年底发布的《上市公司股权激励管理办法》（试行）的相关规定，上市公司可以授予激励对象在未来一定期限内以预先确定的价格和条件购买本公司一定数量股份的权利，并规定了股票期权激励的具体办法。2006 年 1 月 17 日，国务院国资委、财政部联合下发《国有控股上市公司（境外）实施股权激励试行办法》，规定股权激励的方式包括股票期权、股票增值权等，并鼓励上市公司借鉴国际通行做法，采用限制性股票、业绩股票等其他激励方式。2006 年 9 月国家税务总局发布《关于个人股票期权所得缴纳个人所得税有关问题的补充通知》，2006 年 2 月《企业会计准则第 11 号——股份支付》的颁布，我国上市公司股权激励实施过程中长期悬而未决的问题，如股权激励的股票来源、税收规定和相关的会计处理都得到了解决。

（三）股权激励的作用

信息不完全、不对称不仅存在于知识、技术的研究开发中，也存在于研究开发的管理中。相对于公司及其管理者，研究开发人员具有绝对的信息优势。公司及其管理者往往不了解研究开发的难度和需求，难以评价研究开发人员的能力，难以有效监督研究开发的过程。这些不对称信息容易引起逆向选择与道德风险，导致研究开发人员的偷懒和机会主义。为了避免由于信息而产生的偷懒和机会主义，就必须对研究开发部门及其人员采取激励措施。

　　比较而言，进行适当的股权制度安排比传统薪资福利更能激励公司的研究开发活动。从对公司的发展作用来看，研究开发影响的是公司的长远的、不确定的未来结果，这要求公司的激励制度安排也必须采取长期的、不确定的制度安排，而传统薪资制度的经济特点是事先的合同性收入：当公司与员工签订薪资合同的时候，通常包含一个确定性的承诺，员工一方完成合同规定的工作义务时，公司不论总的经营成效如何，都必须按照合同支付薪资。而股权激励安排则完全不同，股权的回报是个不确定的承诺，是公司支付全部确定性承诺后的剩余，它的多少，同公司的经营状况密切相关。股权激励通过让员工占有公司的剩余的方式，把员工的个人利益同公司发展的整体利益结合起来，使员工个人效用最大化的目标与公司利润最大化的目标相一致；同时，股权激励是一种长期的制度安排，能够保证持股人的经济行为与公司持久地联系在一起，可以使员工不能只注重眼前利益，而必须把谋求未来的发展和长期较高的利润放在首要地位，从而有助于克服短期行为，树立长期观点。而追求公司利润最大化的目标和长期化的行为要求，必将激励经营者和其他员工不断创新。

　　借助持股、股票期权等股权激励，员工变成了公司股东的股东。员工持股和股票期权制度虽然在一定程度上激励约束了员工，减少了代理成本，但员工此时已经由单纯的人力资本所有者转变为人力资本和非人力资本的双重所有者。在健全的公司治理结构中，作为人力资本所有者，为了追求工资、奖金以及股票期权等经济利益，他可能会尽力经营管理公司；作为非人力资本所有者或股东，为了股票的升值，他也可能会尽力经营管理公司。不过，股票期权与股票不同：公司股票如果上涨，期权所有者就能够获得丰厚利益；股票如果下跌，期权所有者损失的只是获得这种特权的低廉费用；如果期权是赠与的，那么期权所有者没有任何损失。一旦公司内部的治理结构和外部监督机制出现问题，员工为了追求自己的利益，特别是为了实现其股票升值，股票期权就可能助长员工采取短期经营战略，采取种种不恰当、不道德甚至违法欺诈行为，如提供虚假财务报表或进行内部操纵和交易，哄抬股票价格，在股价走高时把自己的期权换成现金，而损害其他广大股东和社会的利益。

在市场经济条件下，对包括公司管理者、研究开发（技术）人员、营销人员、一般工人等在内的公司员工的股权激励形式有持股、期股和股票期权等。实施股权激励，其目的和作用不外乎有以下五种：

1. 激励作用。使被激励者拥有公司的部分股份（或股权）或股票期权，用股权这个纽带将被激励者的利益与公司的利益紧紧地绑在一起，受权人只有在增加股东财富的前提下才可以同时获得收益，这就促使其积极地、自觉地按照实现公司既定目标的要求，为了实现公司利益的最大化而努力工作，释放出其人力资本的潜在价值，并最大限度地降低监督成本，最终达到股东和高管人员双赢的局面。

2. 约束作用。约束作用主要表现在三方面，一是因为被激励者与公司已经形成了"一荣俱荣、一损俱损"的利益共同体，如果经营者因不努力工作或其他原因导致公司利益受损，比如出现亏损，则经营者将要分担公司的损失。二是通过一些限制条件（比如限制性股票）使被激励者不能随意或轻易离职——如果被激励者在合同期满前离职，则会损失一笔不小的既得经济利益。三是股票期权的实施价值由资本市场决定，有利于发挥资本市场对公司及其经营者的监督、激励和约束作用。

3. 降低公司成本，特别是代理成本。股权激励可以提供多种形式的长期激励机制，主要通过公司的长期发展和市场的外部环境得以实现。从内部看，实行股权激励一般不需要公司付出太多的货币支出，是一种节约现金流的有效方式。由于员工利益与公司效益、公司价值直接联系，研究开发人员等公司员工将自觉自动地投入公司的生产经营活动，不断创新和努力，提高公司效率，不但能够提高公司股票价格，还能降低公司监督管理成本。股权激励是一种廉价的融资方式，降低了资金成本。此外，股权激励还会带来税收上的好处（主要是对那些当期边际税率较低的公司而言），防止敌意收购。这样，公司降低人工成本、管理成本、融资成本等各种支出。从外部看，公司是在市场竞争和市场约束中增长的，市场约束也降低了公司代理成本。

4. 改善员工福利作用。对于那些效益状况良好且比较稳定的公司，实施股权激励使多数员工通过拥有公司股权参与公司利润的分享，有十分明显的福利效果，而且这种福利作用还有助于增强公司对员工的凝聚力，利于形成一种以利益共享为基础的公司文化。

5. 稳定员工作用。由于很多股权激励工具都对激励对象利益的兑现附带有服务期的限制，使其不能轻言去留。特别是对于高级管理人员和技术骨干、销售骨干等关键员工，股权激励的力度往往比较大，所以股权激励对于稳定"关键员工"的作用也比较明显。

比较而言，股票期权的激励作用最大，它是按公司发展成果对员工进行激励，具有长期性，使员工的个人利益与公司的长期发展更紧密地结合在一起，促使员工的经营行为长期化。股票期权制操作实施所形成的开放式股权结构对优秀人才很具吸引力，可以有效吸引优秀管理人员和技术人员加盟公司。而期股的约束作用最大，员工既出了一部分资，又不能放弃权利，兑现前只有分红权等部分权利。对公司来说，期股的最大优点是员工的股票收益难以在短期内兑现，股票的增值与公司资产的增值和效益的提高紧密联系起来，这就促使员工将会更多地关注公司的长远发展和长期利益，从而在一定程度上解决了员工的短期行为。期股的另一大优点是员工的股票收益中长期化，使员工的利益获得也将是渐进的、分散的，这在一定程度上克服了由于一次性重奖使员工与员工之间收入差距过大所带来的矛盾，有利于稳定。对员工来说，期股制有效解决了其购买股票的融资问题。

（四）股权激励的限制因素

不过，股票期权也受到一些因素的制约。比如人力资本所有者面对着行业风险、价值评估风险、政策风险等风险，其个人能力和信息也可能随时间流逝而磨损陈旧，员工一旦意外离开或死亡，他就可能丧失在该公司中的收益。对于市场竞争激烈、技术变化迅速、经营良好就可获得巨大收益的公司，股票期权往往具有强烈的激励和约束作用。而对于声誉卓著、能力突出、年龄偏大的人员，或者对于相对技术成熟、市场稳定的公司，就要谨慎行使股票期权计划。在实行股权激励时，公司管理者等人为了个人利益，也可能通过提供虚假信息、操纵公司股价等手段，损害公司整体利益和社会利益，股权激励存在被滥用的危险，美国安然公司等一系列事件已经表明了这一点。我国股票市场有效程度很低，股票价格往往受机构投机、政府政策等因素的操纵，公司内在价值决定股票价格的投资理论和技术分析在中国黯然失色。

从国际比较上看，我国股权激励仍处于探索阶段，在实行的过程中仍然遇到不少问题，国有股一股独大，政府干预较多，政策变动频繁，研究开发与公司业绩之间并不高度相关，这也严重影响了研究开发人员对股票期权激励的信心。其限制因素主要体现在：

1. 公司治理结构不规范。建立规范的法人治理结构是实施股票期权激励制度的基础。按照《公司法》规定，股东会、董事会和监事会、工会等公司组织机构之间应形成相互制约的基本格局。不过，我国公司的组织机构和治理结构还很不规范。特别是国有控股公司由于存在实质上的所有者缺位，公司处于"内部人控制"，实行股票期权制度，难免发生授予主体和授予对象合一、业绩考核指标自我确定、自我考核、自我激励等现象。

2. 公司绩效特别是研究开发绩效评价体系不科学。科学的绩效评价体系是实施股权激励计划的前提条件，绩效评价的合理性、公正性对员工激励起着至关重要的作用。由于公司产权、组织、治理等制度上不完善，公司在研究开发绩效评价上存在着一系列有待改善的地方，公司内部不能形成对经理人员业绩的客观评价，这将使股权激励计划的实施缺乏规范性和可操作性，极大地影响股权制度的激励效果。黄群慧比较区分了公司绩效。他把公司的绩效分为真实绩效、显示绩效和评价绩效[1]。其中真实绩效是公司实实在在的绩效表现，公司管理者等员工的努力程度和能力因素对公司的真实绩效具有决定作

---

[1] 黄群慧：《企业家激励约束与国有企业改革》，北京，中国人民大学出版社，2000；黄群慧：《业绩评价与国有企业经营者报酬制度的激励性》，载《中国工业经济》，2002（6）。

用，但是真实绩效往往无法被全面、准确地观测到，能够被观测到的只能是显示绩效。显示绩效则是传递给外界关于公司绩效的信息，包括会计类指标和市场价值类指标，真实绩效是显示绩效的基础，但是，由于公司管理者的主观原因（如造假账等）、客观原因（如会计制度存在的问题、统计数据的误差等）和资本市场的噪声因素等，显示绩效并不能够真正、全面反映公司真实绩效，甚至还有可能存在严重的信息失真和扭曲。评价绩效则是以显示绩效为基础，由评价主体根据评价目的的需要、采用相应的评价方法对公司绩效的主观判断。

3. 外部约束体系不健全。一是资本市场相对效率较低。股权激励效果取决于资本市场的成熟和规范程度。只有在成熟、规范的资本市场，股价才能有效反映公司的实际经营信息，即公司的绩效与公司股票的市场价格之间才是高度相关的。由于我国资本市场监管制度不完善，股市投机现象严重，股价难以反映公司的实际经营业绩。在这样的市场状态下，简单地推行股权激励，要么是激励不到位，要么就将导致经营者的机会主义行为，甚至助长上市公司管理人员与外界联手坐庄，哄抬股价的市场操纵行为。二是劳动力市场不完善。实施股权激励客观上要求有一个完善的经理人、研究开发人员等劳动力市场与之相配合，形成比较完善的人力资本的评价、遴选机制。目前，我国劳动力市场很不成熟，特别是管理、研究开发等高端劳动力更不成熟。三是外部的行业道德、新闻舆论等监督约束也存在问题。

4. 政策上的各种缺失。尽管我国已经出台了有关股权激励的一系列政策，但相关配套政策仍然有待完善。如有关的税收政策不完善。1998 年，国家税务总局出台的《关于个人认购股票等有价证券而从雇主取得折扣或补贴收入有关征收个人所得税问题的通知》规定，个人在行权时要缴两道税，过重的税收负担一度令股权激励有名无实。2005 年 3 月，财政部、国家税务总局发布了《关于个人股票期权所得征收个人所得税问题的通知》，2006 年 9 月国家税务总局发布了《关于个人股票期权所得缴纳个人所得税有关问题的补充通知》。这两个新的税收政策令受权人的税收负担大为减轻，一是除个人转让境外上市公司的股票而取得的所得要纳税以外，个人将行权后的境内上市公司股票再行转让而取得的所得暂不缴纳个人所得税；二是政策规定股票期权所得是因员工在公司的表现和业绩情况而取得的与任职、受雇有关的所得，按"工资、薪金所得"缴纳个人所得税，并不用同"行权"月份的工资、薪金所得合并纳税，可以按最长不超过 12 个月来分摊确定适用的税率，税负比以前合并为 1 个月要轻，又从一定程度上减轻了股票期权所有者的税负。同西方发达国家相比，我国的税收政策仍存在着简单"一刀切"的不合理现象。目前，我国对所有的股票期权计划都同等征税，不分受权人持股期限的长短，也不分受益人持股时间的长与短。这种低效的税收政策很可能导致公司经理层的短期行为，即只注重短期见效快、易提升公司业绩的投资项目，而忽视公司长远发展目标，一旦取得股票期权，就立即兑现股份价值并获取高额的期权收益，这显然有悖于实施股权激励计划的初衷。

三、职务发明激励

（一）职务发明

职务发明是指研究开发人员为完成雇主交给的任务所作的或者利用雇主的物资技术条件所完成的发明创造。职务发明的适用范围有两种主要划分方法：（1）按照职务责任划分，员工在合同规定的正常工作中或受雇主委托完成的发明属于职务发明。这种划分方法以合同规定的责任和任务为依据，界限比较明确。(2) 按资源使用划分，除了员工职责约定的正常工作或受雇主委托所完成的发明外，利用单位的经验、劳动和设施的发明也属于职务发明。这种划分范围比较宽，若掌握不好，可能限制员工灵活创造的空间。

我国《专利法》把发明创造的权利归属分为职务发明创造和非职务发明创造两类。属于职务发明创造的情况有两种，一是执行本单位任务完成的发明创造；二是主要是利用本单位的物质条件所完成的发明创造。利用本单位的物质条件所完成的发明创造，单位与发明人或设计人订有合同的，从其约定。上述执行本单位任务是指：(1) 在本职工作中；(2) 履行本单位交付的本职工作之外的任务；(3) 退职、退休或者调动工作后一年内作出的，与其在原单位承担的本职工作或者分配的任务有关的发明创造。

非职务发明又称自由发明，是发明人依靠自己的力量独立完成的发明创造。我国非职务发明有两种情况：(1) 个人发明，发明人不是某一单位的职工，是利用自己的资金、设备、材料完成的发明创造。(2) 业余发明，发明人是某一单位的职工，是在非工作时间，用自己的工具设备而不是用单位内工作中所得到的技术知识所完成的发明创造，业余发明应由发明人或设计人向所在单位提出报告，请求单位同意以个人名义申请专利。

职务发明的关键问题是发明的权利界定和收益分配。从国际看，职务发明专利权归属有两大类：一是采取雇主优先的原则，职务发明专利归雇主所有，职务发明人具有分享知识产权报酬的权利，如法国、中国等。二是采取发明人优先的原则，职务发明专利的原始权利归职务发明人，雇主享有专利实施权，如日本和德国。日本《专利法》规定，职务发明专利的原始权属于发明人，雇主自动享有非独占实施权；当雇员将职务发明专利权转让给雇主时，发明人有权从雇主处获得合理报酬。我国《专利法》规定：职务专利申请权属于单位，申请被批准后，该单位为专利权人；发明人享有署名权以及获得公司奖励的权利。非职务发明创造，申请专利的权利属于发明人或者设计人。

显然，一个国家的职务发明占发明总量的比重和职务发明的质量，不仅与公司、政府等单位投入的资源状况相关，而且与研究开发成果在投资者及其研究开发人员之间的权利分配相关。前者是投资问题，后者是管理特别是激励问题。由于职务发明人才是知识的真正创造者，创新激励机制，让职务发明人分享知识产权收益，才能有效调动研究开发人员的积极性、创造性。与资金投入相比，激励机制具有更大的影响甚至决定作用：在资金、技术一定的情况下，投资效率取决于激励机制；好的激励机制提高了研究开发效率，引致了更多的投资。

从发达国家看，公司不仅具有比较充足的资金和人力，而且具有有效的激励机制，公司成为研究开发的主要力量，职务发明成为发明的主要部分。1985～2002 年，国外申请专利中职务发明专利占 95％。同期，国内专利申请和授权中，职务专利申请中的发明专利占 22％，非职务专利申请中的发明专利仅占 14％，但职务专利申请只是专利申请总量的 1/3，其余都是个人的非职务发明。

（二）我国职务发明的制度缺陷

比较而言，我国在职务发明上存在着重雇主轻发明人的问题，这一问题具体表现在以下几个方面：

1. 对职务发明人的地位和作用重视不够。我国的职务发明采取雇主优先的原则，而且《专利法》规定，申请职务发明专利的权利归雇主。其结果是，一方面，雇主直接控制了职务发明的专利申请权，忽视了雇员的权利和作用；另一方面，由于职务发明人没有申请的权利，不必对成果的创新性负责。

2. 职务发明人的激励机制不到位。尽管《专利法》规定职务发明人享有专利收入的分配权利，科技部等部门也提出要依法对职务科技成果完成人和为成果转化做出重要贡献的其他人员给予奖励。但因缺乏具体的操作办法，企事业单位在实施中往往强调职务发明归单位所有，缺乏对职务发明人应有的激励机制。特别是国有企事业单位分配制度存在平均主义，大部分职务发明人难以获得应有的报酬，员工的创新积极性不高。

3. 职务发明的范围太宽，限制了研究人员的灵活创造的空间。我国的《专利法》规定，职务发明是指利用本单位的物质条件所完成的职务发明创造，包括在本职工作中、履行本单位交付的本职工作之外的任务和退职、退休或者调动工作后一年内做出的与其在原单位承担的本职工作或者原单位分配的任务有关的各种发明创造。我国的职务发明定义接近德国，但德国的职务发明专利的原始权归发明人，雇主拥有实施选择权。

4. 知识产权管理制度不健全。由于大部分科研机构和大学，以及国家科技计划没有建立规范的知识产权管理制度，在职务发明权属处理上存在两方面的问题：强调机构利益而忽视发明人利益，抑制了科研人员转化成果的积极性；由于管理不善，存在着发明人通过各种途径将职务发明转为非职务发明的现象，有些公共资源被转化为个人成果①。

（三）职务发明的激励创新

对于职务发明上存在的问题，法律上的缺陷只能由政府的立法等机构解决，但公司可以在法律允许的范围内，进行研究开发的制度创新，提高研究开发效率。既然法律规定，利用本单位的物质条件所完成的发明创造，单位与发明人或设计人订

---

① 吕薇：《关于完善职务发明权属政策的建议》，2003-10-10，国家知识产权局，http://www.sipo.gov.cn。

有合同的，从其约定。因此，职务发明可以在法律制度和公司内部激励上进行创新。

1. 平衡雇主和发明人的利益，突出职务发明人的地位和作用。无论是雇主优先还是发明人优先，许多国家和地区的《专利法》在专利申请资格上都突出了发明人的地位，明确规定专利申请人必须是发明人或其受让人（含法人）。如果这样，雇主就必须尊重职务发明人，发明人也对研究成果的创新性负有责任。我国的职务发明权属即使采取雇主优先的原则，也要重视职务发明人的作用，加大对发明人的保护力度和激励。一是明确职务发明人的专利申请权。在专利申请权上突出发明人的作用，增强雇主尊重职务发明人的意识，提高发明人创新的责任心。二是适当缩小职务发明涵盖的范围。以职务合同和委托合同为主确定职务发明的适用范围，给雇员留有更多自由创造的空间。同时，为保证雇主的利益，可以允许雇主优先选择实施雇员非职务发明专利。

当然，更根本性的创新是改革单位优先占有发明所有权的制度，让职务发明人与单位共同拥有知识产权。早在 1996 年 4 月，日本制定的《科学技术基本计划草案》就曾明确提出，国立科研机构发明人将与国家共享研究成果的发明专利权、实用新型专利权；并允许科研人员用自己研究开发的成果创办企业。深圳华为技术公司规定，知识的创造者即发明人拥有部分知识产权，在实际上也就是确认了发明人与企业共同拥有知识产权，或者共享知识产权。还应采用多种多样的方式，让职务发明人分享知识产权收益。美国有些大学除了向发明人发放现金收益以外，还以股票、期权、债券等形式予以奖励。

2. 规范国有机构和政府资助的职务发明人的激励机制。通常，各国的《专利法》规定职务发明人报酬的基本原则，但不规定具体报酬比例或额度，实际报酬由雇员与雇主之间的合同来决定。由于政府财政支出是公共资源，许多国家和地区通过一些专门法律或行政条例规定政府所属机构和政府资助机构的职务发明人报酬比例。我国应：（1）规范公共机构职务发明人的补偿和奖励制度，落实对发明人的激励机制；（2）制定专门的补充性法规，细化国有和政府资助的研究机构的职务发明人补偿和收入分配办法；（3）重视职务发明人的作用，建立科技人员可以自由发挥所长的激励机制。我国资本市场和技术市场不成熟，个人专利的后续研究开发和市场开拓比较困难，产业化程度低。

3. 认真兑现政府规定的奖励与报酬。我国的科技法规及知识产权法规，都曾明确规定要给予职务发明人奖励和报酬。《专利法》第16条规定：被授予专利权的单位应当对职务发明创造的发明人或者设计人给予奖励；发明创造专利实施后，根据其推广应用的范围和取得的经济效益，对发明人或者设计人给予合理的报酬。但许多企业与事业单位并没有按照规定或者是按照规定比例向职务发明人兑现奖励和报酬，这就严重挫伤了职务发明人的创新热情和积极性，很不利于职务发明成果的转化与实施以及其产业化。与此同时，我国目前有关法规规定的奖酬比例还是比较低的，难以实现物质鼓励与激励的目的。因此，企业和高等学校、科研机构要在国家法律法规允许的范围内，尽可能地提高其奖酬比例，以使职务发明人拥有较多的财产性收入。上海市规定，发明人可在技术转让中收益，提取不低于50％的报酬。湖北省化学研究院规定：在专利技术转让中，发明人可分享转让收益的2/5；专利产品开发，发明人可分享产品利润收益的1/3。

4. 让职务发明人及其家属享有继承的权利。美国有些大学规定，可以参加专利收益分配的发明人不仅是发明人本人，还包括他的继承人、受益人、受让人等。我国湖北省化学研究院有关知识产权继承新理念的规定是：对于知识产权，不管成果是否超过保护期，在该成果产生效益期间，发明人享有收益的权利；如果发明人调离化学院或者退休，只要不违反化学院知识产权管理条例，就继续享有其发明成果收益的权利；如果发明人去世，其家属可以继承其所享有收益的权利。

第四节　研究开发团队及研究开发人员的激励

一、企业研究开发的团队特征及其激励问题

（一）研究开发的团队特征

企业的研究开发活动具有双重的团队特征：一是企业研究开发主要由公司组织来承担，大中型企业是研究开发的主要投资者，公司是典型的人与人之间合作而结成的社团法人。二是企业的研究开发由多个不同的人员实施，这些人员采取创新小组等内部组织形式，通过分工、合作完成。因此，对企业研究开发不仅要解决每个员工的激励问题，还要解决研究开发团队的激励问题。

对于团队的生产和管理问题，阿尔钦和德姆塞茨（A. Alchian & H. Demsets）在1972年将企业研究重点从使用市场的交易费用转移到解释企业内部结构的激励问题（监督成本）上。他们提出，企业是一个由多人联合生产的团队，企业内部的劳动合同与企业之间的物品交易合同并无二致。在联合生产的条件下，团队性的人力资本可以通过组织形式维护自己的权利，比如管理层持股和建立工会，比如人力资本所有者集体与资本所有者谈判和订立合同，参与公司收入的分配（剩余索取权）甚至参与公司的决策（剩余控制权）。不过，在团队生产中，一种产品是由若干个集体内成员协同生产出来的，而

且任何一个成员的行为都将影响其他成员的生产率。由于最终产出物是一种共同努力的结果,对每个成员的个人贡献不可能精确地进行分解和评价,因此不可能按照每个人的真实贡献去支付报酬。从经济人假设出发,团队每个成员都试图免费搭车,采取机会主义和偷懒行为,缺乏努力工作的积极性。

显然,对于团队成员的动机、能力、行为、成果等如果能够全面、准确、及时、低成本地观察、评价,且对成员的激励既提高了本人的效率,也刺激、带动了他人,没有负外部性,那么企业研究开发激励就可以直接针对个人进行。然而,正如阿尔钦和德姆塞茨所分析的,团队中的个人行为具有相互影响,且个人绩效难以评价,这就意味着还需要采取针对团队领导者和团队整体的激励方法。

针对团队整体,可以考虑以下激励方法:(1)目标激励。在设置团队目标时,既要注意目标的振奋人心和切实可行,又要注意大、中、小和远、中、近目标的结合,使团队成员在工作中时刻把自己的行为与这些目标紧紧联系。同时,加强研究开发目标的实施和检查,并定期检查。(2)数据激励。对能够定量显示的各种指标,要进行定量考核,并公布考核结果,让团队成员明确差距,相互竞争。(3)奖励激励。树立团队中的典型人物和事例,表彰、奖励各方面的好人好事,营造典型示范效应,鼓励学先进、帮后进、积极进取、团结向上。(4)集体荣誉激励。企业在制定各种管理和奖励制度时,要考虑有利于集体意识的形成和形成竞争合力点。企业通过给予团队集体荣誉,培养集体意识,使成员产生荣誉和自豪感,形成一种自觉维护集体荣誉的力量。

在团队激励中,团队的行政管理和研究主持人是重要对象。一个成功的团队管理者和项目主持人,应注意沟通,严于律己,模范带头。同时,要信任成员,放手让成员大胆工作。

当成员工作遇到困难时，主动为成员排忧解难，增加成员的安全感和信任感；当工作中出现差错时，要承担自己应该承担的责任。要善于支持成员的创造性建议，充分挖掘成员的聪明才智，使大家都想事，都干事，都创新。

（二）研究开发团队的激励问题

随着市场竞争的不断加剧和科学技术的飞速发展，研究开发的技术复杂性和工作任务的相互依赖性越来越高，越来越多的企业采用团队作为其研发活动的基本工作单元。团队通过其成员的共同努力能够产生积极的协同作用，可以使团队整体绩效大于个体成员绩效总和，即产生 $1+1>2$ 的效应。因此，研究开发团队的绩效和激励日益受到企业和学者的重视。

Cacioppe 认为，团队激励机制是以团队整体目标的实现为评价依据，确定给予团队物质或非物质奖励，以及这些奖励在团队成员之间如何分配的一整套规则和程序[1]。他认为，团队激励的本质是鼓励合作，从而在以下三个方面区别于传统的个人导向的激励机制：（1）以团队而非个人作为实施考评和激励的直接对象；（2）以实现团队目标的程度作为考评和确定奖酬的依据；（3）为鼓励团队成员之间的合作，团队获得的奖酬应在团队内部成员之间平均分配。

从团队工作任务的相互依存性看，对于依存性强的工作任务，要求研发人员密切合作，基于个人绩效的激励手段将强化研发人员之间的竞争行为，降低团队内部知识共享和合作行为的可能性。而且，研究开发团队的成果是团队成员共同努力的结果，对每个成员的个人贡献不易进行精确的分析和评价。因

---

① Ron Cacioppe, Using team-individual reward and recognition strategies to drive organizational success, *Leadership & Organization Development*, 1999, 20 (6), pp. 322-331.

此，Cacioppe 的结论在这种条件下是适宜的。

但是，现实中，由于受到多种因素的影响，不同的企业以及同一企业的不同发展阶段，所采用的研发团队模式是不同的，如果研究开发团队中个人的努力是可以观测的，那么，采用平均分配的方法在研究开发团队成员之间分配团队整体所获得的报酬，则会使团队每个成员都试图免费搭车，采取机会主义和偷懒行为，缺乏努力工作的积极性。

因此，综合以上分析，企业研究开发团队的激励应具有以下特征：(1) 团队激励的对象包括团队和个人两个层次；(2) 团队激励机制必须能够保证实现组织整体目标；(3) 以团队目标的实现程度作为考评和确定奖酬的依据；(4) 根据个人产出的可计量程度，决定个人奖酬的分配方式。

二、影响团队激励机制设计的因素分析

影响团队激励机制涉及的因素主要有企业战略、产出的可计量性、团队类型、团队的工作特性和任务结构、组织文化以及团队的异质性①。

(一) 企业战略

战略性人力资源管理的大量文献指出，激励机制与企业战略的匹配程度决定激励机制的有效性②。因为不同企业战略要求不同的员工行为，有效的激励机制应该能够产生和强化特定企业战略所需要的行为。为此，团队激励机制必须和企业的战

---

① 曾德明，等：《高新技术企业 R&D 管理》，129～131 页，北京，清华大学出版社，2006。

② Monet Mayer, E. F., Congruence between pay police and competitive strategy in high-performances, *Journal of management*, 1996, 22, pp. 889-908.

略保持一致，绩效评价系统是联系两者的纽带。Monet Mayor
在实证调查基础上发现，激励机制与企业竞争战略之间的匹配
程度与企业整体绩效水平正相关。

（二）产出的可计量性

产出的可计量性具体包括团队产出的可计量属性和团队成
员产出的可计量属性。产出的可计量性是采用产出评价方式的
必要条件，一般情况下，研究开发团队作为一个整体，其产出
是容易计量的，但是，团队生产的特性，常常使得划分团队成
员的产出很困难，在产出不可计量时，应采用行为评价或技能
评价方式。

（三）团队类型

研发团队有不同的类型，如项目团队、跨部门临时团队和
自我管理团队等。不同类型的团队所对应的有效激励机制具有
不同的特点。一般来说，在有稳定的成员、有明确的可衡量的
目标的团队中使用基于团队绩效的激励手段相对比较有效。例
如，基于团队绩效的激励手段在项目或者自我管理团队中使用
比较有效，因为这些团队有明确的产出或目标。兼职团队不宜
采用团队业绩或个人在团队中的工作业绩作为奖惩的依据，否
则会损害团队以外的工作任务的完成。在虚拟团队和知识团队
中，物质激励的效用较弱，非物质手段具有更强的作用。

（四）任务相依性

任务相依性是指团队成员之间因工作任务引发的相互交
往。团队激励机制设计必须考虑任务相依性这个因素，团队任
务特征与激励机制的匹配是提高团队绩效的一种有效手段。

当团队工作任务之间具有较强的相互依存性和合作性时，
团队内部不同成员所作贡献互相交织，从而很难区分每个团队
成员的贡献大小，在这种情景下，采用基于团队绩效的激励手
段比基于个人绩效的激励手段将更为合适。相反，当团队工作

的任务相依性较低时，采用基于个人绩效的激励手段通常更为有效。研究表明，任务相互依赖的团队在基于团队绩效而不是个人绩效的激励机制下会展示更高的绩效。

（五）企业文化

企业文化是员工在长期的相互作用和相互影响过程中形成的共同价值观体系。研究发现，企业文化价值观会影响员工对自我管理和团队工作的接受程度。研发人员是否喜欢团队激励机制依赖于这种激励机制与企业文化的吻合程度。在强调质量、秩序、竞争和个人价值的企业文化氛围下，可以采用团队工作绩效或个人工作绩效作为评价依据，且应以货币奖励为主，奖酬的分配采用竞争性结构。如果组织文化强调非正式的人际关系，团队协作和平等，则应运用企业总产出或团队产出作为评价依据，非货币激励有较强的激励作用，奖酬分配也倾向于平均化。

（六）团队异质性

团队的异质性是指企业内部团队之间在地域、文化、工作任务结构以及团队内部成员在个人发展阶段、知识结构、兴趣爱好、文化背景等方面存在的差异。团队的异质性使得不同团队、不同团队成员对激励机制的有效性、公正性的认知不同。这就要求企业团队激励机制的设计必须具有针对性和适用性。

（七）团队规模

基于团队绩效的激励机制内含着其成员"搭便车"的可能，即工作不努力的成员可以与工作非常努力的同事获得同样的报酬，所以团队规模会影响其激励机制的效能。在规模较小的团队中，人们感到自己能够控制团队绩效和报酬，个人努力程度与所得报酬之间的关联度比较高。随着规模的扩大，团队成员对个人的努力与团队绩效之间的关系越来越模糊，这将使基于团队绩效的激励手段难以发挥调动团队成员工作积极性的作用。

三、企业研究开发团队的激励——基于平衡计分卡的分析

第五章介绍了衡量企业研究开发团队和人员绩效的平衡计分卡方法，作为一个完整的绩效评价方法，设计良好的激励系统是其必不可少的组成部分。卡普兰和诺顿采取的办法是，对每个考评对象及其各种考核指标都设置相应的最低目标值、中间目标值和挑战性目标值，如果被考评对象没有达到这一最低标准，就得不到任何激励报酬，中间目标值代表好于平均水平的业绩，可以得到较高的报酬，挑战性目标值是最好的一级，但是，要求付出巨大的努力才能达到，如果达到挑战性目标将得到额外的激励奖励。这种做法一方面可以促使被考评者在财务目标、客户计划、内部流程以及学习和成长四个方面综合发展；另一方面也可以达到实现短期财务目标的手段和创造长远经济价值的评价手段之间的平衡。

企业研究开发团队获得的奖酬确定后，还要在团队成员之间进行"二次分配"，团队成员之间的"二次分配"可以采取以下办法：(1) 根据个人平衡计分卡的评价结果，采取和研究开发团队相同的分配激励奖酬的办法。这种方法相对而言较公平，但是较复杂。(2) 对于那些能够分解为相对独立任务的 R&D 项目，R&D 团队的负责人可以在研究开发活动开始前根据任务的难度、工作量和对工作技能的要求等与负责该任务的团队成员协商奖酬标准，研发任务完成后，以事先确定的标准为基础，根据实际工作效果确定团队成员应得的奖酬。(3) 对于那些难以区分个人工作任务的 R&D 项目，可以按照个人基本工资的比例分配团队收入，这种分配方法是基于这样一个假定：团队成员的基本工资与他们的知识、技能相关性较大，具有不同知识和技能的团队成员对团队的贡献也不同，且贡献与个人知识、技能成正比。

第七章
企业研究开发的政府激励

如果承认个人是其利益的最好判断者，市场是资源配置的基础方式，那么个人、市场在资源配置上的失灵领域就基本界定了政府活动的领域。如果个人、市场能够有效地组织研究开发，生产提供社会经济发展所需要的知识资源，那么政府就不必介入研究开发，干预知识的生产、交换和消费活动。然而，由于从研究开发的决策、实施到研究开发成果的经济运用中存在着风险和不确定性、外部性等现象，这导致了个人、市场在研究开发上的一定失灵，单纯依靠个人、市场不能提供最优的知识产品和服务。政府为规范研究开发行为、促进研究开发活动，就需要制定和实施各种直接的和间接的激励性政策。

第一节　研究开发政策的分析框架

一、研究开发的政策依据

（一）市场失灵

市场失灵是关于政府介入研究开发活动的原因或依据的一个基本解释。这就需要了解市场有效运行的条件、市场如果不满足这些条件而导致的市场失灵等问题①。

现代经济学严格证明了市场机制的有效性，其主要成果就是所谓的市场均衡理论和福利经济学基本定理。在经济学中，市场作为资源配置的方式，市场竞争模型的有效运行必须具备四个关键假设条件：（1）个人和企业将市场价格视为给定的，换言之，相对于市场而言，个人或企业数量足够多，每个人或企业规模足够小，因而其决策不影响市场价格。例如，随着粮食在品种、种植、收割运输存储等方面的技术进步和标准统一，粮食正在成为标准化产品，能够进入交易所。同时，粮食生产没有实行国有制，而是由千千万万个家庭或企业生产，没有哪家企业的规模足够大，那么小麦等粮食市场就接近于竞争市场，连商标也不存在。（2）个人和企业对产品、服务等商品的难易程度以及所有商品的价格都有完全的信息。如消费者不仅知道商品的价格、数量、质量等所有信息，也知道自己的偏好，这样他就知道了自己的机会集合，即在何种价格下有哪些商品可供选择。（3）个人或企业不会以价格以外的行为直接影响其他人或企业。（4）商品只有购买者才能享有，他人不能与购买者并用。

在这种市场竞争模型中，自由竞争和交易的市场所形成的价格可能使多种商品的市场同时达到所谓的瓦尔拉斯均衡状态，而在存在明确界定、严格保护的私人产权制度，完备的市场和灵敏的价格，所有的消费者和生产者都按交易和竞争规则行事，规模报酬不变或递减，个人、企业的经济活动无外部效

---

① ［美］约瑟夫·E.斯蒂格利茨，卡尔·E.沃尔什：《经济学》，上册，227～239页，黄险峰，张帆，译，北京，中国人民大学出版社，2005。

应，交易成本可忽略不计等条件下，通过市场形成的瓦尔拉斯均衡也就可以达到资源配置的帕累托效率。换言之，人类通过私人产权、价格、合同、供求、竞争、风险等经济机制就可望解决生产什么和生产多少，如何生产，为谁生产等资源配置问题，类似的分析还可以扩展到社会其他问题的分析上。

如果个人、市场、社会的方式能够全面、满意地解决人类社会经济发展中的问题，那么就不需要政府和财政政策涉足其间了，政策的制定和实施反而有害。然而，市场也并不是完美无缺的资源配置方式。关于一般均衡和帕累托效率的严格条件也意味着市场有效性的特殊性，而现实经济并不是经济学家所刻画的理想状态。市场失灵是指市场不具备基本模型所要求的条件而导致市场不能有效运行的现象。这是因为：（1）并不存在完全竞争的市场，大多数市场不具备基本模型所设想的竞争程度，还存在着其他结构，包括垄断、寡头垄断和垄断竞争，这些市场结构导致企业生产过少而价格过高。（2）个人和企业对产品、服务等商品所掌握的信息并不完全对称，如消费者对商品只有较少的信息而企业有较多的信息，买者与卖者之间的这种信息分布特征也就是非对称信息，这将导致逆向选择、道德风险等市场失灵现象。（3）个人或企业会以价格以外的行为直接影响其他人或企业，典型的现象是个人或企业的一种行为直接影响其他人或企业，但没有对其有害后果付费，或者没有因其有益后果获得补偿，这就是所谓的外部性（外部效应）。（4）他人可以与购买者共同使用某商品，换言之，如果一种产品或服务在将它提供给额外一个人时边际成本严格等于零，并且不可能将人们排除在享受这种物品之外，这就出现了所谓的公共物品，市场对公共物品显然不愿供给或供给不足。

以上四种情形是当代经济学家斯蒂格利茨等人对市场失灵的标准解释，其中的市场是指私人市场，个人、企业是在私人产权的基础上或约束下进行生产和交易。除了以米塞斯、哈耶克为代表的新自由主义者或新奥地利学派对个人、市场机制的极端肯定，经济学家通常认为，即使在现代市场经济、民主制度发达国家，因私人产权、市场机制本身的原因和外部条件的限制，个人、市场方式尽管在私人物品的生产和提供上具有较高的效率，但个人、市场方式在解决公共问题上存在着一系列严重的、使福利经济学定理失效的"市场失灵"（marketing failures，又译作市场失败）现象。换言之，现实社会中单纯依靠个人、市场方式并不能有效地配置资源，解决全部社会问题，甚至不能有效、及时地解决全部私人物品的生产提供问题。

（二）研究开发的市场失灵

在研究开发上，或者说在知识的生产与配置上，如果私人市场能够有效运行，那么就可以完全交给个人、企业组织研究开发，政府最多在立法、行政管理、司法等方面提供基本的公共服务就可以了。然而，正如前面几章所分析的，研究开发及其成果运用具有一系列特殊的性质，诸如研究开发活动的风险性和不确定性、研究开发成果的无形性，研究开发成果运用的非竞争性、非排他性、外部性，致使研究开发的社会收益率尽管大于研究开发者的收益率，有益于社会，但仅仅靠个人、市场方式不能投入足够的研究开发资源，不能充分组织研究开发活动，提供最优的研究开发成果，研究开发水平低于社会最优水平。

市场在研究开发上的失灵具体表现在因信息不完全而导致的决策和行动的风险和不确定性，因外部性、非排他性和非竞争性而导致的收益的不确定性和非独占性，因外部性而导致的基础研究和某些应用研究的投资不足等。

1. 研究开发因信息上的不完全而导致的风险和不确定性。

研究开发的最终目的是取得研究开发成果并将之运用到社会经济活动，取得较高的投资收益。然而，由于企业在技术、市场、政策等方面的信息不完全，导致在研究开发的方向、内容和运用等问题的决策上，企业常常犯下重大的甚至系统性的决策错误，研究开发活动并不一定能取得预期的成果，存在着失败的风险。

2. 研究开发因外部性而导致的收益的非独占性。当生产或消费对其他人产生附带的成本或效益时，外部经济效应就发生了。正外部性是指一种经济活动给其外部造成积极影响，引起他人效用增加或成本减少，研究开发的溢出效应就属于正外部性，这种溢出效应涵盖了研究开发和成果运用的全过程。研究开发的外部性包括知识外溢、市场（价格）外溢。知识溢出和市场溢出都意味着研究开发的收益或利益溢出，研究开发投资者不能享有其投资的全部收益。研究开发的溢出效应使得研究开发的社会收益超过私人收益，造成私人部门在研究开发活动方面的投资低于社会期望的水平。

3. 研究开发收益的不确定性。研究开发成果运用具有公共物品的特性，公共物品是指将它提供给额外一个人的边际成本严格等于零，并且不可能将人们排除在享受这种物品之外，换言之，研究开发企业不能获得研究开发的全部收益。至于研究开发企业最终能够获取多大比例的研究开发收益，则是高度不确定的。显然，研究开发的外部性和公共物品性所导致的后果是殊途同归的。杰弗里·伯恩斯坦等人在 20 世纪 80 年代对美国 5 个高技术产业进行了实证研究，发现这 5 个产业研究开发的社会边际收益率大于研究开发的企业边际收益率，也大于资本利率（见表 7-1）。

表 7-1　1981 年美国 5 个产业边际收益率

产业	社会边际收益率	企业边际收益率	资本利率
化学工业	29.1	13.3	13.5
非电器工业	45.0	24.0	13.6
电器工业	30.2	22.4	13.9
运输设备	16.3	11.9	11.7
科学仪器	128.9	16.1	11.8

资料来源：Jones，Charles and Williams，Jone C.，Measuring the social return to R&D，Quarterly Journal of Economics，1998，113（4）：1119-1135. 转引自：李丽青，《企业 R&D 投入与国家税收政策研究》，西北大学博士论文，2006。

4. 基础研究等研究开发的投资不足。由于基础研究创造的主要是基础性知识，某些应用研究共性和通用技术市场失灵普遍发生于各个国家。

对于发展中国家和转轨国家，除了市场失灵问题外，还有因市场缺损而出现的问题。市场缺损（空缺、空白）是指本应当存在的市场，由于历史和政府的原因而并没有产生，这时市场自然就无法发挥资源配置的作用了。例如，我国过去在研究开发上一直实行半行政、半事业化的体制，科研资源集中在国有科研院所，即使是国有企业内部的研究开发也是如此，个人偶然或零散地进行研究开发，市场竞争机制几乎没有进入研究开发领域。随着改革的推进，这些事业单位才开始逐渐地转制，部分应用研究机构开始走向市场，技术市场开始建立。我国研究开发在存在着市场失灵的同时，还存在着市场化改革不深入、不彻底的问题，某些问题不是市场的失灵而是市场化不彻底导致的。

（三）研究开发政策的依据

如果个人、市场方式存在着失灵和缺损，不能全面有效地解决社会问题，那么其失灵是什么，程度如何，其替代方式是什么？显然，替代市场的方式主要有两种：一种是个人、组织为非营利的生产提供公共物品的行为；另一种是政府为生产提供公共物品的行为。如果政府介入，那么政府针对什么问题、在什么范围内和程度上、通过什么手段和方法生产提供公共物品，政府生产提供公共物品的政策效果如何？这些都是需要认真思考、解决的理论和实践问题。

个人、市场在研究开发上的失灵，同样要求对研究开发实行非市场干预，以减少以至消除市场引致的研究开发水平与社会最优水平之间的差距。特别是对于基础研究，其成果基本上属于公共物品，如果完全通过个人、市场机制进行基础研究的话，必然造成基础研究投资的严重不足，从而影响到基础研究成果的供应以及应用研究和开发研究的进行。居民、企业、非营利性组织当然也能够自发地投资于研究开发活动，生产、提供一部分知识成果，但生产、提供公共物品的主要任务还得由获得立法权、行政执法权、征收财政收入权的政府部门承担，居民、企业将其一部分权利和收入让渡给政府部门，就是为了获得政府部门公平、有效地提供的各种公共物品。由此，这就要求政府制定相应的政策，通过政府等非市场方式来组织研究开发。

对于政府干预财政政策与经济发展的关系，许多经济学家已经做出了分析，如扭曲性税收的负效应，基础教育投资对经济增长的正效应。不过，新古典增长理论一直认为长期经济增长完全是由理论本身的外生因素决定的，因此无论采取什么政策，长期增长都不变，换言之，财政政策对经济增长充其量只有短期效应，而不能影响长期增长。新古典宏观经济理论同样否认了公共政策的长期有效性。不过，内生增长理论认为，一国的长期增长是由一系列内生变量决定的，这些内生变量对政策（特别是财政政策）是敏感的，并受政策的影响。如果增长率是由内生因素决定的，那么，问题就是个人、企业、政府等经济主体如何能够影响增长率的大小，财政政策等政府政策对经济增长的影响再次成为关注的焦点。内生经济增长的诸多模型表达出来的一个重要思想是：企业是经济增长的最终推动力，特别是这些模型试图说明企业如何积累知识，这种知识不仅包括研究开发所创造的新知识，广义上还包括隐藏于人的知识即人力资本，知识积累意味着增加人力资本、生产新产品和提高产品质量。这些模型还表明，知识积累过程会出现外部性或知识外溢效应，需要政府政策的干预，各种政策旨在扶持研究开发、创新、人力资本形成甚至关键性产业部门。

综上所述，由于研究开发活动因信息不完全而导致的决策和行动的风险和不确定性，因外部性、公共物品性而导致的收益的不确定性和非独占性，导致在研究开发上的市场失灵，使得完全依赖市场机制来激励企业研究开发显然不是一种最优选择，需要政府制定实施相应的公共政策，以弥补、校正市场的失灵。

由此，弗里曼等人提出了国家创新体系的政策主张。一个国家的创新体系包括以下几个方面：（1）完善的教育体系，从小学、中学良好的科学技术训练开始，到拥有世界一流的研究生项目的大学为顶点；（2）政府支持、研究型大学和研究机构为主的基础研究；（3）企业为主的应用研究和试验开发，以及研究开发成果的社会扩散和工业应用；（4）资金来源；（5）一个平衡、有效的知识产权制度；（6）用以减少研究开发、技术扩散和应用的风险的公共政策。显然，在研究开发活动中，企业仍然是主要的投资和组织主体，市场仍然是基本的资源配置方式，但必须辅以政府激励研究开发的政策，以弥补个人、市场方式的不足，营造有利于企业研究开发的环境条件。

当然，如同市场方式存在着失灵现象，政府方式同样存在着失灵现象。政府替代个人、市场方式，干预经济活动，目的是校正市场失灵，使国民经济运行效率高于政府不干预下的经济效率。然而，由于一系列因素，政府的经济活动也可能降低了国民经济运行的效率。政府失灵现象主要表现在以下几方面：（1）短缺或过剩。如果政府的干预方式是把价格固定在非均衡水平上，将导致生产短缺或者生产过剩。（2）信息不完全和决策错误。政府不一定知道其政策的全部成本和收益，也不十分清楚其政策的后果，难以进行政策评价。（3）官僚主义。政府决策过程中也许高度僵化和官僚主义严重，可能存在大量的重复劳动和繁文缛节。（4）政府政策的频繁变化。如果政府干预的政策措施变化得太频繁，行业的经济效率就会蒙受损失，因为企业难以规划生产经营活动。（5）政府管制、权钱交易等问题。

二、研究开发的政策范围

市场失灵的领域就是政府经济活动的基本范围。在研究开发上，市场失灵具体表现为信息不完全、公共物品、外部性等领域，这些应当成为政府经济活动的基本范围。

从广义上说，市场缺损和政府失灵意味着政府必须反思以往的公共政策，重新确定政府经济活动的范围和方法，这也是政府介入研究开发的范围。其中，市场缺损意味着需要政府改革原来的管理政策，放松甚至废除对某些领域的管制，推进市场化改革，培育形成新的市场；政府失灵意味着原有的制度和政策存在着问题，需要进行政策修订和调整。对于研究开发上的市场失灵，政府需要具体问题具体分析，分门别类地制定和实施有效的研究开发政策。

从政策实践上看，政府一般按照地区、行业、企业等标准，研究开发的性质和类型，以及技术的生命周期，制定和实施不同的研究开发政策。比如，有不同地区（东部、中西部，城市和农村等）的研究开发政策，有不同行业的研究开发政策，有不同性质（国有企业、中央企业、外资企业等）、不同规模（中央大型企业、中小企业等）的企业的研究开发性质，有不同学科、不同性质（公益性等）、不同类型（基础研究、应用研究和试验发展）的研究开发政策，有技术的生命周期的不同阶段的研究开发政策。

（一）基础研究

基础研究是指为获得关于现象和可观察事实的基本原理及新知识而进行的实验性和理论性工作，它不以任何专门或特定的应用或使用为目的。这类研究产出的成果一般以公开发表的学术论文、专著等形式存在，任何人都可以免费地使用，属于纯公共物品，因此，基础研究一般由政府承担，但是这并不意味着企业不进行基础研究，美国企业界对基础研究的投入占全国基础研究总投入的比例在 1991～1998 年平均为 25% 左右。相较而言，我国企业对基础研究的投入偏低，2005 年企业的研究开发经费支出只有 0.9%。企业进行基础研究的主要目的并非为了提供公共产品，而是基础研究的成果能够突破其技术生产的瓶颈，虽然基础研究成果的应用不具排他性，但在将基础研究的成果应用于进一步的研究开发时，投入基础研究的企业对技术理解的深度、吸收的强度以及技术创新方面将明显强于其他竞争者。

由于基础研究成果的纯公共物品性质，对于从事基础研究的企业，政府应采取政府补贴、政府采购等直接资助的政策。

（二）共性技术

共性技术是与通用技术大致等同的概念。根据 1990 年美国政府报告关于共性技术的定义，共性技术是存在的潜在机会，可以应用于多个产业的产品或工艺的科学事实，这种科学事实在这里体现为科学概念、技术组成、产品工艺以及科学调查。共性技术是市场应用得以产生的技术基础，共性技术研究的最终目标是商业产品、工艺或服务，这是共性技术不同于基础科学研究的关键之处。获得一定水平的共性技术知识后，就能在大部分情况下有效降低技术风险，从而做出关于后续应用R&D的投资决策。如，以硅为基础的化合物，鉴于它们的半导体特性，具有充当电子开关的功能，这一结论为后来的晶体管开发和商业应用提供了共性基础。在生物技术方面，重组DNA和蛋白质合成技术，导致了大量的新药物、化学、农业等方面的应用研究开发。

然而，共性技术的研究总要面对许多技术风险，要经历一个相对长的时间才能获得预期的商业化以及产生规模经济和范围经济，同时共性技术是跨行业、跨产业的交叉技术，能够为多项产品和其他技术的发展提供支持，具有很强的公共物品的特性，排他成本很高，所以，单个企业缺少对共性技术投入的动力。这一阶段的R&D往往是由多家公司采取技术联合体、研究开发合作、技术联盟等合作组织的形式共同进行，合作的各方既可以是供应商—用户关系，也可以是竞争对手关系。分享早期阶段的研究成果，并更早接近全球技术生命周期的期望使合作各方走到一起。共性技术的研究开发经常是采取先合作、后竞争，在合作的基础上进行竞争的方式，其研究成果中可以申请专利的部分，按照谁投资谁受益的原则，由参与者分享；而无法申请专利的部分则具有纯公共物品的性质，必将对其他企业产生外溢。

由于共性技术处于技术生命周期的早期，技术风险和市场风险都很大，投资者也不能完全拥有研究开发成果的所有权，容易造成共性技术的投资不足，高的社会收益率难以形成。为了保证共性技术研究开发的供给位于最优水平，政府往往通过对研究开发共性技术的合作组织以公共技术采购、直接补贴等方式提供资助，甚至参股私人企业或与企业建立技术联盟。政府主要资助高风险、长期的且有着重要溢出的共性技术研究，尤其是涉及国家安全和国家产业核心竞争力的共性技术的研究开发，更是政府资助的重中之重。1987~1992 年，美国计算机界为了应对来自日本的竞争压力，AT&T、IBM、英特尔、摩托罗拉等大企业联合开发大批量生产 256K 集成电路动态存储器所需的 0.35 微米级半导体加工技术。5 年内该研究开发项目总投资 10 亿美元，政府出资 5 亿美元。瑞典和芬兰政府对移动通信技术 NMT 标准的采购为诺基亚和爱立信公司进入移动电话行业提供了决定性的帮助，并使这两家公司成为全球移动通信设备的主流生产企业。WTO 对政府补贴产业共性技术也给予支持，有关反补贴条约允许政府对产业研究的补贴不超过合法成本的 75%。对于发展中国家而言，资助产业共性技术、关键共性技术，打破发达国家的技术封锁，帮助本国企业获得具有自主知识产权的专有技术具有重要意义。

主导设计是在技术可能性与市场选择相互作用下被广泛接受的产品设计形式。在技术演进过程中，围绕着新产品出现经常会同时出现不同产品设计或方案之间的竞争，其实质是不同技术轨道之间的竞争，而这种竞争的结果一般是以出现一个主导技术轨道（主导设计）为转折点的。主导技术的出现受多种因素的影响，而不仅仅由技术的优越性所决定[1]。一旦主导设计出现，其他的技术轨道就会遭到市场的排斥。此后，随着产品的标准化，竞争的焦点转向价格和工艺创新。如我国的第三

---

[1]　Abernathy. W, Utterback. J., Patterns of Industrial Innovation, *Technology Rev.*, 1978, 50, pp. 41-47.

代移动通信（3G）标准就属于这种情况①。TD-SCDMA 是由中国提出并由中国企业主导开发的第三代移动通信（3G）标准，是中国有史以来第一个主干网的通信标准。自从被国际电联批准为三个国际标准之一以来，TD-SCDMA 的开发一直受到中国政府的坚定支持。但是，由于涉及各种复杂的利益，所以围绕着 TD-SCDMA 的采用始终伴随着斗争，而斗争的焦点集中在是否让 TD-SCDMA 得到应用的机会上，这又集中在能否让其单独组网上。

由于技术标准具有一定的公共性，所以往往是采取通过正式机构制定的标准，而不是采取任由企业推动的事实标准。但是，实现技术标准的公共性又绕不开私有利益：制定标准需要实现标准的技术，而这些技术都掌握在企业手中。这种私有性使制定技术标准的过程充满了斗争，因为任何有实力参与这个过程的企业都力图把自己的专利技术纳入到标准之中。把自己的技术纳入标准给企业带来两个主要的优势。第一，掌握对知识产权的控制。控制知识产权不仅可以带来专利费收入，而且可以成为封杀竞争对手技术轨道的武器。第二，提出和制定标准的过程同时是理解和掌握产品开发技术的过程，是企业以自己的知识积累和组织资源解决技术问题的过程，所以提出标准的企业能够把新技术体系的发展纳入自己的技术轨道，从而更可能在后来的产品竞争中获得优势。

由于重大行业的技术标准关系到本国企业的利益，特别是关系到本国企业能不能主导技术体系的演进，本国的企业群体

---

① 胡卫：《研究开发产出知识品与科技财政定位》，载《探索》，2004（1）。

北京大学课题组：《给新技术以应用机会——关于中国自主电信标准的报告》，新浪科技，2005-09-29，http://tech.sina.com.cn/t/2005-09-28/2221731642.shtml。

能不能在技术体系中占据附加值高端，所以标准也涉及国家层次上的利益。第二代移动通信标准 GSM 在全球范围内的巨大成功源自欧盟建立欧洲统一电信标准的努力，而建立欧洲统一标准的动力来自欧盟为防止美国 ICT 巨头主宰欧洲电信市场的政治目标。为达到这个目标，1987 年欧盟创立了欧洲电信标准研究所（ETSI），把原来互相竞争的几种欧洲标准统一到 GSM 上，从而获得了对美国和日本技术轨道的优势。当 ITU 提出制定第三代移动通信标准的时候，为了重演 GSM 的成功，欧盟下属的 ETSI 本来企图说服 ITU 来制定以 WCDMA 为基础的全球统一标准。但美国政府坚决反对，支持高通公司推动的 CDMA2000 成 为 另 一 个 标 准，并 促 使 中 国 联 通 也 采用CDMA2000。

由不同技术轨道之间的竞争所涉及的企业和国家利益，最终决定了不可能产生最符合全球公共性的统一通信标准。换言之，要想只有一种共同标准，除非消灭技术竞争所涉及的企业和国家在利益上的差异。国际电联批准三个第三代移动通信标准，就是承认标准所涉及的利益差异。这种多个标准的安排仍然为技术竞争留下了巨大的空间，所以经由 ITU 制定的第三代移动通信标准仍然存在着不同技术轨道之间争夺主导权的问题。当然，作为利益差异和全球公共性之间的妥协，三个标准的系统之间可以实现漫游（即某种形式和某种程度的兼容）。

有关移动通信标准的竞争并非纯粹是通过自由市场的竞争，而是技术、企业、市场和政治的竞争交织在一起。除了最简单的非组装产品，一个主导设计的确立不是技术驱动的。相反，主导设计是从不同技术轨道的竞争中产生的，这些技术轨道是由怀着各自政治、社会和经济目的的竞争者、联盟集团和政府管制者所推动的。由于任何技术都不可能主宰所有可能的优点，所以主导设计的确立不是通过市场的看不见之手，也不是通过自然选择，而是通过不同的技术变种之间的竞争性、政治性的竞争。

（三）应用研究与试验开发

与基础研究和相比，应用研究和试验开发的成果专用性程度较高，往往具有十分明确的商业目的，排他成本较低，企业可以通过申请专利或者将其作为商业机密的形式来获得所有权，产权较为明确，企业在应用研究和试验开发上的市场失灵并不严重。虽然专利技术也存在外溢问题，但可观的专利使用或转让费，以及由专利所有权的垄断而带来的超额利润足以诱使企业不断地对专有技术研究开发增加投入。有些企业不愿意对新研究开发的技术申请专利，而是选择将其作为商业秘密的方式，以获得对技术产品的长期绝对所有权。例如，一百多年来可口可乐的配方一直没有申请专利，而是以商业秘密的产权形式存在。政府对此一般不用提供直接补贴，而主要依靠完善专利法规、加强知识产权的保护等政策和法规对应用研究开发加以引导和支持。

由于大企业资金雄厚，研究开发人员数量多，大部分行业的应用研究与开发集中在大企业。科亨认为："对R&D与公司规模及市场结构之间的关系的实际事例研究有一项发现最令人信服：公司规模与R&D能力之间有着密切的单调正比关系，在大多数行业中它与从事R&D的工作人员成正比，或者同它在行业中的控制作用成正比①"。当大企业在某一技术领域取得技术优势以后，往往过分关注现有的技术和市场，过分重视利用垄断技术在现有技术生命周期内实现最大的利润，容易把R&D能力集中在应用现有的技术基础上，而不愿冒风险去开

---

① ［英］克里斯·弗里曼，罗克·苏特：《工业创新经济学》，293页，北京，北京大学出版社，2004。

发新的、支撑性的技术。

企业对研究开发的一般性投资风险厌恶，政府可以采取税收优惠政策解决总的研究开发投资不足的问题。表 7-2 是对以上研究开发政策的总结。

表 7-2 研究开发政府激励的类型

研究开发阶段	风险、成果的专用性、排他成本	对企业的研究开发政策
基础研究	风险大，成果的专用性低，排他成本高	财政拨款
共性技术	风险较大，成果的专用性程度较低，排他成本较高	政府采购、财政拨款、与企业建立技术联盟等
应用研究开发	风险降低，成果的专用性程度高，排他成本相对较低	完善专利权等知识产权的法律法规，加强对知识产权的保护
对企业研究开发一般性投资风险厌恶的税收优惠政策		
对小企业的研究开发激励政策		

三、研究开发的政策工具

政府介入的方式意味着政府采取什么手段和方法介入研究开发。一项具体的公共政策由政策目标、政策的目标群体、政策工具、方法和程序等部分组成。其中，政府在部署、贯彻、执行公共政策、实现政策目标所使用的各种手段和方法一般被称为政府管理的方式。

根据不同的标准，可以将众多的政策工具分为不同种类：(1) 从功能上看，政策工具包括解释、说服、协商、交换、仲裁、威胁、命令、权威、强制、监督、服务、行政合同、政府补贴、产权拍卖等不同种类。如 1970 年，尼克松总统发表电视演说后，支持美国入侵柬埔寨的公众从 7% 上升到 50%；

2002 年，在布什总统发表关于伊拉克大规模杀伤性武器的情报和出兵伊拉克的决定后，美国半数以上公众对伊拉克战争由怀疑、反对转为支持。我国 1976 年 7 月 1 日试办《全国电视新闻联播》，1978 年元旦正式开播《新闻联播》后，该节目成为报道重大事件、公布公共政策的重要方式。（2）从性质上看，政策工具包括立法手段、行政手段、司法手段、市场机制、道义劝说等不同手段，而各种行政手段是实施公共政策的重要方法。此外，政策工具还可以分为：（3）投资生产性工具和制度调节性工具。前者指政府直接投资于某些领域的研究开发活动，后者指通过激励性、管制性等政策工具，间接地、选择性地调节研究开发活动①。（4）宏观政策工具和微观政策工具等，前者如人口政策工具、货币政策工具、财政政策工具、收入分配政策工具、计划和产业政策工具、汇率政策工具，后者包括市场管制的各种政策工具和国有经济管理的政策工具。

从政府与社会之间的关系上看，按照政府的权力分配和机构划分，将政策工具分为立法性工具、行政性工具和司法性工具是一种简单、实用而普遍的分类方法。（1）通过立法活动创制法律法规，已经成为现代政府解决公共问题、实现社会经济政策目标、引导社会发展变革的基础性、主导性的手段和方式。法律工具是指依靠宪法、法律、法规等法律形式，统一规范公民、企业、政府等各种社会主体的法律地位和行为方式，调节控制社会主体之间的各种利益关系，保证社会经济的稳定健康发展。法律工具通过在政策制定出来后，行政机构和司法机构采取各种行政性和司法性的手段和方法，组织实施公共政策，完成政策预期的目标。（2）行政机构为实施公共政策而使

---

① 胡卫：《政府资助企业 R&D 的政策工具及其效果研究》，中国科学院自然科学史研究所科学文化评论网站，http://www.scr.cas.cn。

用的各种手段和方法，大致可以统称为行政性政策工具或手段，这是现代政府广泛使用的政策工具。(3)司法性工具。

在政策工具中，行政性工具是政府广泛而深入使用的政策工具，而财政政策工具、货币政策工具、收入分配政策工具被誉为现代政府的三大行政性政策工具，政府计划、产业政策、市场管制、舆论宣传、司法监督等也是现代广泛使用的政策工具。在经济学、管理学上，以行政机构为主体而采取的各种行政工具通常被分为经济手段、管制手段、公共服务等手段。其中，经济手段意味着通过调节目标群体的经济利益关系，推动公共政策的执行，如价格、税收、转移支出、利息、奖励等手段，不妨称之为经济性行政手段。管制手段意味着通过直接影响目标群体的权利，规范、约束目标群体的行为，以推动公共政策的执行，如行政许可、行政处罚、行政规划等。公共服务意味着政府采取无偿或收取成本费的方式，提供各种设施和服务，推动公共政策的执行，如社会治安、义务教育、公证、认证、登记、裁决等。行政性政策工具还可以分为以下五类：资源或价值再分配性工具；选择性工具；管制性工具；政府直接提供、专营或国营；行政指导。

结合研究开发的特性和我国的政策实践，本章主要从知识资产权利制度、财政投资和补贴、税收、政府采购、中小企业政策、产业政策、知识基础设施政策等方面，具体分析政府政策对研究开发的激励约束作用。正如前面所分析的，政府可以通过税收政策，解决研究开发总体投资上的市场失灵，可以通过采取财政拨款、政府采购、专利保护、鼓励中小企业自主创新等方面的政策，解决研究开发特定阶段的市场失灵。虽然各项政策手段对企业研究开发激励的侧重点不同，但彼此之间相辅相成、互相促进，共同构成了一个激励企业研究开发的政府政策体系。

表 7-3　研究开发的特性与政府激励手段

研究开发的特性	政府激励的手段
收益的潜在性和滞后性	低息贷款 长期投资优惠利率 信贷支持 政府直接投资
收益的非独占性	专利 研究开发支出的税收减免 新产品的税收减免
收益的风险与不确定性	政府采购 风险投资 政府直接投资 政府补贴

四、研究开发的政策目标

政府介入研究开发、制定和实施研究开发政策是为了实现一定的政策目标。索林根通过结构分析和实证描述，给出了关于政府与科学家互动关系的四种典型模型[①]：幸福的融合模型，假定政府机构与科学家的兴趣和动机达到高度的一致，科学家不仅被提供了探索的内在的自由，也有通过激励系统（公共性质的和私人性质的）和知识产权认可而流动的自由，这一模型的典型是现代的美国、法国、德国等；政府与科学家之间存在潜在的张力，科学共同体用被动的抵触来回应这种张力，如苏联时代的军事工业部门的研究体制；仪式的对抗，如独裁的工业化国家；致命的遭遇，如斯大林时代。比较而言，弥补市场失灵、提高研究开发的成果数量和运用效率、实现研究开

---

① Etel Solingen, *Scientists and the state*：*domestic structure and international context*, The University of Michigan Press, 1994, pp. 15-18.

发的社会最优水平是研究开发政策的基本目标。

（一）弥补研究开发投资的不足

由于研究开发的高风险和外部性，单一企业甚至整个行业都或多或少存在投资不足的问题。当研究开发的社会收益率预期很高，技术对经济非常重要，但是投资者的预期收益率低于社会平均收益率，投资于研究开发还不如一般行业时，投资不足就会发生①。社会收益率和创新者预期收益率的差额并不是导致投资不足的主要的原因，最主要的原因是创新者的预期收益率小于社会平均收益率。例如，在微处理器中个人投资的溢出性非常大（社会收益率高），可是英特尔公司在几十年中并没有缩减对这一技术的投资，原因就在于公司对研究开发的预期收益率显著高于平均收益率。当公司认为研究开发的预期收益率低于平均收益率，无利可图时，才可能导致研究开发投资的严重不足。

政府投资和资助研究开发是为了实现社会整体效益的最大化，而不是为了眼前的短期利益，因此政府研究开发的资助对象大都是基础性研究开发和初期的共性技术研究开发项目。在可竞争性的产业技术领域，政府应集中力量资助对国家竞争实力有重要影响的行业的关键技术研究开发和产业化，如能源、信息技术和生物技术等。在产品技术和工艺技术方面，政府应重点支持应用面广、社会效益大的产品和工艺技术研究开发和推广，如节能技术、农业技术等。

（二）形成有利于企业研究开发的外部环境

研究开发活动是一种复杂的社会活动，是在复杂的社会环境条件下进行的。影响研究开发活动的环境因素主要包括市场

① ［美］乔治·泰奇：《研究与开发政策的经济学》，98 页，苏竣，柏杰，译，北京，清华大学出版社，2002。

环境、产业组织环境、法律环境、制度环境和教育、文化及社会价值体系等环境。技术创新政策的主要目标是创造一个有利的创新环境，而不仅仅只是资助研究开发项目。对政府而言，培育一个能有效激励企业持续创新的社会经济环境，应该是研究开发政策安排的一项基本目标。

（三）增强企业自主研究开发的能力

由于研究开发的成本高、回收期长，而且还存在很大的不确定性，加之受技术溢出效应的影响，许多企业的研究开发战略日趋保守，不愿进行自主研究开发，而是倾向于通过收购而非通过持续的研究开发投资来发展企业。研究表明，接管对于收购企业通常是不利的，这将压低它们的股价并减少它们的长期利润。这种趋势的负面长期结果被美国公司的一些大的机构投资者所认识，并且他们开始向公司管理层施加压力，要求其重新把内部创新作为核心的增长战略①。长期以来，我国企业自主研究开发能力一直不高，重大的自主研究开发活动仅仅在少数龙头企业和高技术企业中有所开展。企业自主研究开发能力不高，首要因素是企业缺乏自主研究开发的内在动力，没有内在的动力就不可能有真正的研究开发能力。然而，政府的政策等外部环境也是影响企业内在研究开发动力的重要因素。

第二节　专利制度激励

产权是最基础的激励因素。基于研究开发成果的有用性和稀缺性原因，以及无形性、新颖性和运用上的外部性，社会有必要建立公平有效的知识产权制度，个人或组织对其在研究开发中创造的精神或智力成果应享有法定的权利，以调整知识生

---

① 　［美］乔治·泰奇：《研究与开发政策的经济学》，96 页。

产的成本与收益关系，提高知识的生产与配置效率。对于企业，研究开发的主要成果是专利性技术，专利政策成为影响企业研究开发的重要政策。

一、研究开发成果的产权制度

研究开发成果一般称为知识，知识作为一种特殊的资产类型，其权利制度包括知识的物权和债权的制度安排。物权是产权的静态规则，是指人直接支配特定物、享受其利益并同时排除他人对支配与享有利益的侵害干预的权利，物权下面分为"自物权"和"他物权"两个概念。产权一经转移即资产由一主体转向另一主体时，就在资产转让者与受让者之间形成了新的产权关系，这时就进入了债权规则的管辖之下。知识产权既属于现代社会中的资产的重要组成部分，依法享有资产的一般权利，知识产权又因为它是人的智力的创造物，人身权利也延伸到了著作权等特定知识资产上。

知识产权涉及由什么人、对什么知识成果、取得什么样的权利的制度安排。从权利主体上看，应当由做出发明创造的人拥有知识产权。专利制度最初就是为保护独立的单个发明家而发展起来的，实质是一种对发明创造从产权角度进行激励的制度安排。早在中世纪，欧洲某些封建王室为鼓励发明、生产和贸易，开始颁发特许状（patent）。第一次发明专利是 1421 年由意大利授予建筑师布伦内莱希发明的装有吊机的驳船 3 年垄断权[1]。1474 年，威尼斯第一次以法律形式对某些机器和技术的发明人授予 10 年期的特权，这被视为现代专利制度的起源。英国 1623 年颁布的《垄断法》确立了专利权的保护原则，1709 年《安妮女王法令》对著作权的保护原则一直沿用至今，

---

[1]　郑成思：《知识产权论》，6 页，北京，法律出版社，2001。

极大地促进了英国工业的发展，同时对西方知识产权制度的建立和发展产生了重大的影响，成为欧美其他国家制定《专利法》的模本或蓝本。其后，欧美等国家逐渐认识到专利制度在促进科学技术发展和经济繁荣中的重大作用，纷纷仿效英国建立了专利保护制度。法国 1804 年《拿破仑民法典》第一次确认了商标权也是一种财产权。进入 20 世纪，多数国家建立了包括专利权、商标权、著作权在内的知识产权制度，并开始在世界范围内协调和保护知识产权。根据世界知识产权组织统计，世界发明成果的 90%～95% 可以在专利文献中查到，如果能够有效利用专利文献，可节约科研经费的 40%，科研时间的 60%。

所有权又称为自物权，它是资产所有者对自己所有的资产依法进行全面支配的物权，是原始的、自主的物权，是所有者独享的权利，是知识产权的基础性、核心性的制度，所有者以外的其他人都必须尽不侵犯其所有权的义务。由于所有权是最充分、最完全、最典型的产权，所以所有权也被认为是一种绝对权利，所有权也可以称为狭义的财产权。所有权具有"占有""使用""收益""处分（处置）"四项积极的权利能力即"权能"。知识资产除了具有一般资产的所有权性质外，还因其无形性、新颖性和外部性特征而具有权利上的在先性和时间性特征。以专利权为例，专利的发明创造人或权利受让人、继承人可以依照法定的程序和方法，向专利主管机构提出权利申请。当同一发明创造有多人分别提出权利申请时，美国等少数国家实行发明在先的保护原则，对专利申请进行实质性审查；而多数国家实行注册在先的保护原则，对专利申请实行形式审查制度或早期公开、延迟审查（请求审查）制度。发明在先原则虽然比较公平，但实际操作难度较大，且不利于发明创造的及时申请和推广利用，因此绝大多数国家实行了申请在先的原则。如我国的专利权取得即采取注册在先，申请人延期（18 个月）请求对专利申请进行实质审查和批准。在商标权的取得上，英国、美国等国家实行使用在先原则，中国、日本、1994年 3 月 15 日起的欧盟等实行注册在先原则，不申请即为放弃商标的所有权。在著作权的取得上，中国、英国、法国、德国、美国、日本等多数国家规定，作品一经完成或一经出版（发表）就自动获得著作权。

从权利客体或保护对象上看，知识产权保护的是人类智力的创造性成果，知识资产主要由工业产权和著作权两大类组成。工业产权包括专利权和商标权，其中专利权保护的对象包括发明、实用新型、外观设计等发明创造类型，商标权保护的对象包括商品商标、服务标记、原产地标记等。随着科学技术的不断进步和在社会经济中的扩散应用，知识资产的范围也在不断扩展。根据 1883 年《保护工业产权巴黎公约》和 1886 年《保护文学艺术作品伯尔尼公约》的传统定义，知识产权包括版权和工业产权两大部分，工业产权包括发明专利、实用新型、外观设计、商标、服务标志、企业名称、原产地名称和制止不正当竞争，这些权利在工业活动或经济活动中的应用能够直接带来经济利益。根据 1967 年成立的世界知识产权组织的定义，知识产权包括：文学艺术和科学作品；表演艺术家、录音和广播的演出；专利；科学发现；外观设计；商标服务标记、企业名称和牌号；制止不正当竞争；在工业、科学、文学艺术领域内其他一切来自知识活动的权利。根据世界贸易组织1994 年签订的《知识产权协定》的定义，知识产权包括：版权和有关权（包括计算机软件）；商品商标和服务商标；外观设计；地理标志；发明专利；植物新品种；集成电路布图设计；未公开的信息（商业秘密）。

专利权是在既促进技术的创新扩散又保护技术发明者的利

益的权衡下诞生的行政垄断制度，包括专利的资产种类与权利安排。政府一方面依法授予专利发明人在一定时期内对某项具有新颖性、创造性、实用性的发明创造的所有权，同时把申请专利权的发明创造内容公之于世，以便于交流发明创造的信息，转让专利技术。发明创造按其技术特征，可以分为发明、实用新型、外观设计等类型。其中，发明指对产品、方法或者其改进所提出的新的技术方案，它是专利权普遍保护的对象；实用新型指对产品的形状、构造或者其结合所提出的适于实用的新的技术方案，外观设计指对产品的形状、图案、色彩或者其结合所提出的富有美感并适用于工业上应用的新设计，实用新型和外观设计只受到中国等部分国家的保护。到 2005 年年底每 100 件专利申请中，我国个人和企业申请的发明专利只占18 件，而外商企业占 86 件；在发明专利中，中药、非酒饮料、食品、中文输入法四项占我国个人和企业申请量的 79％，而外商企业申请的集中于高科技领域。部分国家还保护以非自然方法繁殖的动植物新品种，但一般不保护妨害公共秩序和公众利益的发明创造，也不保护科学发现、智力活动的规则和方法、疾病的诊断和治疗方法等方面的发明创造。如我国对违法和不良发明、科学发现、智力活动的规则和方法、疾病的诊断和治疗方法、动植物品种、人造元素等不授予专利权。我国自 1985开始实施《专利法》，到 2004 年年底共受理专利申请 2284925件，授权专利 1255499 件，其中国内专利授权占 87％；到2005 年年底，我国发明专利申请量超过 17 万件，其中一半来自外商企业，美国在华企业申请量超过 2 万件；2009 年 1～11月，共受理专利申请 81.3738 万件，同期授权 49.2986 万件；至 2009 年 11 月，我国专利申请总量为 566.3498 万件，授权总量为 299.4254 万件①。通过专利制度，所有者可以垄断知识的使用，限制知识的无偿使用，使研究者能够获得更多收益。不过，专利制度也导致了专利产品较高的、单一的价格，限制了专利的转让和扩散，降低了消费量，由此损害了某些低收入或无收入居民的福利，这在某些医药、食品等生命必需品的生产供给上尤其如此。同时，专利制度可能过度激励某些非必需品的研究开发，如炫耀性产品、保健品。

　　知识产权除了专利权外，还包括商标权、著作权等形式。其中，商标是各种商品的生产经营者在自己生产经营的商品上使用的标记，用来区别自己生产经营的商品与他人的相同或类似的商品。广义的商标还包括服务标记、原产地标记、企业商号等特殊的商标。商标通常由文字、图形、记号或其组合构成，个别国家还允许将形状或非形状的颜色、声音、气味等作为商标使用。商标既是特定商品或服务及其生产经营者的标志，又是商品或服务的质量象征，代表着特定生产经营者的经济技术能力和市场信誉，企业通过商标可以获得一定的经济利益。著作权为英国 1709 年颁布的《安妮女王法令》最早明确确立，著作权的保护范围包括作者及其他著作权人对文学、艺术、科学、工程技术等作品的人身权和财产权。我国法律保护文字、口述、音乐、戏剧、曲艺、舞蹈、美术、摄影、电影、电视、录像、工程设计、产品设计图纸及其说明、地图、示意图、模型、计算机软件等作品，但法律、行政决定、司法判决、科学定律和公式、公开的技术资料和规范、日历、表格、账簿、支票、标语口号、新闻等无著作权。著作权实际上既包

---

　　① 　赵建国，柳鹏：《中国专利事业：不断刷新纪录》，国家知识产权局网站，2010-01-12，http://www.sipo.gov.cn/sipo2008/mtjj/2009/201001/t20100111_487502.html。

括复制权、出版权、发行权、表演权、播放权、展览权、演绎权、报酬权等可以转让的资产权利，也包括发表权、署名权、修改权和保持作品内容完整权等不可转让的人身权。

研究开发成果的学术和经济价值不仅在所有者的独立使用上得以实现，还要通过知识的交流、传播、扩散，在更大的空间和时间范围，在更多的使用者上得以实现，这才能够充分发挥知识的作用。因此，确立知识资产的转让使用和收益制度，这就是他物权理论所要分析的问题。他物权是在他人所有物上设定的权利，是财产非所有者根据法律的规定或所有者的意思对他人所有的资产享有的进行有限支配的物权，是所有权部分权能与所有权分离的结果，又称限定物权。他物权下面分为"用益物权"和"担保物权"。用益物权是为了使用和收益的目的而在他人所有物上设定的权利，它主要就物的使用价值对物进行支配，在权利上根据法定或约定而具有独立性，其权利的行使必须以占有标的物为前提。目前，绝大多数国家已经建立了他人如何使用知识资产的制度，如著作权既包括复制权、出版权、发行权、表演权、播放权、展览权、演绎权、报酬权等可以转让的资产权利，也包括发表权、署名权、修改权和保持作品内容完整权等不可转让的人身权。

二、专利制度的经济作用

对于专利制度与社会经济发展的关系，学者的意见并不一致，大致可以分为以下三类①。（1）专利制度有利无害论。这种观点的早期代表人物是边沁（J. Bentham）和穆勒（J. S. Mill），他们注重技术进步和私有产权在市场中的效率，认为专

---

① 刘茂林：《知识产权法的经济分析》，73页，北京，法律出版社，1997。

利制度保障了知识资产的私人产权，可以鼓励发明创造。
（2）专利制度对发明数量的增长毫无帮助。这种观点的早期代表人物是陶西格（F. Taussing）和庇古（A. Pigou），他们认为发明是自发行为，动力是个人的兴趣和能力，所以专利的保障和发明数量的增长没有关系。（3）专利制度有害无益论。以当代的巴塞尔（Y. Brazel）和阿罗（K. Arrow）为代表，他们注重社会成本的节约。巴塞尔认为，专利制度会造成很多人为了竞争专利权而展开争先恐后的重复研究，而专利权只授予最早的申请人，这种重复对社会是有害的。阿罗认为，知识资产是公共物品，因此它的边际成本为零，如果将知识资产私有化，会在边际上增加成本，从而减少发明的实用和推广。

以上三类观点均是从专利制度的某一特性出发，都有一定的片面性。与完全不受保护相比，对某些发明的所有权保护显然是具有经济意义的。好奇心或边干边学固然也能引起我们在整个人类历史上所见到的那种类型的技术变革，但在现代社会，坚持不懈地为改进技术作出的努力只有靠提高私人收益率来激励①。诺斯对专利制度的激励作用给予了高度评价，他认为一套鼓励技术变化、提高创新的私人收益率使之接近社会收益率的系统的激励机制仅仅随着专利制度的建立才被确立起来。具体来说，专利制度对于促进经济发展具有以下几个方面的作用。

（一）确立研究开发的激励机制

制度在一个社会中的主要作用是通过建立一个人们相互作用的稳定的结构，保障经济活动的正当收益，减少经济活动的不确定性，为人们经济行为提供一种激励。经济学家认为，因

---

① ［美］道格拉斯·C. 诺思：《经济史上的结构和变革》，162 页，厉以平，译，北京，商务印书馆，1999。

为专利制度给智力劳动者设置了一种收益预期，能够激励人们积极开展创造性活动，放心地将时间、资金和精力投入到这种创造活动中。实践证明，在产业活动中取得的垄断地位对技术进步最具有激励作用，因此，给智力劳动者授予一定期限的垄断权是必要的。在此意义上说，专利制度极大地推动了科学技术的进步和企业经济的增长。美国学者曾对 12 个工业部门随机抽取了 100 个企业进行过调查，发现如果没有专利保护就不会被开发或不会被商业实施的发明在医药部门占 60％以上，在化学部门占 30％以上，在石油、机械、金属制品部门占 10％以上（见表 7-4）。

表 7-4 若没有专利保护就不会被开发或商业性实施的发明专利

工业	不会被实施的发明比例	不会被开发的发明比例
医药	65％	60％
化学	30％	38％
石油	18％	25％
机械	15％	17％
金属加工产品	12％	12％

资料来源：国家科委软科学研究课题报告，专利制度在我国科技进步中的作用及其政策研究，中国专利局，1992。

在知识经济时代，研究开发成果不仅具有科学价值，更具有巨大的商业价值，它往往决定了企业的竞争力和市场占有率。专利制度作为一种鼓励创新机制，其内容就是依法授予发明人专利权，保证发明创造者一定时期内对研究开发成果的垄断权，防止他人在未经许可的情况下无偿使用，为其收回投资、继续进行新的发明创造提供保证。也就是说，专利的另外一个重要作用是保护，保护专利权人的合法权益，在科技日新月异的今天，企业的生存和发展已离不开专利的保护，专利制度也必将在技术创新和科技进步中发挥更为重要的保护作用。

（二）有效配置研究开发资源

专利制度能够有效配置科技资源，提高研究开发水平，避免人力、财力、物力的浪费。授予专利的发明必须具有有用性、新颖性且非显而易见的，否则不可享有专利①。如按照我国法律规定，发明是一种新的技术方案，即该技术方案是前所未有的，富有首创性的，并且在申请日以前没有同样的发明在世界上被人们所公知，在国内被人们所公用。专利的新颖性条件阻止了对那些被人知道已经作出发明的东西授予专利。世界知识产权组织的研究结果表明，全世界最新的发明创造信息，90％以上首先都是通过专利文献反映出来的。在研究开发工作的各个环节中注意运用专利文献，发挥专利制度的作用，不仅能提高研究开发的技术起点，而且能节约40％的科研开发经费和60％的研究开发时间。世界上许多大企业在新技术、新产品的开发全过程中，毫无例外地都注意充分利用专利文献。在研究开发工作中，先进行专利文献检索，就可以做到知己知彼，避免研究开发的重复和科技资源的浪费。

（三）促进研究开发成果的转让和运用

研究开发成果必须在运用和转让中才能实现其经济价值。专利制度不仅保护发明人的权利，而且保护发明的有偿转让，促进了专利在国内外的经济主体之间的转让和运用。随着经济全球化、一体化的趋势加快，国家与国家之间、企业与企业之间的技术交流与合作越来越多，专利制度不仅保障了拥有技术方的利益，而且通过转让制度改进了受让方的利益。对于发展

---

① ［美］威廉·M. 兰德斯，理查德·A. 波斯纳：《知识产权法的经济结构》，384 页，金海军，译，北京，北京大学出版社，2005。

中国家，是否建立专利制度以及专利制度完善与否在一定程度上直接决定了对外交流与合作的成效。只有形成了完善的专利制度以及良好的投资环境，充分保障专利人的利益，才有可能引进其有价值的技术资源，促进本国经济的发展。

三、专利制度的激励机制

对于专利制度的经济效应，一般从激励研究开发投资的角度加以分析。研究开发的知识或技术成果是一种公共物品或准公共物品。在市场竞争的环境下，对研究开发成果如果没有明确的权利界定和保护，这些成果很容易为竞争者所学习、模仿和运用，从而使研究开发投资者处于不利的竞争地位。当潜在的投资者预期到这种情况时，他们将不再有从事研究开发的动力，最终结果是社会无法获得创新或者无法获得适量的创新。为此，社会必须采取某些事前或事后的措施，对创新性的投资行为予以保护和补偿，使创新投资者所获利润与他对社会的贡献相对称。根据补偿理论的逻辑，对研究开发者进行补偿的最简单也最有效的方式，或许就是通过授予专利权，赋予其一定时间的技术垄断使用权①。

专利制度是如何保护和激励导致创新的研究开发活动的？可以从专利的优先权和长度、宽度和高度等方面予以解释②。关于优先权问题，第三章第二节有关研究开发成果的资产性部分已经做了分析，下面侧重分析专利权的长度。

（一）专利长度

专利长度也称专利保护期，是指政府专利机构依据专利法授

① 寇宗来：《专利制度的功能与绩效》，6页，上海，上海人民出版社，2005。

② 吴志鹏等：《专利制度对技术创新激励机制微观安排的三个维度》，载《科学学与科学技术管理》，2003（3）。

予给专利权人独占其创新技术的市场收益的期限。在专利有效期内，专利权人可以依法行使专利权，获取市场收益，弥补创新的投资成本并得到较大的利润回报；专利有效期满，专利权自动失效，专利技术也自然变为公共技术，任何企业都可以自由使用专利以分享创新技术的收益，创新市场收益下降。因此，专利有效期的长度是影响创新收益和企业竞争优势的重要维度。

专利期限的早期研究可见于诺德豪斯（Nordhaus，1969），他认为技术创新和福利损失的两难问题是专利具有有限期限的原因，最优的专利保护期，应该使得延长专利保护带来的边际社会成本等于边际社会收益。在图 7-1 中，横轴表示以年为单位的专利有效期，纵轴表示研究开发的成本或收益。根据分析，在一定时期内，一个发明者享有专利技术垄断权的边际社会成本是递增的，而专利技术的边际社会收益是递减的，因此当边际社会成本曲线 MSC 与边际社会收益曲线 MSB 交于点 t，即 $MSC=MSB$，此时确定的专利有效期最合适。诺德豪斯还从模型中得出一个重要的推论：差别性的专利保护期更能增进社会福利，因此需要建立起强制实施的弹性制度。

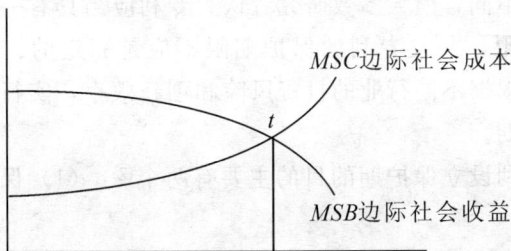

图 7-1　专利的最佳保护有效期

继诺德豪斯之后，众多学者从不同角度探讨了专利期限问题①。Merges & Nelson 将专利保护期限视为专利权人垄断力量的持续时间，并结合保护宽度研究专利的保护范围。Gilbert，R. & C. Shapiro 结合专利宽度研究专利保护问题，认为"窄范围、长期限"的专利政策有利于社会福利的最大化。但 Klemperer & Gallini 表明在某些条件下，"宽范围、短期限"的组合可能是最优的。Cornelli & Schankerman 进一步论证了对不同企业提供不同的保护期限有利于增加社会福利。国内如潘士远（2005）通过构建一个动态一般均衡模型，研究了最优专利长度和最优专利宽度问题，结论表明最优专利长度和最优专利宽度都应该是有限的。董雪兵、王争（2007）认为，在给定回报率条件下，对于不同投资风险、不同创新成功率的行业，设定专利保护期限的效果可能不同；随着行业创新效率的增加，最优专利期限首先增加，但是在达到最大值后开始趋于缩小，因此有必要根据具体产业的基本特征尤其是行业创新效率的高低，分别设定专利期限并给予不同的专利保护。

虽然因研究的角度不同，各位学者专家的对于专利保护期限的结论不同，但大多数研究者认为专利应当具有一个适当而合理的期限，并且专利的保护期限不应是固定的、统一不变的，应当根据不同行业的投资风险和创新效率，实行有差别的专利保护期。

对专利设立保护期的目的主要有两个②：（1）保障专利权

---

① ［奥］伊利奇·考夫：《专利制度经济学》，柯瑞豪，译，北京，北京大学出版社，2005；［美］亚当·杰夫，乔希·勒纳：《创新及其不满》，罗建平，兰花，译，北京，中国人民大学出版社，2007。

② 冯晓青：《专利法利益平衡机制之探讨》，载《新华文摘》，2005（17）。

人以足够的时间获得对发明的投资回收。（2）为竞争者以及其他的社会公众的后续发明创造一个公共领域空间。Scotchmer（1991）认为，发明在受专利保护后，对后续发明产生三种影响：一是不采用在先的专利，后续专利无法产生；二是在先专利可以降低后续发明的成本；三是节约后续发明时间。对专利设立保护期，在专利权期限届满后，发明成果成为公共领域的一部分，竞争者以及社会公众可以自由地、不受限制地学习应用它，这就为保障技术发明成果最终回归社会、促进后续发明提供了有力的保障。

专利权合理期限的确定，必须考虑专利权的私人收益、社会收益和社会成本的平衡。一般而言，专利保护期限越长，研究开发企业获得的垄断利润将越多，企业的创新激励越大，而社会福利损失也将越大；反之，保护期限越短，研究开发企业的创新激励越小，而社会福利损失也越小。因此，如何在二者之间进行权衡，设计最优专利期限也就成为专利研究上的根本问题①。

（二）专利宽度

对于专利宽度（patent breadth）的概念，不同的学者有不同的理解和定义。Gilbert 和 Shappiro 将其看做专利持有者在单位时间内的利润流的大小②；Klemperer 在一个区位模型中将其理解为保护范围的大小③；而 Gallini 则将其理解为模仿者

---

①　董雪兵，王争：《R&D 风险、创新环境与软件最优专利期限研究》，载《经济研究》，2007（9）。

②　Gilbert，R. and C. Shapiro，Optimal patent Length and Breadth，*RAND Journal of Economics*，1990，21，pp. 106-112.

③　Klemperer，P.，How Broad Should the Scope of patent Protection be? *RAND Journal of Economics*，Vol.，21，1990，pp. 113-130.

对现有创新进行非侵犯模仿的成本①。本文认为，专利宽度是专利的保护范围。这是因为，不论在何种定义下，专利宽度和专利保护范围在本质上都是一样的，实际上它们都是对专利权人在一定期限内的垄断权利的肯定，禁止他人在一定范围内的任何形式的侵权，保证了专利权人的利润流量。

合理的专利宽度的界定，可以起到以下两个方面的作用：（1）保护研究开发企业在专利产品上的垄断利益。专利制度通过权利要求书、说明书及附图的安排，司法上等同原则的界定，使得市场上具有相同、相近功能的竞争产品或按照相同效果的工艺得到的竞争产品将被视为侵权，从而在一定程度上保护了创新企业的专利产品在市场竞争的优势地位和垄断利益。（2）抑制和制约竞争者的模仿行为。专利宽度的界定增加了竞争者的模仿成本和风险。曼斯菲尔德（1981）的研究结果显示，模仿者的成本只相当于创新成本的 65％，而由于专利制度的保护，模仿的成本平均提高了 19％。这就使得理性的竞争者不得不面临两个抉择：向创新企业缴纳专利使用费生产专利产品，或者致力于创造出与已有专利非常不同的发明。显而易见，无论是哪种选择都会对激励创新起到正向的作用。

应当注意的是，专利宽度过窄或过窄，都有正反两方面的效果。专利的保护范围越窄，一项新发明对已有专利构成侵权的可能性就越小，后继发明者潜在的发明成本就越小，从而鼓励了发明和创新；但是，过窄的保护范围则可能增加交易成本，后来的发明者将不得不从更多的专利权人那里获得许可。范围较广的专利，由于大量地限制了替代行为，增加了对发明人的回报；但它也增加了后继者的成本，抑制了发明。因此，

---

① Gallini, N., Patent Length and Breadth with Costly Imitation, *RAND Journal of Economics*, 1992, 44, pp. 52-63.

合理界定专利的宽度就具有非常重要的意义。

　　由于信息的不充分、合同的不完备性，专利权利请求书中不可能将各种情况事先描述得完全清楚。如果专利保护仅限于权利请求书中的字面解释，竞争者就可以利用专利申请所披露的知识，稍作修改后实现对现有专利的周围创新，从而替代现有产品，由此造成的结果是对现有专利产品保护不足。为了切实保证专利持有者的利益，在实践中引入了所谓的等同原则。所谓"等同"是指被告侵权者实施的技术方案虽然在某些技术特征方面与现有专利不同，但是如果该技术方案以基本相同的方式，实现基本相同的功能，产生基本相同的效果，则认为被实施的技术方案构成了侵权行为。历史上，国际镍业公司在球墨铸铁（nodular iron）上拥有一项专利，它涉及在熔铁中加入0.04％的镁。被告福特公司也开始制造自己的球墨铸铁，与国际镍业公司的唯一区别是它只包含 0.02％的镁。法院判决福特公司所作的改变与专利产品是等同的，福特公司侵犯了国际镍业公司的专利权。

　　等同原则使得专利申请人能够在专利范围的描述上节约成本，如果没有等同原则，专利申请人就必须对其所寻求的专利保护范围作出更为具体的说明。但等同原则也易于受到专利申请人的滥用，他们故意申请范围尽可能大的专利，以期获得一个非常广泛的垄断权。应对之策是通过法律阻止申请人寻求过于宽泛的专利保护范围，对于含糊不清的权利要求，则判定无效。

　　（三）专利高度

　　Dijk（1996）认为专利高度是现有产品与原有产品之间的质量差距，具体体现在发明应具备的新颖性和创造性。包括我国在内的多数国家专利法的新颖性要求主要包括以下内涵：在申请日前没有同样的发明在国内外出版物上公开发表过、在国内公开使用过或以其他方式为公众所知，也没有同样的发明由他人向政府专利部门提出过申请并且记载在申请日以后公布的专利申请文件中。显然，新颖性条件阻止了对那些被人知道已经作出发明的东西授予专利。与许多外国专利制度不同的是，美国的专利制度是把专利权授予最先发明人，而不是授予最先提出某一专利申请的人，如果某项发明从属于现有技术，即使现有技术并无专利，该发明申请也将由于缺乏新颖性而不能被授予专利。这种制度安排，一方面节约了搜寻成本；另一方面也避免了浪费性的重复发明。

一项发明具有新颖性并不能保证其获得专利，它还必须具有创造性。创造性也称先进性或者非显而易见性（non-obviousness），是指同申请日已有的技术相比，申请专利的发明有突出的实质性特点和显著的进步。在一个创造性破坏的技术进步过程中，专利持有者的收益和创新激励与后续技术对现有技术构成替代的可能性密切相关。如果创造性的要求很低，人们就可以利用现有专利的公开披露知识，对其稍作改进并申请新的专利，最终在市场竞争中取而代之。所以，过低的创造性要求不可能对专利进行有效的保护，只有具有实质性的显著的后续创新才可被授予专利。

专利高度的过高或过低都不利于激励创新和社会福利的提高。在市场经济中，专利高度通过产品质量、技术、功能差别化来发生作用。它要求改进的产品在技术、质量上有明显的提高，功能有显著的差别，这样，当改进的产品进入市场时，新产品将明显优于原有专利产品，从而完成新技术对原有专利技术的替代。O'Donoghue（1998）指出，在一个创造性破坏的累积创新环境中，为了提供有效的专利保护，不仅仅要有专利宽度来阻止对专利产品的简单模仿，还要有专利高度来阻止对产品的小幅改进①。但是，如果把专利高度的门槛设计得很高，就可能使原专利权人长期霸占一个垄断市场，后继的发明者很难突破进入市场的壁垒，创新的积极性难免受挫，从而使社会福利下降；而若过分降低专利高度的要求，则后继者很容易进入专利市场，专利保护形同虚设，产品同质，削弱了创新动机，并且即使在这样的情况下社会福利也不一定能够提高。

四、我国专利制度的实施现状

（一）专利的申请和授权总量均保持快速增长

自 1985 年实行专利法以来，我国的专利事业取得了长足的进展，专利申请量和授权量都有突飞猛进的增长，见图 7-2 和表 7-5。我国专利申请累计达到 100 万件用了 14 年零 9 个月，第二个 100 万件专利申请用了 4 年零 2 个月，第三个 100 万件专利申请仅用了 2 年零 3 个月。从 2001 年到 2006 年，专利授权总量增长了 134.6%，平均每年增长 19.08%。2008 年，我国的专利申请总量为 82.8 万件，专利授权量为 41.2 万件，较上年都有大幅度增加，且专利申请和授权结构明显优化，这表明我国专利制度在激励发明创新方面是比较成功的。

（二）专利质量不断提高，但总体水平较低

自 20 世纪 60 年代中后期，英、法、德三国的专利申请行为有一个结构性的调整：专利申请数量明显减少，但质量显著上升②。伊文森曾将单位发明投入所创造的专利数量的减少，

---

① O' Donoghue，T.，A Patentability Requirement for Sequential Innovation，*RAND Journal of Economics*，1998，29，pp. 654-667.

② 高山行：《企业专利竞赛——理论及策略》，128～129 页，北京，科学出版社，2005。

解释为技术潜力枯竭的结果①。然而，由"更多的专利"向"更高质量的专利"的转变，正是当时欧洲国家追求的结果。研究表明，在专利竞赛中，专利的质量比专利的数量更重要。我国的专利数量已经达到了一定的高度，但专利质量如何呢？从发明专利占专利总体数量的比例、拥有的三方专利数和专利的维持率等方面看，我国专利质量有待全面提高。

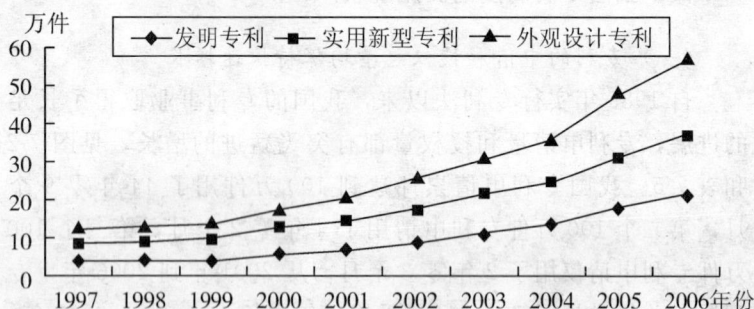

图 7-2 1997～2006 年我国三种专利申请总量变化

资料来源：2006 年我国专利统计分析结果，科技统计分析中心，中国科技统计网站，www.stc.org.cn。

1. 发明专利的申请量和授权量增长较快，但在三类专利中所占比重仍然较低，我国的专利质量总体水平不高。根据表 7-4 中的数据，可以计算出 2001～2006 年发明专利的平均年增长率为 30.82%，远远高于实用新型的 15.26% 和外观设计的 19.8%。但是在专利授权总量中，发明专利的比重最低，2001～2006 年平均为 20.5%，而实用新型和外观设计专利的

---

① Evenson R., *International invention：Implications for technology market analysis*, R&D, *Patent*, *and productivity*, Chicago：University of Chicago Press, 1984, pp. 89-123.

比重较大，2001～2006 年的平均数分别为 40.5％和 38.9％。反映自主创新能力的国内专利的申请和授权总量的变化趋势也是如此。2008 年我国专利申请量和授权量继续快速增长，申请总量为 828328 件，其中国内申请 717144 件，占总量的 86.6％，国外申请 111184 件，占总量的 13.8％。在受理的国内专利申请中，发明专利申请 194579 件，占 27.1％；在受理的国外专利申请中，发明专利申请 95259 件，占 85.7％。2008 年全年共授权专利 411982 件，其中授予国内申请人的发明专利为 46590 件，占总数的 13.2％。国内发明专利的授权在三类专利中比重偏低的状况多年来一直没有根本性改变。

表 7-5　2001～2008 年我国三种专利授权量及其构成　　单位：件

年份	合计		发明		实用新型		外观设计	
	授权量	增长率％	授权量	构成％	授权量	构成％	授权量	构成％
2001	114252	—	16297	14.3	54349	47.6	43596	38.1
2002	132401	15.9	21476	16.2	57483	43.4	53442	40.4
2003	182226	37.6	37154	20.4	68906	37.8	76166	41.8
2004	190238	4.4	49360	25.9	70623	37.1	70255	37
2005	214003	12.3	53305	24.9	79349	37.1	81349	38
2006	268002	25.2	57786	21.6	107655	40.2	102561	38.2
2007	351782	31.3	67948	19.4	150036	42.6	133798	38.0
2008	411982	17.1	93706	22.7	176675	42.9	141601	34.4

资料来源：根据中国科技统计网站 www.stc.org.cn 提供的数据整理得出。

2. 我国的三方专利拥有量增长较快，但与少数发达国家的差距仍然较大。为了比较各国专利的情况，经济合作与发展组织（OECD）选取了在世界上有代表性的欧洲专利局（EPO）、美国专利与商标局（USPTO）、日本特许厅（JPO）三个专利部门（OECD 称为 Triadic），用各国在这三个专利部门都获准的专利数来反映其专利水平。根据 OECD《主要科技指标2007/1》中对 39 个拥有三方专利国家（地区）的统计，2005年的三方专利总数为 52548 件，其中 30 个 OECD 成员国获得的三方专利为 51386 件，占总数的 97.8%；美国和日本两国获得的三方专利占总量的 60.1%。2005 年我国拥有的三方专利数为 433 件，在拥有三方专利的 39 个国家中排名第 12 位，但与美国、日本、德国（6266 件）、韩国（3158 件）等国之间的差距仍然很大，这表明我国的自主创新能力和水平仍有待进一步提高。

3. 专利淘汰率高。专利之所以被淘汰可能有以下原因：一是超过了专利保护期；二是专利持有者未能交付或补齐专利维护年费，导致专利权自动提前终止；三是申请的专利本身缺乏市场开发价值或因为专利技术太过超前而一时无法转化，失去保留专利的意义。由于受专利年费以及技术进步的影响，大部分专利的存续期不会超过保护期。国外的一项研究发现，82.6%的专利在 4 年后仍然有效，8 年后该比例是 57.4%，而在 12 年后这个比例就只有 37% 了①。我国由于实用新型及外观设计在专利中的比重较大（约为 80%），它们的初始回报相对较低且回报衰减速率相对较高，大多数的实用新型和外观设计的专利的寿命都达不到其专用期限，许多该类型的专利寿命期不超过 5 年，有的甚至只有 1～2 年。截至 2006 年年底，我国的有效专利总量为 72.7 万件，其中发明专利、实用新型专利和外观设计专利所占比重分别为 30.1%、40.2% 和 29.7%。

---

① ［美］威廉·M. 兰德斯，理查德·A. 波斯纳：《知识产权法的经济结构》，396 页。

按专利类型划分，国内有效发明专利为 7.3 万件，在三类专利
中所占比重仅为 13.3%。相比之下，国外有效发明专利为
14.6 万件，占国外有效专利总量的 81.8%①。

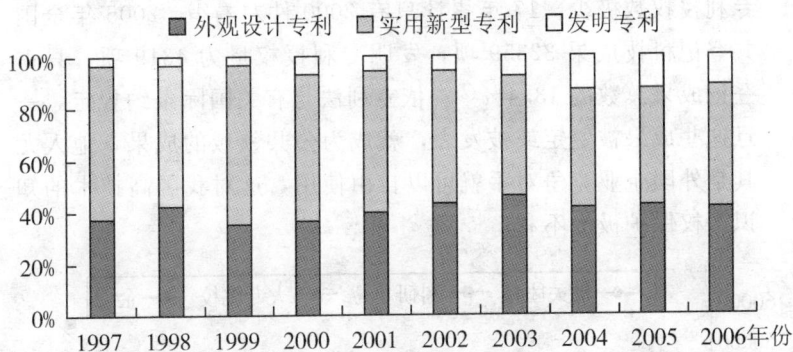

图 7-3　国内专利授权量按专利类型分布（1997～2006 年）

资料来源：科技统计分析中心："2006 年我国专利统计分析结果"，
中国科技统计网站，www.stc.org.cn。

（三）企业创新主体的地位尚待加强

近年来，我国企业在国内职务发明专利的申请量和授权量
方面的主体地位不断得到巩固和增强，如图 7-4 所示。2006
年，国内职务发明专利申请量为 8.1 万件，占发明专利申请总
量的 2/3。其中，企业职务发明专利申请量为 5.6 万件，获得
授权 9433 件，占全部职务发明专利授权量的 51.3%。从总体
上看，研究开发在企业发展战略中的地位还不够高，多数企业
对职务发明激励力度不大。我国一直实行的是成果、专利管理
的"双轨制"，一般是以科研经费的多寡，在国内或国际著名
的刊物上发表文章的多少以及档次，来衡量科研人员的业绩，

① "2006 年我国专利统计分析结果"，科技统计分析中心，中国科
技统计网站，www.stc.org.cn。

科研成果一经鉴定，科研任务即告完成。2002～2003年，国家知识产权局调研了江苏、四川、浙江三省专利与研究开发经费支出的关系，705家受访企业每年研究开发经费过亿，但发明专利授权数极少，17年累计只有2000件左右[1]。2005年全国共登记科技成果32359项，发明专利授权量为4319项，只占登记成果总数的13.4%[2]。依专利法与有关国际条约规定，一旦这些成果被鉴定或被发表，就成为公共领域的成果，他人尤其是外国企业竞争对手就可以自由使用，这对我国高技术的知识产权保护极为不利。

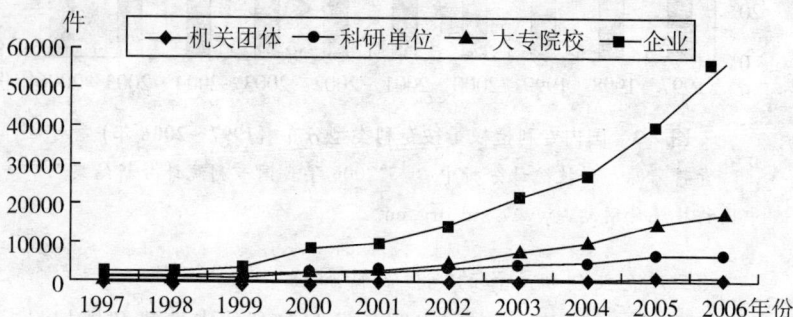

图 7-4　国内职务发明专利申请量按机构类型分布（1997～2006年）

资料来源：2006年我国专利统计分析结果，科技统计分析中心，中国科技统计网站，www.stc.org.cn。

（四）企业专利技术产业化水平低

专利一旦转化为产品，进入产业运用，其产生的经济利益将是巨大的。所以，开发和应用专利技术已经成为许多国家重大的

---

[1]　国家知识产权局规划发展司：《浅析浙江、江苏、四川三省R&D投入与专利产出状况》，2003年。

[2]　"2005年全国科技成果统计概况"，中国科技统计网站，www.stc.org.cn。

经济战略。我国专利的申请和授权量增长迅速，但专利的产业化程度偏低。据世界银行估计，我国的科技成果转化率平均只有15%，专利转化率只有25%，专利推广率在10%～15%之间，而日本等发达国家科技成果转化率高达70%～80%。分析我国专利产业化低的原因，除了"沉睡专利"外，主要受以下因素的影响：（1）专利成果与市场脱节，真正有市场价值的专利稀少。（2）在评价制度上注重专利申请量和授权量，很少考核专利技术的转化率。"沉睡专利"是指申请和授权后被搁置起来没有被开发和投入使用的专利。企业拥有沉睡专利的目的，一是把它作为核心专利的保护伞；二是沉睡专利可能给企业带来期权价值。（3）企业尚未成为专利产业化的主体。2005年，全国大中型工业企业研究开发经费占主营业务收入之比为0.76%，而发达国家经验表明，企业研究开发经费投入只有达到其销售收入的5%以上才有较强的竞争力，2%只能维持企业的基本生存。在我国职务专利授权量中，企业所占比例1998年仅为21.4%，2003年以前一直不足40%，近几年也才刚刚达到41%。（4）缺少完善的中介服务机构和体制。（5）支持专利成果产业化的金融环境尚不健全。

（五）专利制度仍不健全、对专利侵权行为打击不力

与发达国家相比，我国专利保护客体的范围较窄，不利于我国企业在国际市场的竞争。一些国家已经开始不同程度地把计算机软件、商业方法、动植物新品种等纳入专利保护的范围，加大对上述智力成果的保护力度，而我国对这方面的重视却不够。如在《专利法》中，未对生物产业中有关发明创造（如微生物等）进行保护，造成我国物质流失严重，不得不付出高昂的代价。这方面突出的例子有"北京鸭"、野生大豆资源等动植物新品种保护。

五、完善我国专利制度的思考

（一）增强企业自主创新能力，推动企业建立专利战略

政府要通过制度安排，加强企业自主创新能力建设，大幅度提高财政科技支出中用于支持企业技术研究开发的资金比例，加强对行业龙头企业研究开发项目、研究开发中心等的支持，推动企业之间以知识产权为纽带结成产业联盟。为了不使国家的研究开发经费资助成为企业的免费午餐，可以借鉴美国ATP（advanced technology plan）计划的做法，企业在项目投入中必须占有一定的比例。

引导企业将专利制度作为现代企业制度的重要组成部分，进一步强化企业、科技人员和管理者的专利战略意识，把专利工作纳入企业技术创新的全过程。可以借鉴发达国家大公司的成功经验，在企业内设立专门的知识产权管理部门，指定分管领导，配备经专利管理机关考核合格的企业专利工作者，负责专利信息的检索、专利代理服务、知识产权的保护以及对专利产品市场的监视。

（二）完善创新的评价和激励制度，提高专利产品的质量

为提高我国专利产品的核心竞争力，就必须在专利技术创新上狠下工夫，将专利技术的重点由过去以增加专利数量为主，转向以提高专利技术含量为主，着眼于专利"质"的提高。为此，政府应当完善创新的评价和激励制度，以对创新行为起到正确的导向作用。

应当在科技计划中设立专门经费，支持申请国内外专利，并在政策上向发明专利倾斜，适当减少实用新型、外观设计专利申请的资助经费，合理有效地使用有限的专利经费。对发明专利，尤其是关系到重大利益、具有良好国内外市场前景的高新技术项目，除了申请资助外，还应在专利授权后的维持和实

施上给予支持。

改革和完善科研评价制度，在绩效考评、研究人员职级晋升、成果登记和评奖等各个环节，要把有效的专利权作为重要条件和依据；要把专利申请量、授权量和专利实施与产业化情况作为考核企业科技创新和技术进步、经营管理水平的重要依据。完善专利奖励制度，发明创造对当地经济发展具有推动作用的要进行重奖，要奖励在专利技术开发、应用方面做出突出贡献的有关人员，认真兑现专利法"一奖两酬"的规定，及时向发明人和设计人兑现奖励。

（三）加快专利技术的实施和产业化

加强政府在专利实施与产业化工作中的管理与引导作用，调动现有各方资源确保专利产业化顺利进行。为此，要做好以下几个方面的工作。

1. 加强研究开发与市场的联系。采取各种措施，加强高校和科研院所的应用型研究与市场需求的紧密结合，使研究出的专利技术成果能够及时满足市场的需要。在德国等欧美国家，专利的产生过程往往紧贴市场的需要：首先由科技人员构思出一个好的理念，让社会专利服务机构对这一理念展开市场调研，若证明确有市场前景，服务机构才与高校科研院所联手，进入专利研究开发阶段。科技项目在立项时要以市场为导向，结合我国的基本国情，如国内外市场情况，技术水平、先进性、技术生命力，经济效益，投入产出比，风险与收益的权衡等，并进行一定的社会、经济效益评估，才能最后选定课题，立项既不能太超前也不能滞后。在项目申请、项目验收、项目评估等阶段提出具体、明确的专利产出要求，同时要将专利创新要求列入可行性报告，项目立项前进行专利文献检索，要求提供项目所涉及技术领域的专利检索报告，提出专利对策和措施。对一些重大应用项目要明确科技成果产业化的责任，要明确未来科技成果中知识产权的持有者相应的权益、责任，明确当知识产权成果未能充分利用和转让受阻时可采取的原则措施等。

2. 建立专利中介服务体系，促进科技与经济的进一步结合。实施专利中介服务机构的分类指导与管理：对主要依靠政府、负有执行政府政策导向方面任务的专利中介服务机构，按非营利机构管理，并给予一定的政策扶持、资金支撑。如意大利政府根据欧盟项目要求，为加快专利技术许可转化，推动中小企业技术创新，投资 1496 万欧元建立了中央技术创新接力中心，这样的中心在意大利共建有 7 家，其主要任务是扶持和提高中小型企业技术创新能力及产业化的速度，帮助企业建立技术信息网络，提供所需技术和专利技术许可等；对主要面向市场开展工作的专利中介服务机构，按市场化管理，政府部门主要抓好宏观规划、预测、政策导向等方面的工作，完善监管手段，鼓励和扶持专利的咨询、登记、评估等中介服务业务的开展，规范服务行为，为知识产权与金融资本结合提供良好中介。

3. 为专利技术产业化搭建良好的融资平台。为支持企业专利技术成果的转化，缓解企业融资困难，政府应积极组织制定、完善相关法律法规，建立科学的评估流程，引导商业银行在控制风险的前提下加大知识产权质押贷款的发放力度，鼓励利用知识产权进行的融资创新。我国在 1996 年 10 月 1 日颁布了《专利权质押合同登记管理暂行办法》，使我国中小企业利用知识产权融资从无到有的发展起来，2005 年 9 月，专利权质押融资第一单花落湘潭，有 3 家民营科技企业通过专利质押，从湘潭市商业银行等部门获得 1600 万元贷款。2007 年 11 月，浙江民营科技企业奉化裕隆化工新材料有限公司凭着一纸专利证书，成功获得当地银行的 800 万元贷款①。但是，我国现有的专利权质押融资规模很小，总额不到 50 亿元人民币，还比不上西方国家一个大型风险投资项目的融资金额。知识产权评估方面的风险以及健全和完善的法律体系和管理机制的缺乏，一直是知识产权质押贷款业务的顺利实施的障碍。2007 年 11 月国家知识产权局依托《物权法》，起草了《专利权质押合同管理办法》（征求意见稿），对上述《暂行办法》进行了重大修改和完善，为促进专利权质押活动，规范专利权质押行为迈出了可喜的一步。除了专利质押贷款这一形式外，政府还可以通过推进知识产权证券化来拓宽中小企业的融资渠道。发展知识产权证券化品种的意义不仅是为市场增加了交易品种，更重要的是它对解决中小企业融资困难有直接的意义，而且随着这些证券化产品向市场发放，也可以广泛地分散风险。

（四）增加专利保护客体，加大专利的保护力度

在知识产权越来越重要的今天，世界上主要发达国家已率先完成了知识产权国家战略的制定。早在 1979 年，美国总统卡特就已提出"要采取独自的政策提高国家的竞争力，振奋企业精神"，首次将知识产权战略提升到国家战略的层面。日本于 2002 年提出了"知识产权立国"的战略口号，通过了"知识产权战略大纲"和《知识产权基本法》。2004 年 11 月 10 日，欧洲委员会通过了加强保护知识产权的战略。知识产权已成为一种主要的投资资本、竞争工具，而且日益发展成为一种重要的非关税壁垒。在这样的背景下，完善我国知识产权的法规体系，增加专利保护客体就显得尤为重要。

为加大专利的保护力度，政府有关部门应严格依法行政，

---

① 应华根，毛瑜琼：《一纸专利权证获得银行 800 万元贷款》，载《中华工商时报》，2007-11-23。

严厉打击假冒他人专利和冒充专利行为，及时查处和制裁专利侵权，依法调处专利纠纷。各有关部门要支持配合专利管理机关开展执法工作，保障必要的办案经费和装备。要建立健全专利行政执法体系，加强执法队伍的建设，强化执法手段，配备经培训合格的执法人员，建立专利侵权和冒充专利举报制度，形成强有力的专利保护网络。

第三节　政府直接资助激励

一、政府直接资助的理论依据

（一）政府直接资助的经济效果

在研究开发政策中，面向研究开发活动直接提供资金支持的财政政策占有着核心的地位。政府资助企业研究开发，通常采用直接支持和间接支持两种方式。政府直接支持方式通常采用的政策工具主要有补贴和政府采购两种。其中，政府补贴采用五种形式：拨款或无偿性预付款，利率补贴，贷款，贷款担保，参股。我国政府补贴主要采用拨款、贴息和资本金投入的方式。政府间接支持的主要方式是税收激励。政府通过资助企业和其他组织，以激励企业对研究开发活动投入更多资金。

矫正研究开发的市场失灵是政府投资研究开发的根本原因。但是，政府公共研究开发投资对企业研究开发行为是否产生正的激励作用，至今为止学术界仍未达成共识。政府的支持不仅强化了企业投资研究开发的动机，也减弱了企业从事研究开发活动的风险。一种观点认为，政府公共研究开发投资和企业研究开发投资之间总体上呈现替代关系，政府增加公共研究开发投资就会对私人投资产生挤出效应（crowing-out effect）；另一种观点认为，政府公共研究开发投资和企业研究开发投资之间存在互补关系，政府增加公共研究开发投资会吸引更多的私人投资。

这方面的争论最早可以追溯到 1957 年布兰克和斯蒂格勒的研究。此后，这一领域的研究涌现了大量文献。Jose Garcia-Quevedo 的一篇重要文献综述回顾了 20 世纪 60 年代以来政府研究开发投入对私人研究开发投入挤出效应的计量经济学研究成果。文章总结，对于公共和私人研究开发投入的计量经济研究主要在三个层次：企业层次的跨部门研究，某一行业内微观层次的数据分析，国家层次的计量经济研究。在研究所回顾的74 篇文献中，17 篇认为公共研究开发投入产生挤出效应，如表 7-6 所示。

表 7-6　计量经济学对于公共和私人研究开发投资的研究概览

	起激励作用	不显著	挤出效应	总计
企业层面	17	10	11	38
产业层面	8	3	1	12
国家层面	13	6	5	24
总计	38	19	17	74

资料来源：Jose Garcia-Quevedo, *Do public studies complement business R&D? A meta-analysis of the econometric evidence*, Evaluation of Government Funded R&D Activities ZEW，May 15-16，2003. vienna. 6。

Dominique Guellec 和 Bruno Van Pottlesberghe 的研究指出：（1）政府直接资助和税收优惠政策是相互替代的；增加其中一种资助方式的强度，就会减少另一种方式对企业研究开发的资助效果。（2）政府实验室和大学中进行的国防研究会排挤私人研究开发，部分原因是由于政府资助使研究成本提高；另一方面是由于在参与国防研究方面，政府实验室和大学比企业有更多的机会，无形中使企业受到一定程度的排斥，间接导致企业的研究开发投入减少。

　　与此同时，这些用来扶持企业进行研究开发活动的政策工具的有效性，也可能面临三个方面的挑战：价格竞争，替代效应以及配置不均衡。Goolsbee、David 和 Hall 论证的结果表明，政府投资的主要作用体现在提高研究者的工资上，从而引起价格竞争；替代效应表现在政府投入仅仅是替代了企业的研究开发投资，例如企业仅仅是用政府研究开发投入替代了它们本来就计划用于研究开发的投资，也即是说政府的资助并没有有效增加企业的研究开发活动总费用；分配不均衡则表现在政府资金的分配效率比市场分配的效率低得多，可能造成在各个研究领域资源分配失衡，例如在那些投资收益较低的领域投入较多的资金。同时，政府的直接资助也有可能由于在资金方面仅仅帮助了部分企业，从而造成企业之间不平等的竞争①。

　　政府资助的投入范围、方向、强度直接体现了政府的战略意图。政府资助企业研究开发的范围和方向，主要由两个因素决定：一是基于研究开发的类型和阶段特点的分析。由于基础研究成果的公共物品性质，对于从事基础研究的企业，政府应采取政府补贴、政府采购等直接资助的政策。二是基于经济发展水平与国家利益的分析。对于那些具有广泛的运用范围、对经济增长具有较大贡献的研究开发项目，政府应采取资助政策。经济学家一般认为，政府的研究开发支出应主要应用于四个方面：（1）基础研究；（2）通用性技术及其推广普及；（3）组织结构不利于有效地在企业范围发挥研究开发效果的行业（如农业）；（4）计量标准检测系统的基础结构投资，如计量标准服务数据库和其他信息服务。

---

　　① 王娅莉，陈雷：《政府对企业 R&D 资助的方式及利弊分析》，载《科技进步与对策》，2003（2）。

（二）影响资助效果的因素

从上面的分析可以看出，政府对研究开发的资助对企业的研究开发支出是否存在挤出效应并没有一个明确的结论。政府研究开发资助对企业研究开发投入是否具有挤出效应受以下因素的影响。

1. 资助规模对资助效果的影响。并非任何规模的政府资助都会导致对企业研究开发支出的挤出效应。OECD 的研究表明，企业研究开发投入中政府资助所占的比例与对企业研究开发投入的影响呈倒 U 形的函数关系，在比例达到一定值时激励效应达到最大，在比例超过另一值时产生挤出效应，综合考虑短期影响和长期影响，当资助规模为 11 ％～19 ％的中高资助规模时，能够产生最大的激励效应。只有当资助规模过大时，才可能产生挤出效应①。

2. 资助政策的稳定性。高风险是抑制企业研究开发投入的主要因素，而政府资助政策的不稳定则给企业增加了风险。资助水平的不稳定很有可能导致企业对未来资金来源的稳定性预测，从而采取审慎的方式进行研究开发投入。因此，政府资助的稳定性是影响资助效果的重要因素，这一结论已经基本在学术界取得了一致。如 H. Capron，Van Pottelsbergue 将西方七国 1973～1990 年间研究开发资助率（政府研究开发投入占全社会研究开发投入）年增长率的标准差作为资助政策的不稳定变量，分析了政府资助的稳定性对资助效果的影响。结果表明，资助政策越稳定，则资助效果越好；资助比例变化越大，则资助

---

① Dominique Guellec，Bruno van Pottelsberghe de la Potterie，Does government support stimulate Private R&D ? *OECD Economic Studies*，1999，pp. 95-120.

效果越不理想①。朱平芳等对我国上海大中型工业行业的实证分析表明，政府直接科技拨款资助率的稳定性对大中型工业企业增加研究开发投入同样具有显著积极的促进作用②。

3. 技术专有性。Liliana Gelabert 等人的研究表明，企业技术的专有性与政府资助效果显著负相关。在技术专有性较弱的企业，政府资助有较高的激励效果，而在技术专有性较强的企业，政府资助的激励效果不仅不明显，还有可能产生挤出效应。当技术专有性系数超过 0.82 时，政府资助会产生部分的挤出效应。通过模型模拟，2002 年西班牙政府资助 1 欧元能够使专有性较强的企业产生 0.7 欧元的边际研究开发投入，如果是较弱专有性的企业，则可能产生 1.7 欧元的边际研究开发投入③。

在 20 世纪的 60 年代至 80 年代，日本的 MITI（工业科学和技术前沿计划）在试图为产业树立技术领先地位的信息技术计划上遭遇了失败，主要原因在于政府资助的研究被看成是纯粹的公告物品，忽视了企业对拥有知识产权的渴望。直至 1991 年，日本政府才最终认识到在研究开发联盟中对参与者激励不足的问题，从而采取了部分的专利分享机制。

---

① 胡卫：《政府资助企业 R&D 政策工具及其效果研究》，载《自然科学辩证法》，2007（6）。

② 朱平芳，徐伟民等："政府的直接科技资助拨款和税收激励对工业企业 R&D 活动资金投入的影响——来自上海市大中型工业行业的实证分析"，厦门：财政政策、货币政策与经济增长国际研讨会，2005（12）。

③ Liliana Gelabert, Andrea Fosfuri, Josep A. Tribó, *Does the Effect of Public Support to R&D Depend on the Degree of Appropriability?* DRUID Summer Conference 2006 on Knowledge, Innovation and Competitiveness: Dynamics of Firms, Networks, Regions and Institutions. Frederiksberg, DENMARK. June 18-20, 2006.

二、我国政府对研究开发资助的现状分析

我国政府对研究开发的资助存在三大问题：一是政府投入在整个研究开发投入中所占的比重不高；二是研究开发的财政支持结构不合理；三是政府投入在企业研究开发投入中的比重不高。

（一）政府研究开发投入不足

政府对研究开发投入的规模可以用政府在全国研究开发投入中所占的比重、财政科技拨款在全国财政支出中所占比重来衡量，这两个指标衡量的政府研究开发投入比重都不高。

研究开发资金是实现国家科技发展目标的重要资金来源。我国只公布了近几年的研究开发资金来源的统计数据，如表7-7所示。可以看出，政府投入研究开发的资金占全国研究开发经费的比重呈下降趋势。联合国教科文组织在 1971 年出版的《科学应用与发展》，通过对多国统计分析提出，投资规模和投资结构都与工业化发展阶段密切相关。就其结构而言，在工业化第一阶段，政府的经费占全社会经费的比重往往超过 50%，属于政府主导型结构；在工业化第二阶段，政府经费占全社会经费的比重往往在 30%～50% 之间，属于政府和企业双主导型结构；在工业化第三阶段，政府经费占全社会经费的比重往往在 30% 左右，而企业经费占全社会经费的比重往往在 60% 以上，属于企业主导型结构。这就是说，随着国家工业化水平不断提高，投资的结构也逐渐实现从政府主导型向企业主导型转变。我国正处于工业化发展第一阶段的后期，正迈向第二阶段。根据此文献的标准，可以看出现阶段我国政府对研究开发的投入偏低。

表 7-7　全国研究开发经费支出按资金来源分类（单位 %）

年份	政府资金	企业资金	国外资金	其他资金
2000	33.4	57.6	2.7	6.3

年份	政府资金	企业资金	国外资金	其他资金
2004	26.6	65.7	1.3	6.4
2005	26.3	67	0.9	5.7
2006	24.7	69.1	21.6	4.6

资料来源：根据《中国统计年鉴》、《中国科技统计年鉴》有关资料整理。

财政科技拨款占全国财政支出的比重偏低。财政科技拨款是指国家财政支出中用于科技活动的经费，主要包括科技三项费、科技事业费、科技基建费以及其他科技事业费。它的主要投向是支持研究开发活动、社会公益和技术基础性的科技服务活动，以及辅以一定的科技成果转化和产业化开始阶段的启动资金，包括风险资金和创业资金的基本资金等。根据《中国统计年鉴》《中国科技统计年鉴》，1991～2007 年我国财政科技拨款占财政支出的比重如表 7-8 所示。

表 7-8　1991～2007 年国家科技拨款额及占国家财政支出的比重

年份	财政科技拨款额 （亿元）	财政科技拨款占国家 财政支出的比重（%）
1991	160.7	4.7
1992	189.3	5.1
1993	225.6	4.9
1994	268.3	4.6
1995	302.4	4.4
1996	352.6	4.4
1997	408.1	4.4

续表

年份	财政科技拨款额（亿元）	财政科技拨款占国家财政支出的比重（％）
1998	466.5	4.3
1999	544.9	4.1
2000	575.6	3.6
2001	703.3	3.7
2002	816.2	3.7
2003	975.5	4
2004	1095.3	3.8
2005	1334.9	3.9
2006	1688.5	4.2
2007	1783.0	3.6

资料来源：根据《中国统计年鉴》《中国科技统计年鉴》有关资料整理。

从表 7-8 中可以看出，我国政府财政科技拨款的绝对值逐年增长，2007 年财政科技拨款额（1783 亿元）比 1991 年（160.7 亿元）增长了 10.1 倍，但是财政科技拨款占财政支出的比重却呈缓慢下降的趋势，主要是因为在此期间财政收入同比增长了 15.3 倍（2007 年政府财政收入为 51321.8 亿元，1991 年政府财政收入为 3149.48 亿元），远远大于财政科技拨款的增长速度。由此可见，我国的政府科技投入规模尚未形成稳定增长机制。政府主体的投入增长滞后于经济发展需要。

（二）政府研究开发的财政支持结构不合理

基础研究投入水平偏低。一个国家基础研究的水平决定了科学物化为技术的能力和程度，基础研究不会产生直接的经济效益，但是基础研究的成果可以为应用研究和试验发展提供知识基础，其水平的高低直接决定后两者水平的高低。因此，对基础研究的投入水平应保持在一个合理的水平上，才能使一国的科技进步和经济发展得到保证。基础研究一般与商业目标无关，且投资大、周期长，其成果一般以公开发表的学术论文、专著等形式存在，无法通过申请专利获得排他产权，企业不能成为其主要供给者，应该主要由政府提供该类研究开发资金。长期以来，我国对基础研究的投入比例偏低，基础研究在整个研究开发经费中的比重一直徘徊在 5％上下，如表 7-9 和表 7-10 所示。在发达国家，自 20 世纪 90 年代以来，基础研究经费占研究开发经费总额的比重一般为 13％～19％。例如，2003 年，我国基础研究经费在全部研究开发经费中所占的比重为 5.7％，而美、日、法、韩这一指标分别为 19.1％、13.4％、24.1％和 14.5％。相比之下，我国基础研究投入力度的不足显而易见。

表 7-9 1997～2007 年我国研究开发经费支出按活动类型分布百分比

年份	基础研究	应用研究	试验发展
1997	5.7	27.2	67.1
1998	5.3	22.6	72.1
1999	5.0	22.3	72.7
2000	5.2	17	77.8
2001	5.0	16.9	78.1
2002	5.7	19.2	75.1
2003	5.7	20.2	74.1
2004	6.0	20.4	73.6
2005	5.4	17.7	77.0
2006	5.2	16.8	78.0
2007	4.7	13.3	82.0

资料来源：中国科技统计网站。

表 7-10　我国大中型企业研究开发经费的来源构成

年份	研究开发经费（亿元）	政府资金		企业资金	
		（亿元）	比重（%）	（亿元）	比重（%）
2000	353.6	22.4	6.3	313.6	88.7
2001	442.3	21.8	4.9	403.6	91.3
2002	560.2	28.1	5.0	510.9	91.2
2003	720.8	29.0	4.0	669.4	92.9
2004	954.4	35.3	3.7	904.9	94.8
2005	1250.3	45.4	3.6	1181.9	94.5
2006	1630.2	60.0	3.6	1547.5	94.9
2007	2112.5	85.7	4.1	1996.9	95.6

资料来源：中国科技统计网站。大中型企业研究开发经费来源还包括少量的国外资金和其他资金。

我国政府对企业的资助过分侧重于下游，即技术引进、技术改造。例如对企业引进《当前国家重点鼓励发展的产业、产品和技术目录》内的国外设备进行技术改造，实行全免关税政策，企业技术改造如果采用国产设备可以抵免所得税政策。同时，国家采取积极的财政政策支持企业进行技术改造，远远超过政府对企业从事技术创新的支持力度。这种政策倾向可能的后果有两个：一是政府公共对企业的补贴过多侧重技术引进、技术改造，既超出了政府干预的边界，产生政府失灵，导致社会科技资源配置的低效率，又可能对企业产生挤出效应；二是现行的各种国家科技创新资助计划，都是以科技成果商品化为目的的，一般并不区分工业研究、竞争前开发或者商品化前期研究项目，这些显然与 WTO 等国际规则相冲突。

（三）政府在企业研究开发经费来源中所占比重较低

在英美等国家，政府将其研究开发资金的四分之一或者更多投资于企业，企业研究开发支出中政府资金所占的比例超过十分之一。而在我国企业的研究开发经费中，来源于政府的研究开发资金比例较低，起不到应有的激励作用。表 7-10 是 2000～2007 年大中型企业中研究开发经费的来源构成，其中政府研究开发资金绝对额连年增长，但是在整个企业研究开发资金来源的构成中所占的比重却呈下降的趋势，2007 只有 4.1％。如上所述，当政府对企业的研究开发资助规模为 11％～19％时，对企业研究开发的激励效应最大，可见，政府对企业研究开发的资助尚有很大的提升空间。

三、企业研究开发中的政府采购政策

政府采购也称公共采购、政府订货，是政府资助研究开发的重要方式。世界贸易组织《政府采购协议》中将政府采购定义为：成员国的中央政府、次中央政府以任何合同形式采购产品、工程和服务，包括购买、租赁、分期付款购买、有无期权购买等。我国《政府采购法》规定：政府采购，是指各级国家机关、事业单位和团体组织，使用财政性资金采购依法制定的集中采购目录以内的或者采购限额标准以上的货物、工程和服务的行为。

政府采购制度最早形成于 18 世纪末，美国在 1761 年颁布《联邦采购法》，对政府采购的形式、程序给予了详细规定；英国政府在 1782 年设立了文具公用局，特别负责政府部门所需办公用品的采购，以后发展为物资供应部，专门采购政府各部门所需物资。政府采购政策的最初制定和实施，是出于对政府支出效率的考虑。在西方经过两百多年的发展后，目前政府采购获得了新的意义，它不仅是优化财政支出管理的方法，而且是国家调控经济的手段，承载了多样性的政策目标。其中运用政府采购政策激励企业研究开发活动，更是一些国家政府采购

政策所追求的重要目标。

政府采购对企业研究开发具有巨大的影响。主要体现在以下几个方面。

（一）政府采购与企业研究开发的关系

1. 政府采购对企业研究开发起着市场拉动作用。市场需求对企业研究开发的推动作用是不言而喻的。企业研究开发受技术风险和市场风险的双重影响，其研究开发产品的推出总是面临着较大的风险，这就使得一些领域的技术研究开发甚至是社会急需的技术研究开发相对滞后，不利于整个社会的经济发展。由于政府采购资金数额巨大，可以用其创造一个超出现有技术水平的产品市场，这是政府采购最直接的影响。

美国是最早认识到政府采购是刺激技术创新有力工具的国家之一。美国西部硅谷地区和东部128公路沿线地区高技术产业群得以迅速发展，成为当今世界技术发展最活跃的地区，美国联邦政府的采购政策是成功的关键。印度成为世界上第二大软件出口国，政府采购功不可没。印度在政府采购上规定：在政府安全、军事、国防等诸多政府部门必须采用国产软件。瑞典和芬兰对移动通信技术 NMT（nordic mobile telephone system）标准的采购为诺基亚和爱立信公司进入移动电话行业提供了决定性的帮助。

2. 政府采购对企业研究开发的导向作用。政府可以采用公共技术采购的方式激励企业研究开发。和一般政府采购相比，技术采购最大的特点是：所采购的技术产品在采购时还不存在，但在合理的期限内可以由生产商通过技术研究开发出来。政府采购可以从以下几个方面促进企业的研究开发：（1）在政府采购的资格审查中，对那些自主创新的企业给予支持。（2）在编制政府采购预算时，要求优先购买自主创新产品。（3）对自主创新产品实行首购、订购制度，在政府采购付款结算中，采取对自主创新企业优先和优惠的办法等。（4）扶持中小企业，扩大创新的来源。表 7-11 列示了公共技术采购与一般政府采购的区别。①

表 7-11　公共技术采购与一般政府采购的区别

公共技术采购	一般政府采购
欲采购的产品、系统或标准不存在	欲采购的产品是现成的
最终用户是公共部门，也可能是企业、大量分散的私人用户	最终用户是公共部门
目的是促进全社会的科技发展	目的是为更新或升级公共部门设备
周期较长，一般需要 3～5 年	周期较短，一般不到 1 年
强烈反映国家科技政策和计划，对科技创新具有引导作用	一般只反映出公共部门短期需求

　　根据公共技术采购的目的，可将公共技术采购分为开发导向型采购和适应性采购。开发导向型采购是为了某些特殊的技术和社会目的而进行的采购，重在开发新技术，如涉及国际竞争的核心技术，促进技术跨越和系统集成的关键技术，促进环保、公共卫生等公益事业的技术等。扩散性采购是国家引进现存的技术产品或系统，通过部分的 R&D 活动使这些引进产品和系统适应本国条件，提升本国产业应变能力的过程，重在引进技术。无论是哪一种公共技术采购，政府都会对拟采购物品的性能规格有明确要求，因此对企业研究开发起着导向作用，政府可以根据国情和国家技术跨越战略选择要重点发展的技术项目。

---

　　① 胡卫：《作为创新政策工具的公共技术采购》，载《科学学研究》，2004（1）。

（二）我国政府采购的制度分析

政府采购在国外已经有 200 多年的历史，而我国的政府采购制度开始建立于 20 世纪 90 年代中期，当时主要是在上海、深圳等城市开展改革试点工作。1998 年，国务院明确财政部作为政府采购的主管部门。随后，地方各级政府在财政部门也设立了相应的政府采购管理机构。自 1999 年起，财政部先后颁布了《政府采购管理暂行办法》《政府采购招标投标管理暂行办法》和《政府采购合同监督暂行办法》等规章制度，推动了各地加大政府采购试点工作的力度，使政府采购工作由初创阶段迅速转向全面试点和推行阶段。2002 年 6 月 29 日，第九届全国人民代表大会常务委员会第二十八次会议通过《政府采购法》，并于 2003 年 1 月 1 日正式实施，这标志着我国政府采购制度改革工作进入了新的历史发展时期。2007 年财政部先后颁布了《自主创新产品政府采购评审办法》《自主创新产品政府采购预算管理办法》《自主创新产品政府采购合同管理办法》和《自主创新产品首购和订购管理办法》，体现了政府采购对企业自主创新的支持。但是，政府采购在我国作为一项新生事物，在具体开展过程中仍存在一些问题，对企业自主创新的支持力度不够。

1. 政府采购法律体系尚不完善。与很多国家在推行政府采购的初期目标相似的是，我国政府采购的目标侧重于节约资金、预防腐败，在《政府采购法》中没有把对企业自主创新的支持明确作为政府采购的主要目标。另外由于目前与《政府采购法》相配套的实施细则还不完善，政府采购缺乏一个规范、统一的操作程序，各地方政府采购实践的范围、内容和方法存在很大的差异，对政府采购的不合理程序还不能进行依法约束，不能确定其程序是否合法，从而导致一些采购者可以利用程序上的缺陷进行违规操作。

2. 采管不分家，职能定位不清。根据国际惯例和我国政府采购法的规定，"采管"分离是政府采购工作健康发展的前提条件。我国政府采购法规定各级财政部门为政府采购的监管机构，但对执行机构仅作了概括性的规定，通称采购代理机构，目前绝大多数采购执行机构设置在财政部门，这就使得财政权力有无限扩大的趋势。财政部门作为政府采购的监督管理部门，又直接从事政府采购的具体操作，既是运动员，又是裁判员，将难以保证政府采购的公平、透明和高效。

3. 采购规模较小，对企业研究开发的拉动作用有限。与发达国家相比，我国政府采购规模较小。2003 年我国政府采购为1500 亿元，占 GDP 的 1.13%；2004 年超过了 2000 亿元，占GDP 的 2%；2005 年达到 2500 亿元，占 GDP 的 1.14%；2007 年增加到 4661 亿元，占 GDP 的 1.87%。而目前西方国家的政府采购占 GDP 的比例较高，一般为 10%～20%，如美国大约为 20%、欧盟为 15%～20%、日本大约为 10%。我国政府采购规模小，对高新技术产品采购的比例也很低，因此对企业研究开发的拉动作用不足。

4. 对中小企业的扶持力度不够。在我国，中小企业已成为国民经济的重要组成部分和科技发展的重要力量。2005 年，我国中小企业的数量已占全国总数的 99.6%，创造的最终产品和服务的价值占国民生产总值的 58.7%，生产的商品占社会销售额的 59.1%，上缴税收占 48.6%，解决了 75%的城乡就业①。但是，由于中小企业在经济实力、品牌知名度和产品质量等方面与大企业相比，有很大差距。同时，由于目前我国政府采购的评标体系侧重的是节约财政支出，政府评标流程和机制对中

---

① 《中小企业产值占 GDP 过半 发改委探索解决融资难》，载《第一财经日报》，2006-08-21。

小企业过于烦琐和苛刻，特别是高额的政府采购保证金，占采购额的 2%～20%，往往让中小企业面对政府大宗采购望而却步。所以，在政府采购的市场中，中小企业所占比例微乎其微，与其在国民经济中的地位和作用极不相符。

鉴于此，应当不断完善我国政府采购政策，促进企业研究开发。(1) 建立完善的政府采购法律体系，明确鼓励企业自主创新。在政府采购法中应进一步明确鼓励企业自主创新的目标，使政府采购成为引导企业自主创新手段的法律依据，同时要建立配套的法规制度，使对自主创新产品和中小企业进行政府采购的相关规定更具操作性和可行性。(2) 采管分离，明确区分双方的权利和义务。根据国际惯例和我国政府采购法的规定，为使政府采购工作能够健康发展，政府采购的执行与监督管理应当分开。(3) 加大政府采购的规模，提高科技创新型产品在政府采购中的比重。对从事研究开发的企业而言，政府采购的最重要的功能就是为企业的研究开发产品提供一个稳定的、可以清晰预计的市场，从而大大降低企业研究开发产品的市场风险。根据发达国家的经验，政府采购的额度占 GDP 的比重在 10%以上，且对企业自主研究开发有所倾斜的情况下，政府采购才能创造出充足的需求，有效拉动企业研究开发的发展。(4) 建立中小企业政府采购制度，加大对中小企业的扶持力度。通过法规规定，在相应的条件下允许将大额采购合同和采购任务分成若干部分实行招标，从而使中小企业享有更多可以参与投标竞争的机会，以获得合同订单。

第四节　政府税收激励

研究开发税收政策是指政府为了促进研究开发特别是企业的研究开发投入，提高研究开发投入强度所采取的一系列特别税收措施的总和。税收具有调控资源配置的功能，税收优惠作为激励与引导企业经济活动的重要手段，将有效地诱导和激励企业的研究开发活动。

一般来说，税收政策从三个方面来影响企业的研究开发：(1)降低研究开发成本，提供投资的资本收益率，推动研究开发进程。(2)降低企业研究开发投入的风险，鼓励研究开发投入的不断增加；税收优惠政策因能降低企业投资的风险而激励企业研究开发投入。(3)支持企业应用新成果，引进新技术，更新机器设备，鼓励技术和高新技术产品输出，为技术创新和科技发展创造良好环境。由于税收优惠政策具有透明度高、公平性强、影响面广等特征，我国和世界多数发达国家都对企业的技术创新和研究开发活动提供了税收优惠支持。

政府的税收优惠政策作为间接资助研究开发的主要方式，它与政府直接资助发挥着不同的作用：(1)政府对企业研究开发活动的不同支持方式具有不同的政策功能。政府直接投资是一种事前支持的方式，企业争取到政府资助的前提是必须投入一定量的配套资金，这使政府资金具有杠杆作用；间接支持则以事后奖励的方式，引导和鼓励企业对研究开发投入，是政府调控资源配置的重要手段。(2)政府的不同支持方式倾向于不同的企业。给予直接资助表明该企业的研究开发活动对政府具有一定重要性因而受到关注，间接支持则使所有从事研究开发活动的企业有均等的机会获得政府支持。(3)政府直接资助可以缓解企业当前的研究开发资金不足问题，间接支持政策的延续作用则有助于在更长的时间和更大的范围内减小企业开展研究开发活动的资金和技术困难。

政府在支持企业研究开发活动时，应考虑到各种政策工具之间的相互关系和局限性，充分发挥不同政策工具的效用。政府既是投资者又是政府资金的管理者，应通过协调投资者、资金使用者、管理者、受益者各方面的利益，使得政府对企业研究开发的直接资助、政府投资研究开发的溢出效应和对企业研究开发宏观引导效果得到良好的体现，从而有效地促进企业研究开发活动的开展①。

一、税收政策工具

在现实中，激励企业研究开发的税收优惠工具有很多种，根据这些税收优惠方式的特点，可以将税收优惠归纳为税收减免、盈亏相抵、退税等直接税收优惠方式和延期纳税、加速折旧、特定准备金等间接税收优惠方式两大类。

（一）税收减免

1. 减免企业所得税。所得税税收减免由所得税优惠税率、免税和免税期等税收激励工具组成，是世界上许多国家和地区广泛使用的优惠方式。通过减免公司所得税，可减轻企业税收负担，增加企业税后所得，以此增强企业技术研究与开发投入的能力。很多国家都给高新技术产业或企业以定期免征或减征企业所得税的优惠。如法国制定了高新技术开发投资税收优惠政策，规定凡是研究与开发投资比上年增加的企业，经批准可以免缴相当于研究与开发投资增值额的 25％ 的企业所得税，后来这一比例又提高到 50％；而在高新技术开发区内的新办企业免征公司所得税 10 年。日本对技术开发基金比上年增加部分，按增加额的 70％ 减征所得税，对输出的技术专利所得收入的 18％ 免征所得税。

2. 免征关税与增值税。许多国家都有对进口的专用于科研的设备、仪器等免征进口关税和增值税的规定。如印度对为了

---

① 王娅莉，陈雷：《政府对企业 R&D 资助的方式及利弊分析》，载《科技进步与对策》，2003（2）。

出口目的而进口的计算机软件一律免征关税，对其他计算机软件的进口税率也连年下调。斯里兰卡规定对高新技术产业企业从注册之日起一年内进口的机器设备，免征进口税和其他流转税。同时很多发达国家对专门用于科研的产品及用于交流与促进科学技术发展的书报刊物、大学教材、学术杂志等的增值税采用零税率，或对专门用于科研的设备、仪器免征进口环节的增值税。在消费型增值税国家如法国，允许企业新购置的固定资产价值在增值税中抵扣，鼓励企业加快设备改造和技术更新。

（二）亏损弥补

亏损弥补是指企业某一年度发生的亏损，可以用以前或以后年度实现的利润进行弥补，以减少其以后年度的应纳税额。在实践中，亏损弥补这一措施主要有三种做法。

1. 退回补偿（向前转抵）方式。即投资者在某一纳税年度发生亏损时，可以用以前年度的利润弥补亏损而退回以前年度已纳的所得税。这种亏损结转方式下，政府要退回一部分已经入库的税款，风险承担的方式较为直接，对研究开发这类风险投资的鼓励较大，但这种方式对于新开办的企业作用不大。

2. 结转补偿（向后转抵）方式。即投资者在某一纳税年度发生亏损时，可以用以后年度的利润弥补亏损，其实质是政府用以后年度的税收承担投资者的部分亏损。目前，大多数国家（地区）采用这一方法。同前一种方式相比，由于货币时间价值的影响，这一方式对研究开发投资的鼓励程度要小些，在财力有限的情况下，政府往往倾向于采用这种方式。

3. 前后共同补偿方式。即投资者在某一纳税年度发生亏损时，可以用以前和以后几年的利润来抵补亏损。这种方式是把上述两种方式结合起来，目的是加快投资者亏损的补偿。一般而言，冲抵前后年度的盈余，都有一定的时间限制。例如，美国的税法曾规定，前后可以冲抵的年限为前 3 年后 7 年；我国台湾省曾规定的年限是前 4 年后 5 年。

由于研究开发高风险、高投入的特点，企业发生亏损的可能性和几率大大增加，实行亏损结转的政策，可以减轻企业在一定期间的整体税负，降低企业的资本使用成本和投资风险，对于扶持企业的研究开发活动具有较大的促进作用。但是，这种方法的应用，须以企业发生亏损为前提，因此对生产经营状况稳定、盈利状况好的企业不具有鼓励作用。

（三）加速折旧

加速折旧是允许企业在固定资产使用年限的初期提列较多的折旧。这种折旧方法的特点是固定资产使用初期的折旧额大，以后逐年减少，但在资产的预计使用年限内折旧总额不变。虽然加速折旧不会减轻企业的总税负，但税负前轻后重，有税收递延之利，相当于政府给予一笔无息贷款，缓解了企业因购置固定资产造成的现金短缺困境。同时，由于加速折旧可使企业提前收回投资，加速了固定资金的周转，可以促进企业技术进步和机器设备的更新换代。

许多国家采取加速折旧的方法激励企业的研究开发活动。如美国缩短了高新技术企业的固定资产法定使用年限，将科研设备的法定使用年限缩短到 3 年，机器设备缩短到 5 年，厂房、建筑物缩短到 10 年，对新设备的投资给予加速折旧，并简化折旧的计算方法。法国则对企业用于科学与技术研究的房屋购置或建造成本允许在投资当年计提折旧的 50%，同时，用于研究开发活动的新设备、新工具，可实行加速折旧。日本规定：凡属国家的重点产业部门或行业所引进或购买的技术设备，第一年可折旧其价值的一半，从利润总额中予以扣除，形成企业内部积累；对技术先进的机器设备和风险大的产业的主要技术设备实行短期特别折旧制度。

（四）投资抵税

投资抵税即对购进生产性固定资产设备的企业，允许其在税前扣除设备价款一定比例的金额，以减轻其税负。投资抵税直接减少了政府收入，其实质是变相为企业拨款，政府在实现以间接方式干预了投资活动的同时，并不影响企业的所有权结构，大大减少了对市场作用的扭曲。而且，这项激励措施把目标定在了激励企业追加新投资上，企业只有在进行新的投资后，才能获得投资抵免所带来的好处，所以，这项政策是政府鼓励企业投资的一种有效的方式，被广为采用。如英国税法规定，企业用于科技开发的资本性支出可以 100％ 从税前的营业收入中扣除，并且购买知识产权和技术秘诀（know-how）的投资，按递减余额的 25％ 从税前扣除。美国税法规定，对高新技术有关的研究或试验支出可直接扣除，而不必作为计提折旧的资本支出；凡是当年研究与开发支出超过前 3 年的研究与发展支出平均值的，其增加部分给予 25％ 的税收抵免；企业向高等院校和以研究工作为目的的非营利机构捐赠的科研新仪器、设备等，可作为慈善捐赠支出，在计税时予以扣除。为支持高新技术研究与开发活动，日本政府制定了《增加试验研究费税额扣除制度》《促进基础技术开发税制》等税收政策，规定对用于新材料、尖端电子技术、电气通信技术、宇宙开发技术等的开发资金全部免征 7％ 的税金。后来又对尖端电子、高性能机器人、新材料、生物工程等的研究经费及相关的机械设备和建筑物免征 10％ 的税金。在新加坡，对带来"先进工艺"的高新技术外国公司投资设厂，可享有减免盈利 33％ 的税收，减免期为 5～10 年；从事研究开发的公司享受其研究开发支出 50％ 的政府津贴；对具有新技术开发性质的产业给予 5～10 年的免税期；对计算机软件和信息服务、农业技术服务、医药研究、试验室和检测服务等生产和服务公司用于研究和开发的支出允许双倍扣除。

（五）费用扣除

费用扣除是指允许研究开发费用项目在税前利润中按规定比例或定额予以扣除，以减轻企业所得税负的做法。美国企业的科研开发费用可用两种方式扣除，一是资本化，采取类似折旧的办法逐年扣除；二是费用发生当年作一次性扣除；企业如果委托大学或科研机构进行基础研究，所支付的研究费用的65％可直接从应纳所得税中抵免，企业该项费用按规定办法计算所新增加部分，20％可直接冲减应税所得额；如果企业当年没有盈利或没有应纳税所得额，则允许减免额和费用扣除可往前追溯3年，往后结转5年，其中费用扣除最长可顺延15年。新加坡则将研究试验费用分为营业性支出与资本性支出，营业性支出可以当年扣除，资本性支出则分年摊销，期限一般为3年，如果项目经政府批准，还可以进一步加倍扣除。澳大利亚政府允许企业的研究开发费用按实际支出的150％的比例在税前列支。

这种政策运用得当，确实可以减轻企业的所得税负担，促进企业加大研究开发投入和鼓励技术创新。但必须严格控制其适用条件和范围，否则极易产生漏出效应。这里的漏出效应是指一项设计不当的税收政策会增加执行政策的成本，同时达不到激励企业研发行为的效果。

（六）特定准备金

特定准备金，是指在投资真正发生前，为减少企业投资风险而设立的资金准备，这是税式支出的一种形式，即企业所得中用于一定用途的所得可作为准备金处理而不纳税，主要有技术开发准备金、呆账准备金、退休准备金等。与投资抵免和加速折旧不同，特定准备金是国家对企业投资一种事前补助，降低了研究开发投资的风险。韩国"技术开发准备金"的政策应用较有影响，它规定企业为解决技术开发和创新的资金需要，可按收入总额的 3％（技术密集型产业 4％，生产资料产业 5％）提取技术开发准备金，在投资发生前作为损耗计算。这种做法适用的行业很广，对韩国政府振兴经济、调整产业结构做出了很大的贡献。

（七）延期纳税及退税

1. 延期纳税是允许纳税人在税法规定的时限内，分期缴纳或延期缴纳应缴税款。虽然一定时期内纳税的总额不变，但是由于货币的时间价值和通货膨胀因素的影响，纳税人实际上获得了一笔政府的无息贷款，在一定程度上可以缓解企业财务困难，促进企业资金积累，增强其发展潜力。而对于政府而言，只是延迟收取税款，所损失的只是相当于收取税款部分的利息而已。因此，这种优惠方式既能帮助企业解除或缓解财务上的困难，又能保证政府的必要的税收收入。在政策实践中，许多国家的政府都采取这种税收激励方式来激励企业的研究开发投资。

2. 退税是政府为鼓励纳税人从事或扩大某种经济活动而对纳税人已纳税款或实际承担的税款予以退回。与企业研究开发活动相关的退税方式有增值税的先征后退、再投资退税和个人所得税退税。增值税的先征后退是其免税的一种特殊选择，因为免征增值税则企业不能使用专用发票，下一环节购买方也不能抵扣，这会严重影响其生产经营活动，先征后退则可以解决发票管理上的这一问题，但这种方式存在着管理复杂、成本高的不足之处。再投资退税是对纳税人将税后所得再投资于技术进步等国家鼓励的项目时，对其以前缴纳的所得税按一定比例予以退还，这对于鼓励投资，促进高新技术产业和风险投资业的发展具有积极的作用。

再投资退税方法的优点是即使纳税人当期并无所得或缴纳

所得税，只要投资发生即可获得实际的优惠，而在当期有所得和所得税且当期所得税大于退税额的情况下，对纳税人而言，再投资退税与投资税收抵免的效果是一样的，换言之，投资税收抵免可以被认为是再投资退税的一种特殊形式。

上述分析表明，这些税收政策对企业的研究开发投入具有激励作用，但是它们发挥作用的条件是不同的，要想充分发挥税收激励政策的效应，必须根据不同税收优惠工具的优缺点及适用范围，进行合理的选择和组合，否则，则会大大影响到税收政策的有效性。

二、我国研究开发的税收政策分析

（一）我国研究开发税收政策的现状

自1985年《中共中央关于科学技术体制改革的决定》实施以来，国家税务总局和财政部陆续制定了许多关于研究开发的税收政策，如《国家税务总局关于促进企业技术进步有关财务税收问题的通知》《财政部、国家税务总局关于促进科技成果转化有关税收政策的通知》《财政部、国家税务总局关于贯彻落实〈中共中央国务院关于加强技术创新，发展高科技，实现产业化的决定〉有关税收问题的通知》和《财政部、国家税务总局关于贯彻落实〈中共中央国务院关于加强技术创新，发展高科技，实现产业化的决定〉有关税收问题的通知》，等等。但这些政策存在着执行效果不理想、政策力度不够大等问题。

为了改变这种状况，2006年2月公布的《国务院关于实施〈国家中长期科学和技术发展规划（2006～2020年）〉若干配套政策的通知》（以下简称《配套政策》）对研究开发的税收激励政策进行了调整。2007年3月颁布的《中华人民共和国所得税法》和2007年12月公布的《中华人民共和国所得税法实施细则》，对企业研究开发投入的所得税税前抵扣政策做出了重要的突破①。为贯彻《配套政策》，2007 年 2 月财政部、国家税务总局出台了《关于促进创业投资企业发展有关税收政策的通知》，规定创业投资企业采取股权投资方式投资于未上市中小高新技术企业 2 年以上（含 2 年），在符合一定条件的情况下，可按其对中小高新技术企业投资额的 70％抵扣该创业投资企业的应纳税所得额。可以说我国研究开发的税收激励政策日臻完善。

（二）我国研究开发税收政策存在的问题

可以看出，我国研究开发的税收优惠政策体系已逐步形成，但仍存在许多不完善之处，阻碍了政策效应的发挥。

1. 税收优惠政策缺乏系统性。我国现行的促进研究开发的税收优惠政策还没有形成一个完整的体系。许多税收优惠政策是因临时性的需要而仓促出台的，没有总体上的规划，缺乏系统性和规范性。为了政绩，地方政府也纷纷出台土政策，进行优惠政策攀比和减免税大战，致使科技税收优惠政策混乱，系统性不强。这种缺乏系统的政策格局，表面上给企业研究开发提供了足够多的扶持，但由于缺乏对税收优惠政策效应的科学分析，企业的一些实际问题却没有得到解决，给企业的正常生产经营造成不利影响。例如，根据 2000 年全国研究开发资源调查，我国大中型工业企业和有科技活动的小型企业共有 3.2 万家，其中有研究开发活动的企业 1.72 万家，研究开发经费总支出 489 亿元，这些企业中享受优惠政策的企业为 1215 家，减免的税金为 28.5 亿元。减免税金占研究开发经费总支出的

---

① 连燕华：《鼓励企业自主创新的政策解读》，载《中国科技投资》，2006（5）。

比例为 5.8%，企业的受益面仅为 0.7%①。

2. 税收优惠以区域为主、产业为辅。现行的税收优惠政策主要是一种区域性税收优惠政策，即只针对高科技产业区、经济开发区。如被认定的国家高新技术产业开发区内新创办的高新技术企业，可以自获利年度起两年内免征所得税，两年后按减 15% 的税率征收企业所得税；开发区内的高新技术企业出口产品的产值达到当年总产值 70% 以上的，经税务机关核定，可按 10% 的税率征收企业所得税，等等。而大量不在高新开发区内的企业则无此优惠，这种做法有悖于平等竞争原则。同时这也给企业避税创造了条件，一些高新技术开发区内的企业的非技术性收入也享受了优惠待遇，造成优惠泛滥；另外，区内外的政策不同导致区内注册、区外经营现象普遍存在，不利于税收征收管理。

3. 税收优惠以直接优惠为主、间接优惠为辅。从税收优惠方式上看，税率式优惠、税额式优惠（如免税、减税）属于直接优惠方式，而税基式优惠，如加速折旧、投资抵免、税前列支等属于间接优惠方式。两种方式各有特点，也各有利弊。直接优惠具有透明度高、激励性强的特点，但由于受益对象主要是那些已经获得了研究开发收益的企业，而对于那些正在进行研究开发尚未实现研究开发收益的企业来说则可能享受不到这一优惠。这种事后优惠对于引导企业事前进行研究开发往往作用不大。间接优惠侧重于税前优惠，有利于形成"政府引导市场、市场引导企业"的有效机制，也有利于体现公平原则，能充分调动企业从事科研和技术开发的积极性，目前发达国家大多都主要采用间接优惠方式。而我国现行的科技税收优惠中，

---

① 石林芬：《OECD 国家 R&D 税收激励政策的设计经验及对我国的启示》，载《科学与管理》，2003（6）。

直接优惠占绝对比重为 62.38％，间接优惠占 37.62％①。这对支持、鼓励更多的企业开展研究开发有一定的负面影响。

4. 以所得税优惠为主，流转税优惠为辅。我国现行的税制是以流转税和所得税为主体的双主体税制结构模式，目前，我国增值税收入占税收收入总额的比重高达 45％左右，局部地区甚至高达 60％以上。但是，现行研究开发税收政策优惠主要体现在所得税上面，没有充分考虑现行增值税等流转税体制不合理对企业研究开发投入的消极影响。（1）增值税。我国是世界上仅有的实施生产型增值税的两个国家之一（中国与印度尼西亚），这种增值税制的课税依据既包括生产资料，又包括消费资料，相当于社会国民生产总值，因而被称为生产型增值税。由于生产型增值税具有征税范围偏窄、税款抵扣方面存在缺陷、税率设计偏高等特点，使得它对企业从事的研究开发活动产生消极的影响。（2）营业税。按照现行税法规定，只有科学机构、高等学校从事的技术转让收入、技术开发业务和与之相关的技术咨询、技术服务业务取得的收入，免征营业税，其他企业从事技术转让收入、技术开发业务和与之相关的技术咨询、技术服务业务取得的收入，则不在优惠的范围之内，不利于促进企业技术成果转化和技术开发。

5. 现行税制不利于对人力资本的投资。高科技人才是企业研究开发活动的支柱。对科技人才实施税收优惠政策，制定以人为本的税收政策，成为世界各国的共同选择。韩国对于企业支付的技术和人才开发费可以一定的比例从法人税和所得税中扣除；对在韩国国内企业工作或在特定研究机构从事科研的外

---

① 赵岚：《试论支持企业自主创新的税收优惠政策》，载《当代经济研究》，2007（2）。本书在引用时，将作者原文中对创业投资的优惠并入到税收的间接优惠中。

国人给予 5 年的所得税减免。法国 1995 年规定，享受国土整治津贴的重点地区，用于研究开发方面的人员开支减税额为 100％，大巴黎地区为 65％，其他地区为 75％，1996 年起实施，有效期 3 年。

我国人口众多，人力资源丰富，但同时人才匮乏，这种人力资本状况与我国经济增长和科技进步的迫切需要极不相适应。因此，迫切要求政府和全社会重视科技人才的投资与开发，加大我国在人力资本方面的投入，尤其是对政府而言，更应该通过改革从制度上为人力资本的投资与开发创造一个良好的环境，其中，实行有利于科技人才的培养和科技队伍的稳定的个人所得税税收政策即是一个十分重要的环节。

6. 缺乏对研究开发联盟的税收优惠。企业的研究开发联盟指企业通过与其他企业、事业单位或者个人等建立联盟契约关系，在保持各自独立的利益及社会身份的同时，在一段时间内协作从事技术或者产品项目研究开发，在实现共同确定的研究开发目标的基础上实现各自目标的研究开发合作方式。由于研究开发联盟具有节约企业研究开发费用、帮助企业迅速攫取经营机会和战略的优点，国际上许多国家都对研究开发联盟提供了税收方面的激励政策。如美国政府鉴于基础研究对应用技术研究的重要性，为了鼓励企业把应用研究与基础研究有机结合，税法中专门作出明确规定，即公司委托大学或科研机构进行的某些基础性研究，根据合同所支付的研究费用的 65％，可以直接从公司所得税中抵免。在加拿大，直接以纳税人利益开展研究开发活动的学会、大学、研究院所所用的符合税收激励政策的支出享受公司所得税税收抵免。反观我国目前的税收政策中的税收优惠，主要集中在对企业自行开发技术成果转让和科研单位、高等院校技术转让、技术咨询、技术培训、技术服务收入及所得的税收减免上，而对如何促进产学研联合方面还没有相应的政策措施，仅有关于对这种联合组织成员企业所交纳的技术开发费用准予列入管理费的规定，对研究开发联盟的税收优惠非常缺乏。

7. 缺乏对中小型科技企业的激励。中小型高科技企业是技术创新活动中最具活力和创造性的群体。世界上许多国家和地区都有专门的扶持鼓励中小企业发展的税收优惠政策。如美国在 1981 年通过的《经济复苏税法》规定，与中小企业密切相关的个人所得税降低 25％，税法中特别规定，对雇员在 25 人以下的企业，公司所得税按个人所得税的税率缴纳。资本收益税下调到 20％。每年税款小于 20 万美元的纳税人不再通过联邦税收电子支付系统预缴税金。预缴税款的最低值从 500 美元提高到 1000 美元。韩国《中小企业创业支援法》规定，对以下事项可依据《租税减免规制法》减免税：（1）对集约型中小企业和农村地区中小企业的创业者，减免法人税、所得税、取得税、财产税及注册税；（2）对投资机构的持股份额和转让损失，免除法人税；（3）对投资机构符合规定的投资损失准备金，可计入年度经营亏损；（4）投资机构投资收益和各股东的股权收益可按规定设置所得税特例。法国为扶持企业发展，对于新成立的中小型公司，前三年内免除全部的公司所得税，以后两年内再免除 50％的所得税。公司亏损可获得税前扣除，一年扣不完可以向后无限期结转。

单就税收优惠政策来讲，目前我国针对中小企业还没有形成一整套税收优惠政策体系，现有的税收优惠政策较为零散，而且存在一定的局限性，主要表现在：（1）目前对科技企业税收优惠主要体现在所得税上，而且以税额优惠为主，对中小型高新技术企业帮助不大。因为许多小型高新技术企业，还处于产品开发或市场开拓阶段，盈利不多，有的甚至还处于亏损状态，没有减免税的空间。（2）现行政策规定，企业认定为增值税一般纳税人，除在财务制度和税收管理需要达到一定要求外，从事工业生产的企业年应税销售额必须达到 100 万元以上，从事商业经营的企业年应税销售额必须达到 180 万元以上。这种规定一定程度上制约了大量属于小规模纳税人的中小企业与一般纳税人企业的经济往来，加大了中小企业经营困难。

三、完善研究开发税收政策的思考

（一）国外研究开发税收政策的共同特点

由于各国经济发展水平、研究开发状况以及税收体系不太一样，不同国家对高技术企业的优惠措施各不相同，但是综合起来看，它们在运用税收政策促进研究开发上大都具有以下几个共同特点。

1. 重点激励研究开发。从美、日、英等国的实践上看，它们把鼓励创新、促进高技术产业发展的重点放在了研究开发阶段。此外，马来西亚、澳大利亚、奥地利、荷兰等国家也都制定了鼓励研究开发支出的相关税收优惠政策。总体来说，虽然政策措施有所不同，但政策目的非常明确，在实践中取得了很好的效果。

2. 税收优惠政策主要采取法律形式。发达国家制定的税收优惠政策大多体现在相关的法律中，而且对优惠对象都有非常明确的规定。如美国税法严格区分基础研究和产品开发，基础研究的成本可以申请税收抵免和其他的税收优惠，而只有在实验室进行过程中发生的开发成本才可以享受特别的税收待遇，其他的开发费用必须资本化。通过法律形式来制定和实施税收优惠政策，保证了税收激励政策具有权威性、稳定性和可操作性。

3. 税收优惠方式简便易行、注重效果。从发达国家所采取的税收优惠方式看，主要有费用扣除、加速折旧、税额减免、投资抵免等，而且具体的优惠标准及幅度都有非常明确的规定，这样操作上简便易行，效果明显。

4. 强化税收优惠项目的预算控制与效益考核。为防止税收优惠支出过多过滥，对研究开发、高技术企业实施税收扶持政策的国家一般非常重视税收优惠的预算控制与效益考核，将税收优惠所减少的税收收入作为一项税式支出来加强管理，设立税式支出统一账目，规范税式支出预算。同时，对具体资助的科研成果进行鉴定，并对其所形成的经济与社会效益进行预测与考核，连同税式支出成本的估价，一同附于年度预算报表之后。

（二）完善我国税收政策的建议

借鉴国际经验，结合我国当前研究开发税收优惠政策的现状，可以考虑从以下几个方面来完善我国研究开发的税收优惠政策。

1. 加强研究开发税收政策的系统性和稳定性。为了促进科技发展和实现经济增长方式的根本转变，政府应建立一个清晰、前后一致及有可预见性、可操作性强、系统的税收优惠政策体系。稳定的研究开发税收优惠政策有助于企业制订长期的研究开发发展计划。OECD 国家的实际经验和实证研究显示，只有当研究开发税收激励政策实施时间比较长时，激励效果才比较明显。过于复杂的方案或是频繁变更的方案将会抑制企业的研究开发投资行为①。在系统设计研究开发的税收优惠时应从三个方面去考虑：（1）根据自主创新企业发展的不同阶段，税收优惠的侧重点应有所不同。（2）不同税种优惠项目应相互

---

① 石林芬：《OECD 国家 R&D 税收激励政策的设计经验及对我国的启示》，载《科学与管理》，2003（6）。

关系照应。如对企业所得税可侧重于加速折旧、税项扣除、投资抵免等间接税收优惠方式，而对增值税、营业税则选择减免税、退税等直接税收优惠方式。（3）税收优惠要根据经济发展情况动态调整税收优惠政策的扶持范围，实现动态鼓励与静态鼓励的统一。

2. 实现税收优惠以区域优惠为主向以产业优惠为主转变。毋庸置疑，高新技术开发区的税收政策对吸引外资、促进高新技术产业的集聚和规模的成长发挥了重要的作用。但是，在提升企业创新能力方面却没有起到应有的导向作用。对开发区内外相同性质的企业区别对待的做法，违背了税收公平的原则，也为很多企业利用在开发区"假注册"等手段"合法避税"提供了机会，违背了运用税收政策促进高技术产业发展的初衷。从税收公平的原则出发，扶持高新技术企业发展的税收优惠，应尽量少用区域性税收优惠，而要以产业性优惠为导向，以项目优惠为主。作为过渡阶段的政策，应加大对高新技术企业的监管力度，按照附加价值率的高低界定高新技术企业，并对高新技术企业实行年检制度。

3. 逐步实现税收优惠以直接为主向间接为主转变。由于间接优惠具有较好的政策引导性，能充分调动企业从事科研和技术开发的积极性，因此，可借鉴国外先进经验，结合我国国情，调整研究开发税收优惠政策的税收优惠措施，建立起以税基减免为主，税基减免、税额减免、优惠税率有机结合的税收优惠机制。只有税基减免、税额减免、优惠税率三种方式相互协调配合，才能促进研究开发活动的发展。国外发达国家的实践经验已证明，能够使科技快速发展的优惠方式应该是：有利于设备更新和资金回报的加速折旧；有助于科研活动的税前扣除（包括升值扣除）、税前抵免以及资助目的性较强的税收信贷、延迟支付等。借鉴国外的做法，我国可以适当采取加速折旧、投资税收抵免、提取风险基金、亏损结转等间接优惠方式，鼓励企业资金更多用于科技投入和设备更新，加快高科技产业化进程。

4. 改革流转税体制，使所得税优惠与流转税优惠并重。所得税和流转税都可以作为研究开发税收优惠的税种。但从我国现行的研究开发税收优惠政策看，优惠大多集中于所得税，流转税方面的优惠较少，改革流转税制，注重流转税在促进研究开发方面的作用，是个不可忽视的问题。在增值税上，由生产型向消费型转化。在营业税上，比照对科研机构的做法，可考虑将企业的有关技术咨询、技术服务、技术培训的收入纳入营业税的免税范围，这与国际上通行的对转让或租赁专利、新工艺所获收入减免税的做法是一致的。

5. 应进一步加大对人力资本的税收优惠。高科技人才是推进科技进步和高新技术产业发展的根本。针对现行科技税收政策中对人力资本激励措施存在的缺陷与不足，应从以下几个方面健全和完善与高新技术企业发展相适应的人力资本税收优惠政策：（1）改革高新技术企业的计税工资标准，允许对研究开发人员的工资费用予以全额税前扣除。（2）对高科技人才在技术成果和技术服务方面的收入予以减税。科技人员进行非职务技术成果的技术转让、技术专利使用费、版权费等收入，属于技术性和智力性活动的收入，从鼓励科技人员开展各种形式的技术活动，充分发挥科技人员在技术进步中主体作用方面考虑，这部分个人技术活动收入可比照稿酬所得，按应纳所得税额减征 30％。（3）适当扩大对科技研究开发人员技术成果奖励个人所得税的免税范围。（4）对技术入股的股权收益、股票期权收益免征个人所得税。为了鼓励科技人员参加员工持股，有必要对技术入股的股权收益包括红利和转让收入免征或减征个人所得税，对股票期权分红免征个人所得税，股票期权转计收入免征或减征个人所得税。（5）消除个人所得税与企业所得税对股息、红利的双重征税问题。

此外，还要在研究开发联盟的税收优惠、鼓励中小高科技企业发展等方面改革和完善我国税收政策。

第五节　风险投资激励

风险投资（venture capitals，也称为创业投资）是由一些专业人员或专门机构向那些刚刚成立、增长迅速、潜力很大、风险也很大的高新技术企业提供股权融资并参与其管理的行为。这些专业人员称为风险投资家，专门机构称为风险投资企业（公司），接受投资的企业称为风险企业，为风险投资筹集的资金称为风险资本。从投资行为的角度来讲，风险投资是把资本投向蕴藏着失败风险的高新技术及其产品的研究开发领域，旨在促使高新技术成果尽快商品化、产业化，以取得高资本收益的一种投资过程。从运作方式来看，是指由在专业化的管理人才管理下的投资公司向特别具有潜能的高新技术企业投入风险资本的过程，也是协调风险投资家、技术专家、投资者的关系，利益共享，风险共担的一种投资方式。风险投资的运作流程如图 7-5 所示。

和常规投资相比，风险投资主要有以下特点：（1）投资对象主要是常规投资不愿涉及的高风险、高收益的科技成果转化项目；（2）在投资的过程中，风险投资家不仅要投入资金，而且要介入到风险企业的管理过程；（3）风险投资的投资期较长，投资收益是通过转让被投资企业的股权，获取资本增值的收入来实现的。

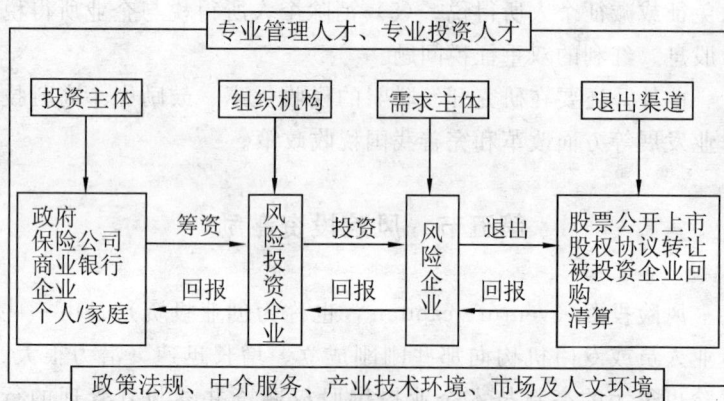

图 7-5   风险投资的运作流程

一、风险投资的市场失灵与政府政策

国外实践表明，风险投资对加速科技成果转化、加快技术创新、发展高科技产业发挥了巨大的作用。以美国为例，它是当今世界上风险投资业最发达的国家。接受风险投资的企业中有 80% 以上是高新技术企业，许多新建高科技企业的股权资本中 3/4 以上由风险投资提供。闻名世界的微软公司、英特尔公司、苹果电脑公司等都是借助于风险投资起家的。所以，发展科技风险投资具有极其重要的战略意义，政府应该对之加以引导和扶持，政府引导和扶持的重点应放在风险投资存在市场失灵的领域。

根据阻碍资本流动的方式，风险投资的市场失灵可以分为以下三类：（1）新兴的和处于开发阶段的企业可获得的风险投资的总量；（2）风险资金在风险企业典型成长模式的每一阶段可获得的相对数量；（3）风险资金在不同新兴技术上的投入①。具体分析如下。

（一）风险投资的总量不足与政府政策

风险投资的不确定性和外部性是风险投资存在市场失灵的根本原因。和普通投资相比，风险投资不仅面临市场的不确定性，而且面临技术上的不确定性，在一般情况下，风险投资的成功率平均只有30％左右，故有所谓"成三败七"之说。由于高科技产品正的外部性的存在，风险投资家所获得的创业利润将远远小于他从事投资所承担的风险，差额部分属于社会收益。

风险投资外部性和不确定性的存在，容易导致风险投资成本收益的悬殊：投资失败的风险由风险投资者自己承担，而投资成功的收益由于外部性的存在而不能独享，在这种情况下，风险投资就会出现不足。为了增大整个社会的福利，政府就应该采取措施纠正风险投资领域的市场失灵，增加风险投资的供给。

政府一般采取税收优惠、政府采购、完善风险投资的退出机制等政策措施，弥补风险投资总量上的市场失灵。

1. 税收优惠。为支持风险投资企业的发展，鼓励对高技术企业的风险投资，许多国家采取了税收优惠政策。美国政府在1981年将风险企业资本收益税从70年代的49.5％降到20％，2003年更是将风险投资的所得税率降为15％。英国政府在"投资信托法"中规定，对于将80％以上的资产投资于未上市新兴企业的"产业投资基金"实行税收豁免政策。法国在1985年颁布的85－695号法案中规定，风险投资公司从持有的非上市股票中获得的收益或资本净收益可以免交所得税，免税数额

---

① ［美］乔治·泰奇：《研究与开发政策的经济学》，187～188页。

最高可达收益的三分之一。新加坡政府规定，风险投资最初
5～10 年完全免税。

2. 政府采购。风险投资公司面临的高风险之一就是市场风
险，通过对高技术产品实施政府采购，一方面可以缓解高技术
产品进入市场初期时的市场风险。另一方面，通过政府的早期
购买，可以对其他社会购买者起到示范和导向作用，使风险投
资企业的产品在进入市场的初期有相对稳定的市场需求。

3. 完善风险投资的退出机制。完善的退出机制和多元化的
退出渠道是风险投资业繁荣的必要条件。一般而言，风险投资
的退出渠道有：竞价式转让——股份公开上市；契约式转
让——股权协议转让被投资企业回购；强迫式转让——破产
清算①。

股份公开上市（IPO）是指风险投资者通过风险企业股份
公开上市，将拥有的私人权益转手以实现资本增值。由于 IPO
可以让风险资本家取得高额的回报，所以一直被认为是风险投
资最理想的退出渠道。由于受规模、资金的限制，风险企业一
般达不到证券"主板"的上市需求，为了促进风险投资的发
展，发达国家大都成立了以发行高科技风险企业的股票为主的
"二板市场"。如，美国专为没有资格在纽约证券交易所等主板
市场上市的较小企业的股票交易而建立了 OTC（柜台交易）市
场以及在此基础上发展起来的 NASDAQ（全国证券自营商协
会自动报价系统）；英国于 1980 年建立的 USM（未正式上市公
司股票市场）；日本政府于 1983 年在大阪、东京和名古屋建立
的二板市场等。

风险投资的契约式转让有两种形式：股权协议转让或回

---

① 金永红，奚玉芹：《风险投资退出机制的国际比较与我国的现实
选择》，载《科技管理研究》，2007（11）。

购。股权协议转让是指另一家风险投资公司或非风险投资公司，按协商的价格收购或兼并风险投资企业或风险资本家所持有的股份的一种退出渠道，也称收购。股份回购是指风险企业或风险企业家本人出资购买风险投资家手中的股份。由于上市有条件的限制，即使符合条件，上市的成本也较高，所以股份出售或回购越来越受到风险投资企业的青睐。

强迫式转让——破产清算是风险投资不成功时的无奈而又明智的选择。现实经济生活中，相当一部分的风险投资不会很成功。对于风险投资家来说，一旦确认风险企业失去了发展的可能或者成长太慢，不能给予预期的高额回报，就要果断地撤出，将能收回的资金用于下一个投资循环。

（二）风险企业成长阶段的政府政策

风险投资企业的资本运行和项目开发过程是相对应的，如图 7-6 所示。（1）种子期。种子期就是科技研究和实验期，项目的风险程度最高，只需少量资金启动项目，主要是智力投入。这个时期的资金来源主要是天使投资者的资助和政府的直接资助。（2）成长期。项目在市场上得到初步认可，这个时期是能否产业化的最重要的过渡期，需要大量的资金以试制新产品、购置新设备等。这个时期的资金来源主要是政府和民间提供的风险资本。（3）扩张期是产量和销量都加速增长的时期，是高新技术能否产业化的决定性阶段，需要扩大生产，需要大量资金投入。（4）成熟期。风险越来越小，风险资本已变成能获高回报的无风险资本。对风险投资家来说是撤资的最佳时期。可以看出，风险投资发挥作用的时期主要是成长期和扩张期。

在成长期，由于以下原因，风险投资可能存在不足的情况①。（1）处于成长期的公司需要证明一个构想的技术和商业的可行性，早期的研究开发离商业可行的产品还有很长一段距离。（2）刚创立的公司典型地采用单个产品的市场战略，一个项目失败，代表整个企业失败。（3）风险企业的管理者在技术上游刃有余，但在商业和财务上却缺乏经验，风险投资公司往往要花大量的时间对风险公司提供管理指导，投资成本较高。（4）风险投资家有扎堆的现象，资本多流向已聚集了大量资本的热点领域。如近两年风险投资对互联网、Web 2.0、无线增值服务、宽带应用等方面的投入出现过热的情况。

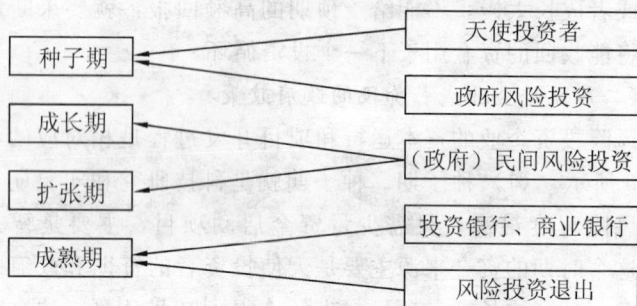

图 7-6　高技术产业项目开发过程和资本运行的关系

对成长期的风险投资的市场失灵，政府可以通过直接提供风险资本予以应对。风险投资本质上是一种商业行为，而非政府行为，企业应是风险投资的主体。但是在创业的早期，由于民间风险投资不足，贷款补贴也不太可行，发达国家往往采取政府直接提供风险资本的方法，支持风险投资的发展。政府直接提供风险资本采取的方式一般有三种：一是由政府向私人风险投资公司投资，再由该私人风险投资公司向高技术企业提供

---

①　［美］乔治·泰奇：《研究与开发政策的经济学》，189～193 页。

资本；二是由政府设立自己的风险投资基金，通过风险投资基金直接向高技术企业提供股权投资；三是有些政府创办的风险投资基金从私人部门接受部分资金，作为杂交基金向高技术企业提供股权投资。如英国的"技术集团"、法国的"技术创新投资公司"，葡萄牙的"PME IAPMEI 中小企业风险投资基金"，日本科技厅下属的"新技术开发事业团"等，都属于政府直接设立的风险投资公司。这些政府直接提供的风险投资资金可以极大地缓解创业早期资金不足的问题。

（三）风险企业扩张期的政府政策

风险企业开发出新产品或者新工艺之后，往往需要大量的资金来扩大规模和渗入市场。和研究开发阶段相比，这一阶段的资金需求较大，需要大量的融资。和创业时期相比，此时风险公司的风险已经大大降低；已经开始或即将开始有现金流；由于风险企业规模小，信用低，一般商业银行不愿提供贷款。此时，为支持风险企业的发展，政府可以采取直接贷款和提供信用担保的政策措施。

1. 政府贷款。政府贷款是由政府以各种优惠条件提供的与风险投资配套的低息长期优惠贷款。如美国为鼓励小企业投资公司的成立，规定发起人投入 1 美元，便可从政府得到 4 美元的低息贷款。

2. 提供信用担保。政府可以通过担保计划的安排，降低银行等金融机构的风险，引导它们向风险企业贷款。如英国政府规定私人金融机构对高技术中小企业贷款由政府担保其金额的 80％。日本政府规定，由通产省下设的风险投资公司为银行向风险企业的贷款提供 80％的担保。

二、我国风险投资业的发展状况与问题

1985 年 1 月 11 日，我国第一家专营新技术风险投资的全

国性金融企业——中国新技术创业投资公司在北京成立，标志着我国风险投资业的开始。经过 20 多年的发展，我国的风险投资业取得了很大的进步。

（一）我国风险投资业的发展状况

1. 风险投资的法律环境得到一定改善。为了促进我国风险投资业的发展，近几年政府相继颁布了很多支持风险投资的法律法规。

2004 年 1 月 31 日，国务院颁布的《关于推进资本市场改革开放和稳定发展的若干意见》明确提出了"逐步建立满足不同类型企业融资需求的多层次资本市场体系"，"分步推进创业板市场建设"。为整个资本市场的发展开辟了更广阔的空间。2005 年 8 月 23 日，《关于上市公司股权分置改革的指导意见》正式出台，为中小企业板上市公司的全流通创造了条件。中小企业板的上市公司的全流通使风险投资的退出渠道更为顺畅。

2005 年 10 月修订《公司法》《证券法》降低了公司设立和上市门槛，完善了公司资本制度，建立了投资者权益司法救济机制，这将对我国风险投资业产生积极的推动作用。

2005 年 11 月 15 日发布《创业投资企业管理暂行办法》，对创业投资企业的设立和运作进行了规范，并为创业投资政策扶持机制的建设提供了法律基础。

2006 年 2 月国务院下发《实施〈国家中长期科学和技术发展规划〉纲要（2006～2020 年）的若干配套政策》制定了激励企业自主创新的科技投入、税收激励金融支持、政府采购等政策。国家有关部门又于 2007 年出台了关于促进创业投资企业发展有关税收政策、促进自主创新的政府采购法规，对促进风险投资业的发展起到了巨大的促进作用。

2006 年 8 月 27 日，全国人民代表大会对《合伙企业法》进行了修订，增加了有限合伙企业，从而使得我国的风险投资管理能够采用有限合伙企业的形式。发达国家的实践经验认为：有限合伙制是风险资本市场的重大制度创新，即可以保障有限责任合伙人的利益，也可以激励普通合伙人尽职代理。

2007年12月全国人民代表大会对《科学技术进步法》进行了修订，目的是促进科学技术进步，发挥科学技术第一生产力的作用，促进科学技术成果向现实生产力转化，推动科学技术为经济建设和社会发展服务。

这些法律、法规的颁布为风险投资的发展奠定了良好的法律基础。

2. 风险资本与投资总量迅猛增长。在中国宏观经济迅猛增长以及政策层面的强力推动下，伴随着中国证券市场的飞速发展以及多层次资本市场体系的完善，中国风险投资业已经步入高速发展的阶段。据中国风险投资研究院的调研结果显示，截至2007年年底，投资中国内地的风险资本总额高达1205.85亿元人民币，超过2006年度的1倍以上。2007年度，共有109家风险投资公司扩资或募集新的基金，筹资金额893.38亿元人民币，达2006年度筹集资金额的4倍以上。在投资方面，2007年投资总额超过398.04亿元，为2006年投资金额的2.5倍以上；投资项目数也高达741个项目，为2006年的2倍以上。

3. 政府角色发生转变，由直接投资者转变为间接投资者。由于我国风险投资起步晚，很长一段时间，我国的风险投资机构几乎都是官办官营，风险资本的主要来源是财政科技拨款和银行科技开发贷款。风险投资的高度市场化特点与政府部门的计划性相矛盾，这从本质上决定了政府作为风险投资的主体难以成功。以美国为例，中小企业投资公司（SBIC）计划是按照美国政府意志兴办的，到1988年，SBIC管理的风险资本占全美风险资本总额的比率降至1%，可以说SBIC计划遭到了彻底的失败。我国有不少官办官营的风险投资机构，这些机构的运作效率远远低于私人风险投资机构，据报载，厦门的风险投资公司 1998 年年底成立至今，尚未找到一个合适的投资项目；更有某城市财政投入 1 亿元组建的风险投资公司，由于找不到合适的项目，资金不得不进入股市。政府直接投资、主导风险投资的缺点显而易见。但是，风险投资的发展又离不开政府的引导与扶持，政府宜采取"支持而不控股，引导而不干涉"的态度来推动我国的风险投资事业的发展。近年来，我国政府在风险投资制度中的角色已经悄然发生变化。据中国风险研究院的调查，2007 年我国风险投资来自于政府资金的比例虽然由 2006 年的 7.4% 提高至 34.57%，但政府的角色却在发生转变，由直接投资者转变为间接投资者，不再直接投资设立风险投资公司，而是设立政府引导基金，引导更多的资金进入风险投资领域，并引导这些资金的投资方向。2007 年 6 月，财政部和科技部首先启动了一只国家级的引导基金，初期规模为 1 亿元，支持科技型中小企业创业投资①。

（二）我国风险投资业存在的问题

1. 风险投资法律体系还不完善。我国风险投资的立法工作有了一定的改善，但是还存在很多制约风险投资发展的因素。（1）缺乏风险投资的核心法律。风险投资涉及向社会公众筹资和向风险企业投资两个阶段的行为，牵涉较为复杂的契约关系，加上它本身的高风险性质，都要求为它的运行建立一个完备的法律架构。而目前我国对风险投资的有关规定比较零散，缺乏风险投资的核心法律：风险投资企业法和风险投资基金法。（2）《保险法》《商业银行法》等的有关规定严重地束缚了

---

① 中国风险投资研究院：《2006 年中国风险投资业调研报告》，www.cvcri.com。

风险资本的来源。渠道通畅的、多元的筹资渠道是风险投资发展及分散风险的重要条件。我国风险投资的资本来源渠道较为单一：主要来源于政府和企业出资①。由于受相关法规的限制、保险基金、银行资金以及养老金不能进入风险投资领域。如《保险法》第104条规定："保险公司的资金运用，限于在银行存款、买卖政府债券、金融债券和国务院规定的其他资金运用形式。保险公司的资金不得用于设立证券经营机构和向企业投资"。《商业银行法》第43条规定："商业银行在中华人民共和国境内不得从事信托投资和股票投资，不得投资于非自用不动产"，"不得向非银行金融机构和企业投资"。我国的《贷款通则》《养老基金条例》也有类似规定。私募基金作为一种与公募基金相对应的直接融资方式，在发达资本市场上占有不可或缺的半壁江山。在我国虽然存在，但并没有获得法律上的认可。

2. 税收优惠政策还不完善。支持风险投资发展的税收政策应兼顾风险投资人、风险投资机构和风险企业这三个市场主体。我国现有的支持风险投资发展的相关税收政策主要集中在风险企业上。(1) 对风险投资企业的税收优惠不足。2007年2月财政部、国家税务总局出台了《关于促进创业投资企业发展有关税收政策的通知》（以下简称《通知》），对风险投资企业的税收优惠作出了规定，其中有些条件较为苛刻。比如，通知规定：创业投资企业申请投资抵扣应纳税所得额时，所投资的中小高新技术企业当年用于高新技术及其产品研究开发经费须占本企业销售额的5%以上（含5%），技术性收入与高新技术产品销售收入的合计须占本企业当年总收入的60%以上（含

---

① 张志民，张小民：《政策性创业投资在中国大陆创业投资中的地位研究》，载《软科学》，2005（3）。

60％）。如前所述，风险企业的项目开发过程分为种子期、成长期、扩张期、成熟期，在种子期和成长期，由于技术和商业的可行性还没确定，不太可能达到技术性收入占本企业当年总收入的 60％（含 60％）这个要求，所以这条税收优惠政策对处于种子期和成长期的风险投资企业意义不大，这对我国风险投资热衷于风险企业的后期投资，忽视风险企业的前期投资无疑是雪上加霜。我国对高新技术开发区内的高新技术企业，有"自获利年度起两年内免征所得税，两年后减 15％的税率征收企业所得税"的税收优惠。那么按照国家税务总局《关于企业股权投资业务若干所得税问题的通知》（国税发 ［2000］ 118号）的有关规定，如果风险投资企业适用的所得税税率高于风险企业适用的所得税税率，风险投资企业从风险企业分得的投资收益，应按规定还原为税前收益后，并入投资企业的应纳税所得额，依法补缴企业所得税。另外，由于我国没有开征资本利得税，而是将资本利得税并入了所得税。按照《关于企业股权投资业务若干所得税问题的通知》的规定，风险投资企业股权投资转让所得应并入企业的应纳税所得，依法缴纳企业所得税。从以上内容可以看出，我国对风险投资企业投资于风险企业获得的投资收益和股权转让所得没有给予特别的税收优惠，不利于鼓励投资人投资于风险企业。（2）缺乏对风险投资人的税收优惠。我国税法没有对风险投资人的税收优惠。风险投资人的收入来源是风险投资机构的投资收益的税后分配。如果风险投资人是企业，那么在分得投资收益后，和投资于普通企业的投资者一样缴纳所得税，并没有因为投资于高风险企业而享受特殊的税收优惠。如果风险投资者为个人，则个人从风险投资机构分得的股利将按 20％缴纳个人所得税。在缺乏对风险投资人税收优惠的情况下，是很难吸引更多的资金参与到风险投资中的。

3. 风险投资的退出渠道仍不通畅。我国风险投资的退出渠道不畅是风险投资行业面临的最大挑战。中国风险投资研究院在对 2007 年中国风险投资所面临的挑战进行评估时，28％的投资经理仍然认为"退出渠道不畅"是中国风险投资业面临的主要挑战；3％的投资经理则表示了对中国风险投资行业可能出现的"过热"情况表示了担忧，他们认为"投资价格过高"是其面临的主要挑战。

随着我国深圳中小企业板实现全流通，我国资本市场在风险投资中的重要性日益展现。2006 年，有 5 家风险投资企业在深圳中小企业板实现 IPO，占本年度 22 个风险投资企业IPO 案例数的 27.73％。2009 年 10 月 30 日，随着创业板在深圳证券交易所开市，首批 28 家公司集体上市，至 2010 年 1 月20 日已有 50 家公司上市。但从总体来看，中小企业板、创业板的上市门槛仍然较高，申请的时间也比较长，上市程序也较为烦琐，交易成本较大，因此，无论从规模还是性质上，它们实质上还是我国主板上的特殊板块，不是类似于美国NASDAQ的真正意义上的创业板，对目前解决风险投资的退出问题的作用有限。

中国风险投资研究院的调研结果显示，2006 年有 62％的项目选择股权/股份转让的退出方式，32％选择的是资本市场的退出方式，这说明股权转让方式是我国风险投资退出的主要方式。但是，目前我国产权交易仍然存在以下问题：产权交易成本过高；产权交易监管滞后；产权交易形式以非证券化的实物型产权交易为主；统一的产权交易市场难以形成，使跨行业跨地区的产权交易难以实现，这些都严重限制了高科技企业自由地转移产权。

由于资本市场不发达，产权交易市场不完善，再加上人民币不能自由兑换，海外风险投资基金对我国风险企业的投资多采取海外上市退出风险投资的方式。有统计显示，在中国香港和新加坡证券交易所，我国内地企业已经占到其全部 IPO 的一半以上。这种现象不仅凸显了我国资本市场的内在缺陷，而且对于投资者和交易所来说，企业海外上市意味着优质上市资源的流失，并有可能加剧国内资本外流，使得国内资本市场面临边缘化的风险。因此，我国应尽快建立多层次、开放性的资本市场，完善产权交易市场，为风险资本退出疏通渠道。

4. 风险投资的中介机构发展滞后。风险投资中介机构是在风险资本市场中起媒介作用的，能够沟通、联系投资者与风险企业及为风险资本市场提供中介服务的所有组织和个人，包括风险投资行业协会、标准认证机构、知识产权评估机构、技术成果交易所、会计师事务所和专业性融资担保机构等。从风险资金开始寻找风险企业到退出投资，都离不开风险投资中介机构，中介机构是否健全是衡量一国风险投资业是否发达的重要标志之一。

当前我国服务于风险投资的中介机构数量少、专业水平较低、服务功能单一、诚信度低，对我国风险投资业的发展造成了严重制约。许多科技领域里的新发明新创造，尽管取得了国家专利，也由于缺乏一个比较权威的中介组织对其价值进行有效和实在的评估、保荐，往往令投资者无法对其内在价值真正了解。所以就容易出现"好项目没有人投资、风险投资公司找不到好项目"的怪现象。另外，中介机构的缺乏还使得信息披露机制效率较低，造成对风险项目或风险企业的评价成本过高，所有这些都将大大抑制民间资本参与风险投资活动的积极性。

三、完善我国风险投资政策的建议

（一）建立、健全风险投资的法律体系

1. 制定风险投资的核心法律——风险投资法、风险投资基金法。健全的法律体系是风险投资健康发展的保证。为使我国风险投资走上法制化、规范化的轨道，应尽快制定风险投资的核心法律——风险投资法、风险投资基金法。风险投资法的内容应主要包括"风险投资"行为的界定、资本构成、公司的构成及资格、项目的认定程序及标准、被投资项目的运作载体的入市条件及法律责任等。风险投资基金法应对风险投资基金的发起、设立、募集、交易、投资限制、基金财务及基金清算等一系列关键问题予以明确。

2. 修改《保险法》等相关法规，拓宽我国风险资本的来源渠道。为拓宽风险资本的来源渠道，我国应对《保险法》《商业银行法》等法规进行修改，允许养老金、保险基金、银行资金进入风险投资领域。同时，可以借鉴发达国家的经验，吸引私募股权基金参与风险投资。私募股权基金，是指向少数资金雄厚的持有人募集并定向投资于某企业，占有一定股权以获取利润和资本增值收益的基金。其基本特征有：在使用募集方面，属于个别私募，而不是向社会公开募集，出资者既可以是个人也可以是政府；在投资方向上，基金主要对非上市企业股权作直接投资，而不对证券及衍生产品投资；在投资期限上，私募股权基金从投入到退出，投资周期居中，一般为三年到五年；在赢利模式上，私募股权基金兼顾获取利润和资本增值两种收益。相较公募基金而言，私募股权基金具有更大的灵活性，投资者通常具有较强风险承受能力和较高风险鉴别能力，政府应积极创造条件，如畅通风险投资的退出渠道等、完善激励措施和决策程序等，引导私募股权基金参与风险投资，使之成为我国风险投资业可以借助的一种融资形式。

3. 完善风险投资的税收优惠政策。(1) 修改现有的对风险投资机构的税收优惠政策，取消"技术性收入与高新技术产品销售收入的合计须占本企业当年总收入的 60％ 以上（含 60％）"的规定，凡对未上市的中小高新技术企业投资的风险投资企业都可以享受税收优惠。(2) 对风险投资企业投资期间所获得的投资收益在一定年限内免征一定比例的所得税。综合风险企业成长的自身规律和国际通行做法，这个免征年限以 3 年左右为宜。(3) 建议开征资本利得税，对风险投资企业转让风险企业股权的所得征税，但是风险投资的资本利得税不宜太高，参照美国的经验，20％ 左右的资本利得税率比较合适，对于持有高技术企业股份 5 年以上的，还可进一步降低税率。(4) 应允许风险投资企业采取灵活的亏损弥补方式，可以向前弥补，也可以向后弥补。(5) 为避免重复纳税，除有限合伙的风险投资公司以外，我国在制定税收优惠时，可以考虑对风险投资企业实行一次性征收所得税，风险投资公司的投资人可以不再征税。

（二）完善风险投资的退出渠道

如前所述，风险投资退出的重要渠道是股份公开上市（IPO）和股份转让或回购。因此，构筑以资本市场和产权市场为主渠道的多元化风险投资退出体系，是加快我国风险投资体系建设的一项重要任务。

1. 尽快健全、扩大创业板市场。创业板又称二板市场，是指在主板之外的专为暂时无法上市的中小企业和新兴行业公司提供融资途径和成长空间的证券交易市场，是与主板市场相互补充、相互竞争的资本市场。相对主板市场而言，新兴中小企业在创业板上市的门槛较低，有助于有潜力的中小企业获得融资机会。从美国纳斯达克（NASDAQ）的成功经验看，创业板对具有高成长性以及核心竞争力的中小企业特别是高科技企业的发展具有重大意义。

2005 年 10 月修订的公司法，已将公司发行上市的条件降低，同时对股权激励、无形资产出资折股等做出了比较宽松的规定；近年来陆续颁布的《中小企业促进法》《国家中长期科学和技术发展规划纲要》《创业投资企业管理暂行办法》也都提出要积极推进创业板市场建设。2009 年 10 月，我国已经在深圳证券交易所推出了创业板，这都为今后健全和扩大创业板、建立多层次的资本市场创造了条件。

2. 大力发展和完善我国的产权交易市场。大力发展和完善我国的产权交易市场，可以考虑从以下几个方面来着手：（1）建立联结各个产权交易所的信息网络，实现信息共享，以提高产权交易的效率，降低交易成本。（2）改造地方产权交易市场，实现产权交易市场证券化，以帮助企业顺利实现非证券化的实物型产权向证券化的标准产权的转变。（3）建立全国统一的产权交易市场，对异地并购不应设置障碍，否则就失去了产权市场本身的作用。（4）完善产权交易法律制度。我国的产权交易市场为风险投资的退出提供了重要渠道，但我国还没有一部全国性的有关产权交易的法律法规，这使得产权交易法律依据不足、权威性不够。我国应制定《产权交易管理办法》《产权交易规则》等规范性文件，以统一全国产权市场的运作规则，规范交易行为，明确交易各方的权利、义务和法律责任。（5）尽快成立产权市场监管机构，对企业间的产权交易进行监管。

（三）大力规范和发展风险投资中介机构

风险投资的发展离不开各种中介服务机构。中介服务机构的设立要严格执行政企分开的原则，使之成为自创信誉、自负盈亏、自担经济法律责任的法人实体，按诚信、公正、科学的原则，依法开展经营活动。

现阶段规范和发展风险投资中介机构，要做好以下工作。

1. 建立全国统一的风险投资协会。风险投资协会是由风险投资机构、风险企业等组成的行业自律性组织，其主要职能是开展行业规范和服务标准的制定工作，对其成员的执业情况进行评定，形成自律机制。目前我国地方性的风险投资协会相继成立，但是还缺少全国统一的风险投资协会。

2. 建立各类专业性的中介机构。我国大多数科技中介机构（如资产评估、管理咨询、人才市场、法律咨询及会计、审计等）提供的是面向各个行业的单一功能的共性服务，风险投资专业性的中介机构非常缺乏，为使风险投资业顺畅发展，应尽快建立风险投资专业性的中介机构。这些专业性的风险投资中介机构主要包括知识产权评估机构、标准认证机构、专业性的融资担保公司、投资银行等。

3. 开设风险投资保险业务。为了尽可能避免风险，保护投资者的利益，扶持高新技术产业的发展，保险公司应尽快增设高新技术投资保险的特别业务，要求所有的风险投资公司和风险投资基金公司必须按经营利润的一定比例缴纳保险费，用于经营运作困难或清算时的补偿，防止风险投资公司、风险企业由于承担过大的风险，造成严重亏损，甚至破产倒闭而对国家金融秩序和公众利益产生损害。

参考文献

1. 马克思. 资本论. 北京：人民出版社，2004.

2. ［奥］伊利奇·考夫. 专利制度经济学. 柯瑞豪译. 北京：北京大学出版社，2005.

3. ［比］冯·贝塔朗菲. 一般系统论. 林义康译. 北京：清华大学出版社，1987.

4. ［美］富兰克·H. 奈特. 风险、不确定性和利润. 王宇，王文玉，译. 北京：中国人民大学出版社，2005.

5. ［美］G. 多西，等. 技术进步与经济理论. 钟学义，等译. 北京：经济科学出版社，1992.

6. ［美］V. 奥斯特罗姆，等. 制度分析与发展的反思. 王诚，等译. 北京：商务印书馆，1992.

7. ［美］W. 阿瑟·刘易斯. 经济增长理论. 梁小民，译. 上海：上海三联书店，上海人民出版社，1994.

8. ［美］阿道夫·A. 伯利，加德纳·C. 米恩斯. 现代公司与私有财产. 甘华鸣，等译. 北京：中国社会科学出版社，2005.

9. ［美］奥利弗·E. 威廉森. 治理机制. 王健，等译. 北京：中国社会科学出版社，2001.

10. ［美］巴鲁·列弗. 无形资产——管理、计量和呈报. 王志台，等译. 北京：中国劳动社会保障出版社，2003.

11. ［美］保罗·米尔格罗姆，约翰·罗伯茨. 经济学、组织与管理. 费方或，等译. 北京：经济科学出版社，2004.

12. ［美］本·斯泰尔，等. 技术创新与经济绩效. 浦东新区科学技术局，浦东产业经济研究院，译. 上海：上海人民出版社，2006.

13. ［美］财务会计准则委员会. 论财务会计概念. 娄尔行，译. 北京：中国财政经济出版社，1993.

14. ［美］丹尼尔·贝尔. 后工业社会的来临. 高铦，等译. 北京：商务印书馆，1984.

15. ［美］道格拉斯·格林沃尔德. 经济学百科全书. 李滔，等译. 北京：中国社会科学出版社，1992.

16. ［美］道格拉斯·诺斯，罗伯特·托马斯. 西方世界的兴起. 厉以平，蔡磊，译. 北京：华夏出版社，1999.

17. ［美］哈罗德·德姆塞茨. 所有权、控制与企业. 段毅才，等译. 北京：经济科学出版社，1999.

18. ［美］卡尔夏·皮罗，哈尔·瓦里安. 信息规则：网络经济的策略指导. 张帆，译. 北京：中国人民大学出版社，2000.

19. ［美］克雷顿·克里斯滕森. 创新者的窘境. 吴潜龙，译. 南京：江苏人民出版社，2001.

20. ［美］李克特. 科学是一种文化过程. 顾昕，等译. 北京：三联书店，1989.

21. ［美］理查德·A. 波斯纳. 法律的经济分析. 蒋兆康，译. 北京：中国大百科全书出版社，1997.

22. ［美］罗伯特·S. 卡普兰，安东尼·A. 阿特金森. 高级管理会计学. 吕长江，等译. 大连：东北财经大学出版社，1999.

23. ［美］罗伯特·蒙克斯，尼尔·米诺. 公司治理. 周建，李维安，译. 北京：中国财政经济出版社，2004.

24. ［美］玛格丽特·布莱尔，史蒂文·沃曼. 无形财富——来自布鲁金斯无形资产研究特别工作组的报告. 王志台，等译. 北京：中国劳动社会保障出版社，2004.

25. ［美］马克·J. 洛. 强管理者，弱所有者. 郑文通，等译. 上海：上海远东出版社，1999.

26. ［美］玛格丽特·M. 布莱尔. 所有权与控制. 张荣刚，译. 北京：中国社会科学出版社，1999.

27. ［美］迈克尔·科索马罗，理查德·塞尔比. 微软的秘密. 程化，等译. 北京：北京大学出版社，1996.

28. ［美］乔治·泰奇. 研究与开发政策的经济学. 苏竣，柏杰，译. 北京：清华大学出版社，2002.

29. ［美］托马斯·库恩. 科学革命的结构. 金吾伦，胡新和，译. 北京：北京大学出版社，2003.

30. ［美］西奥多·W. 舒尔茨. 人力资本投资. 蒋立武，张蘅，译. 北京：商务印书馆，1990.

31. ［美］亚当·杰夫，勒纳. 创新及其不满. 罗建平，兰花，译. 北京：中国人民大学出版社，2007.

32. ［美］伊姆雷·拉卡托斯. 科学研究纲领方法论. 兰征，译. 上海：上海译文出版社，1986.

33. ［美］约瑟夫·斯蒂格利茨. 微观经济学：不确定性与研发. 纪沫，等译. 北京：中国金融出版社，2009.

34. ［美］约瑟夫·斯蒂格利茨. 发展与发展政策. 纪沫，等译. 北京：中国金融出版社，2009.

35. ［美］约瑟夫·熊彼特. 经济发展理论. 何畏，等译. 北京：商务印书馆，1990.

36. ［日］奥村宏. 股份制向何处去. 张承耀，译. 北京：中国计划出版社，1996.

37. ［日］青木昌彦，钱颖一，主编. 转轨经济中的公司治理结构. 北京：中国经济出版社，1995.

38. ［意］乔瓦尼·多西，等. 技术、组织与竞争力. 童牧，何奕，译. 上海：上海人民出版社，2007.

39. [英] 克里斯·弗里曼，罗克·苏特. 工业创新经济学. 华宏勋，译. 北京：北京大学出版社，2004.

40. [英] 亚当·斯密. 国民财富的性质和原因研究. 郭大力，王亚南，译. 北京：商务印书馆，1972.

41. [英] 约翰·伊特维尔，等. 新帕尔格雷夫经济学大辞典. 陈岱孙，等译. 北京：经济科学出版社，1992.

42. 安同良，施浩. 中国制造业企业 R&D 行为模式的观测与实证. 北京：经济研究，2006 (2).

43. 安同良，王文翌，魏巍. 中国制造业的技术创新：模式、动力与障碍. 当代财经，2005 (12).

44. 财政部会计司，国际合作司，编. 完善与发展——会计准则国际研讨会（上海 1994）. 北京：中国财政经济出版社，1995.

45. 曹彦斌，官建成. R&D 项目中止决策的 Fuzzy 综合评判方法之实证研究. 研究与发展管理，2000 (12).

46. 陈劲. 研究与开发管理. 北京：清华大学出版社，2009.

47. 陈劲，宋建元. 解读研究开发——企业研究开发模式精要·实证分析. 北京：机械工业出版社，2003.

48. 陈郁，等. 所有权、控制权与激励. 上海：上海三联书店，上海人民出版社，1998.

49. 陈毓圭，译. 论改进企业报告. 北京：中国财政经济出版社，1997.

50. 程宏伟，张永海，常勇. 公司 R&D 投入与业绩相关性的实证研究. 科学管理研究，2006 (3).

51. 邓楠. 为我国高科技产业提供金融支持体系. 中国软科学，2000 (8).

52. 董景荣，杨秀苔. 基于人工神经网络的 R&D 项目中止决策诊断. 科研管理, 2001 (1).

53. 范德玲, 刘春林, 殷枫. 上市公司自愿性信息披露的影响因素研究. 经济管理, 2004 (10).

54. 傅家骥. 技术创新学. 北京: 清华大学出版社, 1999.

55. 高宏, 王倪尘, 等. 灰色理论在黄河系统科技绩效评估中的应用. 系统工程理论与实践, 1999 (5).

56. 高杰, 孙林岩, 等. 基于 EVA 的激励机制在研发部门的实施框架. 科学学与科学技术管理, 2003 (4).

57. 高山行, 等. 企业专利竞赛理论及策略. 北京: 科学出版社, 2005.

58. 高正平. 政府在风险投资中作用的研究. 北京: 中国金融出版社, 2003.

59. 国际会计准则委员会. 国际会计准则. 北京: 中国财政经济出版社, 2001.

60. 何玮. 我国大中型工业企业研究与开发费用支出对产出的影响——1990～2000 年大中型工业企业数据的实证分析. 经济科学, 2003 (3).

61. 胡鞍钢. 知识与发展: 21 世纪新追赶战略. 北京: 北京大学出版社, 2001.

62. 华锦阳, 陈劲, 许庆瑞. 企业创新过程中的界面问题成因探析. 科研管理, 2000 (4).

63. 黄群慧. 企业家激励约束与国有企业改革. 北京: 中国人民大学出版社, 2000.

64. 金鸿博, 吕本富. R&D 绩效评价与平衡计分卡. 管理评论, 2004 (5).

65. 经济合作与发展组织. 增长的推动力: 信息技术、创新和创业精神. 北京: 科学技术文献出版社, 2003.

66. 柯象中. 中国经济患上消化不良症. 中国财经报,

2005-02-22.

67. 郎咸平. 公司治理. 北京：社会科学文献出版社，2004.

68. 雷家骕，冯婉玲. 知识经济学导论. 北京：清华大学出版社，2001.

69. 李斌，等. 九大问题挑战"创新型国家"新华网，2006-01-08.

70. 李春琦，石磊. 国外企业激励理论述评. 经济学动态2001（6）.

71. 李维安，等. 公司治理. 天津：南开大学出版社，2001.

72. 李新春，张书军. 家族企业：组织、行为与中国经济. 上海：上海三联书店，上海人民出版社，2005.

73. 李勇坚. 知识与增长：基于内生增长理论的研究. 中国社科院研究生院博士论文，2003.

74. 李由. 公司制度论. 北京：北京师范大学出版社，2003.

75. 李由. 中国转型期公共政策过程研究. 北京：北京师范大学出版社，2008.

76. 李正风. 基础研究绩效评估的若干问题. 科学学研究，2002（1）.

77. 梁莱歆，张焕凤. 高科技上市公司 R&D 投入绩效的实证研究. 中南大学学报，2005（2）.

78. 梁莱歆. 谈高新技术企业 R&D 绩效评价中应重视的几个问题. 科技管理研究，2005（3）.

79. 刘景江，郑刚，许庆瑞. 国外 R&D 项目测度与评价研究述评. 研究与发展管理，2001（6）.

80. 刘茂林. 知识产权的经济分析. 北京：法律出版

社，1996.

81. 刘群. 国外运用财税政策促进中小企业融资的做法及其借鉴. 财政研究，2003（3）.

82. 刘小玄. 中国工业企业的所有制结构对效率差异的影响. 经济研究，2000（2）.

83. 吕薇. 关于完善职务发明权属政策的建议. 中华人民共和国国家知识产权局（http://www.sipo.gov.cn），2003-10-10.

84. 毛振华. 资本化企业制度论. 北京：商务印书馆，2001.

85. 彭锻炼. 日本2003财年税制改革对我国科技税收政策的启示. 会计研究，2005（3）.

86. 钱学森. 论系统工程. 长沙：湖南科学技术出版社，1982.

87. 秦吉波. 高新技术企业R&D绩效测度与控制研究. 湖南大学博士学位论文，2004.

88. 邱东阳. 上市公司科技、R&D投入与业绩的实证研究. 重庆大学硕士论文，2002-05.

89. 沈厚才，王文平，黄凯. 基于期权定价理论的R&D投资决策思想. 科研管理，1998（4）.

90. 沈玉志，周效飞. R&D项目多阶段实物期权模型及其弹性分析. 研究与发展管理，2004（5）.

91. 世界银行. 知识与发展. 北京：中国财政经济出版社，1999.

92. 舒元，等. 现代经济增长模型. 上海：复旦大学出版社，1998.

93. 宋献中，冯敏红. 研究开发费用逐利性研究. 财会月刊，2004（1）.

94. 孙薇，刘俊勇. 企业业绩评价：战略的观点. 北京：

中国税务出版社，2006.

95. 谈箫. 经理革命的法学解释. 北京：中国时代经济出版社，2005.

96. 汤云为，钱逢胜. 会计理论. 上海：上海财经大学出版社，1997.

97. 汪丁丁. 知识表达、知识互补性、知识产权均衡. 经济研究，2002（10）.

98. 汪丁丁. 知识沿时间和空间的互补性以及相关的经济学. 经济研究，1997（6）.

99. 汪炜，蒋高峰. 信息披露、透明度与资本成本. 经济研究，2004（7）.

100. 王核成. R&D 投入与企业成长性的相关研究. 科学管理研究，2001（6）.

101. 王君彩，王淑芳. 论研究与开发支出的会计处理. 中央财经大学学报，2000（9）.

102. 王君彩，王淑芳. 知识的资产特征、产权界定和会计处理. 无形资产理论与实务问题研究，2001（7）.

103. 王淑芳. 论自创无形资产的不确定性及其会计处理. 对外经贸财会，2004（3）.

104. 王淑芳. 人力的资本特性与公司制度改革. 中国经济评论，2003（8）.

105. 魏锋，刘星. 国有企业内部治理机制对企业技术创新活动的影响——来自我国深市的实证证据. 重庆大学学报，2004（2）.

106. 吴敬琏. 制度重于技术. 北京：中国发展出版社，2002.

107. 谢德仁. 经理人激励与股票期权. 北京：中国人民大学出版社，2005.

108. 谢强华. 研发绩效的度量与评价——国外相关领域的研究与进展. 科研管理，1998（3）.

109. 徐芳. 团队绩效与测评技术. 北京：中国人民大学出版社，2002.

110. 徐笑军，许庆瑞，陈劲. 企业 R&D 绩效测度研究. 科研管理，1998（4）.

111. 许民利，张子刚. 期权理论在 R&D 投资决策中的应用. 电子科技大学学报，2000（6）.

112. 许庆瑞. 研究、发展与技术创新管理. 北京：高等教育出版社，2002.

113. 薛云奎，王志台. 无形资产信息披露及其价值相关性研究——来自上海股市的经验数据. 会计研究，2001（11）.

114. 薛云奎，王志台. R&D 的重要性及其信息披露方式的改进. 会计研究，2001（3）.

115. 杨开忠，甘颖进. 我国高技术产业风险投资问题研究——以中关村科技示范园区为例. 中国软科学，2000（1）.

116. 杨列勋. R&D 项目评估研究综述. 管理工程学报，2002（2）.

117. 杨其静. 企业家的企业理论. 北京：中国人民大学出版社，2005.

118. 杨瑞龙，周业安. 企业的利益相关者理论及其应用. 北京：经济科学出版社，2000.

119. 杨瑞龙. 国有企业治理结构创新的经济学分析. 北京：中国人民大学出版社，2001.

120. 杨小凯，张永生. 新兴古典经济学与超边际分析. 北京：中国人民大学出版社，2003.

121. 姚洋，章奇. 中国企业技术效率分析. 经济研究 2001（6）.

122. 叶静. 专利申请落入数字陷阱. 中国经济周刊, 2006-07-30.

123. 虞有澄. 我看英特尔——华裔副总裁的现身说法. 北京：北京三联书店, 1996.

124. 袁志刚. 知识经济学导论. 上海：上海人民出版社, 1999.

125. 张军. 现代产权经济学. 上海：上海三联书店, 1991.

126. 张维迎. 产权、激励与公司治理. 北京：经济科学出版社, 2005.

127. 张维迎. 企业的企业家——契约理论. 上海：上海三联书店, 上海人民出版社, 1995.

128. 张运生, 曾德明, 张利飞. 高新技术企业 R&D 管理控制模式研究. 研究与发展管理, 2004 (10).

129. 赵宇龙, 王志台. 我国证券市场"功能锁定"现象的实证研究. 经济研究, 1999 (9).

130. 赵宇龙. 会计盈余披露的信息含量——来自上海股市的经验证据. 经济研究, 1998 (7).

131. 赵玉川. 我国电子元器件制造业发展状况及发展战略的选择. 科技管理研究, 2005 (1).

132. 郑成思, 等. 知识产权价值评估中的法律问题. 北京：法律出版社, 1999.

133. 郑德渊, 伍青生, 李湛. 企业 R&D 项目的实物期权评价方法. 研究与发展管理, 2000 (4).

134. 中国社会科学院知识产权研究中心. 知识产权研究, 第 1～9 卷. 北京：中国方正出版社, 1996～2000.

135. 周其仁. 市场中的企业：一个人力资本与非人力资本的特别契约. 经济研究, 1996 (6).

136. 周小川，等. 企业改革：模式选择与配套设计. 北京：中国经济出版社，1994.

137. 周亚虹，许玲丽. 民营企业 R&D 投入对企业绩效的影响. 财经研究，2007（7）.

138. 周卓濡，王谦. 基于标杆管理的 DEA 算法对公共部门的绩效评价. 中国管理科学，2003（11）.

139. 朱仁宏，等. 社会资本、机会开发与新创企业绩效. 北京：经济科学出版社，2009.

140. 朱嬿，李章华. 模糊集重心法在评估科研院所绩效素质中的应用. 清华大学学报：自然科学版，2002（6）.

141. Aboody D. , B. Lev. The Value Relevance of Intangibles：The Case of Sofeware Capitalization. *Journal of Accounting Research（Supplement）*,1998.

142. Aboody D. ,Barth E. M. & Kasznik R. Revaluations of fixed assets and future firm performance：evidence from the UK. *Journal of Accounting and economics*, 1999.

143. Adams J. D. & Jaffe A. B. Bounding the Effects of R&D ：An Investigation Using Matched Establishment-Firm Data. *Round Journal of Economics*,1996，27(4).

144. Aghion P. & P. Howitt. A Model of Growth through Creative Destruction. *Econometrica*,1992.

145. Aghion P. & Howitt P. *Knowledge and Development：A Schumpeterian Approach*. WORLD BANK，2000.

146. Alchian A. Uncertainty，Evolution，and Economic Theory. *Journal of Political Economy*，1950，58.

147. Alchian A. & Demsets Harold. Production，Information Costs and Economic Organization，*J A. E. R.*，1972，Vol. 62.

148. Allen T. J. & Katz R. The dual ladder：Motivation solu-

tion or managerial delusion? *R&D Management*, 1986, Vol. 16.

149. Arrow K. J. The Economic Implications of Learning by Doing. *Review of Economic Studies*, 1962,29.

150. Arthur N. Chester. Measurements and Incentives for Central Research. *Research Technology Management*, Vol. 14, No. 4, July-August, 1995.

151. Baber William, Patricia Fairfield & James Haggard. The Effect of Concern about Reported Income on Discretionary Spending Decisions. *The Case of Research and Development*, *Accounting Review*, Vol. 66, Issue 4, October,1991.

152. Barth E. M. & Clinch G. Revalued Financial, Tangible,and intangible Association with share Price and Non-Market-Based value Estimates. *Journal of Accounting Research (Supplement)*, 1998.

153. Bean A. S. Why some R&D organization are more productive than others. *Research Technology* Management, 1999(2).

154. Becker G. S. & Murphy K. M. The Division of Labor, Coordination Costs, and Knowledge. *Quarterly Journal of Economics*, 1992, 7(4).

155. Becker G. S. , *Human Capital: A Theoretical and Empirical Analysis. Division of Labor, Coordination Costs.* New York: Columbia University Press for the National Bureau of Economic Research,1964.

156. Ben Branch. Research and development activity and profitability: A distributed lag analysis. *The Journal of Political Economy*,1974(5).

157. Ben Zion U. The investment aspect of nonproduction expenditure: An empirical test. *Journal of Economics and*

Business, 1978.

158. Bernard V. L. Discussion of An Investigation of Re-valuations of Tangible Long-Lived Assets. *Journal of Accounting Research (Supplement)*, 1993.

159. Bjorn M. Werner, William E. Souder. Measuring R&D Performance-U. S. and German practices. *Research Technology Management*, Vol. 40, 1997(3).

160. Brown Mark G. & Avension Raynold A. Measuring R&D Productivity. *Research Technology Management*, 1998, 41(6).

161. Cameron Blair. *Evaluating Research and Development performance*. www. elec. canterburg. ac. nz.

162. Carnegie, Garry Turner & Shane Turner. Accounting for Research and Development Costs. *Company Response to AAS12 (Part2) Australian Accountant*, Vol. 57, Issue 4, May, 1987.

163. Chang Yang Lee. A Simple Theory and Evidence on the Determinants of Firm R&D. *Economics of Innovation & New Technology*, 2003, 10.

164. Charles Despres. Compensation for Technical Professionals. *Research Technology Management*, Vol. 39, No. 5, September-October, 1996.

165. Charles E. Bosom worth and Burton H. Sage, Jr. How 26 companies manage their central research. *Research Technology Management*, May-June, 1995.

166. Coase R. H. Durability and Monopoly, *Journal of Law and Economics*, 1972, 15(1).

167. Cohen W. & D. Levinthal. Innovation and learning: The two faces of R&D-Implications for the analysis of R&D Investment. *Economics Journal*, 1989.

168. Cooper R, Kaplan R. S. Activity-based systems: Measuring the cost of resource usage. *Accounting Horizons*, September, 1992.

169. DeHua Ju. China's budding software industry. *IEEE Software*, May-June, 2001.

170. Dow S. C. & Earl P. E. Economic Organization and Economic Knowledge, *EDWARD ELGAR*, 1999.

171. Drucker P. F. *The Age of Discontinuity: Guidelines to our Changing Society*. London: PAN Books LTD, 1971.

172. Easton P. D. , P. H. Eddey & T. S. Harris. An Investigation of n of Revaluations of Tangible Long-Lived Assets. *Journal of Accounting Research (Supplement)*, 1996.

173. Edgeworth F. *Mathematical Psychics*. London: Kegan Paul, 1881.

174. Edwin Mansfield. Rates of return from industrial research and development . *The American Economic Review*, 1965, (1/ 2).

175. Eliasson, Gunnar. The Role of Knowledge in Economic Growth, presented at Conference on Old and New Growth Theory. *University of Pisa*, October, 2001.

176. Ellison G. & Fudenberg D. Rules of Thumb for Social Learning. *Journal of Political Economy*, 1993.

177. Ely K. & Waymire G. Intangible Assets and Stock Price in the Pre-SEC Era. *Journal of Accounting Research*, Vol. 37, Supplement, 1999.

178. Gregory J. Kunkel. Rewarding Product Development success. *Research Technology Management*, Vol. 40, No. 5, September-October, 1997.

179. Griffin A. Measuring product development success and failure. *Journal of Innovation Management*, 1993(10).

180. Griliches Zvi. R&D and the Productivity Slowdown. *American Economic Review*, May, No. 2, 1980.

181. Hayek F. A. *The Sensory Order*. Chicago: The University of Chicago Press, 1952.

182. Hayek F. A. Economics and Knowledge. *Economica*, 1937, 4.

183. Hayek F. A. The Use of Knowledge in Society. *American Economic Review*, 35.

184. Horwitz Bertrand & Richard Kolodny. The Economic Effect of Involuntary Uniformity in the Financial Reporting of R&D Expenditure. *Journal of Accounting Research*, Vol. 18, Supplement Issue, 1981.

185. James W. Tipping, Eugene Zeffren & Alan R. Fusfeld. Assessing the Value of Your Technology. *Research Technology Management*, Vol. 38, No. 5, 1995.

186. Joel Siegel & Shim. *Dictionary of accounting terms*. Second Edition. Barron Inc. USA., 1995.

187. Jose Garcia-Quevedo. *Do public studies complement business R&D? Ameta-analysis of the econometric evidence.* Evaluation of Government Funded R&D Activities ZEW, May 15-16, 2003. vienna. 6.

188. Kerssens-van Drongelen Bilderbeek. Performance measurement: more than choosing a set of metrics. *R&D management*, 1999.

189. Kerssens-van Drongelen, Cook. Design principles for the development of Measurement systems for research and

development processes. *R&D management*, 1997.

190. Kirsch Robert & Sachi Sabthievel. *Capitalize or Expense*, *Management Accounting*, Vol. 74, Issue 7, January, 1993.

191. Knight J. *Institutions and Social Conflict*. *Cambridge*: Cambridge University Press, 1996.

192. Kreps D. *A Course in Microeconomic Theory*. Princeton: Princeton University Press, 1990.

193. L. W. Ellis & Sandra Honig-Haftel. Reward Strategies for R&D. *Research Technology Management*, Vol. 35, No. 2, March-April, 1992.

194. Lev B. & P. Zarowin. The Boundaries of Financial Reporting and How to Extend Them. *Journal of Accounting Research*, 1999.

195. Lev B. & Sougiannis T. The Capitalization, and Value-relevance of R&D. *Journal of Accounting and Economics*, 1996: 107-138.

196. Lev B. R&D and Capital Market. *Journal of Applied Corporate Finance*, 1999.

197. Lev Baruch & Min Wu. R&D Financing by SWORDS. *Working Paper*. New York University, Stern School of Business, 1999.

198. Lucas R. E. *Lectures on Economic Growth*. Boston: Harvard University Press, 2002.

199. Lynn W. Ellis & Carey C. Curtis. Speedy R&D: How Beneficial. *Research Technology Management*, Vol. 38, No. 4, 1995.

200. Malecki E. J. *Technology and Economic Develop-*

ment. Essex: Addison Wesley Longman, 1997.

201. Milgrom P. & Roberts J. Adaptive and Sophisticated Learning in Normal Form Games. *Games and Economic Behavior*, 1991, 3.

202. Miller M. H. & F. Modigiliani. Some Estimates of the Cost of Capital to the Electric Utility Industry, 1954-1957. *The American Economics Review*, 1966.

203. Mowery D. & N. Rosenberg. The Influence of Market Demand upon Innovation: a Critical Review of Some Recent Enpirical Studies. *Research Policy*, 1979 (8).

204. Nixon. Research and development performance measurement: a case study. *Management Accounting Research*. 1998,9.

205. North D. *Institution, Institution Change and Economic Performance*. New York: Cambridge University, 1999.

206. OECD. *Main Definitions and Conventions for the Measurement of Research and experimental Development (R&D): A Summary of the Frascati manual* 1993. Paris,1994.

207. Ohlson J. Earnings, Book-value, and Dividends in Equity Valuation . *Contempory Accounting Research*, 1995.

208. Paul A. Schumann, Jr. Derek L. Ransley & Donna C. L. Prestwood: Measuring R&D Performance. *Research Technology Management*, Vol. 38, No. 3, 1995.

209. Perry Pascarella. Compensating Teams. *Research Technology Management*, Vol. 40, No. 4, July-August, 1997.

210. Piga C. & Vivarelli M. Sample Selection in Estimating the Determinations of Cooperative R&D. *Applied Economics*

Letters,2003,10.

211. Quah D. Twin Peaks: Growth and Convergence in Models of Distribution Dynamics. *Economic Journal*, July, 1996.

212. Quah Danny. *Demand-driven knowledge clusters in a weightless economy*,July,2001.

213. Raghuram G. Rajian & Luigi Zingales. Power in a Theory of the Firm. *Quarterly Journal of Economics*, 1998.

214. Robert S. Kaplan, Anthony A. et al. *Advanced management accounting*. Third edition. Upper Saddle River: Prentice Hall, 1998.

215. Robert S. KaPlan & David P. Norton. Transforming the balanced score card from Performance measurement to strategic management. *American Accounting Horizons*,Vol. 15. 1, March,2001.

216. Robert Szakonyi. Measuring R&D Defectiveness. *Research Technology Management*, May-June,1994.

217. Romer P. M. Increasing Returns and Long-Run Growth. *Journal of Political Economy*, 1986.

218. Romer P. M. Are Nonconvexities Important for Understanding Growth. *J. A. E. R.*,1990,Vol. 80,No. 2.

219. Ronald E. Dukes, Thomas R. Dyckman, John A. Elliot. Accounting for Research and development Expenditures,Studies on Economic Studies on Economic Consequences of Financial and Managerial Accounting: Effects on Corporate Incentives and Decisions. *Supplement to Journal of Accounting Research*, Vol. 18, 1980.

220. Roncacioppe. Using team-individual reward and

recognition strategies to drive organizational success. *Leadership & Organization Development*, 1999.

221. Sarin S. The effect of task uncertainty and decentralization on project team performance, *Computational & Mathematical organization theory*, 2002, 8(4).

222. Schmookler J. *Invention and Economic Growth*. Cambridge: Harvard University Press, 1996.

223. Schuster J. R. & Zingheim P. K. Building pay environments to facilitate high-performance teams. *American Compensation Journal*, 1993.

224. Scott T. W. , Tiessen P. , Performance Measurement and Managerial Teams. *Accounting, Organizations and Society*, 1999(24).

225. Share I. G. & Walker R. G. Asset revaluations and stock market price. *Journal of Accounting Research*, 1975.

226. Simon H. A. A Behavior Model of Rational Choice. *Quarterly Journal of Economics*, 1957.

227. Standish P. & Ung. Corporate signaling, Asset revaluations and stock prices of British companies. *The Accounting Review*, 1982.

228. Szakonyi Robert. Measuring R&D effectiveness, *Research Technology Management*, Vol. 37, No. 3, 1994.

229. William N. Leonard. Research and development in industrial growth. *The Journal of Political Economy*, 1971 (2).

230. William N. Leonard. Research and development in Industrial Growth. *The Journal of Political Economy*, 1973 (5).

231. Williamson O. E. *Market and Hierarchies: Analysis*

and Antitrust Implications, A Study in the Economics of Internal Organization. New York: The Free Press, 1975.

232. Young A. Learning by Doing and the Dynamic Effects of International Trade. Q. J. E., Vol. 105, No. 2, 1991.

附 录

我国 54 家电子信息上市公司的有关数据资料

代码	名称	主营业务利润率				研发强度	研发人员比例		
		2003 年	2004 年	2005 年	2006 年	2004 年	2004 年	2005 年	2006 年
000016	深康佳	1.469491	0.147383	0.16441	0.016841	0.051609	25.67%	19.46	22.16
000021	长城开发	0.053151	0.090414	0.053957	0.037295	0.016296	8.14%	10.45%	11.61%
000032	深桑达	0.168022	0.125446	0.1116	0.119507	0.002003	10.20%	8.10%	8.10%
000049	德赛电池	—	0.192156	0.1458	0.15661	0.047	6%	9.40%	8.70%
000062	深圳华强	0.171245	0.131427	0.148876	0.156434	0.034987	2.90%	5.40%	3.90%
000063	中兴通讯	0.356333	0.363824	0.348792	0.336428	0.099201	32.50%	31.21%	34.60%
000400	许继电气	0	0.309644	0.252117	0.328777	0.062008	56.27%	56.85%	57%
000527	美的电器	0.220194	0.185644	0.184362	0.180631	0.029716	9.20%	7.20%	7.50%
000697	咸阳偏转	0.136182	0.090123	0.063394	0.041682	0.030082	14.60%	14.70%	15%
000727	华东科技	0.862382	0.065943	−0.00722	—	0.038955	6.57%	6.82%	6.82%
000733	振华科技	0.222393	0.236351	0.032642	0.031997	0.009871	17.90%	12.70%	10%
000938	紫光股份	—	0.061492	0.0579	0.063569	0.018116	17.07%	44.30%	42.83%
002027	七喜控股	0.078372	0.071381	0.073566	0.057009	0.003123	28%	35%	36%
600057	厦新电子	0.340511	0.206769	0.118079	0.193969	0.057545	19.70%	18.30%	14.20%
600060	海信电子	1.496195	0.140595	0.15904	0.151478	0.045437	8.70%	4.90%	5.60%
600100	清华同方	—	0.130063	0.132854	0.132544	0.058503	28.50%	34%	35.31%

续表

代码	名称	主营业务利润率				研发强度	研发人员比例		
		2003 年	2004 年	2005 年	2006 年	2004 年	2004 年	2005 年	2006 年
600105	永鼎光缆	0.152667	0.154001	0.131143	0.102892	0.022724	12.50%	13.30%	12.70%
600183	生益科技	0.182106	0.235892	0.009566	0.01094	0.002501	18.40%	18.50%	18.50%
600271	航天信息	0.405613	0.288427	0.244698	0.28208	0.02027	58%	55%	50.30%
600288	大恒科技	0.112029	0.094916	0.095381	0.091969	0.05042	31%	31%	31%
600363	联创光电	0.275999	0.24193	0.246661	0.223678	0.052779	10.39%	9.90%	10.53%
600366	宁波韵声	0.14407	0.129979	0.12515	0.085195	0.02168	18.80%	17.10%	17.60%
600487	亨通光电	0.187379	0.207653	0.22835	0.191553	0.000877	8.23%	8.70%	10.20%
600522	中天科技	0.213715	0.144485	0.171715	0.181169	0.046667	18%	17.30%	14.5
600601	北大方正	0.078335	0.07907	0.072844	0.072703	0.05147	10%	13.70%	8.27%
600602	广电电子	0.137064	0.135589	−0.04848	0.05144	0.034687	13%	12.50%	26.80%
600621	上海金陵	0.206151	0.204186	0.188725	0.131476	0.031441	5.23%	6%	7.50%
600651	飞乐音响	0.193534	0.17037	0.162272	0.165186	0.01448	17%	15.30%	10.80%
600654	飞乐股份	0.136122	0.189161	0.235333	0.18927	0.039629	17.70%	14%	14%
600690	海尔	0.145322	0.131162	0.115959	0.138526	0.0429	11.80%	6.90%	5.33%
600718	东软股份	0.271617	0.23228	0.232256	0.213817	0.157219	72.30%	72.40%	75.30%
600747	大显股份	0.235174	0.265649	0.059941	0.152191	0.042331	15.90%	15.30%	13.30%
600756	浪潮软件	0.260417	0.341983	0.303637	0.310153	0.048771	66%	68%	70.45
600775	熊猫电子	0.114808	0.142633	0.145244	0.154524	0.011826	21.60%	25.20%	22.90%
600797	浙大网新	0.102382	0.104634	0.11837	0.100391	0.077093	49.20%	49.70%	53.30%

续表

代码	名称	主营业务利润率				研发强度	研发人员比例		
		2003 年	2004 年	2005 年	2006 年	2004 年	2004 年	2005 年	2006 年
600817	上海宏盛	0.051567	0.04992	0.049375	0.05139	0.003584	5.30%	8.60%	7.70%
600839	四川长虹	0.144595	0.141586	0.159965	0.152649	—	12.60%	14%	15.60%
600870	厦华电子	0.127419	0.109361	0.097581	0.086057	0.026863	13%	15%	12%
000035	ST科健	0.077638	0.016632	−0.94191	0.036291	—	25.16%	3.73%	3.21%
000068	赛格三星	0.308452	0.349583	0.21804	0.181155	0.002135	14.57%	17.97%	17.43%
000100	TCL	0.190015	0.183419	0.149324	0.149936	0.033502	3.10%	3.05%	3.00%
000413	ST宝石	0.274653	0.274143	0.267	0.294765	—	7.98%	7.98%	7.49%
000586	汇源通信	0.148084	0.158294	0.141583	0.203442	0.003466	25.32%	26.24%	24.09%
000636	风华高科	0.206072	0.177938	0.140685	0.149345	0.058474	21.83%	20.66%	18.20%
000725	京东方	0.154505	0.103191	0.014799	−0.13532	0.017087	19.16%	14.01%	13.43%
000921	科龙电器	0.273106	0.216202	0.023419	0.136853	—	4.70%	7.08%	11.09%
000981	ST兰光	0.113688	0.047615	0.073074	0.147508		16.67%	53.70%	
002129	中环股份	—	0.406503	0.333919	0.316074	0.006295	—	—	—
600097	华立科技	0.267963	0.200231	0.219042	0.257071	0.017815	48.46%	37.66%	53.94%
600122	宏图高科	0.105728	0.108059	0.110403	0.11358	0.003243	13.08%	7.68%	10.78%
600185	海星科技	0.175517	0.173687	0.168094	0.142396	0.003566	5.24%	4.48%	22.88%
600207	安彩高科	0.327098	0.291862	0.15639	0.07756	0.024715	16.24%	16.18%	15.90%
600336	澳柯玛	0.183849	0.16171	0.155818	0.147663	0.05282	2.46%	2.53%	3.29%
600707	彩虹股份	0.164537	0.158987	−0.00825	0.095897	0.067388	4.05%	4.60%	3.80%

后　记

一

自 1988 年考入中央财经大学以来，我在这所大学已经学习、工作和生活了 20 多年。其间，或读书，从本科、硕士到博士研究生；或教学和研究，从投资经济系到会计学院。可以说，人生最宝贵的时光都是在这所大学度过的，并且以后仍将在这所大学继续工作和生活。

我的本科专业是财政学，但更喜欢的不是政府管理问题，而是作为经济活动主体的企业经济，特别是企业的会计和财务问题。因此，硕士和博士研究生学习的领域、教学和研究的领域就转向了会计学。

会计学是研究企业等经济主体的经济活动信息的一门学科。不过，在计划经济时代，会计部门只是被动地提供有限的经济信息，并不关心这些信息的来源、质量和性质。改革开放以来，会计学开始主动研究各种社会经济信息问题，不仅研究经济活动中的价值活动的计量、记录和预测，而且研究在取得以财务信息为主的经济信息的基础上，监督、控制和优化价值活动，不断提高经济效益。如此，会计学、金融学、管理学、经济学等学科之间出现了融合趋势，经济学成为管理学、会计学研究的主要理论基础。

二

近年来，之所以关注和研究企业的研究开发问题，主要是考虑到企业研究开发在现代经济增长中的重要性。

在工业革命之前，人类社会长期处于停滞状态，经济增长率几乎为零。此后，欧美许多国家经济出现了持续增长，目前16个发达国家（美国、加拿大、澳大利亚和欧洲 13 国）1870~1990 年人均 GDP 年增长率达 1.9%。那么，导致现代经济持续快速增长的因素、主体和机制是什么？研究表明：通过大规模的研究开发而实现的知识生产和通过企业、市场、政府而实现的知识运用是实现现代经济增长的首要因素；而企业越来越成为研究开发与创新的主要投资者和实施者。

我国正处于社会经济发展转型的关键时期，实现国民经济又好又快发展是我国社会经济发展战略的核心和关键内容。这就要求我们全面转变经济发展方式，大力提高自主创新能力，增强企业国际竞争能力，而国家和企业竞争力的核心内容就是知识生产和运用的能力。然而，我国在研究开发上还存在着投入不足、效率低下、转化率低、对外依存度高、政策支持不充分等问题，企业还没有真正成为研究开发和创新的主要组织形式。

尽管知识增长、技术进步的重要性早就引起了人们的关注，但对于研究开发的系统研究只是近二三十年的事情，罗默

（1986）、卢卡斯（1988）等人关于知识生产、人力资本与经济增长关系的研究开启了新经济增长理论。不过，关于研究开发的主体、类型、投资、过程、性质、绩效、激励等问题仍有许多待探讨之处，更是我国经济学、管理学等学科研究的薄弱领域。

建立创新型国家、实现社会经济今后 30 年的稳定高速发展，这就需要我国政府、企业等社会各界全面重视研究开发活动，不断加大对研究开发的投入，提高研究开发的绩效。因此，如何根据研究开发的性质，更为合理地评价企业研究开发的绩效，更好地激励企业的研究开发仍然存在很大的探索空间。

本书对企业研究开发的性质、绩效评价、激励机制等问题进行了探索性的研究，由于涉及的领域较广和客观条件的限制，许多问题还有待进一步研究和探讨。

第一，有关研究开发、技术创新与企业生产、经济增长等问题不仅成为经济学、管理学等学科研究的重点领域，而且成为法学、社会学、历史学等学科关注的重点问题。自 20 世纪 70 年代以来，国外学术界在这一研究领域已经积累了相当丰富的文献资料，不断阅读、追踪、掌握这一领域的研究进展，解决这一领域的学术问题，对于包括我们一直是一个意义重大而任务艰巨的学术挑战。

第二，进入 20 世纪 40 年代以来，经济学、管理学等社会科学的研究方法发生了重大转型，更注重数理分析和数量分析，高等数学、博弈论、计量经济学等成为了解和分析经济管理问题的基本工具。比较而言，本书的分析更多地还是传统的归纳和演绎分析，数理分析和定量分析相对薄弱，在今后的企业研究开发问题的学术研究上应当进行研究方法的转型。

　　比如，由于受有限的市场空间、阶段性的技术极限、竞争企业间博弈以及消费者偏好等因素的影响，企业研究开发投入与企业绩效之间具有非对应性或非线性的特征，高额的投入并不一定能带来期望的高产出，当研究开发投入达到一定程度后，随着研究开发投入的增加，其增长率会渐趋于一个常数。采用非线性模型对企业研究开发投入和企业绩效之间的关系进行分析，应该作为进一步研究的方向。

　　再如，随着 2005 年《公司法》《证券法》的修订实施，特别是 2006 年新《无形资产》会计准则的颁布和会计改革的深入，企业尤其是上市公司对研究开发的相关数据的披露会越来越完善，这就可以选取足够的、更有代表性的样本量从微观角度研究企业研究开发与企业绩效的关系。

　　第三，如前所述，研究开发尽管是一个涉及面广、跨学科的社会问题和学术领域，但对于每一个研究者，在一定时间内还是应当集中更多的精力，深入研究某些具体的问题。比较而言，本书的研究范围过宽，许多问题难以深入分析。今后，诸如企业研究开发中的投资体制、薪酬制度、信息披露、投资绩效等具体问题，都是值得深入系统分析的研究对象。

　　第四，研究开发本身也是一项包含了基础研究与应用开发研究的学术问题，许多研究工作必须建立在对实践中的研究开发活动进行系统、连续、具体的调查研究工作基础上。然而，由于企业的研究开发活动多处于保密状态，相关的资料信息是非强制披露的，研究和写作中所需要的许多数据和资料难以调查和收集，诸如企业研究开发的风险性、绩效评价、激励效果等经验实证分析无法进行，定量分析是今后研究中需要大力加强的工作。因此，可以考虑在相关部门和企业的协助下，通过调查研究，获取研究开发的具体案例和数据资料，以便对企业研究开发的风险性、绩效评价、激励效果进行经验实证分析，以弥补规范分析的不足。

第五，研究开发不仅是国内企业的经济行为，更是其他国家企业在竞争中必然选择。因此，还应当在世界范围内对研究开发特别是企业的研究开发进行比较分析，而这也是本书研究的薄弱之处。实际上，当代经济增长理论的进一步发展正是得力于国际经验的总结和比较。如何应用国别数据进行企业研究开发的理论提炼和经验检验，这是今后需要不断努力的又一个研究方向。

科学研究需要潜心思考，精耕细作。虽然一直努力，但这本专著还存在着许多不足，这都促使我今后不断学习，深入研究，为我国的经济建设和学术发展贡献自己的力量。

把企业研究开发的性质、绩效评价、内部激励和政府激励作为本书研究的主要问题，就是基于社会实践和理论研究这两个方面的考虑。本书主要运用管理学、经济学的理论和方法，以企业的研究开发活动为研究对象，在全面梳理研究开发的目的、主体、组织、对象、类型等基本概念之后，对研究开发过程、研究开发成果、研究开发成果运用的特定性质及其经济含义进行全面、具体的分析，在此基础上依次分析研究开发与企业绩效相关性、企业研究开发绩效评价、研究开发内部激励、企业研究开发的政府激励等问题。

三

对于企业研究开发问题的选题、研究和写作，主要是博士研究生期间完成的。带着深入系统地学习和研究企业研究开发的想法，在工作多年后，2003 年又转身为博士研究生。

然而，读博期间，遇到的困难和锻炼远远超出了预期。由于种种原因，博士学习时间达 5 年，比许多同学推迟了两年。虽然不敢说慢功出细活、出精品，但至少体会了学术研究的艰辛和快乐，对企业研究开发的诸多问题有了比较全面、具体的思考。

博士的毕业和专著的最终完成，首先要感谢我的导师王君彩教授。王老师不仅对本书的选题、资料搜集、方法确定、结构安排、论文修改到最终完成给予了持续鼓励和悉心指导，而且对我的工作和生活也给予了无微不至的亲切关怀。在此，衷心地向王老师表示深深的感谢。

在学校工作、学习期间，会计学院等单位的众多老师给予了多方面的支持和指导。孟焰、李爽、祁怀锦等教授，他们渊博的知识、丰富的经验和亲切的教导，使我终身受益。在我为工作和学习忙得焦头烂额时，会计学院的潘秀丽、李晓梅、吴溪、余应敏、徐惠玲、赵雪媛等许多教师鼓励我完成学业，并提供了各种帮助。

中央财经大学是一所在新中国成立的凯歌声中建立的综合性财经大学。改革开放以来，学校的教学、科研工作不断发展进步，我的关于企业研究与开发的研究工作也得到了多方面的支持，得到了中央财经大学 211 工程三期基金的研究资助。

感谢我的家庭。我的丈夫不仅在论文写作过程中协助我克服了遇到的一个个难关，在生活上也尽力地帮我分担家务。我活泼可爱、聪明懂事的儿子，他的欢笑常常使我忘却一天的疲劳和烦扰。有了他们的帮助、理解、鼓励和支持，我的研究工作和书稿才能够顺利完成。

多年来，尽管参与撰写了多部专著、教科书，本书还是我独立完成的第一部著作。不过，欣喜之余，更多的是忐忑不安。路漫漫其修远兮，吾将上下而求索。我们正在参与、见证中国的伟大复兴，但愿我的这本书能够为国家的社会经济建设事业尽绵薄之力。

王淑芳

2010 年 4 月